高等院校石油天然气类规划教材

三峡东部地区地质实习指南

（富媒体）

主　编　李建明　肖传桃

副主编　李　涛　吕奇奇

石油工业出版社

内 容 提 要

本书系统介绍了三峡东部地区的基础地质实践教学内容和方法。全书共分9章，内容涵盖普通地质学、沉积岩与沉积相、岩浆岩与变质岩、构造地质学的实习内容，同时简单介绍了长江三峡地层标本长廊。全书注重基础知识的讲解，兼顾理论分析，强化实践操作和技能培训，具有实践性强和功能全等特点。通过二维码，书中加入了大量的教学资源，为读者提供更为丰富和便利的学习环境。

本书可作为高等院校资源勘查工程、勘查技术与工程、地质学、地球化学、地球物理学、石油工程等专业的地质实习教学用书，也可作为三峡东部地区地质考察与科研人员的参考用书。

图书在版编目（CIP）数据

三峡东部地区地质实习指南：富媒体 / 李建明，肖传桃主编 .—北京：石油工业出版社，2023.6

高等院校石油天然气类规划教材

ISBN 978-7-5183-5996-7

Ⅰ.①三… Ⅱ.①李…②肖… Ⅲ.①三峡-区域地质调查-实习-高等学校-教材 Ⅳ.P562

中国国家版本馆 CIP 数据核字（2023）第 087607 号

出版发行：石油工业出版社
（北京市朝阳区安华里二区1号楼 100011）
网　址：www.petropub.com
编辑部：（010）64523579
图书营销中心：（010）64523633
经　销：全国新华书店
排　版：三河市聚拓图文制作有限公司
印　刷：北京中石油彩色印刷有限责任公司

2023年6月第1版　2023年6月第1次印刷
889毫米×1194毫米　开本：1/16　印张：14.25
字数：432千字

定价：39.60元
（如发现印装质量问题，我社图书营销中心负责调换）
版权所有，翻印必究

前 言

长江三峡地区风景秀丽，不仅拥有闻名天下的峡谷景观，而且蕴藏着世界地质奇观，素有"天然地质博物馆"之称。该区地层发育齐全、出露良好，化石种类及数量均十分丰富，各类沉积环境也同样发育齐全，大多具有可靠和典型的沉积构造及其他相标志。自20世纪初以来，三峡地区就已成为我国地质工作者开展地层学、古生物学、沉积学、岩石学、大地构造学等多种学科研究的重要场所。中国科学院、自然资源部等单位相关研究院（所），中国地质大学（武汉）、北京大学、西北大学、长江大学等众多高校，中国石化江汉油田分公司、中国长江三峡集团公司、湖北省地质调查院等许多企事业单位均在该地区开展过科学研究与地质勘探，积累了大量地质资料和研究成果。

党的二十大发出了全面建设社会主义现代化国家、全面推进中华民族伟大复兴的动员令。中国式现代化是人口规模巨大、全体人民共同富裕、物质文明和精神文明相协调、人与自然和谐共生、走和平发展道路的现代化，其中"人与自然和谐共生"是五个重要特征之一。三峡地区丰富的地质记录，集峡谷、岩石、岩溶、山水和人文景观于一体的自然风光，无疑让它成为一本记录地壳、地貌演变历史的教科书，一个探索大自然奥秘、展示多种峡谷、岩溶地貌的殿堂，一座进行人与自然和谐共生教育、了解长江演变历史的基地。长江三峡国家地质公园（湖北）是自然资源部批准建设的第三批国家地质公园之一。历年来，众多高校在三峡地区开展普通地质、综合地质、地层沉积相、水文地质与工程地质等各类地质教学实习。

三峡东部地区是长江大学沿用了近50年的普通地质、地层沉积相、综合地质野外实习基地，主要实习地为湖北松滋刘家场地区。实习专业覆盖了资源勘查工程、勘查技术与工程、地质学、地球物理学、地球化学、地理信息科学、石油工程等。为抢救性地保护地质资源，将三峡地区已经积累的丰富的地质资源成果转化为教学资源，在中国石油天然气集团有限公司的支持下，长江大学还在校园内建设了长江三峡地层标本长廊。本实习指南为普通地质、综合地质实习而编写，兼顾考察长江三峡国家地质公园与参观长江三峡地层标本长廊。

本实习指南是在1998年李建明、龚文平、刘学锋、肖传桃主编的讲义《鄂西南松宜地区地质及教学实习指南》基础上，收集前人成果、测制剖面、补充富媒体资料，重新编写而成。在编写过程中，参考了长江三峡地层标本长廊工程配套科研成果《三峡万古几沉浮——长江三峡地区沉积演化研究》（高振中等著，地质出版社，1999）。

本实习指南由李建明、肖传桃担任主编，李涛、吕奇奇担任副主编，何幼斌担任主审。各章节编写分工如下：

  前　言   李建明
  第一章   李建明
  第二章   肖传桃

第三章	第一节至第八节	李建明
	第九节至第十节	吕奇奇
	第十一节至第十二节	李建明
第四章		李建明
第五章	第一节至第二节	李建明
	第三节	李　涛、龚文平
第六章		李建明
第七章	第一节	肖传桃、李建明
	第二节	李　涛、龚文平
第八章	第一节至第四节	李建明
	第五节至第六节	李　涛、龚文平
	第七节至第八节	李建明
第九章		李建明
参考文献		李建明、肖传桃
附录		李建明、肖传桃

本书富媒体照片由李建明、肖传桃等拍摄，视频摄像、制作与配音由肖传桃、李建明、李涛、龚文平、林燕华等完成。图件清绘由博士研究生李琳静及硕士研究生刘子涵、赵思思、黄振洋、王楠、孙刚、蔡佳美、徐彬、梁琦、张莎莎、李遥、邹康等完成。全书由李建明统稿。教材修订过程中，陈孔全、汤济广、严溶等老师提出了许多修改意见，在此表示衷心的感谢。

三峡东部地区野外地质实习教学科研基地的建立与教材的出版是长江大学几代学者辛勤工作的成果。历年来参加长江三峡东部野外地质实习基地与长江三峡地层标本长廊校内实习基地建设的教师有高振中、白光第、张或丹、郭成贤、王正允、彭德堂、郭建华、王泽中、翟永红、赵铭渠、李增华、刘秉理、徐论勋、朱忠德、张德厚、林克湘、尹伯传、王幼惠、张昌民、刘学锋、李艺斌、王方平、刘生国、孟宪富、张存善、李建明、龚文平、肖传桃、何幼斌、胡明毅、罗顺社、李相明、李世雄、刘忠保、杨申谷、李景义、张尚锋、郑秀才、张春生、胡望水、李维锋、王湘平、李强、何贞铭、汤军、李少华、陈波、吴东胜、王振奇、胡光明、李功权、吴智勇、陈建明、陈雄炎、赵明跃、文志刚、陈恭洋、胡忠贵、李涛、罗进雄、李华、胡华、朱小龙、陈华军、王庆、吕奇奇等老师，在此一并致谢。

由于资料时间跨度大，来源多样，编者水平有限，书中错误和不妥之处在所难免，恳请读者批评指正。

编者

2023 年 3 月

目 录

第一章 实习区概况 ··· 1
   第一节 位置与交通 ··· 1
   第二节 自然地理与经济 ·· 2
   第三节 地质概况 ·· 3
第二章 地层 ··· 4
   第一节 前寒武系 ·· 6
   第二节 下古生界 ·· 7
   第三节 上古生界 ··· 23
   第四节 中生界 ·· 31
   第五节 新生界 ·· 37
第三章 沉积相 ··· 40
   第一节 沉积相类型 ·· 40
   第二节 南华系沉积相 ··· 41
   第三节 震旦系沉积相 ··· 44
   第四节 寒武系沉积相 ··· 49
   第五节 奥陶系沉积相 ··· 57
   第六节 志留系沉积相 ··· 65
   第七节 泥盆系沉积相 ··· 69
   第八节 石炭系沉积相 ··· 73
   第九节 二叠系沉积相 ··· 77
   第十节 三叠系沉积相 ··· 82
   第十一节 侏罗系沉积相 ·· 87
   第十二节 白垩系沉积相 ·· 92
第四章 岩浆岩与变质岩 ·· 96
   第一节 岩浆岩 ·· 96
   第二节 变质岩 ·· 99
第五章 地质构造 ··· 102
   第一节 区域构造背景 ··· 102
   第二节 构造的结构特征 ·· 108
   第三节 局部构造 ··· 113

第六章　地貌及第四纪地质 ... 119
第一节　岩溶地貌 ... 119
第二节　层状地貌 ... 122
第三节　三峡地貌的形成 ... 124

第七章　野外地质教学路线指南 ... 126
第一节　地层沉积相与地貌第四纪地质教学路线 ... 126
第二节　构造地质教学路线 ... 133

第八章　野外地质工作方法 ... 144
第一节　罗盘及地形图的使用方法 ... 144
第二节　地层剖面研究方法 ... 150
第三节　沉积相野外工作方法 ... 160
第四节　第四纪沉积物的野外调查方法 ... 172
第五节　地质填图方法 ... 176
第六节　地质构造的野外调查方法 ... 182
第七节　侵入岩体的观测方法 ... 201
第八节　地质实习报告的编写 ... 204

第九章　长江三峡地层标本长廊简介 ... 206
第一节　概况 ... 206
第二节　院士题词 ... 207
第三节　实践应用 ... 211

参考文献 ... 212

附录 ... 215
附录一　刘家场背斜地质图 ... 215
附录二　野外实测剖面数据记录表 ... 216
附录三　常用图例 ... 217
附录四　地层代号与色谱表 ... 219
附录五　构造横剖面换算表 ... 220

富媒体资源目录

序号	名称	页码
彩图 1	刘家场及周缘地质图	3
视频 1	寒武系覃家庙组	9
视频 2	寒武系三游洞组	10
视频 3	奥陶系南津关组	16
视频 4	奥陶系分乡组	18
视频 5	奥陶系红花园组	18
视频 6	奥陶系大湾组	19
视频 7	奥陶系牯牛潭组	20
视频 8	奥陶系大田坝组	20
视频 9	奥陶系宝塔组	20
视频 10	奥陶系临湘组	20
视频 11	志留系龙马溪组	21
视频 12	志留系罗惹坪组	22
视频 13	泥盆系云台观组	23
视频 14	泥盆系黄家磴组	25
视频 15	泥盆系写经寺组	25
视频 16	石炭系金陵组	27
视频 17	石炭系高骊山组	28
视频 18	石炭系和州组	28
视频 19	石炭系大埔组	28
视频 20	石炭系黄龙组	29
视频 21	二叠系梁山组	29
视频 22	二叠系栖霞组	30
视频 23	二叠系茅口组	31
视频 24	二叠系吴家坪组	31
视频 25	二叠系长兴组	31
视频 26	三叠系大冶组	32
彩图 2	松滋刘家场寒武系剖面沉积构造	51
彩图 3	松滋刘家场奥陶系剖面沉积构造	59

序号	名称	页码
彩图 4	松滋刘家场奥陶系红花园组生物礁	61
彩图 5	松滋刘家场奥陶系分乡组叠层石层礁	62
彩图 6	松滋刘家场志留系沉积构造	67
彩图 7	松滋刘家场上泥盆统岩性与鲕状赤铁矿层	71
彩图 8	松滋刘家场石炭系沉积特征	74
彩图 9	三峡东部地区二叠系剖面岩性与沉积构造	80
彩图 10	松滋刘家场大冶组斜坡相沉积特征	83
彩图 11	松滋刘家场白垩系沉积特征	92
彩图 12	宜昌黄陵岩浆岩	97
彩图 13	宜昌崆岭变质岩	100
视频 27	刘家场逆断层	115
视频 28	松木坪断层组合及产状测量	116
视频 29	张山堰平移断层	117
彩图 14	刘家场岩溶地貌	119
彩图 15	新神洞	120
视频 30	古神洞	120
彩图 16	潮水洞岩溶水系统概念模型	122
视频 31	曲流河及地质灾害地貌	124
彩图 17	长江三峡地貌	125
视频 32	G001 点描图	136
视频 33	G002 点描图、测产状	136
视频 34	G003 点描图、测产状	137
视频 35	G004 点描图	138
视频 36	路线填图小结	143
视频 37	长江三峡地层标本长廊视频	206
彩图 18	长江三峡地层标本长廊实拍	206
彩图 19	院士题词	207
彩图 20	长江三峡剖面微缩工程实践应用	211

第一章 实习区概况

第一节 位置与交通

实习区位于三峡东部地区鄂西松滋、宜都、宜昌、秭归、兴山、远安、南漳一带（图1-1），主要实习点与填图区为松滋市刘家场镇一带，填图区范围坐标：东经111°22′~111°32′；北纬29°56′~30°2′，面积约225km²。辅助观察路线有莲沱—石牌、秭归—兴山、远安—南漳、宜昌—松滋、宜都—松滋等路线。

三峡东部地区水陆交通极为便利，长江水路与宜万铁路、焦柳铁路贯穿境内东西与南北，高等级公路四通八达（图1-1）。实习地刘家场镇地处两省（湖南、湖北）、三地（市）（荆州、宜昌、常德）、五县（市）（松滋、宜都、五峰、澧县、石门）的边缘接合部，地属松滋市。南距湖南澧县边

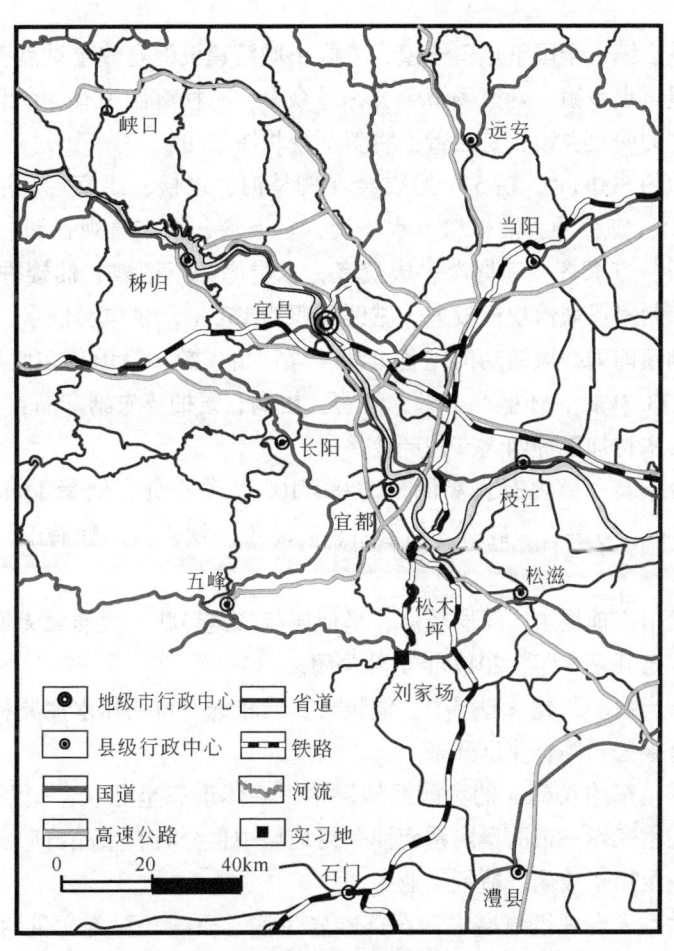

图1-1 实习区位置与交通图

山河约 23km，北与宜都市松木坪相邻。国道 G351 线和省道 S225 线交汇于镇区，省道 S435 线、省道 S105 线荆州至五峰渔洋关一级公路纵横境内，还有松宜铁路与焦柳铁路、长江枝城港相连，距离松滋火车站 15km，宜昌东站 60km，三峡机场 65km。

第二节　自然地理与经济

一、自然地理

刘家场镇位于江汉平原西南边缘的低山丘陵区，为鄂西武陵山脉东延的余脉。区内主要山势大致近东西向延伸，镇附近最高山峰海拔高度均在 500m 以下，如帽子山海拔 406m、关木山海拔 442m。全区地势西高东低，西部最高峰在卸甲坪大岭，海拔 815.1m，刘家场以东即为低矮丘陵。镇区地形大致呈一箕状盆地，有三条溪流分别自西南、西北和北方先后相汇于镇区，再向东注入洈水。溪水清浅，平时可涉渡。

实习地地形复杂，高低悬殊，空间气候差异较大。地处亚热带过渡性季风气候区内，雨量充沛，四季气候分明，雨热同季，年平均气温 16.7℃。年均相对湿度 74%~83%，年平均降雨量 1050~1300mm，夏季多暴雨，主要灾害性天气为大暴雨强寒潮。

二、经济

刘家场镇是全国重点镇、全国重点口子镇、中国小城镇建设综合改革试点镇、松滋旅游新镇、松滋产城融合一体化发展试点乡镇。刘家场镇荣誉称号众多，有松滋副中心、湖北省中心镇之一、鄂西南明珠等美誉，是湖北的明星乡镇，是独臂上将贺炳炎将军故里。

刘家场镇土地面积约 300km²，辖 5 个居委会（柳林河、荆松、胡家台、洛河、山城）、21 个行政村（河田坪、浩赐山、柳林冲、油榨口、水淹淌、官渡坪、桃丰、观音淌、吴家包、张山堰、李家湾、沙溪坪、龙潭桥、方家坪、三堰淌、庆贺寺、水岩屋、三望坡、仙楼香、鄢家岗、郑家铺），常住人口约 9.2 万人。刘家场城镇规模较大，城区面积约 15km²。供电、供水、通信、教育、医疗卫生事业发展居全省建制镇前列，城镇功能完备。湘、鄂、川、黔、渝山货在此集散，边贸经济活跃。刘家场镇有森林资源 173.3km²，还盛产玉米、红薯、柑橘、蜜柚等农副产品，目前形成了矿山开采、石油化工、水泥建材、木材加工等四大支柱产业格局。

刘家场镇物产十分丰富。镇内有煤炭储量 $2000×10^4$t，碳质页岩储量 $1×10^8$t，石灰石储量 $12×10^8$t，还有大量的重晶石、方解石、硅石、白云石、高岭土、铁矿石、膨润土、褐煤、页岩、硫铁矿等多种矿产。

煤产于中二叠统梁山组地层中，煤层较薄，呈似层状或透镜状。煤质属无烟煤，可供一般工业用煤及民用煤。松宜煤矿已开采多年，2017 年全部关闭。

石灰石主要产于石炭系、二叠系地层中，储量大，质较纯，可用作水泥原料及烧石灰、建筑材料等，葛洲坝松滋水泥有限公司等企业已开采。

重晶石产于刘家场镇东约 0.5km 的奥陶系地层中，矿体形态呈脉状，受断裂控制，属低温热液充填型矿床。此外，在雷家塌一带的奥陶系南津关组地层中也分布有重晶石矿点。重晶石可作钻井液加重剂、防护涂料，以及用于玻璃、造纸工业中。

石英砂岩产于泥盆系云台观组地层中，石英砂岩色浅、质纯，石英含量达 95% 以上，是制造石英玻璃的原料。

刘家场镇旅游资源十分丰富。旅游景点主要有：庆贺寺村三眼泉十里画廊、曲直河温泉旅游度假区、吴家包村观音洞、柳林冲村花石洞、郑家铺村冒甲洲历史古村、仙楼香村、三堰淌村田园旅游综合体、朱峡河十里画廊旅游度假区、贺炳炎广场、贺炳炎将军故居遗址、龙潭桥村等。刘家场镇附近的地质旅游区还有沧水风景区，集山、水、林、泉、洞、坝于一体，景区的古神洞和新神洞均为长江大学"地球科学教学与实习基地"。

第三节　地质概况

在大地构造位置上，实习区位于中扬子地块西部，中扬子中生代周缘前陆盆地区之上，跨鄂湘黔褶断带和黄陵隆起带两个次一级构造单元。区内地层自南华纪至古近纪地层均有出露，化石丰富，沉积类型丰富，历来是地质学界颇为重视的代表性地区之一，也是教学实习的理想地区。

区内震旦纪和古生代地层主要出露为海相沉积，它们呈条带状围绕着以前震旦纪花岗岩、片岩和片麻岩为基底的黄陵背斜周缘，以三叠系为核部的仁和坪向斜周缘，以寒武系为核部的刘家场背斜周缘分布（附录一）。由海相—海陆交互相—陆相沉积组成的中生代地层主要分布在西北部的秭归盆地。区内的新生代地层均为陆相沉积，主要分布在宜昌、枝城和刘家场附近。

区域构造的基本特征是：

（1）以褶皱变形为主，构造线自西向东呈北东东至近东西弧形延伸。

（2）褶皱多呈不对称状，北西翼或北翼较陡，局部倒转。

（3）与褶皱同期的纵向逆冲断层多出现褶皱的陡倾翼，断面倾向南或南东。

（4）区域性大断裂有北东、北北东、北西、北北西、南北、东西向六组。其中，东西向断裂为长期发展的推覆式断裂，北西、北北西和北东、北北东向断裂则在平面上呈 X 交叉状，将工作区分割成网状块体。

（5）褶皱、断裂构造作用主要形成于印支期至燕山期，尤其以后者最为重要。

刘家场及周缘地质图见彩图 1。

彩图 1　刘家场及周缘地质图

第二章 地层

三峡东部松宜（松滋—宜昌）地区在地层区划上隶属于扬子地层区，上扬子地层分区，分属于宜昌—长阳地层小区（或利川—秭归小区）。本区在地台型沉积地层形成之前，主要以发育太古宙至中元古代活动类型的崆岭群、神农架群和新元古代磨拉石堆积型的马槽园组，在晋宁运动Ⅰ、Ⅱ幕之后，本区转化为稳定的台地型沉积环境。区内地层自南华纪至古近纪地层均有出露（表2-1、表2-2），且剖面完整、连续，动植物化石丰富，是进行教学、科研和开展地质旅游的理想地区。以下按照老至新顺序分别论述本区地层特征。

表2-1 三峡东部松宜地区综合地层表（1）

系	统	组	厚度(m)	主要岩性	常见化石
古近系	始新统	牌楼口组(E_2p)	170~780	黄棕色砂岩、粉砂岩、泥岩	*Quercoidites*
		车阳河组(E_2c)	320~520	砂岩夹粉砂岩、泥岩	*Eudinoceras*
		洋溪组(E_2y)	100~150	淡红色泥质石灰岩及砂岩、泥岩	*Jianghanichthys*
	古新统	龚家冲组(E_1g)	60~480	棕色砂岩夹粉砂岩、泥岩、泥灰岩	*Peckichara*
白垩系	上统	跑马岗组(K_2p)	60~800	棕红色砂岩、粉砂岩、泥岩夹砾岩、泥灰岩	*Latochara*
		红花套组(K_2h)	350~1500	棕红色、灰绿色细砂岩夹砾岩	*Macroolithus*
		罗镜滩组(K_2l)	400~600	棕红色砾岩、含砾砂岩	
	下统	五龙组(K_1w)	810~1900	棕红色砂岩夹粉砂岩、粉砂质泥岩	*Pseudofrenelopsis*
		石门组(K_1s)	30~80	灰白、紫红色砾岩夹粉砂岩	*Classopollis annulatus*
侏罗系	上统	蓬莱镇组(J_3p)	1220~2115	紫红色泥岩及长石石英砂岩	*Classopollis*
		遂宁组(J_3s)	370~655	杂色长石石英砂岩粉砂岩夹泥岩	
	中统	沙溪庙组(J_2s)	880~1260	紫红色泥岩与砂岩互层	*Cyathidites*
		千佛崖组(J_2q)	775~1310	绿灰、紫红色泥岩、粉砂岩夹砂岩、泥灰岩组成的两个旋回沉积，分两段	*Pseudocardinia*、*Psilunio*
	下统	香溪组(J_1x)	180~250	灰、灰黄色细砂岩、粉砂岩、页岩夹煤层	*Conlopteris*
三叠系	上统	王龙滩组(T_3w)	139~320	灰色长石砂岩、粉砂岩夹煤线	*Bernoullia*
		九里岗组(T_3j)	10~142	黄绿色粉砂岩、泥岩夹细砂岩及煤线	*Danaeopsis*
	中统	巴东组(T_2b)	425~1255	上、下段为紫红色粉砂岩与页岩，中段为石灰岩	*Myophoria goldfussi*
	下统	嘉陵江组(T_1j)	500~800	灰色石灰岩、白云质石灰岩夹角砾状石灰岩	*Eumorphotis*
		大冶组(T_1d)	306~1000	灰色薄层泥晶石灰岩夹钙质泥岩、砾屑石灰岩	*Claraia*、*Ophiceras*
二叠系	上统	长兴组(P_3c)/大隆组(P_3d)	10~240	长兴组为灰、深灰厚层含燧石条带石灰岩夹硅质岩；大隆组为黑色硅质岩、硅质页岩	*Palaeofusulina*、*Squamularia*
		吴家坪组(P_3w)	10~130	灰黑色硅质岩、硅质泥岩夹灰色砾屑泥晶石灰岩	*Leptodus*

续表

系	统	组	厚度(m)	主要岩性	常见化石
二叠系	中统	茅口组（P_2m）	90~210	灰、浅灰厚层石灰岩夹硅质岩及燧石团块	*Monticulifera*、*Tachylasma*
		栖霞组（P_2q）	106~240	灰黑色碳质石灰岩、眼球状石灰岩及燧石条带石灰岩	*Polythecalis*、*wentzellophyllum*
		梁山组（P_2l）	10~40	灰褐色细砂岩夹煤线	*Leptodendron*
	下统	船山组（C_2P_1c）	1.3~2.6	浅灰、灰色生屑石灰岩；松滋地区缺失该组	*Eoparafusulina*

表 2-2 三峡东部松宜地区综合地层表（2）

系	统	组	厚度(m)	主要岩性	常见化石
石炭系	上统	船山组（C_2P_1c）黄龙组（C_2h）	3~70	浅灰、灰白色块状石灰岩、生屑石灰岩	*Fusulinella Staffella*
		大埔组（C_2d）	2~20	白云岩、白云质石灰岩	*Kueichoupora*
	下统	和州组（C_1h）	9~17	下部为生物石灰岩；上部为泥岩、粉砂岩及石英砂岩	*Yuanophyllum*
		高骊山组（C_1g）	2~49	砂岩、粉砂岩、泥岩夹煤线	*Ovatia*
		金陵组（C_1j）	2~23	灰黑色厚层石灰岩、白云质石灰岩	*Eochoristites*
泥盆系	上统	写经寺组（D_3C_1x）	11~80	砂岩与黑色页岩互层夹菱铁矿层	*Lepidodendropsis*
		黄家磴组（D_3h）	0~70	灰黑色砂岩与页岩互层，夹鲕状赤铁矿层	*Leptophloeum*
	中统	云台观组（D_2y）	20~40	灰白色石英砂岩，与下伏地层呈不整合接触	
志留系	温洛克统	纱帽组（S_2s）	30~60	砂岩、粉砂岩、泥岩	*Coronocephalus*
	兰多维列统	罗惹坪组（S_1lr）	542~887	砂岩、粉砂岩、泥岩夹石灰岩	*Pentemerus*
		龙马溪组（S_1l）	413~827	黑色页岩、灰绿色页岩夹粉砂岩	*Monograptus*
奥陶系	上统	五峰组（O_3w）	0~5.6	黑色硅质页岩、黏土岩；松滋地区缺失本组	*Dicellograptus*
		临湘组（O_3l）	9~18	瘤状泥灰岩夹钙质泥岩	*Nankinolithus*
		宝塔组（O_3b）	10~40	"龟裂纹"石灰岩	*Sinoceras*
		大田坝组（O_3d）/庙坡组（O_3m）	1.8~2.4	大田坝组为石灰岩夹页岩；庙坡组为灰黑色页岩夹石灰岩	*Lituites* *Nemagraptus*
	中统	牯牛潭组（O_2g）	14~22.5	棕红色瘤状泥质条带石灰岩	*Dideroceras*
		大湾组（$O_{1-2}d$）	60~110.9	灰色生屑石灰岩及棕红色瘤状灰岩，分三段	*Yantzeella*
	下统	红花园组（O_1h）	20~80	砂屑、生屑石灰岩及生物礁灰岩夹页岩	*Calathium*
		分乡组（O_1f）	20~70.7	颗粒石灰岩、页岩夹叠层石礁灰岩	*Acanthograptus*
		南津关组（O_1n）	100~173.9	砂屑、生屑石灰岩夹页岩、白云质石灰岩	*Dactylocephalus*
寒武系	芙蓉统	三游洞组（$\text{\textepsilon}_4s$）	706~1081	白云岩、白云质石灰岩夹内碎屑、叠层石白云岩	*Hirsutodontus*
	苗岭统	覃家庙组（$\text{\textepsilon}_3q$）	125~300	白云岩夹泥质白云岩、长石石英砂岩	*Anomocarella*
	第二统	石龙洞组（$\text{\textepsilon}_2sl$）	60~134	白云岩、灰质白云岩夹石膏岩	
		天河板组（$\text{\textepsilon}_2t$）	80~100	泥质条带石灰岩夹鲕粒石灰岩	*Megapalaeolenus*
		石牌组（$\text{\textepsilon}_2s$）	158~301	粉砂岩、页岩夹石灰岩	*Palaeolenus*
		水井沱组（$\text{\textepsilon}_2sh$）	24~80	黑色页岩、页岩夹石灰岩	*Hupeidiscus*
震旦系	纽芬兰统上统	灯影组（$Z_2\text{\textepsilon}_1d$）	220~860	灰色白云岩、颗粒白云岩	*Vendotaenia*
	下统	陡山沱组（Z_1d）	130~530	灰色白云岩夹黑色页岩	*Eoospicula*
南华系	上统	南沱组（Nh_2n）	60~120	灰绿色、紫红色冰碛岩	*Trematosphaeridium*
	下统	大塘坡组（Nh_1d）古城组（Nh_1g）莲沱组（Nh_1l）	50~250	砂岩、粉砂岩、凝灰岩夹冰碛岩	*Trachysphaeridium* *Laminarites*

第一节 前寒武系

一、南华系（Nh）

本区南华系发育良好，层序清楚，主要分布于宜昌地区黄陵背斜和长阳背斜及其周缘，松滋地区未见出露，且以陆相碎屑岩和冰碛岩沉积物为主（宜昌地质矿产研究所，1987），区内南华系分为两个统，下统包括莲沱组、古城组、大塘坡组；上统包括南沱组，其特征如下。

（一）莲沱组（Nh_1l）

本组由刘鸿允、沙庆安（1963）所创的莲沱群演变而来，主要见于三峡东部宜昌地区及长阳地区，松滋地区未见出露，厚50~250m，在莲沱典型剖面上该组厚102m，由莲沱镇向北东8km至唐家坝该组尖灭，在长阳北部厚达300余米。在黄陵背斜东南翼，角度不整合于黑云母斜长花岗岩之上；在黄陵背斜西翼、北翼角度不整合于崆岭群之上；该组分上下两部分：下部为紫红色厚层含砾石英砂岩、长石石英砂岩及石英砂岩；上部以紫红色、灰绿色细砂岩，岩屑砂岩、长石质砂岩和粉砂岩及流纹质晶屑玻屑凝灰岩为主。总的趋势是碎屑岩从下到上粒级由粗变细。本组含微古植物 *Trematosphaeridium holtidahlil* Tim.、*Trachysphaeridium* cf. *Laminaritum* Tim。

（二）古城组（Nh_1g）

本组由赵自强（1985）所创，分布很局限，仅见于长阳背斜，厚0~10m。本组分上下两部分：下部为冰碛砾岩，砾石成分有砂岩或粉砂岩和少量脉石英；上部为砂砾岩和含砾砂岩及冰碛纹泥层，纹层中偶见小砾石，并使层理弯曲。本组与下伏莲沱组呈平行不整合接触。在纹泥层中含微古植物 *Trachysphaeridium*? *rude* Sin et Iiu、*Anguloplania rhombica* Rod。

（三）大塘坡组（Nh_1d）

本组由江荣吉（1967）所创，分布很局限，见于长阳古城岭地区，厚0~20m。整合于古城组之上。主要为黑色薄层碳质粉砂岩及砂质页岩夹含锰石灰岩，是我国南方震旦系重要的含锰层位之一。为一套细碎屑沉积，可分两段：第一段为黑色碳质黏土岩和含粉砂质硫质黏土岩，底部夹多层似层状、透镜状菱锰矿及凝灰质岩；含菌藻、疑源类化石，厚10~20m；第二段为灰色粉砂质黏土岩、黏土岩、泥岩，夹细粉砂岩，含疑源类化石，厚100~200m。本组底界以硫质粉砂质黏土岩与下伏铁丝坳组杂砂岩区分，呈整合接触；顶界以黏土岩与上覆南沱组之冰碛岩（杂砾岩）分界，呈平行不整合接触。本组底以深灰色粉砂岩与下伏古城组含砾砂岩呈整合接触；顶以黑色碳质粉砂质页岩与上覆南沱组冰碛砾岩呈平行不整合接触。

（四）南沱组（Nh_2n）

南沱组由Blackwelder（1907）创于南沱镇。南沱组主要为一套暗绿、灰绿色夹紫红色冰碛泥砾岩。砾石成分有花岗岩、片麻岩、片岩、千枚岩、大理岩、基性岩、含叠层石石灰岩及脉石英等。砾石表面有擦痕、刻槽等，胶结物为泥砂质。在长阳背斜，与大塘坡组呈平行不整合接触；在黄陵背斜，直接覆于莲沱组或崆岭群及黄陵花岗岩之上。

本组厚度变化明显，在王丰岗典型剖面中厚64m；在黄陵背斜北部厚度迅速减薄且常常缺失；在南翼秭归庙河一带厚117m，一般厚60~120m。本组产有微古植物 *Trematosphaeridium holtedahlii*、*T. miriutum*。

二、震旦系（Z）

本区震旦系发育良好，层序清楚，主要分布于宜昌地区黄陵背斜周缘和长阳背斜核部，松滋地区未见出露。以盆地相页岩—台地相碳酸盐岩为特征，分为下统的陡山沱组和上统的灯影组。

（一）陡山沱组（Z_1d）

本组由李四光（1924）创立的陡山沱岩系演变而来。本组厚130~530m，在田家园子的典型剖面上厚230m，与下伏南沱组呈平行不整合接触。岩性主要是中—薄层的灰、褐灰色细晶白云岩、灰白色细晶白云岩夹黑色碳质页岩，在白云岩中常见燧石结核和团块，底部有一薄层含砾微晶白云岩，中下部常见有硅磷质结核，是我国南方重要含磷层位之一，顶部为黑色碳质页岩夹泥质白云岩。本组中部含微古植物 *Asperatopsophosphaera* aff. *umishanensis*、*Monotirematosphaeridium asperam*，靠近底部的石灰岩透镜体中含海绵类 *Eoospicula. Yichangensis* Ding et al、*Hazelia liantuoensis*。

（二）灯影组（$Z_2\unicode{x0190}_1d$）

本组由李四光（1924）创立的灯影石灰岩演变而来，为一跨越震旦纪至寒武纪地层单位，顶部属于寒武系第一统纽芬兰统。本组主要为一套白云岩沉积，与下伏陡山沱组连续沉积，自下而上可分为四个岩性段。

（1）蛤蟆井段：厚135m。为一套灰白色硅质内碎屑白云岩夹鲕粒白云岩和砾屑白云岩，顶部夹少量燧石条带或燧石团块。含微古植物 *Asperatopsophosphaera* cf. *pastialis*、*Monotrematosphaeridium* cf. *asperum*、*Leiofusa* cf. *bicornuta*。

（2）石板滩段：厚148m。黑色薄层白云岩夹燧石条带或燧石团块。含微古植物 *Margoninucula uerrucosa* Naum.、*Leiopsophosphaera aperlus*，并富含带状藻类 *Vendotaenia* sp.、*Tyrasotania* cf. *podlica*. 及海鳃类 *Charnia* 等。

（3）白马沱段：厚390m。为浅灰、灰白色块状细晶白云岩、硅质白云岩夹燧石条带或团块。顶部鸟眼构造发育。底部产蠕虫动物化石 *Sinotubulithes baimatuoensis*、*Saarina* 及大量的微古植物 *Taeniatum crassum* 等。

（4）天柱山段：厚0.7~5m。纹层状微晶白云岩、泥质白云岩、内碎屑白云岩夹不规则的硅磷质条带。上部产丰富的多门类小壳化石，有 *Hyolithellus*、*Monoplacophorans*、*Gastropods*、*Chancellorids* 等；下部产遗迹化石 *Planolithes taishanmiaoensis*、*Skolithos* 等。在黄陵背斜南翼三斗坪计家坡、岩家河一带，与天柱山段大体相当地层被称为岩家河组，厚35m。下部是深灰、灰白色中层硅质白云岩夹黑色硅质岩、砂质页岩，上部为黑色薄—中层石灰岩夹碳质页岩，灰白色中层白云岩夹薄层硅质岩、内碎屑白云质石灰岩和石灰岩。含丰富的小壳化石，可分上、下两个组合。下组合为 *Circotheca-Anabarites-Protohertzina*，上组合为 *Ovalitheca-Aldabella-Maidipingconus*。天柱山段/岩家河组下部与白马沱段连续沉积，与上覆水井沱组平行不整合接触。

本组厚度各地不一，在本区大致显示自南向北、自西向东由薄变厚的趋势，鹤峰走马坪厚220m，长阳佑溪厚425m，宜昌灯影峡860m。

第二节　下古生界

本区下古生界发育良好，层序清楚，主要包括寒武系、奥陶系和志留系。它们主要分布于宜昌地区黄陵背斜和长阳背斜及其周缘宜都和松滋地区等。以下分别介绍各系发育情况。

一、寒武系（ϵ）

本区寒武系层序完整，分布广泛，露头良好，含丰富化石（图2-1），主要围绕黄陵背斜、长阳背斜和松滋刘家场背斜分布，下统尤以黄陵背斜东、西翼出露较佳，主要为陆棚相—台地相沉积，中—上统除黄陵背斜东、西翼及长阳背斜外，在松滋刘家场背斜南、北翼出露也较完整，主要为局限台地相碳酸盐岩沉积。本区寒武系厚度较大，达千余米，以碳酸盐岩为主，碎屑岩较少，且主要发育于苗岭统下部，其中蕴藏着较丰富的多金属、稀有元素、磷和膏盐等矿产资源。本区第一统（ϵ_1）即纽芬兰统仅包括灯影组顶部（见第二章第一节），第二统（ϵ_2）包括水井沱组、石牌组、天河板组和石龙洞组，第三统（ϵ_3）即苗岭统包括覃家庙组，第四统（ϵ_4）即芙蓉统包括三游洞组，以下分别论述。

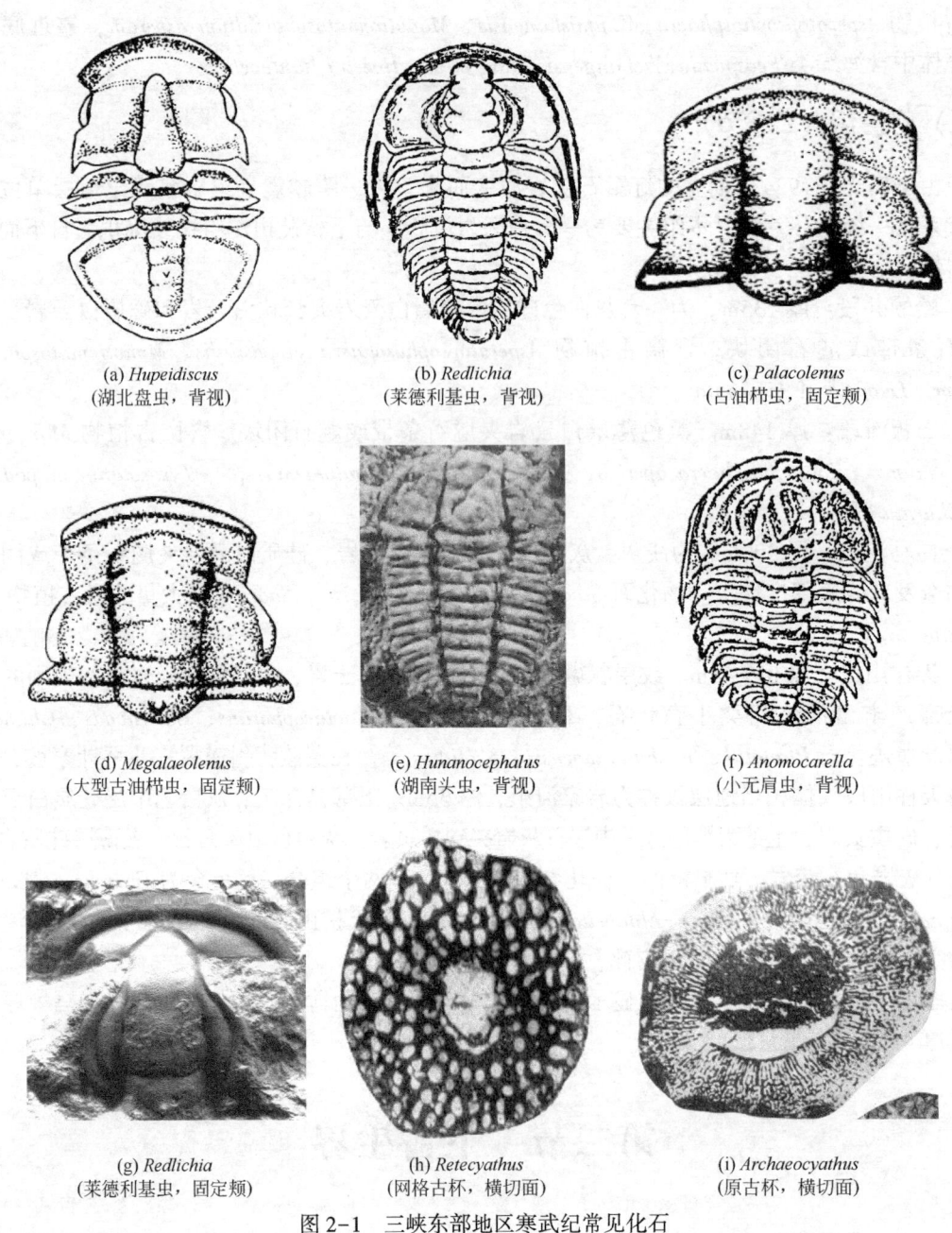

(a) *Hupeidiscus*
（湖北盘虫，背视）

(b) *Redlichia*
（莱德利基虫，背视）

(c) *Palacolenus*
（古油栉虫，固定颊）

(d) *Megalaeolenus*
（大型古油栉虫，固定颊）

(e) *Hunanocephalus*
（湖南头虫，背视）

(f) *Anomocarella*
（小无肩虫，背视）

(g) *Redlichia*
（莱德利基虫，固定颊）

(h) *Retecyathus*
（网格古杯，横切面）

(i) *Archaeocyathus*
（原古杯，横切面）

图2-1 三峡东部地区寒武纪常见化石

（一）水井沱组（$\epsilon_2$sh）

水井沱组系张文堂（1957）所创。本组是本区含三叶虫的最低层位，在宜昌及长阳地区发育较好，松滋刘家场未出露。其下部为黑色碳质页岩、页岩夹白云质石灰岩透镜体及薄层石灰岩；上部为灰黑色薄层石灰岩与黑色、灰黑色薄板状泥灰岩或含钙页岩互层，区域上，本组与湘西北牛蹄塘组相当，在本区南厚北薄、西厚东薄，区域厚约24~80m。

本组富含化石（图2-1），三叶虫自下而上分为 *Tsunyidiscus* 带、*Wangzishia* 带和 *Hunanocephalus* (*Duotingia*) –*Hupeidiscus* 带；介形类有 *Majiashanella*、*Paratsunyiella* 以及腕足类、海绵骨针、软舌螺等；微古植物以球藻群（Sphaeromorphitae）类型为主。本组与下伏灯影组天柱山段或岩家河组分别为平行不整合或整合接触。

（二）石牌组（ϵ_2s）

石牌组由李四光（1924）创立的石牌页岩演变而来。本组在宜昌及长阳地区发育较好，松滋刘家场未出露。岩性为黄绿、灰绿色砂质页岩、粉砂岩夹薄层石灰岩或鲕粒石灰岩，区域厚度158~301m。

本组产三叶虫以 *Redlichia* (*Redlichia*) *meitanensis* 和 *Palaeolenus lantenoisi* 为代表；腕足类 *Nisusia*、*Iphidella*；介形类 *Houlongdongella* 和微古植物 *Asperatopsophosphaera*、*Baltisphaeridium* 等。本组在黄陵背斜西翼，其下和中部相变为泥质条带状石灰岩夹粉砂岩，以及细砂岩夹石灰岩。

（三）天河板组（ϵ_2t）

天河板组由张文堂（1957）创立的天河板石灰岩演变而来。本组在宜昌及长阳地区发育较好，松滋刘家场未出露。由深灰色、灰黑色薄至中厚层泥质条带石灰岩夹鲕粒石灰岩和豆状石灰岩组成，上部夹少量粉砂质页岩，区域厚度81~100m。

本组以产三叶虫 *Megapalaeolenus deprati* 带和古杯类 *Archaeocyathus–Retecyathus–Sanxiacyathus* 组合带为特点，还有少许腕足类 *Obelella*? sp.。本组与下伏石牌组呈整合关系。

（四）石龙洞组（$\epsilon_2$sl）

石龙洞组由王钰（1938）创立的石龙洞石灰岩演变而来。本组在宜昌及长阳地区发育较好，松滋刘家场未出露。石龙洞为一岩溶洞，内有所谓"宜昌石龙"而得名。它由褐灰色、灰色和灰白色厚层至块状白云岩、灰质白云岩组成。在区域上，本组岩性稳定，以一套白云岩为特征，厚度变化不大，咸丰丁碧厚60m，长阳王子石厚134m，宜昌石龙洞厚99m。

本组生物化石稀少，仅在通山珍珠口、南漳朱家峪两地采到了三叶虫化石，有 *Redlichia* sp.、*R. guizhouensis*、*Yuechsiensis* sp. 等。石龙洞组时代属于第二世晚期。

（五）覃家庙组（ϵ_3q）

覃家庙组由王钰（1938）创立的覃家庙薄层石灰岩演变而来。该组在松滋地区主要见于刘家场背斜核部及两翼，其岩性为一套浅灰、灰白、深灰色薄至中厚层白云岩、白云质石灰岩、泥质白云岩夹灰黄、黄褐色薄至中层长石石英砂岩，下部被覆盖。出露厚度约300m。据其岩性不同，由下而上可分为四段（视频1）：

一段（ϵ_3q^1）：为灰色、浅灰色薄—中厚层白云岩、泥质白云岩。下部为灰黄色薄层、薄—中层泥质白云岩，含石盐、石膏假晶，前者呈立方体，后者为针状，代表高海平面时期一次蒸发事件沉积，该次蒸发事件在鄂西及川东地区较为稳定，是该时期地层划分和对比的标志层；上部以灰色、浅灰色、薄—中层泥晶—粉晶白

视频1 寒武系覃家庙组

云岩及泥质白云岩为特征,在刘家场地区多发生不同程度的揉皱。本段未发现生物化石,水平纹层级波状层理较发育,厚约100m。

二段（ϵ_3q^2）:岩性为灰黄色、黄褐色薄—中层长石石英砂岩,厚约5~10m,露头上岩石风化较强烈,长石常已风化为白色斑点状高岭石,可见平行层理、楔状交错层理,以及流水波痕。本段岩性特殊、易于辨认,代表一次海平面下降的事件沉积。由于海平面的下降,导致陆源碎屑向盆地侵进,形成了低海平面时期的特色沉积物。该次海平面下降事件在鄂西、湘西北,以及川东地区具有很好的对比性,形成了以长石石英砂岩为特征的稳定而良好的标志层。

三段（ϵ_3q^3）:为灰—深灰色中厚层白云质石灰岩、白云岩,以泥晶—粉晶结构为主,夹数层砂屑、砾屑、粉屑白云岩,以及鲕粒白云质石灰岩。砾屑层中可见倒"小"字形排列特征,本段厚约80m。

四段（ϵ_3q^4）:以浅灰色、中厚层白云岩夹多层灰黄色中层泥质白云岩、叠层石白云岩为特征,其中的泥质白云岩夹层是区别于三段和三游洞群的主要标志,叠层石以层状和波状为主。本段厚约120m。

本组厚度由南往北各地不一,咸丰丁碧厚392m,恩施白果坝厚125m,长阳秀峰桥厚约190m,宜昌平善坝厚190m,宜昌打磨山厚217m。区域上,该组已获得三叶虫的主要分子有 *Solenoparia trogus*、*S.? pingshanpaensis*、*Xingrenaspis*、*Schopfaspis hubeiensis*,尚有腕足类等化石。据此,覃家庙组时代属寒武纪第三世。

（六）三游洞组（ϵ_4s）

三游洞组由王钰（1938）创立的三游洞石灰岩演变而来。该组在宜昌及松滋刘家场发育均较完整（视频2）。主要为局限台地相碳酸盐岩沉积,其地层中发育有较多的古溶洞,如松滋刘家场地区的古神洞、新神洞以及宜昌的三游洞等,它们既是观察岩溶现象良好场所,又是观光旅游的好去处。在松滋刘家场地区本组主要为一大套灰白色与灰黑色相间的厚层至块状粉晶—细晶白云岩,夹砂屑、砾屑白云岩及硅质条带,顶部为灰色厚层颗粒石灰岩夹浅灰色薄层白云岩。可见多种交错层理,发育柱状、波状及半球状叠层石。

视频2 寒武系三游洞组

在宜昌地区,三游洞组曾被分解为三个组（汪啸风等,1987）,即中寒武统新坪组、上寒武统雾渡河组和早奥陶世西陵峡组,1997年湖北省岩石地层清理小组在清理地层单位时废弃了其分解方案,并恢复了三游洞组,本书也采用此方案。在湘西北地区同时期地层被称为娄山关组。本组南厚北薄,咸丰丁碧厚981m,恩施厚1077m,长阳秀峰桥厚1081m,宜昌新坪厚706m。

本组下部产三叶虫 *Paranomncare hubeiensis*、*P. guizhouensis*、*Paramenocepiaadites* 等;中上部有三叶虫 *Enshia typacas E. brevica* 等;上部有三叶虫 *Saukia enshiensis*、*Calvinella striata* 等及牙形石 *Teridontus nakamurai*、*Eoconodontus notchpeakensis*、*Cordylodus proavus*,这些化石说明本组层位应属芙蓉统,底部可能为第三世晚期沉积。

二、奥陶系

本区奥陶系层序完整,露头良好,以宜昌黄花场和松滋刘家场剖面最具代表性。总体以碳酸盐岩沉积为主,夹少量泥页岩,不仅生物化石十分丰富,而且门类繁多。既有介壳相、笔石硅质页岩相,又发育有介壳相与笔石泥质页岩相混合沉积。生物化石门类有头足类、三叶虫、笔石类、腕足类、腹足类、双壳类、苔藓虫类、海绵类、托盘类、牙形石等。更有意义的是在分乡组和红花园组中产有生物礁（朱忠德等,1993,肖传桃等,1993,2004；Xiao,2011）。研究区奥陶系剖面以宜昌黄花场和松滋刘家场地区雷家塌和响水洞剖面发育较好。

（一）地层剖面介绍

以下介绍刘家场镇雷家塌村奥陶纪的地层剖面和地层特征。其奥陶系除五峰组缺失外，其他地层发育完整，露头连续。

湖北松滋刘家场雷家塌奥陶系剖面（朱忠德等，1995）如下：

上覆地层　志留系兰多维利统龙马溪组

（64）灰—深灰色薄—中层泥岩、含粉砂泥岩、含少量硅质结核，水平层理。自底部0.4m以上产笔石 *Monograptus* sp.、*Pristiograptus* sp.、*Rastrites* sp. 等。

―――――――――――――――平行不整合―――――――――――――――

上奥陶统（O_3）

五峰组（O_3w）（缺失）

临湘组（O_3l） 18.1m

（63）上部褐黄色黏土层（5~10cm），下部黄灰色泥岩。产三叶虫 *Nankinolithus* sp.、*N. wanyuanensis* Cheng et. Jian、*Ceragnostus sinensis* Sheng、、*G.* sp.、*Calymenesun* sp.、*Encrinuroides* sp.、*L. hubeiensis*（sp., nov.）、*Shumardia aculeata* Liu、*Oualocephalus decorosus*（Lu）、*O. ovatus*（Sheng），以及腹足类 *Phragmolites* sp. 等。 0.25m

（62）浅灰—灰色厚层含泥质条带泥晶石灰岩、粉晶石灰岩。 2.6m

（61）上部为具龟裂纹浅灰色泥质条带泥晶石灰岩（0.8m），下部为具瘤状构造的紫灰色中层含泥质泥晶石灰岩（0.4m）。 1.2m

（60）紫灰色厚层—块状瘤状泥晶石灰岩，发育龟裂纹。 8.3m

（59）黄灰—紫灰色厚层—块状—瘤状泥灰岩。产头足类 *Sinoceras chinense*（Foord）、*Vaginoceras* sp.、*Michelinoceras elongatum*（Yu）。 5.7m

宝塔组（O_3b） 14.6m

（58）紫灰色中—厚层含泥质条带泥晶石灰岩，发育少量龟裂纹，产头足类 *Michelinoceras paraelongatum abruptum* Lai et Tsi，牙形石 *Hamarodus europaeus*（Serpagli）。 2.7m

（57）紫灰色厚层具龟裂纹含泥质泥晶石灰岩与暗灰色薄—中层含泥质条带泥晶石灰岩互层，产头足类 *Sinoceras chinense*（Foord）、*Michelinoceras sanxiaense* Lai et Niu，牙形石 *Protopanderous liripipus* Keneedy Barnes et Vyeno。 9.1m

（56）紫灰色厚层具泥质条带龟裂纹含生屑泥晶石灰岩，产头足类 *Sinoceras* sp.，牙形石 *Baltoniodus lingulatus* An、*Scabbardella altipes*（Henningsmoen）、*S. similaris*（Rhodes）。 2.8m

大田坝组（O_3d） 2.4m

（55）上部微含沥青质深灰色中层含泥生屑泥晶石灰岩夹黄灰色薄—中层页岩，下部为中厚层微含沥青质生屑泥晶石灰岩。产三叶虫 *Opsimasaphus rilingxiaensis* Xia，头足类 *Dideroceras leijataense*（sp. Nov.）、*Sinoceras suni*（Yu）、*Lituites* lii Yu、*L.* sp.、*Vaginoceras* sp.、*V. cylindrica* Yu、*Michelinoceras densum*（Yu），牙形石 *Baltoniodus variablis* Bergstrom *B. fenxiangensis*、An, Du et al. *B. communis*、*Eoplacognathus janyeensis*（An et Ding）、*Protopanderodus varicostatus*（Sweet et Bergstrom）、*P.* sp.。

2.4m

中奥陶统（O_2）

牯牛潭组（O_2g） 21.3m

（54）棕色似瘤状含泥生屑泥晶石灰岩、泥质条带含生屑泥晶石灰岩，具龟裂纹构造。含牙形石 *Belodella fenxiangensis* An et al.、*Periodon* sp. *Protopanderodus* cf. *Rectus*（Lindstrom）、*Baltoniodus* sp.。

4.5m

（53）上部为具龟裂纹棕色厚层泥质条带含生屑泥晶石灰岩（6m），下部为棕色厚层含泥质条带

生屑泥晶石灰岩与中—厚层瘤状含泥含生屑泥晶石灰岩互层。 16.8m

大湾组（$O_{1-2}d$） 110.9m

第三段

（52）棕色中层瘤状泥灰岩、泥质条带含生屑泥晶石灰岩与棕色瘤状中层灰质泥岩互层，富产头足类 *Chisiloceras changyagense*（Chang）、*Vaginoceras peiyangense malukouense*（Chen）。 11.9m

（51）绿灰色中—厚层瘤状含生屑泥灰岩、灰质泥岩与黄灰、黄绿色薄—中层页岩互层。富产头足类 *Protocycloceras deprati* Reed、*P. megasiphonatum*（sp. Nov.）、*P. intermedium*（sp. nov.）、*Dideroceras bueviconicum*（sp. nov.）、*D. alleum*（sp. nov.）、*D. dayongense* Lai et Tsi、*D. cf. Wahlenbergi*（Foord）、*Vaginoceras* sp.、*V. peiyangense malukouense*（Chen）、*V. liujachangense*（sp. nov.）、*Protocycloceroides liujachangense*（sp. nov.）、*Michelinoceras* cf. *regulare*（Schlotheim）、*Cochlioceras* sp.、"*Cameroceras*" *temuiseptum* var. *chisiloceras changyangense*（Chang），三叶虫 *Illaenus* sp.、*I. Sinensis* Yabe、*Eucalymene* sp.、*E. quadrata* Lu、*Caralinites minor*（Sun）、*Nileus armadilloformis* Lu、*N.* sp.、*Megalaspides similis* Lu、*Ptychopyge*（?）sp.、腕足类 *Paurorthis* sp.、*Martellia ichangensis*、*lepidorthis* sp.、*Yangtzeella poloi*（Martelli）、*Y. yichangensis* Zeng，腹足类 *Ecculiomphalus* sp.、*Lophospira* sp.。 19.6m

第二段

（50）棕、棕灰色具灰色斑块中—厚层瘤状泥灰岩、泥晶生屑与棕色中层含少量瘤状体灰质泥岩互层。含头足类 *Chisiloceras* sp.、*C. changyangense*（Chang）、*C. neichianense eurysiphonatum* Lai et Tsi、*C. liujachangense*（sp., nov）、*C.* cf. *curvatum* Lai et Tsi、*Vaginoceras peiyangense malukouense*（Chen）、*Dideroceras meridionale*（Kobayashi），三叶虫 *Nileus armadilloformis* Lu.。 6.7m

（49）棕、灰棕色夹灰色斑块中—厚层瘤状含生屑泥灰岩与棕色薄—中层瘤状灰质泥岩互层。产头足类 *Vaginoceras peryangense malukouense*（Chen）、*V. multiplectosepyatum* Yu、*V. Lungshanense* Lai et Tsi、*V.* sp.、*Dideroceras meridionale*（Kobayashi）、*D. mui*（Chang）、*D. endoseptum*（Chang）、*Bathmoceras complexum*、Barrande、"*Cameroceras*" *hsiehi* Yu、*Protocycloceras* sp.、*Troedsonella* cf. *hunanense* Lai et Tai、*Chisiloceras Changyangense*（Chang），腕足类 *Yangtzeella poloi*（Martelli）、*Y.* sp.、*Lepidorthis typicalis* Wang，腹足类 *Ecculiomphalus louderbacki*（Endo）、*E. liujiachangense*（sp., nov）、*Sinuites* sp.、*Lophospira* sp.，牙形石 *Cornuodus longibasis*（Lindstrom）、*Drepanodas perlongus* An、*D. arcuatas* Pander、*Periodon flabellum*（Lindstrom）、*Walliserodus ethingtoni*（Fahraeus）、*Paroistodus proteus*（Lindstrom）、*P.* sp.、*Protoprioniodus* cf. *simplicissimus* Mctavish。 42.9m

（48）上部灰色薄—中层瘤状含泥质生屑泥晶石灰岩与灰色薄层含灰质泥岩互层（3.4m），下部灰色薄—中层瘤状含生屑泥灰岩与棕色薄层瘤状含生物泥灰岩互层（3m）。产头足类 *Vaginoceras* sp.，腕足类 *Yangtzeella poloi*（Martelli）、*Pseudoporambonites yichangensis* Zeng、*Tritoechia* sp.，腹足类 *Ecculiomphalus sinensis*（Erech）、*E. louderbac-ki*（Endo），三叶虫 *Illaenus sinensis* Yabe、*I.* sp.、*Szechuanella* sp.。 6.4m

（47）棕色夹灰色条带中层瘤状含生屑泥灰岩。产头足类 *Chisiloceras changyangense*（Chang），腕足类 *Paurorthis* sp.、*Schedophyla* sp.，腹足类 *Ecculiomphalus sinensis*（Frech），三叶虫 *Szechuanella cylindrica* Lu、*S.* sp.。 7.6m

第一段

（46）黄灰色、灰色中—厚层含泥质条带瘤状泥晶生屑石灰岩、生屑泥晶石灰岩夹灰色块状泥晶石灰岩，含少量海绿石，发育大型丘状交错层理。产头足类 *Vaginoceras* sp.，腕足类 *Yangtzeela* sp.、*Sinorthis* sp.，腹足类 *Cymbularia*（?）sp.，牙形石 *Drepanodus perlongus*（Lindstrom）、*Paroistodus brevibasis*（Sergeeva）、*Scolopodus asperus* An et al.、*Oepikodus evae*（Lindstrom）。 7.3m

（45）灰色中—厚层泥晶生屑石灰岩、泥晶含粉屑生屑石灰岩与黄灰色页岩互层。产三叶虫 *Megalaspides* cf. *taningensis*（Weller）、*Ovalocephalus* sp.，腕足类 *Sinorthis* sp.、*S. typica* Wang、

Lingula sp.，牙形石 *Bergstroemognathus extensus*（Graves et Ellison）、*Juanognathus jaanussoni* Serpagli、*J. variabilis* Serpagli、*J. anhuiensis* An、*Oepikodus internedirs* Serpagli、*Protoprioniodus* cf. *costadus*（Van Wamel）。 6.8m

（44）灰色中—厚层泥晶化生屑石灰岩，发育中型交错层理，含海绿石晶粒。产腕足类 *Yangtzeella*（?）sp.、*Paurothis typica*（Wang）、*P.* sp.，牙形石 *Juanognathus jaanussoni* serpagli、*J. variabils* Serpagli、*Paroistodus proteus*（Lindstrom）、*Bergstroemognathus extemsus*（Craves et Ellison），*Drepanoistodus forceps*（Lindstrom）。 1.8m

下奥陶统（O_1）

红花园组（O_1h） 51.2m

（43）灰色块状含 *Calathium* 泥晶石灰岩（礁灰岩），横向与灰色中—厚层亮晶藻屑生屑石灰岩、泥晶砂屑、砾屑石灰岩交互穿插。产头足类 *Manchuroceras yangtzeense* Xu、*M. hubeiense* Xu、*Recorvoceroides slender forme* Xu et Lai，腕足类 *Paurorithis*（?）sp.，牙形石 *Bergstroemognathus extensus*（Graves et Ellison）、*Cornuodus longibasis*（Lindstrom）、*Drepanodus arcuatus* Pander、*Juanognathus varibilis* Serpagli、*Reutterodus depressus* An、*Scolopodus huolianzhaiensis* An et Xu、*Tripodus brevibasis*（Serrgeeva）、*Oistodus* cf. *lanceotaus* Pebder 及 *Calathium* sp. 和古钵海绵 *Archaeoscyphia* sp. 等。 10.0m

（42）黄灰色页岩夹一层 3cm 厚的褐色硅化泥质生屑石灰岩。产三叶虫 *Psilocephalina* sp.，双壳类 *Cypricardinia parallela*（Hsu），笔石 *Dendrograptus* sp.。 3.2m

（41）灰色块状蓝绿藻、*Calathium* 泥晶石灰岩（粘结—障积礁灰岩）与灰色中—厚层亮晶砾屑、生屑石灰岩，亮晶生屑石灰岩互层，横向可形成指状穿插。产 *Calathium* sp.，古钵海绵 *Archaeoscyphia* sp.，苔藓虫 *Batostomella* sp.，头足类 *Manchuroceras*（?）sp.、*Coreanoceras* cf. *remiforme* Chen，三叶虫 *Selenoharpas*（?）sp.、*Illaenus* sp.，腕足类 *Nanorthis* sp.，牙形石 *Scolopodus* sp.。 17.5m

（40）黄绿色页岩，夹 1.4m 厚的灰色块状含 *Calathium* 泥晶灰岩（障积—粘结礁灰岩）一层。产 *Calathium* sp.，古钵海绵 *Archaeoscyphia* sp.，腕足类 *Nanorthis multicostata* Ulrith et Cooper，头足类 *Cyrtovaginoceras* sp.，三叶虫 *Asaphopsis* sp.、*Psilocepalina lubrica* Hsu、*P.* sp.。 6.8m

（39）上部灰色块状含 *Calathium* 叠层石石灰岩（障积—粘结岩），下部薄层泥质石灰岩夹中层亮晶生屑砾屑石灰岩、砂屑石灰岩、鲕粒石灰岩，底部 1.2m 为含少量燧石结核的 *Calathium* 叠层石石灰岩。产三叶虫 *Illaenus*（?）sp.，腕足类 *Nanorthis hamburgensis*（Walcott）、*Syntrophinella* sp.、*Lingula* sp.，双壳类 *Cypricardinia*（?）sp.，牙形石 *Tripodus aff bicostus*（Ni）、*Drepanodus* sp. 及 *Calathium* sp.。 13.7m

分乡组（O_1f） 70.7m

第二段

（38）黄灰色页岩与灰色亮晶砾屑、生屑石灰岩、粉屑石灰岩互层，底部为中层硅质岩及页岩，产笔石 *Dictyonema*（?）sp.、*Acanthograptus* sp.、*Bryograptus*（?）sp.、*Dendrograptus* sp.，三叶虫 *Psilocephalina lubrica* Hsu，腕足类 *Lingula* sp.，牙形石 *Drepanodus*（?）cf. *antilectus* an、*D.* sp.。

13.2m

（37）上部为灰色块状叠层石石灰岩，中、下部为块状亮晶生屑石灰岩。产 *Calathium* sp.，头足类 *Daobaowanceroides* cf. *densum* Xu et Lai，牙形石 *Drepanodus arcuatus* Pender、*Tripodus brevibasis*（Sergeeva）、*Drepanoistodus forceps* Lindstron、*Stolodus stola*（Lindstuom）、*Paltodus deltifer*（Lindstrom）、*Paroistodus mumarcuatus*（Lindstrom）。 3.8m

（36）黄灰色页岩。产笔石 *Acanthograptus sinensis* Hsu，三叶虫 *Psilocephalina lubrica* Hsu、*Tungtzeella* cf. *szchuanensis* Sheng。 7.8m

（35）灰白色块状叠层石石灰岩，底部为含细砾屑生屑石灰岩，具交错层理。产三叶虫 *Szechuanella* sp.。 6.7m

（34）黄灰色页岩。产笔石 *Dictyonema* sp.、*Medusaegraptus*（?）、*Acanthograptus sinensis* var.、*fenhsiangensis* Hsu、*Reticulograptus* sp.，三叶虫 *Tungtzeella*（?）sp.、*Psilocephalina lubrica* Hsu、*P. sinuata* Hsu、*Asaphopsis granulatus* Hsu，腕足类 *Orthis* sp.、*Lingula* sp.。 11.8m

第一段

（33）下部灰色厚层生屑泥晶石灰岩、中层泥晶生屑石灰岩，产小型灰泥礁；中、上部灰色厚层夹中层亮晶藻屑石灰岩，亮晶含鲕粒生屑、砂屑石灰岩。产头足类 *Cyrtovaginoceras*（?）sp.，三叶虫 *Asaphopsis* sp.。 11.9m

（32）上部为灰色薄层瘤状泥晶石灰岩，偶夹页岩，下部褐灰色页岩。产笔石 *Dendrograptus* sp.、*Dictyonema* sp.、*Dendrograptus* cf. *yangtzensis* Mu，三叶虫 *Asaphopsis* sp.，腕足类 *Sinorthis* sp.、*Syntrophinella* sp.。 7.1m

（31）灰色中层亮晶生屑石灰岩与核形石砾屑石灰岩互层，夹鲕粒石灰岩，上部具泥质纹层及硅质透镜体。产腕足类、苔藓虫化石碎片及牙形石 *Drepanodus arcuatus* Pander、*Milaculum* sp.。 5.3m

（30）灰色厚层—块状亮晶砂屑、生屑石灰岩，时含鲕粒或砾屑，夹少量凝块石石灰岩，近底部见有小型灰泥礁。产腕足类 *Martellia* sp.、*Tritoechia* sp. 及大量腕足类、苔藓虫等碎片。 9.8m

南津关组（O_1n） 173.9m

第四段

（29）灰色中层亮晶砂屑石灰岩，中、下部含砾屑及砂屑石英砂岩，具大型板状、槽状交错层理。产腕足类 *Tritoechia* cf. *recta* Xu，三叶虫 *Psilocephalina*（?）sp.、*Octillaenus*（?）sp.，牙形石 *Glyptoconus quadraplicatus*（Branson et Mehl）、*Drepanoistodus* sp.。 2.8m

（28）灰色厚层亮晶含砾砂屑石灰岩，含燧石结核。 5.9m

（27）上部灰色厚层亮晶含石英砂屑石灰岩，下部浅灰色厚层钙质砂屑石英砂岩夹条带状或团块状白云岩、中层砂屑石灰岩，大型槽状、羽状交错层理极为发育。产牙形石 *Scolopodus* sp.、*Drepanodus* sp.、*Glyptoconus quadraplicatus*（Branson et Mehl）、*Drepanoistodus* sp.。 3.8m

第三段

（26）灰色厚层亮晶砂屑鲕粒石灰岩，亮晶砂屑、生屑石灰岩夹泥晶石灰岩。产牙形石 *Teridontus gracilis*（Furnish）。 3.8m

（25）灰色中层亮晶中—细粒砂屑石灰岩夹白云质石灰岩、亮晶鲕粒石灰岩。产牙形石 *Teridontus gracilis*、*Drepanoistodus* sp.。 5.9m

（24）灰色厚层亮晶生屑石灰岩，下部夹鲕粒石灰岩、白云质泥晶石灰岩、砾屑石灰岩。产牙形石 *Glyptoconus quadraplicatus* Ni、*Drepanoitstodus nanjinguanensis* Ni、*Teridontus nakamurai*（Nogami）。 7.1m

（23）灰色厚层亮晶砂屑石灰岩，夹含砾鲕粒石灰岩、砾屑石灰岩和白云质砂屑石灰岩、藻屑石灰岩，见少量叠层石。产头足类 *Manchuroeeras*（?）sp.，腹足类 *Pararaphistoma* cf、*Qualteriatum*（Schlothim）、*P.* sp.，牙形石 *Scandodus* sp.、*Drepanodus* sp.、*Drpanoistodus* sp.、*D.* cf、*Brevibasis* Ni、*Glyptoconus quadraplicatus* Branson et Mehl。 25.5m

（22）深灰色厚层块状亮晶砂屑石灰岩，粒度自下而上由粗变细。 4.2m

（21）灰、浅灰色粉屑灰质白云岩、泥晶白云岩、粉屑石灰岩，夹细砂屑石灰岩，具小型交错层理，上部含燧石条带和结核。 3.2m

（20）灰色厚层砂屑石灰岩夹白云质泥晶石灰岩及鲕粒砂屑石灰岩，上部含燧石结核。含腹足类和腕足类碎片及牙形石 *Drepanodus subacuatus* Branson et Mehl。 17.8m

（19）灰色厚层叠层石亮晶砂屑石灰岩、波状叠层石亮晶藻屑石灰岩，夹水平纹层状泥晶石灰岩，局部含砾砂屑石灰岩。 6.9m

（18）上部灰色块状含砂屑泥晶石灰岩夹中层白云质细砂屑石灰岩，具波状叠层石纹层；下部灰色亮晶砂屑石灰岩，具藻纹层；底部黄色厚层含砾屑砂屑泥晶石灰岩。产三叶虫 *Pseudobacilicus*（?）

sp.，牙形石 Scolopodus restuictus An。　　　　　　　　　　　　　　　　　　　　　　　　　6.9m

第二段

（17）灰色厚层含硅质条带藻屑叠层石石灰岩（叠层石礁），底部含砾粗砂屑石灰岩。产三叶虫 Szechuanella szechuanensis Lu 及腹足类、腕足类碎片。　　　　　　　　　　　　　　　　　6.8m

（16）灰色厚层亮晶藻屑、砂屑、砾屑石灰岩与灰色中层叠层石石灰岩互层。顶部为 2.1m 厚的黄灰色块状泥晶石灰岩，夹顺层分布的黑色燧石结核。　　　　　　　　　　　　　　　　12.9m

（15）灰色薄层条带状砂屑质泥晶石灰岩与条带状钙质泥岩互层，夹透镜状亮晶含砾屑砂屑石灰岩。　　　　　　　　　　　　　　　　　　　　　　　　　　　　　　　　　　　　　　　4.1m

（14）下部灰色中层亮晶砾屑、砂屑石灰岩，夹薄层泥晶石灰岩；上部灰色厚层叠层石石灰岩与砂屑石灰岩互层。产三叶虫 Szechuanella szechuanensis Lu，牙形石 Scolopodus (?) pseudoplanus An、Oneotodus cf. simplex (Furnish)、S. cf. restrictus An、S. premitvus An。　　　　　　　　4.5m

（13）上部灰色厚层叠层石石灰岩（波、柱状），下部灰色薄层—中层亮晶砾、砂屑石灰岩，夹具水平层理的黄褐色钙、泥质条带及粉屑泥晶石灰岩条带。产牙形石 Drepanoistodus sp.。　　3.7m

（12）灰色中层条带（瘤）状泥晶石灰岩。　　　　　　　　　　　　　　　　　　　　　　4.6m

（11）灰色块状层叠层石礁灰岩，底部有中—薄层亮晶砾屑、砂屑类岩。产三叶虫 Szechuanella szechuanensis Lu，牙形石 Drepanodus sp.。　　　　　　　　　　　　　　　　　　　　　　4.4m

（10）深灰色中层亮晶砾屑、砂屑石灰岩，底部为条带状泥晶石灰岩。　　　　　　　　　3.2m

第一段

（9）黄褐色页岩。产三叶虫 Asaphopsis granulatus Hsu。　　　　　　　　　　　　　　　2.5m

（8）灰、黄色中层条带状泥晶石灰岩。　　　　　　　　　　　　　　　　　　　　　　　5.8m

（7）黄褐色页岩，偶夹泥晶腕屑石灰岩透镜体。产三叶虫 Dactylocephalus mionops Lu、D. dactyloides Hsu、Asaphopsis granulatus Hsu、Geragnostus yangtaeensis Lu，腕足类 Nanorthis sp.。　17.3m

（6）灰色厚层（泥）亮晶含棘屑、腕屑石灰岩，底部泥晶粉屑石灰岩。产三叶虫 Lohanpopsis sp.、Eotelephina (?) (gen. Nov)，腕足类 Nanorthis sp.、Martellia sp.、Siphonotreta (?) sp.，牙形石 Chosonodina her furthi Muller、Cordylodus intermedius Furnish、C. lindstroemi Druce et Jones、C. sp.、Rossodus manitouensis Repetski et Ethington、Monocostodus cf. sevierensis (Miller)、Semiacontiodus nogami Miller、Teridontus eretus (Druce et Jones)、T. gracilis (Furnish)、T. nakamurai (Nogami)、Acodus oneotensis Furnish、Acanthodus costatus Druce et Jones。　　　　　　　　　　　　　　　　　　　6.7m

（5）灰色厚层亮晶砂屑石灰岩夹薄层粉晶白云岩，底部砾屑石灰岩。产牙形石 Monocostodus cf. sevienensis (Miller)。　　　　　　　　　　　　　　　　　　　　　　　　　　　　　　9.6m

（4）灰色中—粗粒亮晶残余砂屑石灰岩夹细晶白云岩，顶部细晶白云岩，底部粗粒亮晶残余鲕粒石灰岩。　　　　　　　　　　　　　　　　　　　　　　　　　　　　　　　　　　　　6.2m

（3）灰色块状含砾屑砂屑石灰岩，夹中层白云岩，及柱状、波状叠层石白云质砂屑石灰岩。　　7.7m

―――――――――――――――――整合―――――――――――――――――

下伏地层　寒武系芙蓉统三游洞组

（2）灰色中层粉晶白云岩，发育水平纹层。　　　　　　　　　　　　　　　　　　　　10.2m

（1）灰色厚层粉晶白云岩，偶夹条带状硅质岩（未测至底）。　　　　　　　　　　　　　6.6m

（二）岩石地层特征

研究区奥陶系三统齐全，化石丰富（图 2-2、图 2-3）下统自下而上包括南津关组、分乡组和红花园组，中统包括大湾组和牯牛潭组，上统包括大田坝组（庙坡组）、宝塔组、临湘组和五峰组，其中松滋地区缺失五峰组沉积。

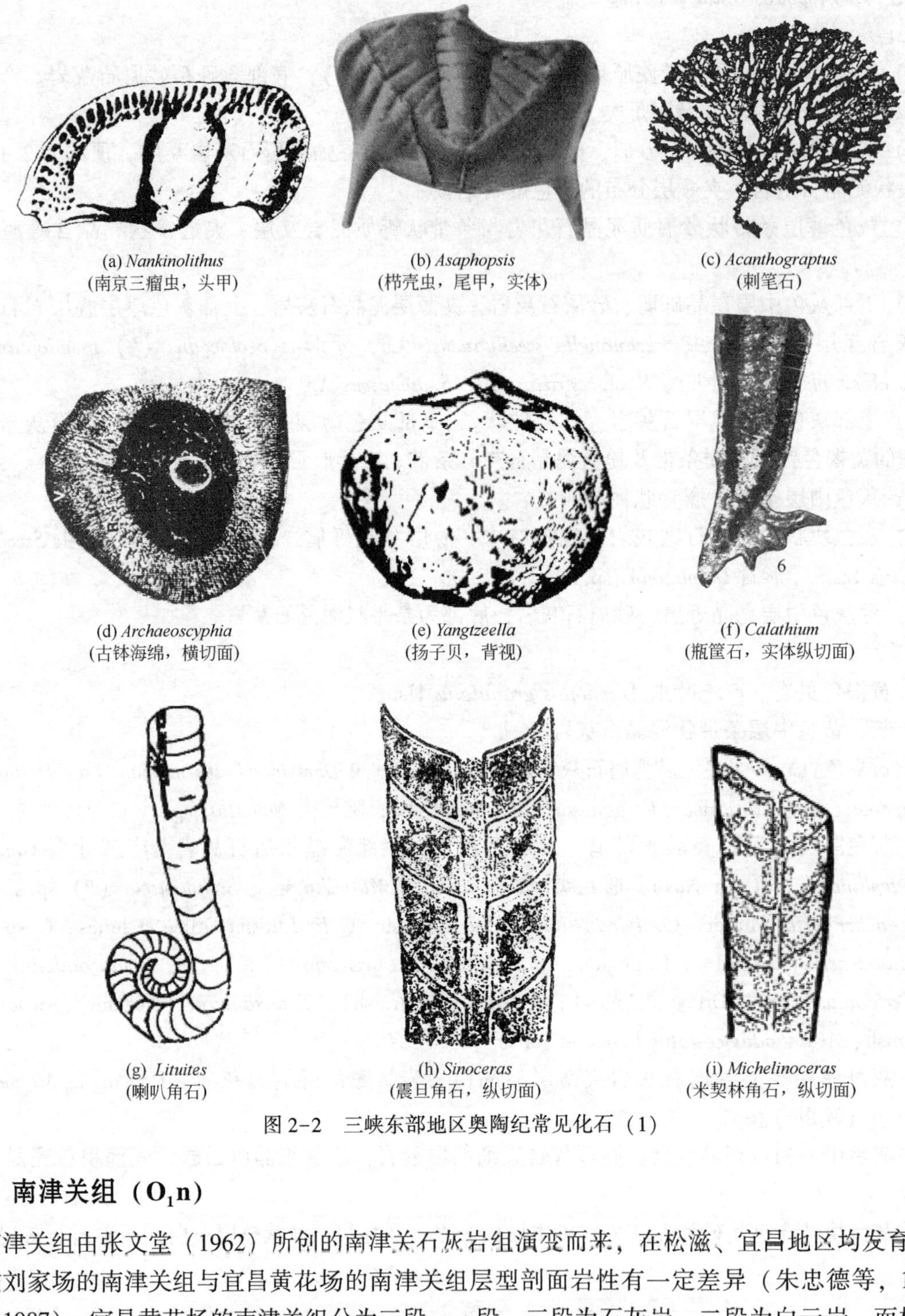

(a) *Nankinolithus* (南京三瘤虫，头甲)　(b) *Asaphopsis* (栉壳虫，尾甲，实体)　(c) *Acanthograptus* (刺笔石)

(d) *Archaeoscyphia* (古钵海绵，横切面)　(e) *Yangtzeella* (扬子贝，背视)　(f) *Calathium* (瓶筐石，实体纵切面)

(g) *Lituites* (喇叭角石)　(h) *Sinoceras* (震旦角石，纵切面)　(i) *Michelinoceras* (米契林角石，纵切面)

图 2-2　三峡东部地区奥陶纪常见化石（1）

1. 南津关组（O_1n）

南津关组由张文堂（1962）所创的南津关石灰岩组演变而来，在松滋、宜昌地区均发育较完整，但松滋刘家场的南津关组与宜昌黄花场的南津关组层型剖面岩性有一定差异（朱忠德等，1996；汪啸风，1987）。宜昌黄花场的南津关组分为三段，一段、三段为石灰岩，二段为白云岩。而松滋刘家场的南津关组可分为四段，以下介绍松滋刘家场的南津关组分段情况。

一段（O_1n^1）：灰色中—厚层生屑、砂屑石灰岩、条带状泥晶石灰岩与黄灰色页岩互层，在页岩中产三叶虫 *Dactylocephalus mionops* Lu、*D. dactyloides*、*Asaphopsis granulatus*、*Geragnostus yangtaeensis*，腕足类 *Nanorthis* sp. 等，厚 32.3m。

二段（O_1n^2）：以灰色厚层—块状亮晶砂屑、砾屑石灰岩、叠层石石灰岩及条带状泥晶石灰岩、含燧石条带或结核石灰岩为特征，产三叶虫 *Szechuanella szechuanensis*，牙形石 *Scolopodus*（?）*pseudoplanus* An、*Oneotodus* cf. *simplex*、*S.* cf. *restrictus*、*S. premitvus*，厚 44.2m。

视频3　奥陶系南津关组

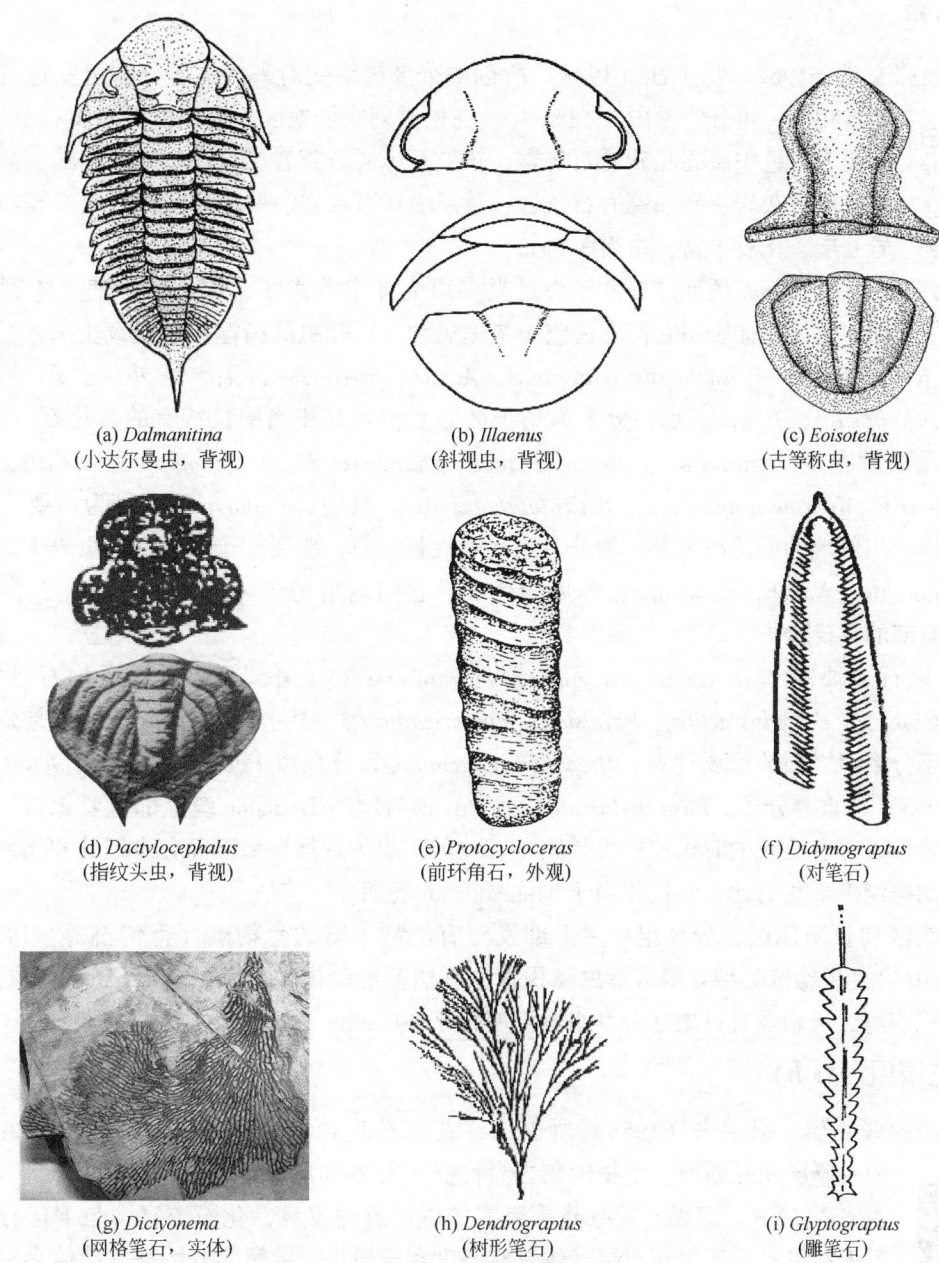

图 2-3 三峡东部地区奥陶纪常见化石（2）

三段（O_1n^3）：为灰色中—厚层、厚层—块状亮晶砂屑、砾屑石灰岩、泥晶白云岩、灰质白云岩夹鲕粒石灰岩及白云质石灰岩，化石稀少，厚 85.3m。

四段（O_1n^4）：为具大型交错层理的陆屑、砾屑、生屑石灰岩及鲕粒石灰岩，产腕足类 Tritoechia cf. recta Xu，三叶虫 Psilocephalina（?）sp.、Octillaenus（?）sp.，牙形石 Glyptoconus quadraplicatus (Branson et Mehl)、Drepanoistodus sp.，厚 12.5m。

本组所产大化石主要集中在下部页岩和石灰岩中。其中，三叶虫自下而上有 Lohanpopsis sp.、Dactylocephalus mionops、D. dactyloides、Asaphopsis granulatus、Geragnostus yangtzensis、Szechuanella szechuanensis、Pseudobasilicus（?）sp. 等。按它们产出的层位特征，似可明显地划分为两个组合：下部 Dactylocephalus dactyloides-Asaphopsis granulatus 组合，上部 Szechuanella szechuanensis-Pseudobasilicus sp. 组合。前者为宜昌剖面南津关组下部 D. dactyloides-A. inflatus 带的化石，后者亦为我国扬子区南津关组下部的重要分子，在长阳花桥、松滋卸甲坪均产于 D. dactyloides 带的上部层位。Asphopsis 一属在西欧、北美均为 Tremadocian 阶的重要化石。三峡东部地区南津关组区域厚度约 100~180m。

2. 分乡组（O_1f）

分乡组由张文堂（1962）从王钰（1938）所创的分乡统演变而来。本区分乡组发育较好，岩性基本相似，可分为两段（视频4）。在松滋刘家场地区，第一段以颗粒石灰岩为特征，主要为灰色中层亮晶砂屑石灰岩、核形石砾屑石灰岩等，产小型灰泥礁；第二段为泥晶生屑石灰岩、亮晶藻屑石灰岩、薄层瘤状石灰岩、厚层叠层石石灰岩等与黄褐色页岩互层，化石丰富，本组厚71m。

视频4 奥陶系 分乡组

松滋刘家场地区分乡组头足类多以壳体中等大小、扩大较迅速、体管较大为特征，上述特征表明它们不适应于快速运动。三叶虫除南津关组延续上来的分子如 *Psiloccphalina lubrica*、*P.* sp.、*Asaphopsis granulatus*、*A.* sp.、*Szechuanella* sp. 等外，出现了新的分子 *Tungtzeella szechuanensis*、*T.* sp.，后两分子为扬子区分乡组及其相当层位特有的带化石，分布很广。笔石化石较重要的有 *Dictyonema* sp.、*Dendrograptus* cf. *yangtzeensis*、*Acanthograptus sinensis*、*A. sinensis* var. *fenhsiangensis*、*Mecusae graptus* sp.、*Reticulograptus* sp.。其中 *Acanthograptus* 最为重要，该属广泛分布于云、贵、川等地的桐梓组上部，为分乡组代表性带化石，主要产于该组上部页岩中。腕足类化石主要以 *Tritoechia*、*Nanorthis*、*Sinorthis* 等属为代表，它们均系扬子区分乡组常见化石，也是北美 Canadian 统上部的重要分子。

头足类化石主要有 *Cyrtovaginoceras* sp.、*Manchuroceras*（?）sp. 等。牙形石化石较重要的有 *Drepanodus arcuatus*、*Paltodus delifer*、*Paroistodus numarcuatus* 等，其中，*Paltodus deltifer* 是始于分乡组之底、消失于分乡组之顶的重要化石，*Drepanodus arcuatus* 为分乡组 *P. deltifer-Triangulodus proteus* 带（安太庠，1985）的重要分子。*Paroistodus numarcuatus* 则为欧洲 Trenadoc 统上部重要化石。上述三叶虫、笔石、牙形石等所反映的时代和层位是完全一致的，应为宜昌层型剖面分乡组的相当地层，并可与川、黔的桐梓组上部相对比，时代相当于 Tremadocian 晚期。

在宜昌地区和长阳地区，分乡组中—上部发育有类型丰富的生物礁（肖传桃等，1993，2004；C. T. Xiao，2011），生物礁类型有攀苔藓虫障积礁、有柄棘皮动物障积礁、蓝绿藻—瓶筐石—古钵海绵粘结—障积礁等，长阳及宜昌地区分乡组厚度变化于20~60m之间。

3. 红花园组（O_1h）

红花园组由张鸣韶、盛莘夫（1958）所创的红花园石灰岩演变而来。本区红花园组均以发育中—厚层亮晶砂屑、生物礁灰岩为特征，夹2~3层黄褐色页岩（视频5）。石灰岩中，由 *Calathium*、海绵、蓝绿藻等组成的礁群普遍发育，化石丰富，与下伏分乡组和上覆大湾组易于区别。本组礁体具有厚度和规模小、数量多等特征，礁体多呈丘状、面包状，分带清楚，与围岩多呈指状接触。造礁生物多具有原地生态保存特征，含量

视频5 奥陶系 红花园组

30%~65%不等。三峡东部地区厚一般为20~40m，鄂西南地区红花园组岩性与三峡东部地区红花园组岩性基本一致，建始—五峰一带厚13~20m，其他地区厚50~80m。

本组大化石以 *Calathium*（瓶筐石）-*Archaeoscyphia*（古钵海绵）组合为特征，它们与多种蓝绿藻类、苔藓虫类等组成相互交错叠覆的丘状礁群，极为醒目。这类化石在扬子区同期地层中普遍发育，为红花园组的基本特征之一。该化石组合与北美西部得克萨斯州、俄克拉荷马州 McKelligon Canyon 组生物礁化石组合基本一致，可以相互对比。此外，头足类化石中以朝鲜角石 *Coreanoceras* cf. *reniformis* 及满洲角石 *Manchuroceras yangtzeense*、*M. hubeiense* 等最为重要，它们均为红花园组特征性带化石。据此可以和华北的亮甲山组、朝鲜的 Shorin 组、北美 Canadian 统上部、大洋洲的 Tassnanian 阶，以及西伯利亚的下奥陶统相比。其中的头足类多以壳体中等大小、扩大较迅速、体管较大为特征，上述特征表明它们不适应于快速运动，主要营底栖跳跃式游泳。

牙形石化石亦较丰富，其中虽然 *Drepanodus* 和 *Scolopodus* 两属仍较繁盛，但出现了一些新的属种。如 *Bergstroemgnathus extensus*、*Cornuodus longibasis*、*Juanognatus variabilis*、*Reutterodus depresus* 等，

均为安太庠（1985）所建立的（红花园组）*Serratognathus* 带的重要分子，时代属阿伦尼格（Arenigian）早期。

4. 大湾组（$O_{1-2}d$）

大湾组由张文堂（1962）所创的大湾层扩大演变而来。本组在区内不仅发育完整，而且岩性分异较小，以瘤状泥质石灰岩为特征。在松滋刘家场地区，本组大体可分为三段（视频6）：

一段：为灰色薄—中层砂屑、生屑石灰岩、瘤状石灰岩夹薄层黄绿色页岩，底部含海绿石晶粒或晶屑。产腕足类 *Yangtzeella* （?）sp.、*Paurorthis typica*（Wang）、*P.* sp.、*Sinorthis* sp.，头足类 *Vaginoceras* sp.，厚15.9m。

二段：为棕红色中层泥质瘤状石灰岩夹灰黄、灰绿色薄层钙质泥岩。产头足类 *Vaginoceras peryangense malukouense*、*V. multiplectosepyatum*、*V. Lungshanense* Lai et. Tsi

视频6 奥陶系大湾组

V. sp.、*Dideroceras meridionale*、*D. mui*、*D. endoseptum*、*Bathmoceras complexum*、*Protocycloceras* sp.、*Chisiloceras Changyangense*，腕足类 *Yangtzeella poloi*、*Y.* sp.、*Lepidorthis typicalis* Wang，腹足类 *Ecculiomphalus louderbacki*、*E.* sp.、*Sinuites* sp.、*Lophospira* sp.，厚63.6m。

三段：下部为绿灰色中层瘤状石灰岩，上部为棕红色瘤状含生屑石灰岩，富产头足类 *Protocycloceras deprati*、*Dideroceras dayongense*、*D. cf. wahlenbergi*、*Vaginoceras* sp.、*V. peiyangense malukouense*、*Michelinoceras cf. regulare*、*Cochlioceras* sp.、"*Cameroceras*" *temuiseptum* var. *chisiloceras changyangense*（Chang），三叶虫 *Illaenus* sp.、*I. Sinensis* Yabe、*Eucalymene* sp.、*E. quadrata*、*Caralinites minor*、*Nileus armadilloformis*，腕足类 *Paurorthis* sp.、*Martellia ichangensis*、*Lepidorthis* sp.、*Yangtzeella poloi*、*Y. yichangensis*，腹足类 *Ecculiomphalus* sp.、*Lophospira* sp.。厚31.5m。

松滋地区本组岩性与宜昌地区本组岩性基本类似。所含化石极为丰富，门类众多。它们的分布特点是，下部大化石以腕足类、腹足类，以及三叶虫等小型底栖生物为主，分异度不高，腕足类以 *Sinorthis*、*Paurorthis* 和 *Yangtzeella* 等属为主，腹足类主要为 *Cymbularia*、*Ecculiomphalus* 等属，三叶虫常见 *Ovalocephalus* sp.、*Megalaspides taningensis* 等；中、上部则多门类生物大量繁盛，尤以直壳式鹦鹉螺类和三叶虫类最为繁多，腕足类、腹足类、苔藓虫、海百合、海林檎等也大量出现，形成极为繁荣的生物发育期。但是，由于环境因素或岩性关系影响，本区大湾组笔石类化石保存极少。大湾组岩性较稳定，厚度有一定变化，松滋刘家场本组厚110m，宜昌一带本组厚26.1~48.1m，来凤、宣恩及崇阳一带本组厚60~125m。

本区大湾组头足类属种繁多，个体丰富，计有12属30余种。自下而上大致可分为三个组合，主要产于中段与上段：（1）*Bathmoceras-Vaginoceras* 组合；（2）*Chisiloceras-Dideroceras* 组合；（3）*Protocycloeras-Cochlioceras* 组合。这三个组合中，许多属种实际上是相互穿插、渗透的，显示一定序列的混合。但其总的序列与徐光洪等（1983）在宜昌剖面所建立的三个化石带（*Bathmoceras* 带、*Protocycloceras deprati* 带、*Protocycloceroides-Cochlioceroides* 带）大体上可以对比。其共同特征为壳直，扩大缓慢，断面圆形，体管很小，且位于腹边。上述特征表明本相中头足类适宜快速游泳，能生活于较深水环境中。

三叶虫的面貌与红花园组相比已有很大不同，*Asaphopsis*、*Psilocephalina*、*Tungtzeella* 等已不复存在，代之而起的是 *Megalaspides*、*Illaenus*、*Nileus*、*Eucalymene*、*Carolinites* 等新兴的属种，其中 *Megalaspides*、*Carolinites* 等广泛分布于西欧、北欧、北美、澳大利亚等地阿伦尼阶至兰维尔阶地层中，在我国主要分布于贵州湄潭组上部和中扬子区大湾组中，*Illaenus*、*Nileus* 多为卷曲类型，亦为上述地层中的重要化石。*Eucalymene* 见于陕南西梁寺组及川黔的湄潭组、新疆的丘里塔克上亚群、内蒙古的桌子山组等地层中，为卢衍豪（1975）所建立的 *Eucalymene* 带的命名化石。

腕足类也十分繁盛，其中 *Yangtzeella poloi*、*Martellia ichangensis*、*Lepidorthis typicalis*、*Pseudoporambonites yichangensis* 等均为扬子区大湾阶的特有化石。后二者是曾庆銮（1983）在宜昌层型剖面大

湾阶腕足类化石带（对应 b 带和 a 带）的命名化石之一。

5. 牯牛潭组（O_2g）

牯牛潭组由张文堂（1957）在宜昌分乡牯牛潭所创，在区内较为稳定，岩性基本相似。以棕红色厚层含泥质条带或纹层的瘤状含生屑泥质泥晶石灰岩为主（视频7），略具似龟裂纹构造，易与大湾组岩性区别，岩性稳定，区域上本组厚 14~22.5m。

在松滋刘家场地区牯牛潭组大化石稀少，多为碎屑状，不易鉴定。牙形石见有 *Belodella fensiangensis*、*Periodon* sp.、*Protopanderodus* cf. *rectus*、*Baltonoides* sp. 等，其中 *Belodella fenxiangensis* 为宜昌剖面牯牛潭组至庙坡组的重要化石。

视频 7 奥陶系 牯牛潭组

在宜昌地区，本组产头足类 *Dideroceras dayongense*、*D. wahlenbergi*、*Ancistroceras orientale*、*A. hubeiense*、*Paradnatoceras yichangense*，三叶虫 *Nileus convergens*、*Illaenus xiadongensis* 等。其中，头足类的体管较小，气室较大，反映其游泳能力逐渐增强。

6. 大田坝组（O_3d）/庙坡组（O_3m）

庙坡期地层在三峡东部地区具有一定的分异性，表现为石灰岩型和页岩型两种岩相类型特征，分别代表广海陆棚相和滞流盆地相沉积。在松滋刘家场地区，属石灰岩型沉积——大田坝组（视频8），其下部为中—厚层深灰色—微红色含沥青质泥晶石灰岩，上部为灰色中层微含沥青质含泥生屑泥晶石灰岩夹黄灰色薄至中层页岩，厚 2.4m。

本组富含头足类、三叶虫化石。头足类主要有 *Lituites lii*、*L.* sp.、*Michelinoceras densum*、*M.* sp.、*Sinoceras suni*、*Vaginoceras cylindrica*、*Dideroceras* sp. 等，其体管较小，气室较大，反映其适应较深水游泳的生活方式。三叶虫有 *Opsimasaphus xilingsiaensis*。其中 *Lituites* 为四川、鄂西大田坝组及宜昌庙坡组代表性带化石，分布很广。在欧洲波罗的海地区，该化石主要产于兰维尔—卡拉道克阶、挪威的兰代洛阶及瑞典的兰维尔阶。本组可与四川大田坝组对比，应为宜昌地区庙坡组的同时异相地层。其中的头足类共同特征为壳直或弯，扩大缓慢，断面圆形，体管很小，且位于腹边。上述特征表明本相中头足类适宜快速游泳，能生活于较深水环境中。

视频 8 奥陶系 大田坝组

在宜昌地区，该时期属页岩型沉积——庙坡组，以黑灰色、黄绿色页岩、粉砂质页岩为特征，间夹灰色石灰岩透镜体，厚 1.8m。产笔石 *Glyptograptus* cf. *teretiusculus*、*Dicellograptus sextans*、*D. intortus*、*Nemagraptus gracilis*、*N. remosus* 等。

7. 宝塔组（O_3b）

宝塔组由李四光（1924）所创宝塔石灰岩演变而来。本区宝塔组分布稳定，岩性一致，主要为一套紫灰、灰色厚层含泥质泥晶石灰岩，具明显的龟裂纹构造及泥质条带（视频9），属深水陆棚相沉积，本组岩性厚度较稳定，一般厚 11~40m。

本组含丰富的头足类化石，主要有 *Sinoceras chinense*、*Michelinoceras sanxiaense*、*M. paraelongatum abrumtum* 等，均为扬子区宝塔组常见的化石，*Sinoceras chinense* 为宝塔组特征性化石。本组中的头足类体管小，气室大，反映其能自如地调节沉浮，适应较深水游泳的生活方式。此外，本组还产丰富的牙形石，如 *Baltoniodus lingulatus*、*Scabbardella altipes*、*S. similaris*、*Protopanderodus liripipus*、*Hamarodus europaeus* 等。其中，*H. europaeus* 为宝塔组带化石（安太庠，1985），在北大西洋地区为 *Amorphognathus superbus* 带的常见化石。

视频 9 奥陶系 宝塔组

8. 临湘组（O_3l）

临湘组（视频10）由穆恩之等（1948）在湖南临湘县（现临湘市）所创。三峡东部地区临湘组岩性、岩相与湖南临湘县的基本相似，以浅紫灰、黄灰、灰色厚层含

视频 10 奥陶系 临湘组

泥质条带泥晶石灰岩为特征，具龟裂纹及瘤状构造，顶部为黄灰色薄—中层灰质泥岩及泥岩。本组岩性厚度较稳定，一般厚9.1~18.1m。

在松滋刘家场地区，本组下部（大部）所含化石主要为头足类，与宝塔组化石基本一致，即以 *Sinoceras*、*Michelinoceras* 等为主，反映其底部具有一定的穿时性，属宝塔阶。上部泥岩（2.8m）中则产丰富的三叶虫，如 *Ovalocephalus decorsus*、*O. ovatus*、*Lonchodomas* sp.、*Nankinolithus* sp.、*N. wanyuanensis*、*Shumardia aculenata* 等，均为上奥陶统常见化石，特别是 *Nankinolithus*，为临湘组代表性化石，见于下扬子地区的汤头组、修水地区的黄泥岗组、黔北的涧草沟组、滇东北的盐津组中，可以相互对比。

9. 五峰组（O_3w）

五峰组由孙云铸（1931）所创的五峰页岩演变而来。三峡东部地区五峰组主要见于宜昌及其西南地区，在松滋地区则缺失。在宜昌地区，五峰组可分为页岩段和观音桥段。页岩段岩性为灰黑色页岩、硅质岩及硅质页岩，厚5.4m。观音桥段为灰黑色、黄褐色、黄灰色含粉砂黏土岩，厚0.17~0.3m。

五峰组页岩段产大量的笔石 *Dicellograptus szechuanensis*、*D. anceps*、*D. ornatus*、*Tangyagraptus typicus*、*Paraorthograptus longispinus*、*P. uniformis*、*Diceratograptus mirus*、*Diplograptus bohemicus*、*D. orientalis* 以及大量放射虫。观音桥段产洲际性分布的动物群 *Hirnantia-Dalmanitina* 动物群，属于晚奥陶世晚期。

三、志留系

三峡东部地区志留系仅发育第一统（兰多维列统）及第二统（温洛克统）下部，并常伴随奥陶系的沉积而展布，主要分布于松滋刘家场背斜南翼和北翼，宜昌黄陵背斜东翼和西翼，以及长阳—宜都一带马鞍山向斜，厚约1100—2000m，一般1500m，其岩性通常为一套盆地相黑色笔石页岩、浅海—滨岸相碎屑岩和泥质岩沉积。在宜昌、长阳一带与下伏奥陶系呈整合接触，在松滋刘家场、卸甲坪及西斋一带与上奥陶统临湘组呈平行不整合接触。本区志留系可分为第一统（兰多维列统）龙马溪组、罗惹坪组，第二统（温洛克统）纱帽组。三峡东部地区志留纪常见化石见图2-4。

（一）龙马溪组（S_1l）

龙马溪组由李四光等（1924）所创的龙马页岩演变而来。三峡东部地区龙马溪组以宜昌地区发育较好，总体上属深水盆地、斜坡相、滨外及临滨沉积。底部为黑色页岩、泥岩夹硅质岩和硅质页岩，主体为灰绿色、黄绿色页岩夹多套灰色薄层粉砂岩、泥质粉砂岩及页岩韵律互层，其中，粉砂岩中可见小型沙纹层理，中部粉砂岩见有丰富的波痕，厚571m。在松滋地区，本组底部黑色笔石页岩沉积主要发育于温家淌一带，黑色页岩中，见丰富的细分散状黄铁矿，厚51.9m；页岩中产笔石化石；下部为灰绿色、黄绿色页岩夹多套灰色薄层粉砂岩、泥质粉砂岩及页岩韵律互层，上部为灰绿、灰黄色粉砂质页岩与灰黄色薄—中层细砂岩、粉砂岩互层，粉砂岩中见较多的波痕（视频11）。在松滋地区本组与下伏上奥陶统临湘组呈不整合接触。三峡东部地区龙马溪组厚度有一定变化，在长阳、宜昌一带厚413~827m，西部建始至宣恩、五峰一带为364~731m。

视频11 志留系龙马溪组

本组产丰富的笔石化石，如 *Demirastrites convolutus*、*D. triangulatus*、*Monograptus sedgwickii*、*Coronograptus arcuata*、*Glyptograptus persculptus*、*Parakidograptus acuminatus*、*Orthograptus vesiculosus*、*Diplograptus magnus* 等。据樊隽轩等（2012）研究，可以分出10个笔石带，它们总体代表了赫南特阶顶部至兰多维列早期沉积，也就是说，龙马溪组是一个跨越奥陶系和志留系界限的地层单位。

（二）罗惹坪组（S_1lr）

罗惹坪组由谢家荣等（1925）在宜昌罗惹坪所创。三峡东部地区罗惹坪组发育较好，在松滋刘

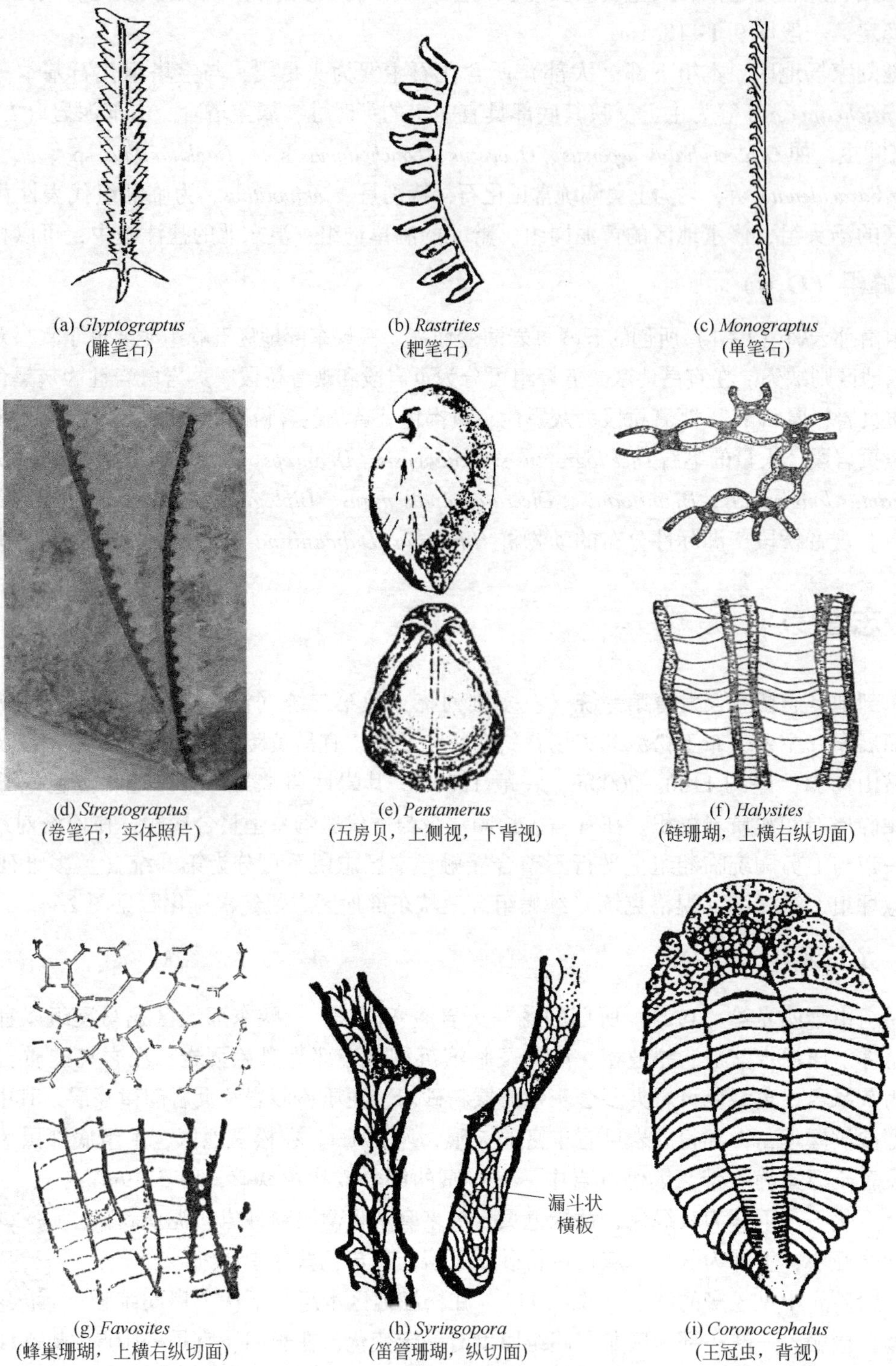

(a) *Glyptograptus*（雕笔石）   (b) *Rastrites*（耙笔石）   (c) *Monograptus*（单笔石）

(d) *Streptograptus*（卷笔石，实体照片）   (e) *Pentamerus*（五房贝，上侧视，下背视）   (f) *Halysites*（链珊瑚，上横右纵切面）

(g) *Favosites*（蜂巢珊瑚，上横右纵切面）   (h) *Syringopora*（笛管珊瑚，纵切面）（漏斗状横板）   (i) *Coronocephalus*（王冠虫，背视）

图 2-4 三峡东部地区志留纪常见化石

家场地区，底部为一层厚约 5m 的灰色块状微晶—细晶石灰岩夹亮晶生屑、砂屑石灰岩，其中产珊瑚 *Favosites* sp.、*Syringopora* sp. 及苔藓虫 *Fenestella* sp.；下部为灰绿色、棕红色页岩、砂质页岩夹粉砂岩；上部为灰黄色、黄褐色细砂岩、粉砂岩夹泥、页岩及透镜石灰岩，顶部为浅灰色中—厚层瘤状生屑石灰岩（视频 12）。砂质页岩中产腕足类 *Eospirifer tingi*、*Strophomena* sp. 等，瘤状石灰岩中产腕足类 *Pentamerus nuchuanensis*，珊瑚 *Halysites* sp.、*Favosites forbesi*、*Syringopora* sp. 等。本组与下伏龙马溪组呈整合接触，西部厚东部薄，约 542~604m，巴东思阳桥一带厚 887m。

视频 12 志留系罗惹坪组

在宜昌地区，罗惹坪组可分为两段（汪啸风等，1987）。下段为灰绿色钙质粉砂质泥岩、页岩，底部夹结核状或瘤状泥灰岩，结核多由珊瑚和腕足类化石组成。下部产笔石 *Coronograptus? Arcuata*、*Glyptograptus sinuatus*、*G. elegans*、*G. serratus*、*Climacogratus simplex*、*Pristiograptus regularis* 等；上部产腕足类 *Lissatrypa* sp.、*Stricklandia* sp.、*Pentamerus* sp. 等。下段还产有珊瑚 *Crassilasma* 和 *Halysites*，以及头足类 *Yichangoceras* 和 *Mixosiphonoceras* 等。从各类化石的地层分布看，下段相当于英国兰多维列统的 *M. sedgwickii* 带上部，下段厚103m。上段为黄绿色薄层钙质粉砂岩、粉砂质泥岩夹青灰色薄层石灰岩或瘤状石灰岩，顶、底均以青灰色薄层五房贝石灰岩与上覆、下伏地层分界。其中，产以 *Pentamerus-Apopentamerus* 为代表的腕足动物群，从化石的地层分布看，上段相当于英国兰多维列统 Fronian 阶上部的 *S. turriculatus* 带主体，上段厚45.9m。

（三）纱帽组（S_2s）

纱帽组由谢家荣等（1925）在宜昌县（现宜昌市）北40km 所创的纱帽山系演变而来。三峡东部纱帽组以宜昌地区发育较好，为两套下细上粗代表三角洲相的碎屑岩沉积，可分为四段（汪啸风等，1987）。一段为黄绿色、灰绿色含粉砂质泥岩夹薄层粉砂岩，厚77.4m，其中产笔石 *Climacograptus nebula* 和 *Pristiograptus variabllis* 等；二段为黄绿色、灰绿色薄层粉砂岩、细砂岩夹砂质页岩、页岩，砂岩中波痕、虫迹十分发育，厚118m，其中产笔石 *Monograptus marri*、*M. cf. drepanoformis*、*Pristiograptus rugularis* 等；三段为黄绿色、灰绿色页岩、粉砂质泥岩夹薄层泥质粉砂岩，厚284m，产三叶虫 *Coronocephallus* 和 *Nalivkinia* 等；四段为灰绿色夹紫红色中厚层细粒石英砂岩、粉砂岩夹砂质页岩，厚185.3m。

在松滋刘家场地区，本组厚度较小，下部岩性为灰黄色、棕红色薄层泥岩、粉砂质泥岩与细砂岩互层，上部为灰绿色薄—中层细砂岩夹粉砂质页岩，本组厚约 30~60m。产有三叶虫 *Coronocephalus* sp.、腕足类 *Eospirifer hsiehi* 等。从化石的地层分布看，本组大致相当于英国 Telychian 阶至 Sheinwoodian 阶。本组与下伏罗惹坪组呈整合接触。

第三节 上古生界

三峡东部地区上古生界发育较好，地层层序完整，其层系包括泥盆系、石炭系和二叠系。它们主要分布于宜昌地区黄陵背斜和长阳背斜及其周缘宜都和松滋地区等，以下分别介绍各系发育情况。

一、泥盆系

三峡东部地区泥盆系在松滋、长阳、宜都一带均有一定程度的出露，以松滋刘家镇关木山北坡至三溪口一带发育最好。三峡东部地区泥盆系缺失下统，只发育有中泥盆统、上泥盆统沉积，由下而上划分为中统云台观组、上统黄家磴组及写经寺组，主要为一套滨岸相碎屑岩沉积，与下伏纱帽组呈平行不整合接触，叙述如下。三峡东部地区泥盆纪常见化石见图2-5。

（一）云台观组（D_2y）

云台观组由俞建章（1929）所创的云台观石英岩演变而来。本组下部为紫红色、灰白色中—厚层含砾石英砂岩；中部为灰白色、紫红色厚层—块状石英砂岩，上部为白色块状石英砂岩（视频13）。其中见大型低角度交错层理，板状、楔状交错层理，砂岩成分成熟度很高。厚约65m。虽然本组岩性较为稳定，各地所见基本一致，但其厚度变化较大。在鄂西、鄂西南地区以松滋、宜都、长阳、建始一带较

视频13 泥盆系 云台观组

图 2-5 三峡东部地区泥盆纪常见化石

发育，最大厚度 81m（秭归杨林），一般为 20~40 余米。由此向四周均有变薄趋势。如向西、向南方向的鹤峰、宣恩、咸丰一带，一般厚 3~12m，至来凤沙子田一带则缺失；向西北方向的秭归新滩厚约 50m，兴山宋子园厚 8m，至巴东石磨一带则缺失。

在湘鄂边境，本组中发现植物化石 *Protolepdodendron scharyanum*、*Barrandeina*、*dusliana* 等，它们见于波西米亚和哈萨克斯坦地区中泥盆世晚期地层中。松滋刘家场地区云台观组中见有孢子 *Aneurospora*、*Geminospora*、*Cymbosporites* 等，它们也见于北美、加拿大中泥盆世地层中。

（二）黄家磴组（D_3h）

黄家磴组由杨敬之（1953）所创的黄家磴层演变而来。本组底部为灰绿色泥岩或粉砂质泥岩，与云台观组界线易于辨认。下部岩性为灰黑色、棕褐色中—厚层粉、细砂岩与灰绿色页岩、粉砂质页岩互层，其中发育大型槽状交错层理、楔状交错层理，夹1~2层鲕状赤铁矿层。本组是宁乡式铁矿主要含矿层，在松滋、宜都、长阳一带一般可见1~3层，一般厚1m，最厚达11m。矿层横向变化大，常相变为铁质砂页岩，该铁矿层局部地段具工业价值。上部为棕褐色薄层粉、细砂岩与灰色、灰黑色页岩、粉砂质页岩互层。其中，可见波痕，透镜状和脉状层理等（视频14）。

本组在利川、咸丰、宜恩一带厚0~53m；鹤峰、五峰、建始等地一般厚16~30m；长阳、宜都、松滋一带较厚，一般厚50~70m；宜昌地区由南往北明显变薄，甚至尖灭，宜昌风洞河厚35m，布袋峭厚12m，至远安或以北地区则尖灭。本组产植物化石 *Leptophloeum rhombicum*、*Archaeopteris hubeiensis* 等，腕足类 *Cyrtospirifer sinensis*、*C. anossafioides*、*Tenticospirifer* sp. 等化石，此外还产有鱼类 *Changyanophyton hupeiense* 及叶肢介化石。它们均为晚泥盆世早期重要化石。本组与下伏云台观组呈整合接触。

视频14 泥盆系黄家磴组

（三）写经寺组（D_3C_1x）

视频15 泥盆系写经寺组

写经寺组由谢家荣等（1929）在宜都县（现宜都市）所创的写经寺含铁层演变而来，是一个跨越泥盆系—石炭系界限的地层单位。下部称碳酸盐岩段，以灰、深灰色泥灰岩或白云岩为主，有时夹页岩及细状赤铁矿层或鲕状绿泥石菱铁矿，但刘家场以碎屑岩为主，未发现石灰岩层。其上部称砂页岩段，以灰绿、灰黑色页岩、碳质页岩、粉砂岩、砂岩为主，时含鲕绿泥石菱铁矿及煤线，含腕足类和植物化石（视频15）。

写经寺组的主要分布范围除宜昌附近外，基本只限于鄂西长江以南的地区。上部砂页岩段只出露于长阳、宜都、松滋、宜昌等地区。在长阳、宜都、松滋一带普遍夹碳质页岩或煤线，时夹瘤状铁矿或泥灰岩扁豆体，在宜昌地区常夹菱铁矿层。下部石灰岩段略比上部砂页岩段分布广，除上述地区外，还有恩施、宜恩、建始、鹤峰、五峰等地区。其中宜恩、建始一带以石灰岩、泥灰岩夹白云质石灰岩或白云岩，偶夹少许页岩。在鹤峰以东至松滋一带，则泥质增多，常为泥灰岩夹页岩，在宜都、宜昌部分地区砂岩或铁质砂岩增多。本组厚度具有由西向东变薄趋势，恩施新塘厚80m，宜恩川箭河、长潭河厚43~46m，长阳石板坡厚40m，宜都毛湖厚12m，松滋刘家场厚22m，宜昌官庄厚11m。

本组石灰岩中产有晚泥盆世腕足类 *Yunnaella*、*Yunnanlellina*、*Athyris*，以及珊瑚、苔藓虫等；碎屑岩中产植物化石 *Hamatophyton verticillatum*、*Leptophloeum rhombicum*、*Lepidodendropsis nirmeri*、*Drepanophycus spinaeoformis* 及 *Sublepidodendron mirabile* 等，代表晚泥盆世晚期沉积。本组与下伏黄家磴组呈整合接触，与上覆下石炭统金陵组呈整合接触。

二、石炭系

三峡东部地区石炭系以松滋一带发育最好，仅上石炭统顶部船山组缺失，其他地区发育较为零星。下统主要为一套浅海—滨岸相碎屑岩夹碳酸盐沉积，上统为浅海相碳酸盐岩沉积。三峡东部地区石炭纪常见化石见图2-6。

（一）地层剖面介绍

1. 松滋刘家场三溪口上石炭统剖面

上覆地层：中二叠统梁山组。

———————————————平行不整合———————————————

上石炭统。

黄龙组（C_2h）： 40.4m

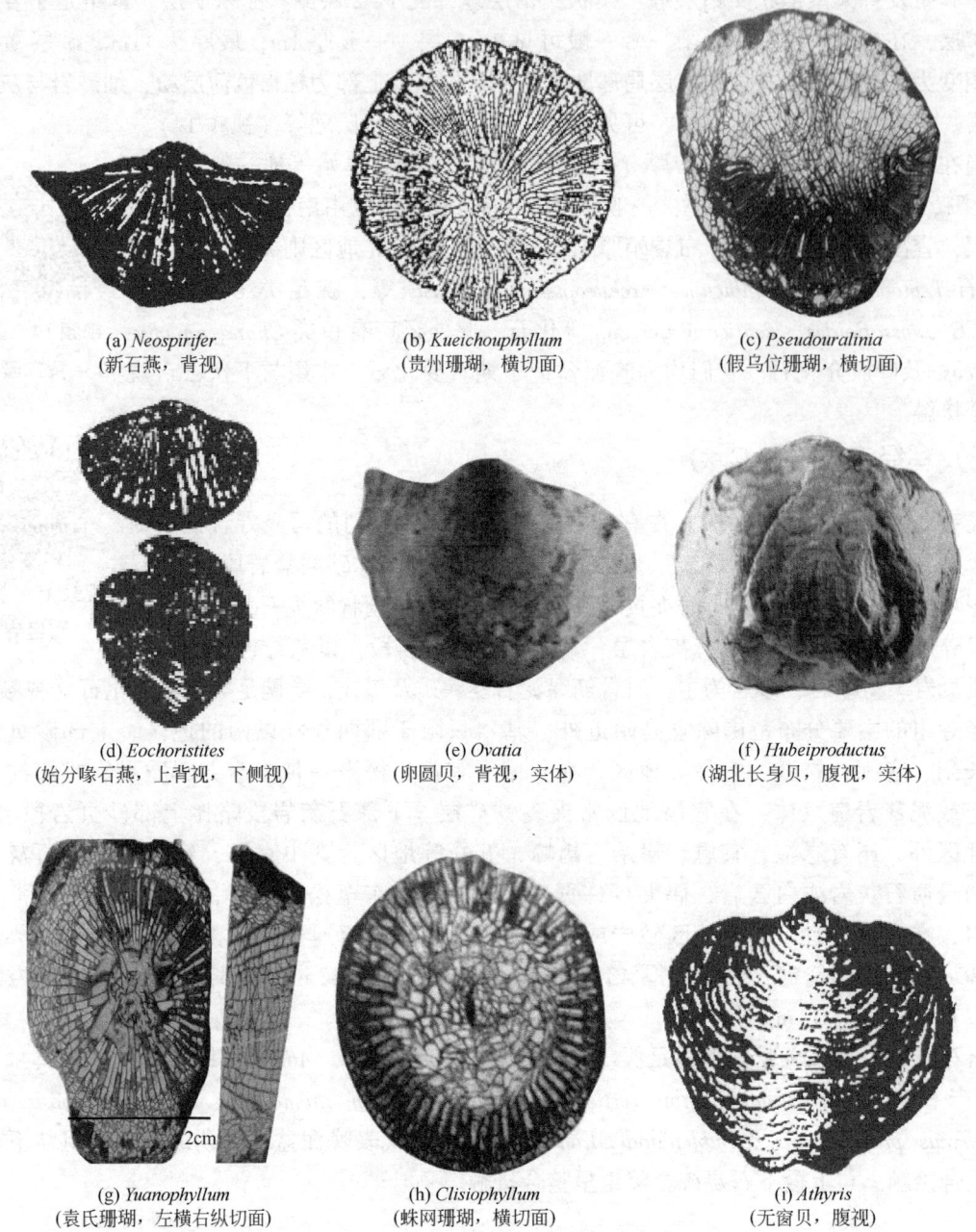

图 2-6 三峡东部地区石炭纪常见化石

(5) 灰白色、白色块状生屑石灰岩。 2.7m

(4) 灰白色块状生屑石灰岩。含䗴类 *Ozawinella* sp.、*Schubertella obswera*、*Fusulinella schwageri noides*、*Fusulina typica*. 等。 15.2m

(3) 灰白色块状微晶石灰岩。 13.9m

(2) 灰白色、白色厚层—块状微晶石灰岩。 3.8m

————————————————————整合————————————————————

大埔组（C_2d） 4.7m

(1) 肉红色块状微晶白云岩、白云质石灰岩。 4.7m

————————————————————整合————————————————————

下伏地层　下石炭统和州组

2. 松滋桃树乡锈水沟（观音岩）下石炭统剖面（据徐寿永，1984）

上覆地层　上石炭统大埔组

——————————————————整合——————————————————

和州组（C_1h）　　　　　　　　　　　　　　　　　　　　　　　　　　　　　　厚9.3m

（14）灰色、灰白色中厚层细粒石英砂岩。　　　　　　　　　　　　　　　　　　4.2m

（13）灰白色、灰绿色泥岩，含黄铁矿层，为主要可采层位。　　　　　　　　　　1.1m

（12）灰黑色、深灰色页片状泥岩，含结核状黄铁矿。　　　　　　　　　　　　　1.6m

（11）深灰色、灰黑色薄层含泥质生物石灰岩，夹极薄页片状泥岩；局部为中厚层石灰岩，含大量生物化石，有珊瑚 *Yuanophyllun kansuense*、*Kueichouphyllam sinense*、*K. Resenese*、*Arachnolasma simplex*、*Lophophyllum crassum*、*Syringopora weiningensis* 等，腕足类 *Neospirifer hsinhuanensis*、*Tomiproduct fomikhensis*、*Delepinea transversa*、*Megachonetes papilionacea*、*Dictyoclostus pinguis* 等，蜒类 *Dainella hubeiensis*、*Staffella iniqua* 等，牙形石 *Gnathodus texanus*、*Hindeodus paracristuhls* 等。　　2.4m

高骊山组（C_1g）　　　　　　　　　　　　　　　　　　　　　　　　　　　　　34.7m

泥岩段　　　　　　　　　　　　　　　　　　　　　　　　　　　　　　　　　　16.3m

（10）灰黄色中厚层含水云母石英粉砂岩。　　　　　　　　　　　　　　　　　　0.7m

（9）青灰色页片状泥岩，夹5~7层（单层厚0.05~0.2m）泥质石灰岩和泥灰岩小透镜体，产丰富生物化石，有腕足类 *Ovatia ovata*、*O. longispinosa*、*Hubeiproducts guanyinyanensis*、*H. symbiosisy*，牙形石 *Hindeodus cristulus*、*Diplognathodus minutus* 等。　　　　　　　　　　　　　　　　　15.6m

砂泥岩段　　　　　　　　　　　　　　　　　　　　　　　　　　　　　　　　　18.4m

（8）灰黄色厚层致密坚硬石英砂岩。　　　　　　　　　　　　　　　　　　　　1.7m

（7）灰色、灰黑色页片状泥岩，夹黄灰色薄层石英细砂岩。　　　　　　　　　　13.1m

（6）灰色薄层硅质粉砂岩，夹薄层页片状泥岩。　　　　　　　　　　　　　　　1.4m

（5）灰黑色页片状泥岩夹煤线，产植物碎片。　　　　　　　　　　　　　　　　0.7m

（4）灰色薄层石英细砂岩，夹薄层页状泥岩，含植物化石 *Taeniocrada* sp. 和 *Lepidostrobus* sp. 等。　　　　　　　　　　　　　　　　　　　　　　　　　　　　　　　　　　　　　　1.5m

——————————————————整合——————————————————

金陵组（C_1j）　　　　　　　　　　　　　　　　　　　　　　　　　　　　　　5.2m

（3）灰黑、深灰色厚层石灰岩及白云质石灰岩，含丰富生物化石，有珊瑚 *Pseudouralinia nankingensis*、*P. gigantea*、*Kueichowpora tushanensis*、*K. taoshanensis*、*Syringopora subramulosa* 等，腕足类 *Eochoristites neipentaiensis alatus*、*Nlartiniella chinghcngensis* 等，有孔虫 *Plectogyra komi*、*P. tuberiformis*、*P.* sp. 等，牙形石 *Siphonodella isosticha*、*Bispathodus aculeatus aculeatus*、*Polygnathus communis porcatus*、*P. communis communis*、*Clydagnathus unicornis* 等，介形虫 *Chamishaella ovata*、*Yiduella simplex* 等。　　5.2m

——————————————————整合——————————————————

上泥盆统写经寺组。

（二）岩石地层特征

三峡东部地区石炭系出露较完整，下统包括金陵组、高骊山组、和州组，上统包括大埔组和黄龙组，缺失船山组。以下主要介绍松滋一带石炭系发育情况。

1. 金陵组（C_1j）

金陵组由李四光和朱森（1930）于南京龙潭镇所创的金陵灰岩演变而来。在三峡东部地区主要见于长江以南的松滋、宜都、长阳地区，为灰黑色、深灰色中—厚层石灰岩，夹白云质石灰岩（视频16）。厚2~8m，长阳地区局部厚达23m。

视频16　石炭系金陵组

本组所产珊瑚以 *Pseudouralinia* 带或 *Kueichowpora tushanensis majcr*-*Syringopora subramulosa* 组合带为代表，腕足类属于 *Martiniella chinglungensis* - *Eochoristites* 组合，有孔虫为 *Pleclogyra komi* - *P. tubeliformis* 组合，牙形石是 *Siphonodella isosticha*-*Bispathodus aculealus aculeatus* 带、*Polygnathus communis* 带和 *P. communis*-*Clydagnathus unicornis* 带，介形类为 *Chamishaella ovata*-*Yiduella simplex* 组合。据此，金陵组可与贵州的汤粑沟组、湖南的刘家塘组，英国的 Z 带上部至 Y 带，美国的奥舍治统，比利时的 Tn 等相当，属早石炭世早期。

2. 高骊山组（C_1g）

高骊山组由朱森（1931）所创的高骊山砂岩演变而来。三峡东部地区高骊山组发育较好，与下伏金陵石灰岩呈整合接触。在松滋刘家场镇三溪口地区，下部岩性为灰褐色、灰白色薄—中层细砂岩、灰黑色粉砂岩；上部为灰色、深灰色页岩、粉砂质页岩，其中可见黄铁矿（视频 17）。在区域上，本组总的岩性在区内较稳定，具有西薄东厚的变化趋势。在长阳西部以西因遭后期剥蚀所致，直接伏于大埔组之下，厚度变化急剧，在巴东长岭一带仅有 2m 厚的灰、黄色页岩夹似层状菱铁矿结核，巴东坳马阡、建始弓剑崖一带厚 15m，长阳石板坡厚约 8m。本组区域上厚度一般变化于 30~49m，整合于金陵组之上。

视频 17　石炭系高骊山组

本组下部含植物化石 *Sublepdodendron mirabile*、*Neuropteris*、*Taeniocrada*、*Lepidostrobus* 等；上部页岩段有时夹泥质石灰岩小透镜体和石英细砂岩，产有腕足类 *Ovatia*-*Hubeiproductus* 组合及牙形石 *Hindeodus cristulus*-*Diplognatus minutus* 带。本组大致相当于贵州的祥摆组至上司组下部，湖南的石磴子组至测水组，英国的 C_1-D_2 带下部，比利时的 V_{1a}-V_{3b} 和美国的麦拉麦克统至切斯特统下部。

3. 和州组（C_1h）

视频 18　石炭系和州组

和州组由朱森（1931）所创的和州灰岩演变而来。主要分布于鄂西仁和坪向斜两翼的长阳、松滋、宜都地区，但在鄂西出露远比金陵组和高骊山组范围小。三峡东部地区和州组可分为两段，下部称石灰岩段，以灰色、深灰色中层泥质生物石灰岩、中厚层石灰岩夹灰黄色泥岩和粉砂质泥岩组成，厚 2~4m。上部为碎屑岩段，自下而上由逐渐变粗的反粒序沉积序列组成（视频 18）。分别为黄褐色粉砂质泥岩、粉砂岩，以及灰白色中至厚层石英砂岩。其中粉砂岩中发育大型槽状交错层理，厚 6.8~13m。

本组富含化石，珊瑚以 *Yuanophyllum kansuense*、*Kueichouphyllum*、*Clisiophyllum*、*Hexaphyllia minor* 和 *Syringopora* 等为代表，有孔虫为 *Plectogyra perlucida*-*P. furongshanensis* 组合，䗴类属于 *Staffella iniqua*-*Dainella hubeiensis* 带，牙形石为 *Gnathodus texanus*-*Hindeodus paracristulus* 带，腕足类为 *Megachonetes papilionacea*-*Delepinea transversa* 组合，重要常见种还有 *Gigantoproductus edelburgcnsis*、*Kansuella kansuensis*、*Vitiliproductus groberi*、*Pugilis hunanensis* 等。本组可与贵州的上司组至摆佐组下部、湖南的梓门桥组，英国的 D_2-E 带，日本的鬼丸统中上部和美国的切斯特统下部等地层对比。

4. 大埔组（C_2d）

大埔组由张文佑（1941）在广西所创的大埔白云岩层演变而来，主要分布于松滋及长阳等地区。本区大埔组为一套灰白、浅灰色块状白云岩、白云质石灰岩，局部含燧石结核，部分地区为角砾状白云质石灰岩（视频 19）。本组区域上厚度不大，2~20m。

视频 19　石炭系大埔组

本组化石稀少，在白云质石灰岩中见有晚石炭世早期化石，如䗴类 *Profusulinella*、*Eofusulina*、*Pseudostaffella* 等，珊瑚 *Lophophyllidium* 等。此外，在长阳县马鞍山煤矿附近发现一块早石炭世的珊瑚 *Kueichowpora setamaiensis*，由此可见，本组在三峡东部地区是个穿时的岩石地层单位。

5. 黄龙组（C_2h）

黄龙组由李四光、朱森（1930）在江苏南京所创的黄龙石灰岩演变而来。本组在扬子地区分布广泛，岩性稳定，主要为浅灰、灰白和浅粉红色石灰岩、生物石灰岩和粗晶石灰岩，时夹白云质石灰岩（视频20）。本组在区域上各地厚度变化较大，在鄂西、鄂西南一带，总的趋势为东厚西薄：在松滋—长阳一带厚3~79m；秭归、巴东、建始等地厚2~59m；宜恩、咸丰一带厚0~45m；来凤小关—雪落寨一带尖灭；在保康以西本组缺失。

视频20 石炭系黄龙组

本组化石丰富，蜓类化石可以建立 Fusulinella schwagerinoides-Staffella pseudosphae roidea 带和 Beedeina-Fusulina 带，有孔虫为 Tolypammina fortis-T. hubeiensis 组合及 Bradyina minima-Pleclogyra minuta 组合，珊瑚有 Chaetetes、Chaetetipora、Caninia 等，以及少量的腕足类 Athyris planosulcata var. uralica、Ella simensis、Neochoretes carbonifera 等。上述化石说明本组大致可与宁镇地区（盛金章等，1976）的黄龙组中至上部、日本的长岩统上部至栗木级以及美国的宾夕法尼亚亚系莫罗统上部至德士摩统等地层对比。

6. 船山组（C_2P_1c）

船山组由丁文江（1919）所创的船山石灰岩演变而来。本组岩性主要为灰色厚层细晶—粗晶含藻球石灰岩、生屑石灰岩夹深灰色中厚层泥微晶石灰岩。本组分布较局限，零星见于鄂西南长阳一带，往北东方向尖灭，松滋地区缺失该组。厚度0~16m。

本组产有蜓类 Eoparafusulina bella、E. bellula、E. ovata、Mccloudia minuta、M. contracta 以及 Schwagerina quasivulgaris 等，多数化石时代属晚石炭世晚期，Mccloudia 为晚石炭世至早二叠世早期带化石。由此可知，本组为一个跨越石炭纪与二叠纪界限的地层单位，与下伏黄龙组呈整合接触。

三、二叠系

三峡东部地区二叠系主要分布于松滋刘家场、宜都和长阳一带，且以长阳地区发育较好，其层序较为完整。下统包括船山组；中统包括梁山组、栖霞组和茅口组；上统包括吴家坪组和长兴组。常见化石如图2-7所示。以下分别叙述。

（一）下二叠统

下二叠统分布较为零星，主要见于鄂西长阳地区，且其顶部发育不完整，代表性地层单位为船山组。松滋地区缺失下二叠统沉积。

船山组（C_2P_1c）：本组主要为一套灰色厚层细晶—粗晶含藻球石灰岩、生屑石灰岩夹深灰色中厚层泥微晶石灰岩，产有蜓类及珊瑚化石，主要见于长阳地区，向东逐渐消失。详见上述的石炭系内容。

（二）中二叠统

中二叠统出露较好，广泛见于研究区，主要包括梁山组、栖霞组和茅口组。

1. 梁山组（P_2l）

梁山组（视频21）由赵亚曾等（1931）所创的梁山层演变而来。底部为灰白色石英砂岩，主体岩性为灰白、浅黄褐色薄—中层石英砂岩夹深灰色、紫红色黏土岩、粉砂岩及1~3层可采煤层，砂岩中见楔状、波状、大型交错层理，代表了滨海湖沼相沉积。长阳马鞍山剖面基本代表了西部长阳至巴东麻沙、宜昌百里荒、秭

视频21 二叠系梁山组

归、建始等地梁山组含煤地层岩性、岩相特征，即一般以细粒石英砂岩为底、向上变细为粉砂质泥岩含透镜状煤层、煤线，具明显的旋回性（1~4个）沉积特征，本组厚约10~40m。

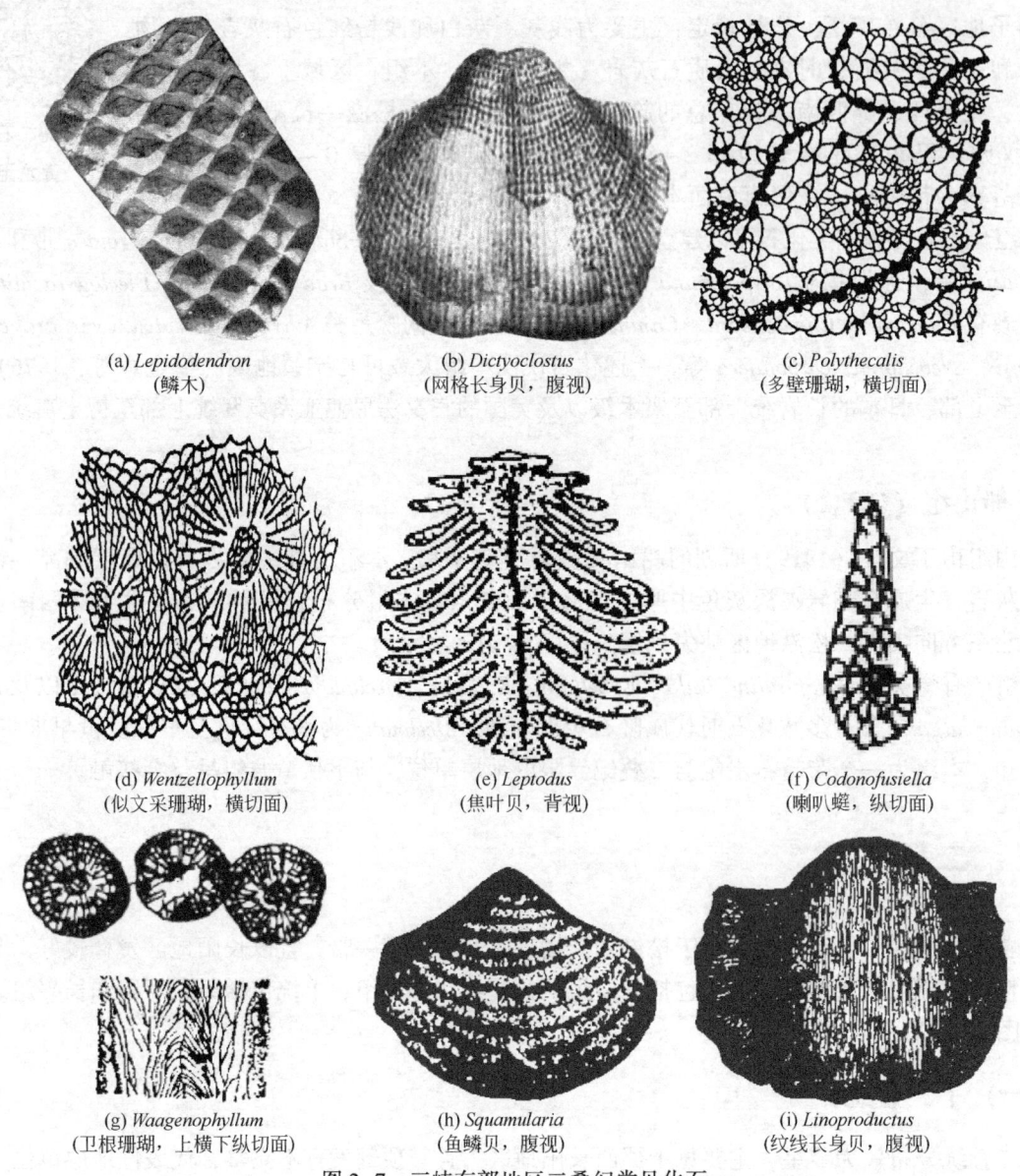

图 2-7　三峡东部地区二叠纪常见化石

本组产有植物化石 Lepidodendron sp.、Stigmaria sp.、Pecopteris sp. 等，腕足类 Neochonetes sp.、Tylopecta sp. 和 Dictyoclostus sp. 等，时代属中二叠世早期。本组与下伏上石炭统黄龙组呈平行不整合接触。

2. 栖霞组（P_2q）

栖霞组由 Richthofen（1912）创名的栖霞灰岩演变而来。上部和下部为灰黑色中—厚层含碳质沥青质石灰岩，又名臭灰岩层。中部为深灰、灰黑色中—厚层含燧石结核或串珠状燧石结核石灰岩、瘤状石灰岩，部分地区为灰色中至厚层眼球状石灰岩（视频22）。中部和上部偶夹黑灰色碳质页岩。本组往西南方向有变厚趋势，厚约106~270m。

栖霞组产较丰富的生物化石，其中有珊瑚 Polythecalis sp.、Wentzellophyllum volzi、Hayasakaia elegantula 等，腕足类 Tyloplectarichthofeni、Orthotichia chekiangensis、Linoproductus sp. 等，䗴类 Schwagerina sp.、Parafusulina hubeieosis 等，上述化石体现了中二叠世早期特色。本组与下伏梁山组呈整合接触。

视频 22　二叠系栖霞组

3. 茅口组（P_2m）

茅口组（视频23）由乐森璕（1929）所创茅口灰岩演变而来。本组岩性为灰白色、浅灰色厚层—块状石灰岩，局部地区夹少量灰色白云岩；上部夹燧石团块及黄灰、紫灰色薄层硅质岩，顶部为灰黑色薄—中厚层含砾屑泥晶石灰岩。本组具有东北薄西南方向增厚趋势，鄂西秭归—兴山地区，茅口组沉积厚度较大，达228m。但区域展布有限，南至长阳—建始一线，东北部在宜昌东部与北部兴山之北至保康等地均相变为孤峰组，区域厚约90～228m。

视频23 二叠系茅口组

本组含丰富的生物化石，珊瑚有 *Tachylasma* sp.、*Ipciphyllun* sp. 等，螳类有 *Schwagerina pactiruga*、*S. hupehensis*、*Verbeekina heim*、*Neomisellina* sp. 等，腕足类有 *Monticulifera sinensis*、*Tenuichonetes tenuilirata* 等。化石组合指示了中二叠世晚期时代。本组与下伏栖霞组呈整合接触。

（三）上二叠统

上二叠统出露较好，广泛见于三峡东部地区，主要包括吴家坪组和长兴组。

1. 吴家坪组（P_3w）

吴家坪组（视频24）由卢衍豪（1956）所创的"吴家坪灰岩"演变而来。本组主要分布于长阳至松滋一带，岩性主要为灰黑色、深灰色薄—中层硅质岩、硅质碳质页岩、碳质硅质页岩夹灰黑色中厚层燧石条带碳质石灰岩或石灰岩透镜体。本组向北、向东逐渐变薄，并相变为龙潭组（P_3l）含煤碎屑岩沉积，其厚度10～130m。

本组产菊石 *Prototoceras* sp.、*Konglingites* sp. 和 *Pseudogastrioceras* sp.，腕足类 *Waagenites* sp.、*Leptodus tenuis* 及 *Squamularia waageni* 等，石灰岩中见有螳类 *Codonofusiella lui*、*C. paradoxica*。上述化石代表了晚二叠世早期特色。本组与下伏茅口组呈平行不整合接触。

视频24 二叠系吴家坪组

2. 长兴组（P_3c）

长兴组（视频25）来自葛利普（1931）所创的长兴灰岩。在三峡东部地区主要见于长阳至松滋一带。本组岩性主要为浅灰色、深灰色厚层—块状含燧石条带石灰岩，顶部夹浅灰色硅质岩及浅灰色中厚层白云质石灰岩。在与大隆组相区的过渡地带往往夹硅质岩层，向北本组逐渐相变为大隆组（P_3d）硅质岩。

视频25 二叠系长兴组

本组在兴山—新滩—宜都一带厚数米至37m，常含白云质石灰岩；利川—咸丰一带，以利川见天坝剖面最发育，厚达319.6m。本组岩性可分三部分：下部灰黑色中—厚层生屑泥晶—粉晶含硅质石灰岩夹硅质条带；中部灰白色块状细—中晶白云岩及灰色泥晶—粉晶生物石灰岩，靠下层位含燧石结核；上部深灰色块状生物粉晶石灰岩。由此地向周围明显变薄，至利川市花桥坪厚240m，石洞子厚178m，文斗厚113m，恩施县沐抚一带仅29m。

本组中产有螳类 *Palaeofusulina sinensis*、*P.* sp.、*Codonofusiella simplex*、*C.* sp.，腕足类 *Squamularia* sp. 等。上述化石代表了晚二叠世早期特色。本组与下伏吴家坪组或龙潭组呈整合接触。

第四节 中生界

三峡东部地区中生界发育较好，地层层序完整，主要包括三叠系、侏罗系和白垩系。它们主要分布于宜昌地区黄陵背斜和长阳背斜及其周缘宜都和松滋地区等，以下分别介绍各系发育情况。

一、三叠系

三峡东部地区三叠系发育较完整，三统发育齐全，常见化石如图2-8所示。下统包括大冶组和嘉陵江组，为一套盆地边缘—台地相碳酸盐岩沉积，主要分布于松滋西部仁和坪向斜和长阳、宜都一带马鞍山向斜轴部，以及远安地堑两侧；中统为巴东组，为一套潮坪相—台地相碎屑岩和碳酸盐岩沉积，主要分布于远安茅坪至郭家沟一带，上统包括九里岗组和王龙滩组，主要为一套细粒的湖相沉积物。

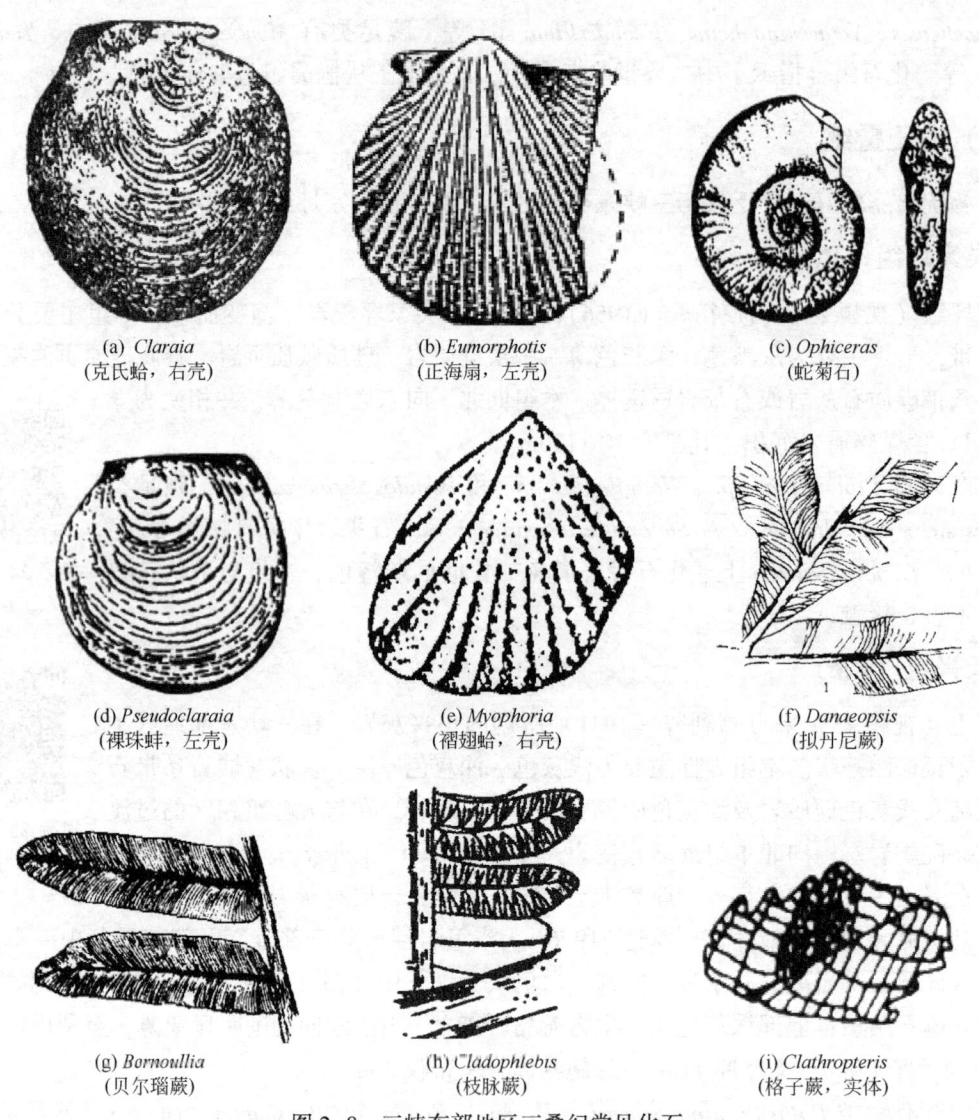

图2-8 三峡东部地区三叠纪常见化石

（一）大冶组（T₁d）

视频26 三叠系大冶组

大冶组（视频26）由谢家荣（1924）所创大冶石灰岩演变而来。本组在松滋、恩施、巴东、秭归、兴山及长阳等地区均发育较好，横向变化不大。其底部为灰色、灰黄色薄层泥灰岩和钙质泥岩，主体岩性为灰色薄板状泥晶石灰岩，夹灰色中厚层砂屑泥晶石灰岩、砾屑泥晶石灰岩、粉屑泥晶石灰岩，上部夹有白云岩，向上单层变厚，泥质变少。本组可分为四段：第一段为灰色页岩夹薄层石灰岩、砾屑泥晶石灰岩、泥灰岩，或灰色薄层石灰岩与页岩互层夹砾屑泥晶石灰岩，富含菊石和双壳类化石；第二段以灰色中厚层石灰岩的出现和终止为标志，常常为中厚层石灰岩夹薄层石灰岩，或薄层石灰岩夹多层中厚层砾屑石灰岩；第三段以薄层石灰岩为主，蠕虫状石灰岩（虫迹构造）发育，有时层间夹页岩；第四段以厚层、中厚层石灰岩为主，常具纹带状、鲕状构造，有时具角砾和白云石化石灰岩、白云质石灰岩。但在其他地区这四个岩性段并不明显，仅第一、第四两段岩性较稳定，第二、第三两段岩性不易分出。本组底界一般以黄色、黄绿色页岩或页岩夹薄层石灰岩与下伏大隆组灰—黑色硅质页岩呈过渡关系，往往两者之间有1~3层白色黏土层，以最上一层为界。本区厚度为306~1000m，其中：利川306m，往西厚度增加，至巴东厚度约为1000m。

本组以含菊石、双壳类、牙形石等为主。其下部富含菊石，以 *Ophiceras*、*Lytophiceras* 为主，双壳类有 *Claraia wangi*、*Cl. griesbachi* 等，牙形石为 *Anchaignathodus typicalis*、*Neogondolella carinata* 等。上部主要以双壳类 *Eurnorphotis multiformis*、*Bakevellia mediacalcis rninar*、*Leptochondria virgalensis* 等及牙形石 *Neopathodus hubeiensis*、*Neohindeodella triassica* 等为特点。据上述化石，本组时代属于早三叠世印度期。本组与下伏上二叠统长兴组或大隆组呈整合或平行不整合接触。

（二）嘉陵江组（T_1j）

嘉陵江组来源于赵亚曾、黄汲清（1931）所创的嘉陵江石灰岩，命名地位于广元县城北15km的嘉陵江沿岸。在三峡东部地区本组以远安大块田及薛家包一带发育较好，松滋至长阳一带未出露嘉陵组顶部。岩性主要为灰色、深灰色、灰黑色中厚—厚层石灰岩及白云质石灰岩，夹数层鲕粒石灰岩及角砾状石灰岩。嘉陵江组厚度在鄂西、鄂西南地区由西南向东北增厚，咸丰厚614m，建始、秭归一带厚730~800m。

本组产有双壳类 *Eumorphotis inaequicostata*、*E. sp.*、*Pteria sp.* 及 *Entolium discites* 等，属于早三叠世晚期。本组与下伏大冶组呈整合接触。

（三）巴东组（T_2b）

巴东组由 Richthofen（1912）所建的巴东层演变而来。本组在三峡东部地区仅见于远安茅坪至郭家沟一带，其岩性三分性较明显，可分为三段，为鄂西重要含铜建造。

一段（T_2b^1）：紫红色中—厚层粉砂岩与页岩互层，下部夹黄绿色薄层泥灰岩、角砾状白云质石灰岩，底部为黑色页岩，在巴东—恩施一带一般厚380~630m，咸丰厚34m。其中产双壳类 *Costatoria goldfussi mansuyi*，*Bakevellia mytiloides* 及 *Leptochondria sp.* 等。

二段（T_2b^2）：灰、深灰色中—厚层石灰岩、泥质石灰岩夹鲕粒石灰岩、钙质粉砂岩和页岩，底部为灰色厚层含铜砂岩，厚度有西厚东薄之势，恩施—巴东一带一般厚350~390m，在秭归香溪至兴山大峡口一线缺失本段。产双壳类 *Myophoria kuichouensis*、*Unionites sp.*、*Bakevellia albertii*、*Leptochondria illyrica* 等。

三段（T_2b^3）：紫红色中—厚层钙质粉砂岩与紫红色页岩，砂质页岩互层，下部夹灰色中—厚层砂质石灰岩及介壳石灰岩，顶部夹数层微晶石灰岩，厚度亦有东厚西薄之势，巴东厚490m，向西至恩施、利川一带，本段上部多被剥蚀，残留厚度各地不一，由几米至340余米。其中，产双壳类 *Costatoria goldfussi*、*C. kuichouensis*、*Myophoria sp.* 等。

（四）九里岗组（T_3j）

九里岗组是1973年湖北区域地质调查所建组于远安县九里岗。其层位相当于香溪群下煤组，主要分布于研究区西部及西南部，松滋地区缺失该组。岩性以黄灰、黄褐色粉砂岩、泥质粉砂岩、泥岩及碳质页岩为主，夹长石石英砂岩、细砂岩，底部有时夹砂砾岩或底砾岩，含煤4~6层，并夹菱铁矿层。煤质北好南差，是我国南方中生代重要含煤层。在秭归盆地，本组是西厚东薄，甚至东缺，秭归沙镇溪厚142m，郭家坝至耿家河一带仅厚9~41m，在利川盆地忠路野猪池，恩施盆地七里坪、九里岗组亦有出露，厚度甚小，为8~22m，以泥质、粉砂质碎屑物沉积为主，含煤和菱铁矿结核，平行不整合在巴东组不同层位上。

三峡东部地区内本组富含植物，达50属100种以上。其中，重要的有 *Danaeopsis fecunda*、*Bernoulla zeilleri*、*Dictyophyllum nathorsti*、*Clathropteris meniscioides* 等晚三叠世早期生物化石。

（五）王龙滩组（T_3w）

王龙滩组1973年由湖北区域地质调查所建立于南漳县王龙滩一带。其层位相当于香溪群中煤组；岩性以黄褐、绿灰色石英砂岩、长石石英砂岩为主，夹粉砂岩、碳质页岩及细砂岩，时夹不稳定的砂砾岩，含煤层2~5层及含菱铁矿层；砂岩中常具大型楔状交错层理。本组主要分布于利川盆地，平行不整合于巴东组之上。厚度由北向南变薄，利川谋道厚320m，马前厚258m，忠路野猪池厚139m。

三峡东部地区本组产有双壳类 *Trigonodus keuperinus*、*Bakevellia subhekiensis* 等，植物化石 *Dictyophyllum nathorsti*、*Cladophlebis asiatica*、*Bernoulla* sp、*Todites denticulatus* 等。它们代表了晚三叠世晚期。

二、侏罗系

三峡东部地区侏罗系发育较好，常见化石如图2-9所示，下统为香溪组，中统包括千佛崖组和沙溪庙组，上统包括遂宁组和蓬莱镇组，而且主要分布于西部秭归盆地，以下分别论述。

（一）香溪组（J_1x）

香溪组来源于谢家荣等（1925）的香溪煤系之上含煤系，孟宪民（1929）称香溪煤系之上煤系。其岩性主要为灰色、灰黄色中厚层细砂岩、泥质粉砂岩、页岩、碳质页岩，下部夹煤层，上部夹菱铁矿多层。秭归盆地本组厚度也较薄，在秭归泄滩359m，兴山平邑口厚280m。

本组与北部当阳盆地桐竹园组为同时沉积的地层单位。本组中产较丰富早侏罗世植物化石 *Coniopteris hymenophylloides*、*C. murrayana*、*C. magnifica*、*Ptilophyllum contigullm*、*Sphenobaiera huangi*，以及 *Phoenicopsis angustiflolia* 等。本组与下伏上三叠统王龙滩组呈整合接触。

（二）千佛崖组（J_2q）

千佛崖组主要分布于秭归盆地，下部岩性以黄灰、绿灰、紫红色泥岩及粉砂岩为主，夹灰黄色薄层细粒石英砂岩，偶夹泥灰岩或生屑石灰岩透镜体，其顶、底常有一层不稳定的介壳石灰岩，厚216m；上部岩性以黄、黄灰色厚层长石石英砂岩、粉砂岩及砂质页岩为主，底部为黄色中厚层含砾长石石英砂岩，厚约430m。本组相当于张振来等（1987）创名的泄滩组和陈家湾组之和。

千佛崖组产有双壳类 *Pseudocardinia* (*P.*) *curta*、*P.* (*P.*) *lanceolata*、*P.* (*P.*) *ovalis*、*P.* (*P.*) *obliqua*、*Psilunio chaoi*、*Cuneopsis* sp.、*Unio* sp.，以及 *Ferganoconca* sp. 等，其中，以 *Pseudocardinia* 一属大量产出为特征，代表中侏罗世时代。本组与下伏香溪组呈整合接触。

（三）沙溪庙组（J_2s）

沙溪庙组系杨博泉、孙万铨（1946）由原重庆系（哈安姆，1931）中分出而创建的沙溪庙层演变而来。本组主要分布于秭归盆地，层序清晰。岩性组合大致可分：下部为紫红色泥岩与黄灰色中至细粒长石石英砂岩互层，泥岩中夹黄灰、灰紫色细砂岩、粉砂岩、含钙质结核，并以底部巨厚层长石石英砂岩，与下伏千佛崖组紫红色泥岩呈整合接触；上部为紫红色粉砂质泥岩与长石石英砂岩互层，单层厚度较大，组成由粗到细的韵律层。本组厚度变化不大，在兴山平邑口厚1986m，秭归泄滩厚达2144m。

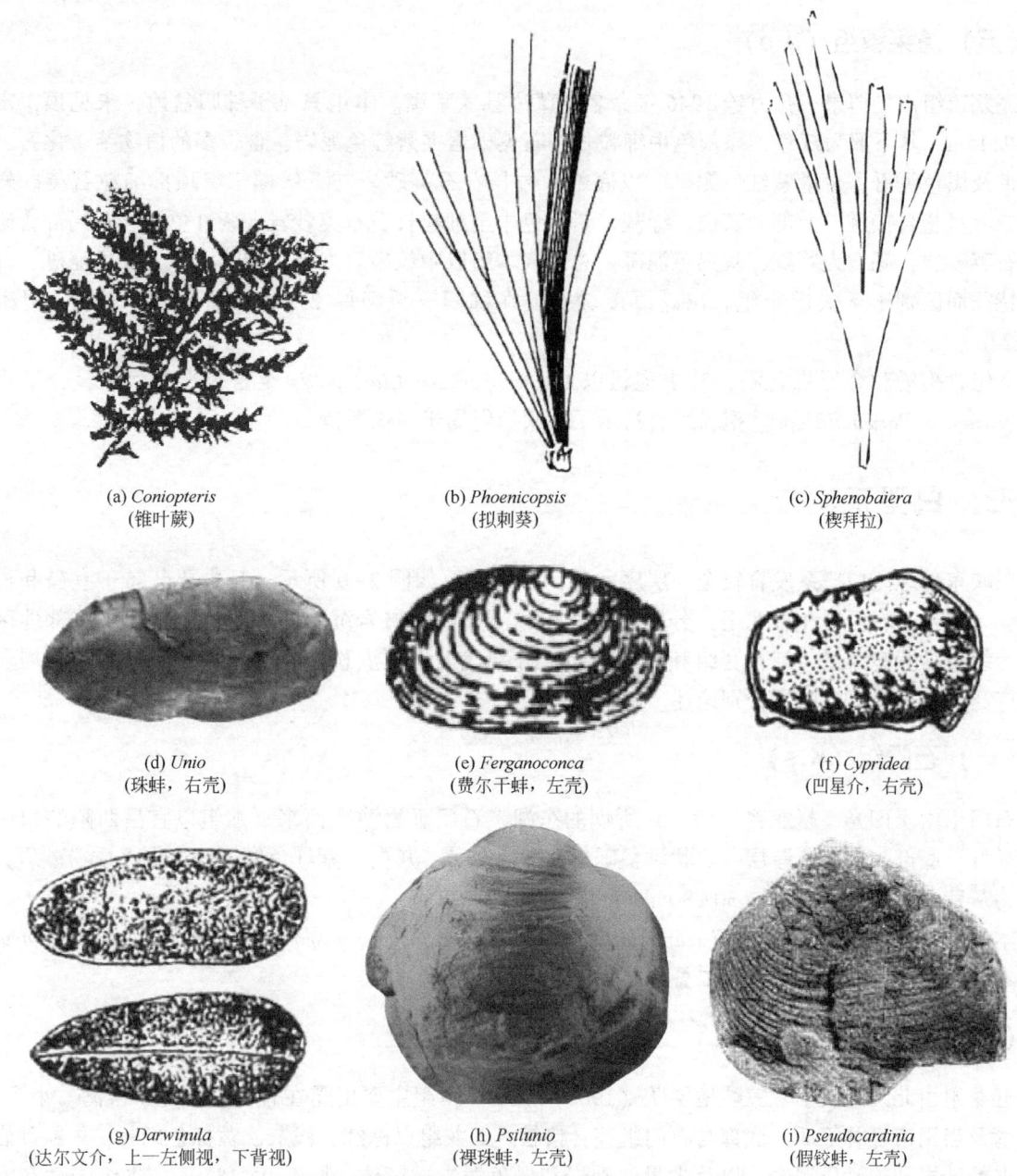

图 2-9 三峡东部地区侏罗纪和白垩纪常见化石

沙溪庙组化石稀少，在秭归郭家坝组底部发现 Chungkingichthys xilingensis，在下部和上部含介形虫 Darwinula aff. sarytirmenensis、Clinocypris xilingensis 和孢粉组合 Cyathidites-Classopallis-Nearaistrackia 组合带等，时代属于中侏罗世晚期。

（四）遂宁组（J_3s）

遂宁组系李悦言、陈秉范（1939）由广元系（赵亚曾、黄汲清，1931）分出的遂宁页岩层演变而来。遂宁组在秭归盆地出露齐全，岩性以绿灰、紫灰色细粒长石石英粉砂岩为主，夹紫红、棕红色泥岩，以底部一层黄灰色厚层中粒长石石英砂岩，与下伏沙溪庙组呈整合接触。

本组厚度变化不大。秭归三溪河厚 655m，泄滩厚 572m，兴山县平邑口厚 630m，利川马前、建南一带厚 370~450m。根据本组砂岩粒度较细、泥岩颜色较鲜艳醒目的特征，与下伏沙溪庙组易于分开。虽然本组未发现化石，但根据岩性特征，结合层位可与四川省遂宁组对比。时代暂置于晚侏罗世。

(五) 蓬莱镇组（J_3p）

蓬莱镇组由杨博泉、孙万铨1946年命名于蓬溪县蓬莱镇。本组只见于秭归盆地，未见顶，出露厚度2115m。其下部为灰色、绿灰色中细粒长石石英砂岩夹紫红色泥岩，含较多的植物茎干化石、碳质条带及黑色泥砾、少量紫红色泥砾。以底部中粒长石石英砂岩与下伏遂宁组顶部细粒石英砂岩分界，二者呈整合接触；上部为灰白、绿灰、紫灰色中至细粒长石石英砂岩夹紫红色泥岩及局部含砾的中粒石英砂岩，砾石为紫红、灰黑色泥砾。总之，本组以中粒砂岩为主，韵律明显，常见泥砾、冲刷面等特征而区别于下伏遂宁组。出露厚度较大，在秭归三溪河厚2115m，泄滩厚1600m，贾家店厚1224m。

本组含孢粉和介形虫化石，其中孢粉以 Couperisporites—Classopollis 组合类型为代表，介形虫有 Cypridea sp.、Darwinula sp.。孢粉组合指示了蓬莱镇组属于晚侏罗世。

三、白垩系

三峡东部地区白垩系发育较全，层序完整，常见化石如图2-9所示，且主要分布于宜昌和松滋地区，下统包括石门组和五龙组，分别为冲积相和河流相碎屑岩沉积，主要分布于三峡东部地区西部。上统包括罗镜滩组、红花套组和跑马岗组，分别代表山麓洪积相、河流相和干旱湖相碎屑岩沉积。广泛分布于全区，以下分别论述。

（一）石门组（K_1s）

石门组由李四光、赵亚曾（1924）所创的东湖系石门砾岩演变而来。本组以宜昌西陵峡口一带发育最好，底部为灰白色厚层—块状洪积砾岩，下部灰黄、灰白、紫红色厚层砾岩夹泥质粉砂岩，中上部为灰紫色巨厚层砾岩，厚30~80m。

本组产有孢粉化石 Classopollis annulatus、C. parvus、Concavissimisporites variverrucatus、C. punctatus 等。本组角度不整合于奥陶系和二叠系之上（雷奕振，1987）。

（二）五龙组（K_1w）

五龙组由北京地质学院三峡地层队（1960）所创。本组主要出露在宜昌、五龙、窑湾，小溪塔、宋家嘴及当阳市枣林等地，底部与石门组整合接触。五龙组以棕红、浅灰、黄棕色细粒—中粒砂岩为主，夹粉砂岩和粉砂质泥岩，以及少量的砾岩和黑色泥岩透镜体，厚810~1850m。本组岩性在宏观上变化不大，各地所见只是含砾、砾岩的多寡而已，总的趋势由西南向东北方向砾岩逐渐减少，即长阳王家坝一带以砾岩较多，往北东至宜昌南津关一带则明显减少

本组下部在内口河至樱桃园一带的灰黑、灰绿色泥岩及泥质粉—细砂岩中产植物 Pseudofrenelopsis Parceramosa，孢粉 Cicatricosisporites spp.、Triporoletes、Aequitriradites、Hsuisporites、Schizaeoisporites、Exesipollenites、Brevimonosulcites、Hubeipollis 和大孢子 Maexisporites soldanellus、Trileites persimilis、Horstisporites reticuliferus 等，中部在窑湾产恐龙 cf. Prodeinodon kwangshiensis。根据孢粉组合的对比，一般认为五龙组的时代为早白垩世阿尔必期（雷奕振，1987）。

（三）罗镜滩组（K_2l）

罗镜滩组由江汉平原石油地质综合研究联队（1960）所创。本组主要分布于宜昌罗镜滩、土门垭，以及宜都和松滋等地。主要由棕红、灰褐色厚层—块状砾岩组成，夹少量的砂岩、砂砾岩和含砾砂岩透镜体。本组在宜昌和当阳一带与下伏五龙组为连续沉积，在其他地区则角度不整合地覆盖在前白垩纪地层之上。其厚一般在400~600m之间，罗镜滩及其以西地区超过1000m。

罗镜滩组迄今未发现化石，据地层层序、沉积旋回和上、下地层中的生物群推断，其时代可能为晚白垩世早期。

（四）红花套组（K_2h）

红花套组由北京地质学院三峡地层队（1960）所创。本组主要分布于宜都红花套、宜昌虎牙滩—海营店、宜都及松滋等地区。主要为橘红、棕红色块状细砂岩，上部夹灰白、灰绿色砂岩，下部夹薄层砾岩。钟祥游家集附近，本组上部见20m厚的玄武岩。全组厚约350~1500m，下部与罗镜滩组为整合接触。

本组化石稀少，目前仅在钟祥杨家湾和恩施东流河两处上部见有介形虫 *Talicypridea gibbera*、*T. amoena*、*Cypridea (Cypridea) cavernosa*、*C. (Pseudocypridina) gigantea* Ye、*Mongolianella* sp.、*Clinocypris* sp.、轮藻 *Porochara anluensis*、*P. gonganzhaiensis*、*Sphaerochara parvus* 等，在来凤产恐龙蛋、*Macroolithus yaotunensis* 等化石。它们的时代为晚白垩世，可能属晚白垩世中期（雷奕振，1987）。

（五）跑马岗组（K_2p）

跑马岗组由江汉石油勘探处（1961）创名于当阳市跑马岗。本组主要分布于当阳王店—木店，宜昌新场，松滋八眼泉，宜都官坪—姚店，远安旧县—洋坪。其岩性下部为棕红、灰褐、灰白色中层细砂岩、粉砂岩与紫红色泥岩、砂质泥岩互层，间夹灰绿色粉砂岩及薄层紫红色页岩、砂质页岩；上部以灰绿、灰褐色细砂岩与棕红色泥岩互层为主，夹砂质泥岩和页岩，偶夹泥灰岩，近顶部处常见2层灰绿色含铜页岩。

本组在松滋、宜都一带底部为中—粗砾岩，往上为富含钙质团块的薄层砂岩、粉砂岩、粉砂质泥岩夹泥灰岩。本组与下伏红花套组为整合接触；厚度一般在500~800m之间，松滋、宜都一带约为60~200m。

本组在宜都城南争光水库南岸产鱼类 *Knightia yuyanha* Liu 和恐龙蛋 *Macroolithus* cf. *yaotunensis*；在命名地点产介形虫 *Talicypridea chinensis* (Hou)、*T. amoena*、*Cypridea (Cypriden) cavernosa C. (Morinia) xindianensis*、*C. (Pseudocypridina) gigantea*、*Clinocypris parva*、*Limnocythere sinuata* Ho、*Candona postaouta* Jiang，轮藻 *Latochara cylindrica*、*L. curtula Charites tenuis*、*Gyrogona hubeiensis*、*Peckichara paomagangensis* 和以 *Multinodisporites taizhouensis*–*Ulmoideipites krempii*–*Jianghanpollis ringens* 为代表的孢粉组合，时代为晚白垩世晚期（雷奕振，1987）。

第五节 新生界

三峡东部地区新生界发育较完整，主要发育古近系、新近系和第四系，以下分别介绍。

一、古近系

三峡东部地区古近系发育不够完整，仅发育有古新统和始新统，缺失渐新统。古近系主要分布于宜昌、当阳、宜都和松滋地区，为大套河湖碎屑岩沉积。古新统包括龚家冲组，始新统包括洋溪组、车阳河组和牌楼口组（雷奕振，1987）。

（一）龚家冲组（E_1g）

龚家冲组系雷奕振等（1987）创建于当阳市新店乡龚家冲。主要分布在宜都市徐家溪，当阳市龚家冲。其岩性下部为黄褐、棕红色中—厚层砂岩，夹泥质粉砂岩和粉砂质泥岩；中—上部为含钙质结核的褐色、棕红色、紫红色粉砂质泥岩，夹黄褐色、灰白色、灰绿色砂岩、粉砂岩、钙质泥岩和少量的泥灰岩，底部以棕红色厚层—块状砾岩或含砾砂岩与跑马岗组顶部的棕红色砂质泥岩或浅灰色泥灰岩呈整合接触。全组厚60~480m。

本组中部、上部在宜都徐家溪一带产腹足类 Aplexa yangxiemsis、Sanshuispira mira、Austrulorbis problematica、Planobarius yiduensis 和孢粉 Pinaceae-Triporopollenites 组合，属于古新世。

（二）洋溪组（E_2y）

洋溪组系德日进、杨钟健（1935）命名的洋溪湖相石灰岩演变而来。本组主要出露在腅都县洋溪—长冲坳，松滋市老城镇、八眼泉、黑水垱，当阳市东岳庙—沈家冲，属浅湖相沉积，横向上岩性变化较大。在洋溪和八眼泉一带，主要为一套灰褐、淡红、灰白色中—厚层泥质石灰岩，夹少量的灰绿、紫红、黑褐色泥岩及棕红色砂岩和粉砂岩，厚约100~150m。枝城以西、松滋口以东、松滋黑水垱及当阳东岳庙、沈家冲等地，岩性为黄褐、浅棕、棕红色砂岩与粉砂岩和泥岩不等厚互层，夹灰绿、淡红色钙质粉砂岩和泥岩及黑色页岩，偶见薄—中层泥灰岩，厚约100~580m。

本组产腹足类 Melanoides aspcricostata、Truncatella hubciensis Sinopupoides hubeiensis、Physa scitula、Bithynia lordostoma，介形虫 Cypris henanecsis Limnocytherc bubciensis、Sinocypris reticulata、Sinomctacyris dongyucmiaocnsis、Cyprois tantouensis，鱼类 Jianghanichthys hubeiensis，龟鳖类 Aspidcrctes muyuensis，哺乳类 Coryphodon zhichcancnsis 等。

（三）车阳河组（E_2c）

车洋河组系雷奕振等（1987）所创。本组主要分布在宜都市董家冲—毛家沱，枝江市梅子溪—泰家河，当阳市胡家湾—余家湾等地。本组岩性为灰黄、浅棕、灰白色厚层—块状砂岩，夹薄层或透镜状红棕色泥岩和粉砂岩，砂岩中常见细砾石、泥砾和虫管，冲刷面和交错层理发育。厚320~520m。

本组产哺乳类 Mantcodon youngi，介形虫 Cyprinotus placidus、C. capacious Candoniella hubcicnsis、Songziella elliptica 等。此外，在洋溪组附近本组底部发现过哺乳类 Eudinoceras cf. kbolobolchiensis。上述哺乳类化石时代为中始新世。

（四）牌楼口组（E_2p）

牌楼口组系江汉石油地质联队（1960）所创的牌楼口砂岩组演变而来。主要分布在松滋市牌楼口—松滋口，枝江市鸦畈—白洋，当阳何家楼子—孔雀寺等地。本组岩性为灰黄色、黄棕、清灰色厚层—块状砂岩，红棕色粉砂岩和砂质泥岩，夹多层灰绿、绿黄色泥质砂岩，浅灰色薄层钙质砂岩；砂岩中泥砾、冲刷面和交错层理不如车阳河组发育。厚170~780m。

本组产孢粉 Mcliaccoidites、Qurcoidites、Rctitricolptes、Salisipollcaites、Araliaccoipollcaites、Fraxinoipollceitcs、Euphorbiacitce、Scabiasapollis、Cornaccoipollcaites，轮藻 Macdlcrisphacra chincasis Sphacrochara rugulosa、Ncmegtichara sadleri 等化石。其中孢粉组合可与李官桥盆地核桃园组哺乳类化石层中的孢粉组合相比较，轮藻是我国东部地区上始新统常见的组合，它们的时代均为晚始新世。

二、新近系

三峡东部地区新近系发育较差，厚度较薄，统称为掇刀石组。

掇刀石组（Nd）

本组在三峡东部地区主要分布于宜昌鸦崔岭、枝江资福寺及当阳半月山等地区，其岩性下部为灰白色厚层—块状细—中砾岩及砂岩；中部为黄褐色薄—中层钙质粉砂岩、泥岩；上部为淡红色薄—中层泥灰岩，顶部有时见灰绿色黏土岩，厚15~50m。本组角度不整合于下伏地层之上。

在邻区荆门一带，本组中产上新世哺乳动物化石 *Drcerorhinus ringstroemi*、*Hipparion* cf. *pthchodus* 等，它们是华北三趾动物群常见分子，时代可能为中新世—始新世。

三、第四系

三峡东部地区第四系发育较好，以各种成因的松散沉积物为特征，其次为溶洞、泉华及钟乳类沉积。本区第四系主要分布于宜昌前坪、宜都以及松滋等地，可分为下更新统云池组（Q_1y）、中更新统善溪窑组（Q_2s）、上更新统宜都组（Q_3yd）和全新统平原组（Q_4p）（湖北地质志，1990）。云池组主要为冲积相、洪积相和湖积相沉积物；善溪窑组主要为冲积相、洪积相、湖积相、残坡积相及洞穴堆积物；宜都组和平原组主要为冲积相及河湖相沉积。

第三章 沉积相

第一节 沉积相类型

三峡东部地区地处中扬子地块西部，扬子地块的构造演化经历了前南华纪基底形成、南华纪—中三叠世稳定沉降、晚三叠世—侏罗纪前陆盆地发育、早白垩世陆内逆冲推覆及晚白垩世—新生代断陷和山间盆地发育等五个构造演化阶段，经历了多次的海陆变迁。区内各构造阶段形成的地层，沉积岩类型丰富，沉积相类型多样。区内沉积岩主要由碳酸盐岩和陆源碎屑岩、泥质岩组成，另外，还见有少量硅质岩、铁质岩、磷质岩、煤岩，偶见沉积—火山碎屑岩。

结合三峡东部地区各时代地层的沉积特征，参考地矿行业标准 DZ/T 0259—2014《陆地石油和天然气调查规范》以及教材中的国内外流行的模式，将实习区沉积相划分为海相、陆相、海陆过渡相三个相组，并进一步划分出了若干沉积相、亚相和微相（表 3-1、表 3-2）。其中碳酸盐岩沉积相主要以威尔逊（1975）模式为基础进行划分，斜坡带沉积相的划分借鉴了缓坡模式（Burchette 等，1992），每个相或亚相、微相类型中包含了一种或多种岩石类型。沉积岩岩石分类和命名方案，原则上遵从国家标准 GB/T 17412.2—1998《岩石分类和命名方案 沉积岩岩石分类和命名方案》。

表 3-1 三峡东部地区海相碳酸盐岩沉积相类型与分布层位

相		亚相	主要分布层位
蒸发台地		萨布哈	ϵ_3q^l、C_2h
局限台地		潮坪、潟湖	Z_2d、$Z_2\epsilon_1d$、ϵ_3q、ϵ_4s、ϵ_2sl、C_1h、C_2h、C_2d、P_2q、P_2m、T_1d、T_1j、T_2b
开阔台地		浅滩、滩间海、生物礁（丘）	Z_2d、$Z_2\epsilon_1d$、ϵ_2t、ϵ_3q、ϵ_4s、O_1n、O_1h、O_1f、C_1j、C_2h、C_2P_1c、P_2q、P_2m、P_3w、P_3c、T_1d、T_1j
台缘礁滩	台缘浅滩	鲕粒滩、砂屑滩、生屑滩	$Z_2\epsilon_1d$、P_3c、T_1d
	台缘生物礁	礁核、礁前、礁后、礁间	P_3c
台缘斜坡		上斜坡、下斜坡	$Z_2\epsilon_1d$、P_2m、T_1d
缓坡		内缓坡（后缓坡） 中缓坡（浅水缓坡） 外缓坡（深水缓坡）	Z_1d、ϵ_2t、ϵ_2sl、P_2q、P_2m
淹没台地		内陆棚	$O_{1-2}d$、O_2g
		外陆棚	O_3m、O_3b、O_3l、O_3w、T_1d
盆地		泥质、硅质、碳酸盐岩盆地	Z_1d、ϵ_2s_j、O_3w、P_3c、P_3w、T_1d

表 3-2 三峡东部地区碎屑岩沉积相类型与分布层位

相			亚相	主要分布层位
大陆冰川			底碛、消融碛、冰河、冰湖	Nh_1g、Nh_2n
沙漠			沙漠湖、沙丘	K_2h
冲积扇			扇根、扇中、扇端	K_1s、K_2l、E_1g
河流	辫状河		辫状河道、河道间	Nh_1l、J、K_1w、K_2h
	曲流河		河床、堤岸、河漫、牛轭湖	Nh_1l、T_3w、J_1x、J_2x
湖泊			滨湖、浅湖、深湖、湖相浊积岩、湖泊三角洲	Nh_2n、T_3j、T_3w、J_2q、J_2s、J_3s、J_3p、K_2p、E_1g、E_2y、E_2c、E_2p
三角洲			三角洲平原、三角洲前缘、前三角洲	S_2s、C_1h、P_2l
滨岸	无障壁滨岸		海岸沙丘、后滨、前滨、近滨	D_2y、D_3h、D_3C_1x、P_3w
	障壁滨岸		潮坪、潟湖、潮汐通道、障壁岛沙坝、潮汐三角洲	ε_3q^2、S_2s、D_3C_1x、C_1g、C_1h、P_2l、T_2b
浅海(陆棚)	内陆棚	过渡带		ε_2sp、D_3h、D_3C_1x、S_1lr、S_2s
		滨外陆棚		
	外陆棚			ε_2sp、S_1l
次深海—深海	大陆坡陆隆		上斜坡、下斜坡、陆隆(原地沉积、异地沉积)	S_1l
	盆地		泥质、硅质、碳酸盐岩盆地	O_3w、S_1l

第二节 南华系沉积相

南华系主要分布在黄陵背斜的周缘及长阳背斜的核部。自下而上依次为：南华系莲沱组、古城组、大塘坡组、南沱组。其中，古城组、大塘坡组只发育长阳背斜的核部。典型地层沉积相剖面有宜昌莲沱王丰岗剖面（南沱组、莲沱组），长阳古城岭剖面（古城组、大塘坡组）等。

一、沉积相类型与特征

南华系主要为一套碎屑岩夹少量凝灰岩，由河流、三角洲与大陆冰川沉积体系构成。主要沉积相类型有辫状河相、曲流河相、三角洲相、大陆冰川相。

（一）辫状河相

辫状河相发育于莲沱组下部、中部。

1. 岩石类型

岩石类型主要为紫红色、褐灰色中厚层砂岩、含砾砂岩，其次为灰绿色泥岩、粉砂岩。其中砂岩按其矿物成分有石英砂岩、岩屑砂岩、岩屑长石砂岩和长石岩屑砂岩等。

（1）石英砂岩：呈紫红色，以中、粗粒为主，多出现在莲沱组下部。石英含量达 80%~85%，其次为长石，而岩屑含量变化较大。岩屑以花岗岩岩屑及燧石为主，黏土岩、粉砂岩等岩屑较少；碎屑颗粒多为次棱角状、次圆状，颗粒支撑；基质含量较少，以黏土矿物及氧化铁为主，故岩石呈紫红色。

（2）岩屑砂岩：呈紫红色、青灰色，中—细粒为主，多出现在莲沱组中部和上部，岩屑含量 30%~40%，多者可达 65%，主要为中—酸性火山岩、黏土岩、粉砂岩等岩屑；石英含量小于 50%，长石含量变化较大，一般为 4%~25%，基质含量 4%~15%；分选中—差，孔隙式胶结。

（3）岩屑长石砂岩和长石岩屑砂岩：岩石呈青灰色、浅紫色，以中粒、细粒为主，在整个莲沱组剖面均有分布。石英含量70%~75%；长石含量10%~19%，以斜长石为主，微斜长石较少；岩屑与长石呈消长关系，岩屑多为火山岩（莲沱组下部除外）、黏土岩、粉砂岩、燧石等，分选中等。

2. 亚相与微相特征

辫状河相主要发育河床和河漫亚相，牛轭湖、堤岸亚相不发育。

河床亚相包括河床滞留沉积与心滩微相。河床滞留沉积微相为砂质砾岩，岩性厚度较小，底冲刷面十分发育。心滩微相岩性为上述的各种砂岩，发育大、中型槽状交错层理，少量平行层理。河漫亚相主要为河漫滩微相沉积，河漫沼泽、河漫湖泊不发育。河漫滩微相主要岩性为粉砂岩、泥岩，发育水平层理、沙纹层理。

剖面上呈下粗上细的二元结构，河床亚相粗粒沉积发育，河漫细粒沉积欠发育。砂体呈楔状、上平下凸的巨大透镜体，泥岩、粉砂岩呈条带状、小透镜状，砂体由一至多套向上变细正粒序组成，砂/泥比值莲沱组下部为3.6，莲沱组上部为1.1（高振中等，1999）。

（二）曲流河相

曲流河相发育于莲沱组中部和上部。

1. 岩石类型

岩石类型主要为紫红色砂岩、泥岩，以及紫灰色、浅红色、灰绿色凝灰岩。

凝灰岩：根据结构差异和沉积构造特征，可分为降落凝灰岩和水携凝灰岩。

（1）降落凝灰岩：见于莲沱组中部，呈紫红色、浅红色、紫灰色，中—厚层、薄层产出，不具层理，以玻屑凝灰岩、晶屑玻屑凝灰岩为主。具典型玻屑凝灰结构，以玻屑为主，玻屑总量>95%，其外形无磨蚀，呈尖棱角状、弓形矛状、弧面多角状、鸡骨状，大小相当于中砂级、细砂级、粉砂级。玻屑有不同程度的脱玻现象，边缘有氧化铁析出，凝灰碎屑之间有少量火山尘及铁质、泥质等。根据岩石中凝灰碎屑无磨蚀及组分单一、分布杂乱、不显层理等特点，分析它们是从大气降落、陆上堆积的产物。

（2）水携玻屑凝灰岩：分布在莲沱组中、上部，呈紫灰色、灰绿色，以中、厚层产出，具中、小型槽状交错层理。凝灰碎屑>90%，以玻屑为主，岩屑、晶屑较少，此外还有不足10%的陆源碎屑，如石英、燧石等；凝灰碎屑具明显磨蚀外貌，为次棱角状，少数为次圆状，使岩石呈凝灰砂状结构，未见前期凝灰岩碎屑；粒间填隙物为火山尘及黏土矿物。根据该凝灰岩上述特征，其凝灰碎屑发生了同生位移，是空中降落、水流搬运磨蚀后沉积产物，故属水携凝灰岩。

2. 亚相与微相特征

曲流河相主要发育河床、河漫、堤岸亚相，牛轭湖不发育。

河床亚相包括河床滞留沉积与边滩微相。边滩微相岩性主要为砂岩，发育大、中型槽状、板状交错层理。河床滞留沉积微相为含砾砂岩，底具冲刷面。河漫亚相主要为河漫滩微相沉积，河漫沼泽、河漫湖泊不发育。河漫滩微相岩性为泥岩夹粉砂岩，具小型槽状交错层理、水平层理，波痕发育。堤岸亚相较发育，主要为薄互层状泥岩、粉砂岩组成的天然堤沉积，具沙纹层理。

垂向单个河流沉积旋回上显示下粗上细的正粒序，下部为河床亚相砂岩，上部为河漫、堤岸亚相泥岩、粉砂岩，剖面上呈现大套泥岩、粉砂岩与中厚层板状（偶见楔状）砂体互层，夹数层颜色鲜艳的凝灰岩。

（三）三角洲相

（1）三角洲平原亚相：包括分流河道、陆上天然堤、决口扇等微相，主要特征与曲流河相类似，但不同点是泥岩颜色呈紫红色、紫灰色。砂体规模较小，粒度较细，为中—细砂岩、细砂岩。区内垂向上为退积层序，向上过渡为三角洲前缘沉积，下部则为曲流河沉积。

(2) 三角洲前缘亚相：包括水下分流河道、水下天然堤、分流间湾、河口沙坝、远沙坝等微相，主要特征与三角洲平原亚相相似，不同点是泥岩的颜色为灰色、灰绿色，与三角洲平原亚相的氧化色相区别，发育有河口沙坝、远沙坝等向上变粗的沉积序列。

（四）大陆冰川相

大陆冰川相可划分为底碛亚相、消融碛亚相、冰河亚相、冰湖亚相（瞿乐生，1989）。

(1) 底碛亚相：发育在南沱组下部、古城组。该亚相位于冰川底部，因融化而直接沉积的产物，冰融水未参与搬运和分选，故形成无序岩石。岩石呈灰绿色夹紫红色，块状无层理。砾石、砂、泥等组分高度混杂，无分选、无粒序杂乱堆积。砾石呈尖棱角状，有特征的熨斗石、猴面石，砾石表面具丁形擦痕、压坑。岩石以砂质（泥质）细砾岩、砾状砂岩为主，偶见中砾岩及泥岩条带。在相序上，位于冰川剥蚀区与冰川消融碛之间。

(2) 消融碛亚相：发育在南沱组下部、古城组。该亚相位于冰川前缘，其最大特点是冰融水参与了沉积作用，岩石中无序夹有序。岩石呈灰绿色中厚层至块状无层理；岩石组合以有序的砾状泥质砂岩和无序的砂质细砾岩及少量砂质中砾岩组成，它们之间呈渐变；无序岩石特征与底碛相类似，在有序岩石中的砾石显半定向，泥岩有不清晰水平层理；在相序上，或夹于底碛相中，或位于底碛相与冰河相之间。

(3) 冰河亚相：发育于南沱组中部。该亚相位于冰舌消融碛之外缘，线状冰融水发挥作用，形成以有序为主岩石组合。岩石呈灰绿色，部分为紫红色，以中、厚层为主。岩石组合以砾状砂岩、泥质砂岩为主，其次为泥质（砂质）细砾岩，二者组成不太典型的二元结构；砂岩中泥质含量较高，分选不好，有断续交错层理；砾岩中砾石长轴略具半定向性，砾石结构特征与底碛、消融碛相似；在相序上，位于消融碛与冰湖亚相之间。

(4) 冰湖亚相：发育于南沱组中部。该亚相不发育，为冰川外缘小型湖泊，湖面升降快，但岩石具有粒序性。岩石为灰绿色中薄层；岩石组合以砂质泥岩为主，夹少量泥质砂岩，厚度横向稳定，垂向具粒级韵律；岩石略具分选性和向上变细特点，具水平层理和交错层理；在相序上，位于冰河沉积之上。

二、沉积相演化

前震旦纪末的晋宁运动，使得三峡东部地区在内的襄樊—广济断裂以南广大地区前震旦纪槽盆封闭，褶皱回返，伴有火成岩的侵入，组成了下伏于南华系、震旦系的复杂基底（黄陵背斜的东翼为黄陵花岗岩，西翼为崆岭群片岩）。南华系沉积盖层呈角度不整合覆于此结晶基底之上，主要为陆相河流、大陆冰川等沉积。

（一）莲沱期

莲沱期区内及邻区地形强烈分异，出现剥蚀山地、山间盆地相间，河流、湖泊纵横交织等复杂的地貌景观。区内总地势是东北高、西南低，莲沱组就是在此背景下发育了河流相沉积。它以长石砂岩、岩屑砂岩为主，为黄陵山地的花岗岩遭受强烈侵蚀的产物。莲沱组中、下部由偶含细砾石砂岩的辫状河向曲流河演变，表明当时古地貌是由起伏较大的山前丘陵向准平原化发展。莲沱组顶部出现了由中、细砂岩组成的分支河道沉积和由泥岩、泥质粉砂岩组成河道间沉积的交替，其中泥岩、泥质粉砂岩为灰紫色、灰绿色，组成曲流河入海的正常三角洲。莲沱组中、上部河流—三角洲沉积组合中出现多层降落凝灰岩、水携凝灰岩以及凝灰质砂岩。据湖北省境内扬子期熔岩、凝灰岩的区域分布规律，本区酸性凝灰物质来自鄂北—鄂西北一带。

（二）古城期至南沱期

莲沱期末的澄江运动使三峡东部地区刚刚步入海洋环境又抬升为陆，造成南沱组（或其下的大塘坡组、古城组）平行不整合于莲沱组之上。古城期陆相冰碛岩、大塘坡期的间冰期沉积物的分布仅限于南部长阳背斜核部，而黄陵背斜未见及，因此，这里主要介绍南沱期冰川沉积。

南沱期主要为冰碛岩。其砾石成分复杂，物源广泛，不仅有莲沱组紫红色砂岩、酸性凝灰岩等近源岩石组分，而且还有来自神农架及其以北地区的叠层石云岩、熔岩等远源组分，因此古城期、南沱期的冰川是属于低纬度区的大陆冰盖型冰川。莲沱组至灯影组的众多古地磁资料也表明（赵自强等，1985），三峡东部地区一直处在 $17°\sim28.5°N$（南沱期为 $19°N$）的低纬度地区。在冰期内，随着气温波动，导致冰体相应的前进和后退，引起冰川沉积环境的变化，这从区内冰碛岩岩石类型及其组构在纵向剖面变化可以看出，古城期至南沱期至少经历了两个冰期（古城期、南沱期）、一个间冰期（大塘坡期）的冰川活动进退过程。这两次冰期不仅有区域性，而且具洲际性，在中扬子地区、新疆，以及澳大利亚、非洲、北美、北欧等地均有发育。

第三节　震旦系沉积相

震旦系包括陡山沱组、灯影组，主要为一套碳酸盐岩台地—台盆沉积体系。本教材主要以黄陵背斜宜昌花鸡坡、宜昌莲沱王家湾剖面为代表论述。

一、沉积相类型与特征

三峡东部地区震旦系发育有碳酸盐岩缓坡、镶边碳酸盐岩台地、台内盆地沉积体系。

（一）缓坡相

缓坡沉积体系是碳酸盐岩沉积中较为独特的一类沉积体系。它主要与镶边台地沉积相对应，主要沉积特征是台地地形平缓，并且由岸边向广海缓缓延伸，呈一均匀倾斜面，其倾斜角一般小于 $1°$，其上的碳酸盐沉积物表现为近滨岸的高能浅滩颗粒石灰岩向海方向逐渐变成较深水碳酸盐沉积物并最终成为盆地泥质岩类。此外，在该类斜坡上由于地形坡度较缓，重力流沉积不发育。缓坡沉积体系在研究区主要分布在下震旦统，寒武系第二统，中、上二叠统地层中。缓坡沉积体系以正常浪基面、风暴浪基面、密度跃层为界划分为内缓坡、中缓坡和外缓坡亚相（Burchette 等，1992），密度跃层以下为盆地相。有的学者根据内部水体深度、水动力特征等，以潮汐作用带、正常浪基面、风暴浪基面划分出后缓坡、浅缓坡、深缓坡亚环境（Tucker，1990），风暴浪基面以下划分为盆地相。

1. 内缓坡亚相

内缓坡亚相指正常浪基面以上环境，主要为环潮坪沉积环境。该亚相水体较浅，气候条件对控制此带的生物群、水体盐度，以及矿物沉淀起主导性作用。内缓坡亚相的微环境主要为潮坪、局限潟湖和浅滩。

岩性主要为浅灰、灰色粉晶白云岩，含硅质条带，少量为颗粒白云岩。沉积构造主要为水平层理，局部发育交错层理。

2. 中缓坡亚相

中缓坡亚相是指正常浪基面到风暴浪基面之间的沉积环境，以发育风暴沉积为特征。实习区内以灰色、深灰色薄—中厚层泥质粉晶石灰岩、白云岩为主，局部含透镜状砾屑白云岩、内碎屑白云岩、见于陡山沱组中下部。

3. 外缓坡亚相

外缓坡亚相位于风暴浪基面与密度跃层（氧化还原界面）之间，水动力微弱，风暴浪一般不直接影响到此沉积带。岩石颜色深暗，与盆地相差异不大，岩性主要为深灰色、黑色泥质粉砂岩、粉砂质泥岩、碳质页岩、泥质白云岩，发育水平层理。

（二）盆地相

盆地相岩性主要为黑色碳质页岩，夹黑色透镜状或条带状粉晶含炭含泥白云岩、泥质粉砂岩等，水平纹层发育，形成于深水滞流沉积环境。

（三）局限台地相

局限台地相包括潮坪、潟湖等亚相。潮坪亚相主要岩性为灰白、灰色泥晶、细晶白云岩，少量叠层石白云岩、核形石白云岩、凝块石白云岩等。潟湖亚相主要岩性为灰、深灰色泥晶—细晶白云岩，水平层理发育。

叠层石白云岩：该岩石主要分布在灯影组白马沱段上部，岩石为灰白色，中、薄层。叠层石形态多为波状，其次为层状、球状，在球状叠层石的鞍部常有凝块石、砂屑、藻屑等颗粒组成的透镜体。

颗粒白云岩：颗粒为砂屑、鲕粒、凝块石等，亮晶、粉晶胶结均有见及，发育大、中型交错层理、羽状交错层理、平行层理及底冲刷构造。反映它们形成于水动力强弱具脉动性、流向具往返性变化的强动荡环境，应属潮渠微环境。

核形石白云岩主要分布在灯影组蛤蟆井段中部；凝块石白云岩主要分布在白马沱段上部，填隙物多为粉晶白云石，反映水动力条件相对较弱。

（四）开阔台地相

开阔台地相包括浅滩、滩间海等亚相。

浅滩亚相岩性主要为颗粒白云岩，其次为鲕粒白云岩，少量核形石白云岩、凝块石白云岩，发育平行层理、交错层理等沉积构造。

砂屑白云岩：该岩石主要分布在灯影组蛤蟆井段中下部、石板滩段的中下部、天柱山段。呈浅灰色、灰白色，中、厚层产出，单层厚0.3~1.3m。岩石主要具亮晶砂屑结构。砂屑以0.5~2mm为主，占颗粒总量的40%~55%。此外，有少量细砾屑，有时有鲕粒或核形石、凝块石，颗粒总量达75%~85%；胶结物为亮晶白云石，具二世代结构。该岩石常与亮晶鲕粒白云岩、亮晶核形石白云岩互层，常有凝块石细晶白云岩夹层，具大、中型槽状交错层理及冲刷面，反映它们形成于强动荡环境，应属台地边缘浅滩环境。

泥粉晶白云岩：灰、深灰色，粉晶结构，含少量粉屑等颗粒，含少量泥质，发育水平层理，属于水动力条件弱的滩间海亚环境的主要沉积类型。

（五）斜坡相

实习区南部为广阔的深海盆地，西部为台盆区，灯影期随着碳酸盐岩的不断加积，形成了一定坡度的台地前缘斜坡，主要岩性为泥粉晶石灰岩、细晶石灰岩，薄层，发育水平层理。局部发育少量滑塌角砾白云岩（石灰岩）、浊积颗粒石灰岩，属斜坡重力流沉积，主要发育在灯影组石板滩段。

滑塌角砾白云岩（石灰岩）：分布在灯影组石板滩段下部。灰色、暗灰色中厚层产出，夹在大套的深灰色、黑灰色薄板状白云岩或石灰岩之中。单层厚20~30cm，厚者近1m，但横向不稳定，顺层追索可尖灭再现。其下界与原地沉积呈明显截切关系，或具阶状界面，后者可见到刚起步（位移）

的板条状角砾。该角砾在横向上可以追踪拼接，层内角砾多为板条状。角砾长轴杂乱排列，呈无分选、无粒序的块状构造。角砾大小相差悬殊，一般长轴10~30cm，大者达0.5m以上。砾石呈棱角状，亦具有明显磨圆。部分砾屑有塑性变形，砾屑含量40%~60%不等。粒间为小砾屑、砂屑及云泥充填，大小砾屑均为成分单一的下伏薄板状白云岩（石灰岩）的碎块。上述特点表明，该角砾白云岩（石灰岩）是薄板状白云岩（石灰岩）在弱固结状态下顺坡向下位移的斜坡相产物。

二、沉积相演化

三峡东部地区为鄂中古陆，西部地区为鄂西海盆，它使鄂中古陆与川黔古陆隔海相望，呈向南开口的海湾型盆地。鄂西海盆位于兴山—长阳—石门一线以西。它的形成和发展受武陵断裂系控制，而武陵断裂系位于太行—武陵梯度带（或地壳构造变异带）上，在此带上发育一条切至地幔的隐伏深断裂，它在地史上对震旦纪以来的沉积相演化有明显的控制作用（湖北省地矿局，1990）。

（一）陡山沱期

早震旦世初，由于气候转暖，冰期结束，海面上升，大规模海侵，使经过南华纪夷平和准平原化的鄂中古陆逐渐转为浅水碳酸盐台地。碳酸盐台地按照成因、形态、沉积层序和岩相等特征可以划分为镶边陆架型、缓坡型、陆表海型、孤立型，以及淹没型台地等五大类（Tucker，1985）。由于此时期碳酸盐台地在古陆上刚开始发育，加积作用不强烈，厚度与规模不大，下部的白云岩是一个帽碳酸盐岩，也称盖帽白云岩，没有形成较陡峻的前缘斜坡。从三峡东部地区震旦纪总体呈现的由北东向西南缓倾斜的构造背景，并对比上述五类碳酸盐台地可以看出，三峡东部地区震旦系陡山沱组碳酸盐岩沉积期不发育明显的陆架坡折与斜坡，应属于缓坡型碳酸盐台地（柳永清等，2003）。

陡山沱组垂向上表现为从碳酸盐缓坡—盆地—缓坡—台地的沉积序列，构成了陡山沱期一个海侵到海退的沉积旋回（图3-1）。碳酸盐缓坡发育，主要为内缓坡潮坪、潟湖环境。

陡山沱组底部的帽碳酸盐岩白云岩的岩性垂向变化较大，既有灰色泥粉晶白云岩夹薄层含陆源角砾粉砂粉晶白云岩，又有水平纹层发育的深灰色薄、中层纹层状粉晶白云岩夹薄层陆源粉砂粉晶白云岩。在王丰岗陡山沱组剖面的底部，在深灰色薄层粉晶泥质白云岩中还夹一层深灰色含生屑石灰岩，石灰岩内有大量海绵骨针（宜昌始海绵）及钙球（高振中等，1999）。上述特征表明，区内海侵开始时陆源物质仍不断注入，海底地形并不十分平坦，造成局部闭塞的潟湖、潮坪环境，为内缓坡沉积，之后区内转入海侵为主时期。

三峡东部地区的海侵来自西边邻区的鄂西海盆。鄂西海盆属于扬子陆块内部的盆地，即台盆，海水由西南向东北方向入侵。海侵主要发育在陡山沱早中期，规模大。随着海侵的进行，区内水深不断增加，内缓坡演变为中、外缓坡环境，陡山沱组下部沉积了一套深灰、灰色薄层的含泥、泥质粉晶白云岩。滑塌、重力流沉积不发育，局部地区发育有少量小型滑动构造（高振中等，1999），这可能与控制鄂西海盆的武陵断裂系活动有关。

海侵在陡山沱中期达到最大，使得三峡东部地区陡山沱组中下部发育一套黑色、黑灰色的泥页岩夹粉砂岩，属于台内盆地相，包括了盆地边缘等过渡类型沉积。中晚期之后转入了海退为主的旋律，依次发育了中、外缓坡环境的薄层含泥、泥质粉晶白云岩和内缓坡环境的潮坪、潟湖白云岩。陡山沱晚期又出现一次较小规模的海侵，水体变开阔，使得上部发育滩间海环境的薄层泥粉晶石灰岩、黑色页岩。

（二）灯影期

从区内灯影组沉积相纵向演化序列看，也经历了台地—斜坡、盆地—台地的沉积环境变化过程（图3-2）。它是继陡山沱期完整的海进—海退旋回之后，又一个海进—海退旋回，只是碳酸盐沉积

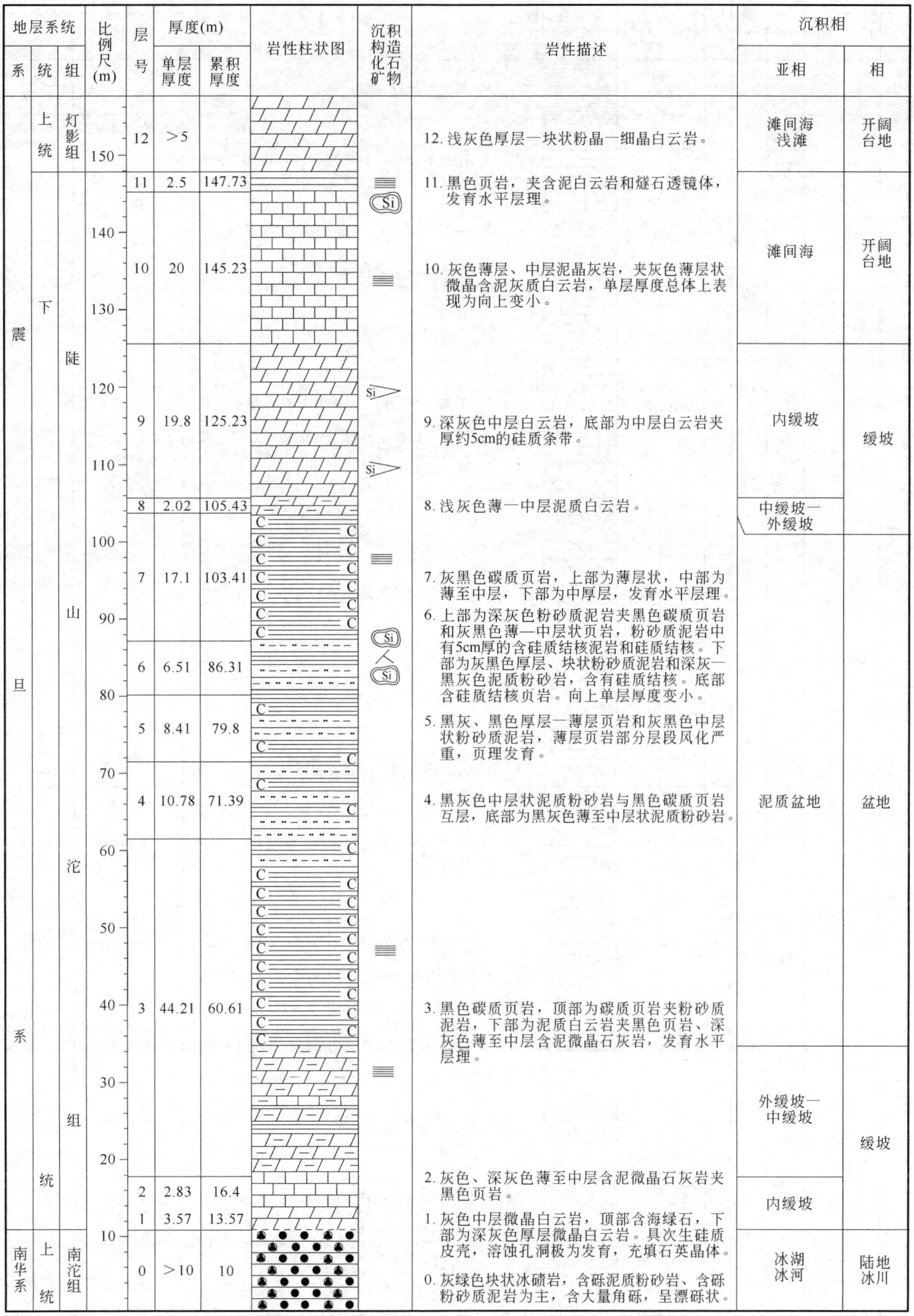

第三章 沉积相

地层系统			比例尺(m)	层号	厚度(m)		岩性柱状图	沉积构造化石矿物	岩性描述	沉积相	
系	统	组			单层厚度	累积厚度				亚相	相
震旦系	上统	灯影组	150	12	>5				12. 浅灰色厚层—块状粉晶—细晶白云岩。	滩间海浅滩	开阔台地
	下统	陡山沱组	140	11	2.5	147.73		Si	11. 黑色页岩，夹含泥白云岩和燧石透镜体，发育水平层理。	滩间海	开阔台地
			130	10	20	145.23			10. 灰色薄层、中层泥晶灰岩，夹灰色薄层状含泥灰质白云岩，单层厚度总体上表现为向上变小。		
			120 110	9	19.8	125.23		Si Si	9. 深灰色中层白云岩，底部为中层白云岩夹厚约5cm的硅质条带。	内缓坡	缓坡
				8	2.02	105.43			8. 浅灰色薄—中层泥质白云岩。	中缓坡—外缓坡	
			100	7	17.1	103.41			7. 灰黑色碳质页岩，上部为薄层状，中部为薄至中层，下部为中厚层，发育水平层理。		
			90	6	6.51	86.31		Si Si	6. 上部为深灰色粉砂质泥岩夹黑色碳质页岩和灰黑色薄—中层状页岩，粉砂质泥岩中有5cm厚的含硅质结核泥岩和硅质结核。下部为灰黑色厚层、块状粉砂质泥岩和深灰—黑灰色泥质粉砂岩，含有硅质结核。底部含硅质结核页岩。向上单层厚度变小。		
			80	5	8.41	79.8			5. 黑灰、黑色厚层—薄层页岩和灰黑色中层状粉砂质泥岩，薄层页岩部分层段风化严重，页理发育。	泥质盆地	盆地
			70	4	10.78	71.39			4. 黑灰色中层状泥质粉砂岩与黑色碳质页岩互层，底部为黑灰色薄至中层状泥质粉砂岩。		
			60 50 40	3	44.21	60.61			3. 黑色碳质页岩，顶部为碳质页岩夹粉砂质泥岩，下部为泥质白云岩夹黑色页岩、深灰色薄至中层含泥微晶石灰岩，发育水平层理。		
			30 20							外缓坡—中缓坡	缓坡
				2	2.83	16.4			2. 灰色、深灰色薄至中层含泥微晶石灰岩夹黑色页岩。	内缓坡	
			10	1	3.57	13.57			1. 灰色中层微晶白云岩，顶部含海绿石，下部为深灰色厚层微晶白云岩。具次生硅质皮壳，溶蚀孔洞极为发育，充填石英晶体。		
南华系	上统	南沱组		0	>10	10			0. 灰绿色块状冰碛岩，含砾质粉砂岩、含砾粉砂质泥岩为主，含大量角砾，呈漂砾状。	冰湖冰河	陆地冰川

图3-1 宜昌三斗坪花鸡坡震旦系陡山沱组沉积相柱状图

地层系统			比例尺(m)	层号	厚度(m)		岩性柱状图	沉积构造化石矿物	岩性描述	沉积相	
系	统	组	段		单层厚度	累积厚度				亚相	相
寒武系	苗岭统 纽芬兰统	水井沱组		0	16	>10			16. 灰至深灰色页岩。		盆地—缓坡
			天柱山段	—50	15	32.9	608.4			15. 灰白色中厚层细晶白云岩，夹硅质条带，孔洞不发育，见鸟眼构造，顶部为深灰色砂屑白云岩，掩盖严重。	浅滩—滩间海	开阔台地
震旦系	上统	灯影组	白马沱段	—100 —150 —200 —250 —300 —350	14 13 12 11	96.8 49.3 149.7 27.9	575.5 478.7 429.4 279.7			14. 深灰色厚层凝块石细晶白云岩，发育鸟眼构造。 13. 下部为灰白色、灰—浅红色厚层至块状细晶白云岩，夹多层孔洞层。上部为深灰至灰色中厚层至块细晶白云岩，夹叠层石白云岩，孔洞发育，方解石半充填，见变形层理。 12. 灰白色块状细晶白云岩夹中层硅质细晶白云岩。 11. 灰、灰白色中至厚层细晶白云岩、灰质白云岩及白云质石灰岩。	潮坪（潮上—潮下带） 滩间海	局限台地 开阔台地
			石板滩段	—400 —450 —500	10 9 8 7 6	62.8 44 7.2 7.6 23.5	251.8 189 145 137.8 130.2			10. 深灰色薄层细晶石灰岩，孔洞不发育，见变形层理。 9. 灰、灰白色薄层砂屑石灰岩夹多层燧石条带及燧石结核。 8. 灰色中层细晶石灰岩，岩性致密，无孔洞，物性差。 7. 灰白色薄层细晶石灰岩夹燧石结核及条带，发育交错层理。 6. 灰至灰黑色薄层细晶石灰岩，含有机质和少量燧石结核，水平纹理发育，含藻类化石。	上斜坡 台缘浅滩 滩间海 浅滩 滩间海	斜坡 台缘礁滩 开阔台地
			蛤蟆井段	—550 —600	5 4 3 2 1	50.4 8.4 12.9 15.3 19.7	106.7 56.3 47.9 35 19.7			5. 灰白色块状细晶白云岩，岩性致密，孔洞缝不发育。 4. 灰至灰白色厚层鲕粒白云岩，岩性疏松，孔洞发育，储层物性好。 3. 浅红色至灰厚层至块状砂屑白云岩，岩性致密。 2. 下部为灰、灰白色砂质白云岩，致密；中部为灰至棕红色砂屑白云岩，孔洞发育；上部为灰白色细晶白云岩，孔洞不发育。 1. 下部为灰至灰白色砂屑白云岩与细晶白云岩，上部为灰白色细晶白云岩，顶部为灰白色硅质白云岩，发育溶蚀缝及孔洞，含硅质条带，方解石半充填。	潮坪（潮上—潮下带） 浅滩 滩间海 浅滩 滩间海 浅滩	局限台地 开阔台地
	下统	陡山沱组			0	未见底				0. 灰色薄层细晶白云岩。顶部为黑色页岩，发育水平层理。	滩间海	开阔台地

图3-2 宜昌莲沱王家坪震旦系灯影组沉积相柱状图

体系发生了变化，发育了浅滩镶边的台地碳酸盐体系，这与区内碳酸盐台地不断加积、厚度增大、边坡变陡有关。蛤蟆井段下部主要是开阔台地浅滩夹滩间海环境，沉积了较厚的亮晶颗粒白云岩，上部为局限台地潮坪环境。石板滩段下部为一套亮晶颗粒白云岩，属台缘高能浅滩环境。受海侵的持续进行，石板滩段上部主要为一大套暗色薄板状泥晶石灰岩，区域上发育滑塌褶皱、碎屑流沉积（高振中等，1999），尤其石门杨家坪等地斜坡特征明显，属于斜坡—盆地环境。

白马沱段沉积开始，海平面开始下降，水体变浅，区内从开阔台地演变为局限台地环境，沉积了一套以叠层石发育为特色的潮坪白云岩，温暖、潮湿、水浅、阳光充足是藻类生长繁衍的良好环境。

第四节 寒武系沉积相

三峡东部地区寒武系发育齐全，出露完整，地层厚度大。宜昌一带寒武系剖面厚度超过1400m，生物化石比较丰富，沉积相类型多样。不少学者对三峡东部地区寒武系开展了大量研究工作。本教材寒武系沉积相主要以高振中等（1990）寒武系沉积相资料，以及宜昌莲沱王家坪实测剖面、松滋刘家场寒武系观察剖面为基础，进行叙述。

一、沉积相类型与特征

（一）岩石类型

三峡东部地区寒武系的主要岩石类型可归纳为3大类21小类，其中，碳酸盐岩类占剖面总厚度86.2%，各类岩石在剖面中的分布见表3-3。现择其有代表性岩石简述如下：

表3-3 三峡东部地区寒武系岩石类型及其分布一览表（据高振中等，1990，有修改）

岩石类型		厚度(m)		分布	占总厚比(%)
碎屑岩	页岩（泥岩）	124.2	188.5	水井沱组、石牌组中下部	13.2
	粉砂岩	39.2			
	砂岩	25.1		石牌组中部、覃家庙组二段	
碳酸盐岩	石灰岩				
	泥(粉)晶石灰岩	88.3	189.2	水井沱组、天河板组、覃家庙组	13.2
	粉屑石灰岩	22.9			
	砂屑(砾屑)石灰岩	38.0		天河板、覃家庙组	
	鲕粒石灰岩	12.3		石牌组、天河板组、覃家庙组	
	核形石石灰岩	4.5			
	球粒石灰岩	11.2		天河板组	
	生屑石灰岩	1.0		石牌组	
	叠层石石灰岩	8.0		覃家庙组	
	礁灰岩	3.0		天河板组	
	白云岩	泥(粉)晶白云岩	292.3	1046.4	石龙洞组、覃家庙组、三游洞组	73.0
		细晶白云岩	213.8		三游洞组	
		粉屑白云岩	278.7		覃家庙组、三游洞组	
		砂屑(砾屑)白云岩	192.6		石龙洞组、覃家庙组、三游洞组	
		鲕粒白云岩	50.6		石龙洞组、覃家庙组、三游洞组	
		叠层石白云岩	18.5		石龙洞组、覃家庙组、三游洞组	

续表

岩石类型		厚度(m)		分布	占总厚比(%)
其他沉积岩	风暴岩	2.9	9.3	水井沱组、覃家庙组、三游洞组	0.6
	浊积岩	6.0		水井沱组	
	颗粒磷岩	0.2		天柱山组	
	沉积型重晶石岩	0.2		水井沱组	

1. 黑色碳质页岩

黑色碳质页岩仅出现在水井沱组。岩石中水平纹层发育，富有机碳和浸染状黄铁矿，此外，还有少量海绵骨针及古介形虫类，未发现其他底栖生物化石。在寒武纪早期，这种以黑色碳质页岩为主的黑色岩系在我国南方各省、秦岭地区及新疆各地都有广泛分布，在印度、巴基斯坦北部、英国英格兰、澳大利亚南部及加拿大等世界广大范围内均有分布，具全球性规模，代表了一个大范围内环境突变——海平面突然上升，是震旦纪—寒武纪界线附近缺氧事件的产物。

2. （泥）粉晶白云岩（石灰岩）、粉屑白云岩（石灰岩）

这两类岩石在剖面中占47.6%，是区内寒武系主体岩石，几乎在各种沉积环境中均有出现。主要发育水平层理，属于低能环境的沉积。

3. 叠层石白云岩

常见叠层石白云岩，发育有层状、波状、穹状等形态，柱状叠层石少见，主要发育于潮坪环境。

4. 砂（砾）屑白云岩（石灰岩）

该类岩石占剖面总厚度16.1%，尤以砂屑白云岩居多。岩石为灰色、浅灰色中厚层产出，具大中型槽状交错层理、羽状交错层理，扁平砾屑具有叠瓦状排列，或上、下相邻砾屑层具反向叠瓦状排列，底冲刷面常见。多具亮晶胶结结构，胶结物多具亮晶二世代结构。除砂屑外，有时还有少量鲕粒、核形石及生屑，颗粒总量可达70%~80%。砂（砾）屑白云岩在垂向上常过渡为鲕粒白云岩，或与穹状、波状叠层石白云岩（石灰岩）毗邻。因此，它们形成于潮下浅滩或流向周期性往返变化的潮汐水道等高能环境中。

5. 鲕粒白云岩（石灰岩）

以鲕粒白云岩为主，岩石以中、厚层为主，少数为薄层，具大、中型槽状交错层理、羽状交错层理及底冲刷面。石灰岩多呈灰色、深灰色，少数为紫红色，岩石具亮晶鲕粒结构，鲕粒以0.5~2mm为主，少数达3~4mm，同心圈层结构为主。鲕粒白云岩多分布在石龙洞组及其之上的各层位，为高能浅滩环境下的产物。

鲕粒白云岩（石灰岩）、砂（砾）屑白云岩（石灰岩）常因重结晶作用，成为细晶白云岩，但内部残余颗粒结构发育。

6. 礁灰岩

该岩石分布在天河板组中部，主要位于暗灰色中、厚层球粒石灰岩与灰色厚层亮晶核形石石灰岩之间，其次夹在球粒石灰岩、粉晶石灰岩互层的上部。它由不规则古杯和蓝绿藻 *Renalcis*、*Epiphyton*、*Cirvanella* 等组成，具原地生长状态，对灰泥及生屑、球粒等细小碳酸盐岩颗粒起障积作用，形成大小不等丘状沉积体—古杯礁丘。古杯呈圆柱状、尖锥状固着生长，具侧向分枝形成树状群体，单体直径6~16mm，高2~3.5cm；蓝绿藻或以缠绕、附着古杯体壁生长，或呈小灌木丛状、云团状固着在古杯个体之间的灰泥基质中，或以生屑为核心形成核形石。

古杯、蓝绿藻十分发育的层段构成礁点，礁基底为暗灰色粉晶球粒石灰岩，礁间为灰色亮晶核形石生屑石灰岩，礁盖为弱白云化粉晶核形石生屑石灰岩，礁体内部主要为障积—粘结岩。根据产出背景及古生物群落特征分析，生物礁形成于开阔海环境。

7. 长石石英砂岩

该岩石主要发育于覃家庙组二段，灰黄色，主要矿物为石英、钾长石、斜长石，次为黏土矿物、白云石，钙质胶结为主，部分为泥质胶结，中粒结构为主，部分为含砾砂状结构，砾石为白云岩、泥质白云岩砾屑，为干旱气候条件下碎屑潮坪、潮道环境沉积。

风暴岩在实习区寒武系潮坪沉积中少量发育，代表岩性为倒"小"字或者的旋转—放射状排列砂砾屑白云岩，底具侵蚀面。浊积岩在水井沱组也有见及，发育递变层理为特征，岩性主要为粉屑石灰岩，其次为粉晶颗粒白云质石灰岩，发育鲍马层序的 AE、ABE、DE 组合，深水原地沉积为黑色碳质页岩。

（二）剖面沉积相类型

区内寒武系岩石类型丰富，沉积相类型多样，覆盖了碳酸盐岩台地、斜坡、盆地等碳酸盐岩沉积体系，并且碎屑岩沉积体系也有发育。根据沉积特征、生物化石组合及沉积相纵、横向变化，划分出局限台地、开阔台地、浅海陆棚、斜坡、盆地边缘、盆地等 6 个相及多个亚相、微相。寒武系台地边缘相主要发育在湘北一带，实习区不发育。

1. 局限台地相

局限台地相在三峡东部地区中最为发育，自石龙洞组往上的各组中均有发育。按其岩石组合、沉积构造及特征指相矿物可分为潟湖、潮坪两亚相。

1）潟湖亚相

潟湖亚相主要发育在覃家庙组，具有如下沉积特征：(1) 岩石组合以出现大套浅灰色、黄灰色薄层泥粉晶含泥质白云岩、含粉屑粉晶白云岩交替沉积为特色，可见少量砂屑；(2) 岩石中水平层理、水平波状层理及小型沙纹层理发育，层面上小型浪成波痕、流水波痕，干涉波痕发育；(3) 未发现任何底栖生物化石；(4) 岩石中针状石膏假晶常富集成层，层面上有晶形完好的石盐假晶发育。上述诸特点表明它们是在干燥气候强蒸发条件下的潟湖沉积。松滋刘家场寒武系剖面沉积构造见彩图 2。

彩图 2 松滋刘家场寒武系剖面沉积构造

2）潮坪亚相

潮坪亚相可以根据平均高潮面、低潮面可分为潮间带、潮上带两个一级微相，发育于潮坪、潟湖中的粗粒沉积环境潮道微环境可归于潮坪环境中，作为一个一级微相。根据岩性及古生物特征，还可以进一步划分出若干个二级微相。

潮上带微相：该微相分布在苗岭统及芙蓉统的下部，与潮间带毗邻。它具有如下沉积特征：(1) 岩石组合是泥粉晶白云岩与含粉屑（质）粉晶白云岩、粉屑白云岩略等厚薄互层，夹含砂屑（质）粉晶白云岩、粉晶砂屑白云岩或层状、微波状叠层石白云岩，其中颗粒白云岩以透镜状、条带状产出，颗粒多为细砂屑；(2) 沉积结构构造上，岩石具水平层理、水平波状层理及透镜状层理，颗粒白云岩具小型交错层理、微冲刷面，层面上偶见削顶波痕，发育鸟眼构造；(3) 在相序上夹于潮间沉积之中。

潮间带微相：该微相是局限台地相的主体相带，主要分布在苗岭统，其次在芙蓉统，少量在下统石龙洞组顶部。具有如下沉积特征：(1) 岩石组合是以泥粉晶白云岩与含粉屑（质）粉晶白云岩、粉屑白云岩组成薄至页状互层为主体，在垂向上或横向上，该互层岩石可相变为波状、穹状叠层石白云岩或颗粒白云岩。而颗粒白云岩主要为砂屑白云岩，其次为砾屑白云岩、鲕粒白云岩，但颗粒白云岩的厚度横向不稳定，常有变薄或尖灭，为潮渠沉积。(2) 沉积构造组合：薄互层的岩石通常具波状层理、脉状层理、透镜状层理及水平层理，偶尔可见鸟眼构造及柱状石膏假晶，层面可见不对称浪成波痕，发育层状、波状叠层石构造，颗粒白云岩（石灰岩）具大中型槽状交错平行层理，羽状交错层理，底冲刷面发育。（3）在相序上，局限台地相沉积的岩性组合常与开阔台地相交替出现。

浅的潮下带微相：包括潮汐通道、水下沙坝、沙滩等二级微相，实习区主要发育潮汐通道、沙滩等微相。

潮汐通道微相：包括规模较小的潮沟、潮渠和规模较大的潮道，潮沟、潮渠主要发育在潮间、潮上带，潮下带主要发育较大的潮道。潮汐通道是潮坪环境中水动能最强的部位，由颗粒白云岩（石灰岩）、碎屑岩及相应的沉积构造显示，垂向上可与穹状、柱状叠层石白云岩共生，横向厚度不稳定，呈透镜状，沉积特征明显，易于识别。

在松滋刘家场等地覃家庙组二段出现了长石石英砂岩。这套砂岩厚度变化比较大，松滋刘家场厚约 8m，长阳木溪厚 1.41m，长阳王子石厚 6.0m，但层位稳定，岩性有的地方为白云质长石石英砂岩，与潮坪、潟湖亚相共生，应为干旱气候事件低海平面时期障壁滨岸带沉积。砂岩底部具有冲刷面，发育大型交错层理，底部发育砾岩，砾石成分主要为白云岩，与潟湖沉积共生，根据其沉积特征可划为潮坪亚相碎屑潮坪—潮汐通道沉积产物。

2. 开阔台地相

根据岩石组合，沉积构造特点可进一步分为浅滩和滩间海两个亚相，但二者紧密相伴，交替出现。

1）浅滩亚相

该亚相沉积特征明显，易于识别：（1）在岩性组合上，由大套灰色中、厚层亮晶（或粉晶）颗粒白云岩（或石灰岩）组成，颗粒多为砂屑、砾屑、鲕粒及核形石等，发育平行层理、羽状交错层理、大、中型槽状交错层理；（2）在垂向粒序上，以粗粒为主，具细—粗—细的多套较完整的粒级韵律旋回，反映水动能虽有较强和较弱的变化，但却以较强的水动力为主，能量变化呈波浪式；（3）在相序上，其上下往往为低能的滩间海亚相；（4）生物化石有小壳类、三叶虫、腕足类等，反映海水盐度正常的开阔海环境，适合各种底栖生物生长。

2）滩间海亚相

在剖面中该亚相沉积的特点为：（1）在岩性组合上，由大套薄、中层泥（粉）晶白云岩（或石灰岩）或细晶白云岩、夹含粉屑（质）白云岩或石灰岩、粉屑白云岩（或石灰岩）组成，具水平层理、水平波状层理，偶尔有小型交错层理，反映出持续低能的沉积环境；（2）在相序上，常夹在开阔海高能浅滩的沉积组合之间，或与潮间带沉积毗邻；（3）生物化石为底栖三叶虫、腕足类等化石组合，反映海水盐度正常的开阔海环境。

3. 浅海陆棚相

陆棚环境以风暴浪基面为界，之上至低潮面为内陆棚（浅海陆棚），之下至无光带为外陆棚。浅海陆棚相根据岩石组合、沉积构造特点，以正常浪基面为界，可区分出上部为向陆一侧的过渡带和下部为向海一侧的滨外陆棚两个亚相。该相分布在石牌组中、下部等层位。

1）过渡带亚相

过渡带亚相位于滨外陆棚沉积的岩石组合之上。主要由黄绿色薄层含粉砂黏土岩、灰绿色薄层含泥粉砂岩、灰褐色薄层细砂岩三者互层，夹浅灰绿色薄层泥质条带粉晶石灰岩。自下而上黏土岩减少，粉砂岩增多，细砂岩多呈条带状、长透镜状，且上部明显增多。水平层理、水平波状层理、中—小型交错层理及冲刷面发育；水平虫孔、垂直、倾斜虫孔常见，砂岩为钙质胶结，矿物成熟度较高。本岩石组合中产三叶虫、古介形虫及微古植物化石。本段剖面的岩石组合、沉积构造特征，与下伏的滨外陆棚沉积特征相比，反映水体变浅，波浪影响明显增强，其上又与开阔台地相毗邻。综合这些特征，应属于浅海陆棚中的过渡带沉积。

2）滨外陆棚亚相

滨外陆棚亚相由大套灰绿色、黄绿色薄层含粉砂黏土岩（页岩）夹浅灰绿色薄层含泥（质）粉砂岩，底部夹灰绿色薄层泥质条带粉晶石灰岩等组成。剖面自下而上有如下变化规律：（1）黏土岩所占的比例向上逐渐减少，粉砂岩的单层厚度和夹层数量明显增多；下部的沉积构造水平层理、波状层理十分发育，向上逐渐减少，而小型交错层理和小型冲刷面逐步增多。（2）在剖面下部，黏土岩、泥质粉砂岩层面上出现大量生活在浪基面之下或接近波基面的蠕虫动物水平觅食潜穴，如丛藻迹 *Chondrite*、古藻迹 *Palaeophycus* 等；在剖面上部出现较多的是倾斜或垂直虫孔。（3）实体生物化石组合，出现了由大量营漂浮的球藻类微古植物等较单一的化石组合，到逐渐出现三叶虫、腕足类等多种底栖生物组合。上述的系列变化，表明随着水体深度变浅，波浪作用增强，沉积物粒度变粗，冲刷构造发育，氧逸度增高，生物的生态表现出抗争能力增强。在相序上该段剖面之下为盆地边缘—斜坡相，之上为开阔台地相，故它是碎屑浅海陆棚相的滨外陆棚亚相。

4. 斜坡—盆地边缘相

斜坡—盆地边缘相出现在本剖面水井沱组底部及上部。

水井沱组底部和上部为水平纹层发育的黑色碳质页岩、粉晶含碳含泥石灰岩中，夹浊积深灰色页状至薄层含粉屑粉晶石灰岩、深灰色薄—中层颗粒石灰岩，发育递变层理，偶夹颗粒石灰岩滑动孤立岩块，重力流沉积发育。

据上述两个层位的岩石组合可以看出，作为其主体岩石的黑色碳质页岩，其岩石学特征和形成环境，与前述的盆地相的同种岩石极为相似，均显示滞流、缺氧、非补偿环境下的产物。它的上层位为浅海陆棚相的岩相组合，故水井沱组底部、上部应属盆地边缘—斜坡相。

5. 盆地相

盆地相仅出现在水井沱组下部，由大套黑色碳质页岩夹黑灰色页岩至薄层粉晶含碳云质石灰岩、远源浊积岩等组成。岩石水平纹层发育，含有大量炭化球藻类微古植物化石及浸染状黄铁矿和有机碳，偶见海绵骨针。这些岩石均形成于滞流、闭塞、强还原的海盆中。

二、沉积相演化

三峡东部地区寒武纪岩相古地理总体格局与演化趋势是：纽芬兰世基本上保持晚震旦世陆表海碳酸盐岩台地环境，第二世为一开口向南的鄂西海盆，东西两侧为台地，苗岭世至芙蓉世由于碳酸盐岩沉积作用，鄂西盆地逐渐填平，形成统一的中上扬子镶边碳酸盐岩台地，南部为斜坡至盆地区。纵向上，纽芬兰世至第二世为一海侵序列，由陆表海碳酸盐岩台地演化为盆地，第二世至芙蓉世总体为一海退序列，由盆地演化为缓坡、镶边碳酸盐岩台地（图3-3、图3-4）。

（一）纽芬兰世—第二世

由于加里东期惠亭运动使鄂中地区的中部、北部相对抬升成为鄂中古岛，三峡东部地区的西边邻区却因武陵断裂系的影响而相对下沉，使三峡东部地区在晚震旦末呈东北高西南低的地势进一步明显，此时我国南方广大地区开始遭受海侵，区内海水从西南方向入侵。

纽芬兰世天柱山期，沉积了一套含胶磷矿的泥粉晶白云岩、颗粒白云岩，大量出现有以软舌螺为代表的小壳化石。此时，水体盐度正常，十分适合底栖生物繁殖，为潮下低能滩间海与高能浅滩相间的开阔台地环境，与灯影晚期藻白云岩发育的局限台地环境有别。

随着海侵扩大，将低缓古岛淹没，使之成为局限台地相，并以此为核心向外依次为开阔台地、台地边缘、浅海陆棚、斜坡盆地等构成完整的或不够完整的环形相带分布。三峡东部地区位于鄂中台地

地层系统			比例尺(m)	层号	分层厚度(m)	累计厚度(m)	岩性剖面	沉积构造矿物化石	岩性描述	沉积相	
系	统	组								亚相	相
寒武系	第二统	苗岭统 覃家庙组	0 — 50 — 100 — 150 — 200 — 250 — 300 — 350 — 400 — 450	25					25. 深灰色薄层细晶白云岩夹硅质条带。	潮坪	局限台地
				24	1.2	456.3			24. 灰至灰白色中至厚层细晶白云岩，孔洞发育，方解石半充填或未充填。		
		石龙洞组		23	17.8	455.3			23. 深灰色厚层角砾状白云岩夹灰白色厚层细晶白云岩，角砾状白云岩孔洞层发育，未充填，厚层细晶白云岩岩性致密，孔洞不发育。	潮坪	局限台地
				22	23.3	437.5			22. 灰黑色厚层细晶白云岩，岩性致密，上部孔洞少见，下部孔洞发育，方解石半充填。		
				21	14.5	414.2			21. 深灰色厚层砂质白云岩夹灰白色中层灰质白云岩和块状细晶白云岩。		
				20	9.7	399.7			20. 灰黑色中至厚层砂屑白云岩夹深灰色薄至中层细晶白云岩，砂屑白云岩岩性致密，孔洞不发育，细晶白云岩发育有少量溶蚀孔。	潮坪	
				19	21.5	390			19. 灰白色薄层细晶白云岩，岩性致密，孔洞不发育。		
				18	15.2	375.4			18. 灰白色厚层含灰质白云岩，孔洞发育，呈星散状。		
				17	6.3	353.3			17. 灰色厚层至块状细晶白云岩，孔洞发育，呈星散状，储层物性好。	浅滩	
				16	13.7	347			16. 灰白色中至厚层砂质白云岩和灰白色块状砂岩互层。		
				15	8.2	333.3			15. 灰色厚层粉晶石灰岩夹深灰色薄层磷块岩。		开阔台地
		天河板组		14	7.5	325.1			14. 灰黑色中至厚层泥质条带石灰岩，含少量黄铁矿晶体，向上略含硅质和白云质。		
				13	5.9	317.6			13. 灰黑色厚层粗粉晶白云岩。		
				12	17.3	311.7			12. 深灰色中一厚层状泥质条带灰岩与黄绿灰色薄层粉砂质页岩互层。	滩间海	
				11	22.8	294.4			11. 灰色块状泥质条带石灰岩、豆粒石灰岩。		
				10	26.4	271.6			10. 深灰色厚层至块状泥质条带石灰岩夹薄层亮晶含砾或含鲕粒砂屑石灰岩，发育交错层理。		
				9	15	245.2			9. 上部为灰色、深灰色中厚层粉晶石灰岩，泥质条带较少，顶部为灰色鲕粒白云质石灰岩；中部为深灰色厚层至块状泥质条带石灰岩，致密坚硬，风化面呈浅灰色，夹深灰色、灰黑色石灰岩和同生角砾状石灰岩；下部为深灰色中至厚层状泥质石灰岩和砂屑石灰岩，鲕粒豆粒石灰岩。	浅滩	
				8	18.5	230.2			8. 深灰色薄层粉砂岩、泥质粉砂岩与页岩互层，距底3.2m处产三叶虫。	过渡带	
				7	10.2	211.7			7. 灰色块状泥质石灰岩。		
				6	9.2	201.5			6. 灰绿色薄层至中层页岩。		
		石牌组		5	8.7	192.3			5. 上部为灰绿色薄至中层泥岩与粉砂岩互层。中部为灰色厚层至块状细砂岩，风化面呈黄色，底部产三叶虫；下部为灰绿色薄层水云母质石英粗粉砂岩夹灰绿色至深灰色薄层含水云母石英粉砂岩，虫迹发育，向上渐变为灰绿色粉砂岩与钙质细砂岩互层。	滨外陆棚	浅海陆棚
				4	99.7	183.6			4. 灰绿、黄绿色薄层粉砂质页岩及浅灰至灰色薄层钙质砂岩，产三叶虫、介形虫等。		
				3	27.1	83.9			3. 灰绿色中层细砂岩夹薄层石灰岩，产三叶虫、腕足和软舌螺化石。	过渡带	
		水井沱组		2	22.8	56.8			2. 灰黑色薄层致密微臭石灰岩，夹黑色、灰色薄板状泥灰岩或含钙页岩。	上斜坡 下斜坡	斜坡
				1	32.6	34			1. 黑色炭质页岩夹灰黑色页岩，富含黄铁矿，底部及上部夹薄层粉屑白云岩、颗粒白云岩透镜体。	泥质盆地	盆地
	纽芬兰统			0	1.4	1.4			0. 灰、灰白色厚层砂屑白云岩。	上、下斜坡 浅滩	斜坡 开阔台地
震旦系	上统	灯影组									

图 3-3 宜昌莲沱王家坪纽芬兰统—第二统沉积相柱状图

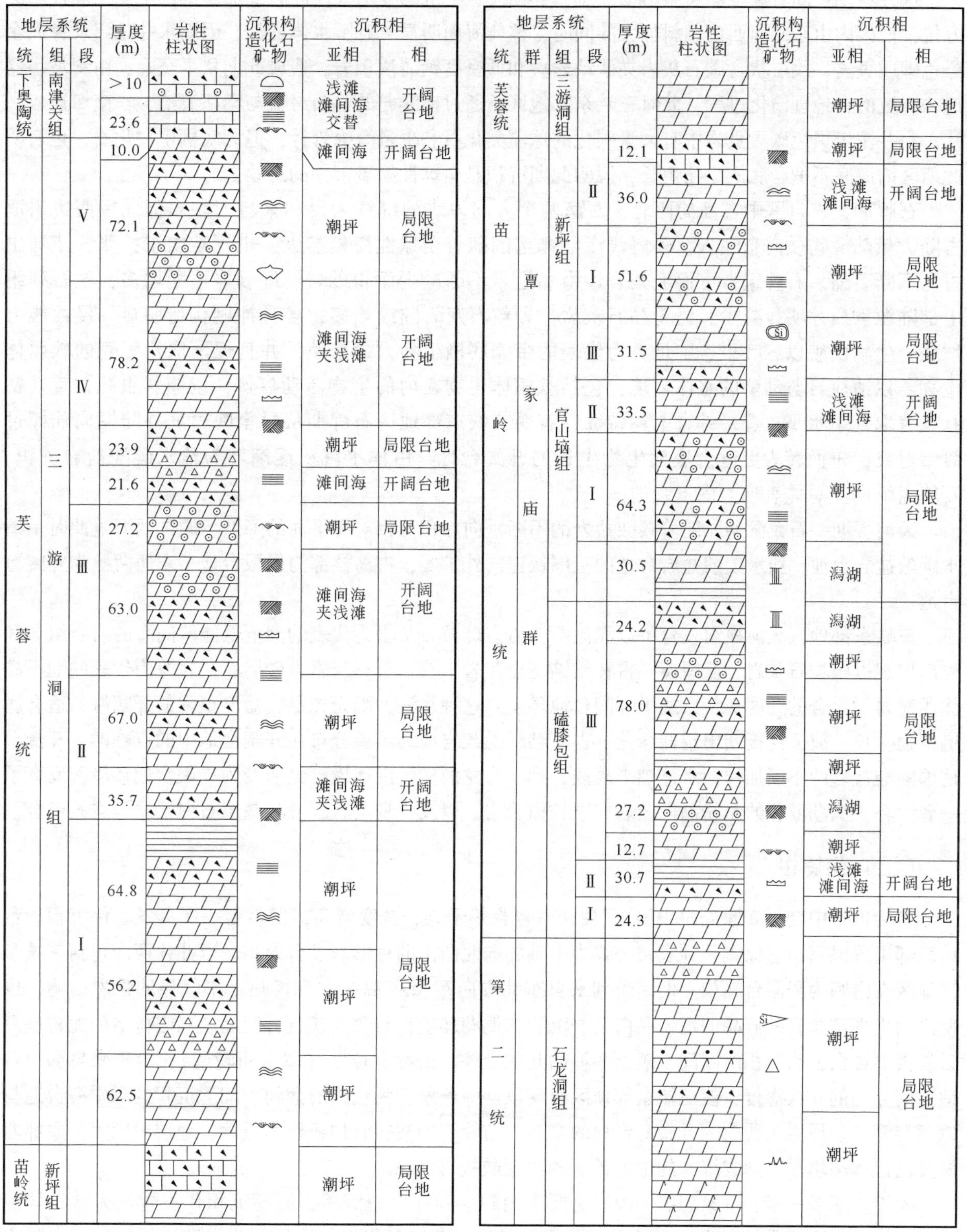

(a) 芙蓉统　　(b) 苗岭统

图 3-4　三峡东部地区寒武系芙蓉统、苗岭统沉积相柱状简图

（据高振中等，1990，有修改）

西缘，武陵断裂系东侧。武陵断裂系自晚震旦世灯影期以来对两侧的沉积相有不同程度的控制作用，它使兴山、鹤峰一线成为近南北向并向南开口呈狭长延伸的鄂西海盆。自震旦纪以来，它使秦岭—祁连海槽与华南海多次沟通，因此，具有基底断裂性质。

水井沱期，随着武陵断裂系活动加剧，鄂西海盆下沉幅度增大。同时叠加寒武纪早期全球性广泛海侵，使区内由东北向西南倾斜加大的同时，整体海面明显上升，水体加深，因而水井沱组发育大套黑色碳质页岩、纹层状含碳石灰岩夹滑动岩块和低密度钙屑浊积岩，造成此期从早至晚，由斜坡→盆地→斜坡的古地理演化过程，此时三峡东部地区已通过南北向的鄂西海盆与秦祁海槽、华南海连成一片。水井沱组黑色碳质页岩中有大量碳化的球藻类化石和少量海绵骨针，但无底栖生物化石，也表明此期区内海底不适合底栖生物生长，说明此期沉积是全球性缺氧事件的产物。

石牌期，来自鄂中古岛的西北、西南两个方向海水的继续入侵和来自三峡东部地区西边川滇古陆大量陆源物质向东注入，碎屑浅海陆棚范围随着全球性海侵扩大，也不断向东扩张，使鄂中古岛不断萎缩。石牌组自下而上其岩性由黏土岩不断减少而粉砂岩、细砂岩不断增多，至石牌组上部陆源物质才明显减少，泥粉晶石灰岩、颗粒石灰岩陆续增多，各种冲刷构造明显，侵蚀能力增强；生物面貌以三叶虫、腕足类为代表的带壳底栖生物大量繁殖，并且逐渐取代无壳的软躯体生物，以适应日益动荡的水体环境；包括软躯体生物在内的生物活动痕迹，以倾斜虫孔，直立钻孔发育取代了水平虫迹。综合上述特征，表明三峡东部地区石牌期从早至晚由滨外陆棚向陆棚过渡带过渡，进而转为更适合底栖生物生长的开阔台地，由浑水沉积逐渐转为清水碳酸盐岩沉积，石牌组纵向上总体表现为海退系列。

天河板期—石龙洞期，随着碳酸盐岩的不断垂向加积与相对海平面的降低，原鄂西海盆此时呈清水碳酸盐岩台地，浅水碳酸盐岩台地的范围快速向外扩展，古岛核部为局限台地，东西两侧为开阔海台地。

三峡东部地区天河板组发育了以泥晶石灰岩、球粒石灰岩为代表的潮下低能滩间海的岩石组合和先后出现以鲕粒石灰岩、蓝绿藻—古杯粘结型礁灰岩、核形石石灰岩、砂屑石灰岩等为代表的潮下高能浅滩岩石组合的几度交替，属于开阔台地环境。这种水浅、阳光充足、盐度正常的开阔海，适合底栖生物生长，故天河板期出现蓝绿藻—古杯粘结礁灰岩成为零星分布在开阔台地中的点礁群。开阔台地因碳酸盐岩的不断加积，水体越来越浅，到了石龙洞期区内环境已经演变为局限台地环境，发育了一套潮坪、潟湖亚相的泥粉晶白云岩夹颗粒白云岩，以及少量层状、波状叠层石白云岩等岩石组合。

（二）苗岭世

苗岭世早中期（覃家庙早中期），由于气候炎热干燥，盐度增高，发生了一次蒸发事件沉积。台地腹部出现以京山、保康、神农架一线为中轴的向北凸出的弓形蒸发台地相，以此往西南包括三峡东部地区在内则为局限台地相。但因受到来自东北方向富 Mg^{2+} 高盐水和炎热干旱气候的强烈影响，也使区内出现富含膏盐假晶的泥粉晶白云岩沉积的潟湖环境，与含针状石膏假晶、鸟眼构造的泥粉晶白云岩夹颗粒白云岩沉积的潮间、潮上环境的几次交替。苗岭世晚期（覃家庙晚期），由于来自鄂中台地西南方向的几次海侵，使三峡东部地区出现以蓝绿藻发育为代表的潮间、潮上沉积的局限海台地与以鲕粒滩、砂屑滩为代表的开阔海台地的交替。苗岭统碳酸盐岩加积作用显著，地层厚度大，原鄂西海盆已经逐渐填平，形成统一的中上扬子镶边碳酸盐岩台地。

松滋刘家场一带，覃家庙组一段，主要为潟湖与潮坪亚相沉积，潟湖沉积代表岩性为含石盐假晶、含针状石膏假晶的泥粉晶白云岩、泥质白云岩，潮坪沉积的代表岩性为发育水平纹理、鸟眼构造、叠层石构造的泥粉晶白云岩夹颗粒白云岩沉积，颗粒白云岩属潮沟、潮渠沉积。

覃家庙组二段为长石石英砂岩，代表一次海平面下降的事件沉积，沉积相为碎屑潮坪亚相，具底侵蚀面的交错层理长石石英砂岩、砂砾屑白云岩为潮道微环境，与潮坪、潟湖沉积共生。

覃家庙组三段、四段主要为白云质石灰岩、白云岩，夹泥质白云岩、叠层石白云岩、颗粒白云岩、白云质石灰岩，主要为局限台地潮坪亚环境，其次为开阔台地浅滩亚环境。局部发育的砾屑白云岩层中可见砾屑倒"小"字形排列特征，为潮坪风暴沉积。

(三) 芙蓉世

三峡东部地区芙蓉世继承了苗岭世的古地理面貌，区内为统一的中上扬子镶边碳酸盐岩台地，区外南部依次为台地边缘浅滩、台地前缘斜坡与盆地区。随着芙蓉世海平面的几次上下波动，使得三峡东部地区出现由泥粉晶白云岩与粉屑白云岩薄互层夹颗粒白云岩的局限海台地环境，和由粉细晶白云岩与砂屑滩、鲕粒滩交替沉积的开阔海台地环境的交替，这种多次交替的沉积环境，一直持续到本世结束。

松滋刘家场一带，三游洞组沉积相为开阔台地与局限台地相的交互，开阔台地在剖面上占主要。开阔台地浅滩亚相主要岩性为灰色厚层亮晶砂屑白云岩、鲕粒白云岩，发育中至大型交错层理，滩间海亚相主要岩性为粉晶、细晶白云岩、灰质白云岩。局限台地相主要发育潮坪，岩性为细—中层泥粉晶白云岩、粉屑白云岩、藻白云岩等，发育水平层理、波状—半球状叠层石构造等。

第五节 奥陶系沉积相

三峡东部地区奥陶系分布比较广泛，主要为一套典型的台地或沉没台地陆棚碳酸盐岩沉积，包括泥晶石灰岩、生物碎屑石灰岩、鲕粒石灰岩、内碎屑石灰岩、白云岩等。各门类化石异常丰富，其组合以介壳相或笔石相为特征。地层厚度为 246.27~486.6m，除五峰组外，地层连续沉积，五峰组在仁和坪向斜以南，刘家场、卸甲坪至石门杨家坪一带缺失，其他地区大多有厚3m以上的沉积。本节以松滋刘家场雷家塌奥陶系实测剖面为基础，论述其沉积相特征。

一、沉积相类型与特征

根据岩石类型、沉积构造、沉积序列、生物化石等主要相标志，将奥陶系划分为局限台地相、开阔台地相、淹没台地相等相。

(一) 局限台地相

局限台地相包括潮坪、潟湖等亚相，实习区奥陶系局限台地相主要发育潮坪，潟湖缺少。根据沉积特征，可划分为潮上带、潮间带一级微相或者潮道、云坪、灰坪、藻坪等二级微相，微相也可参照威尔逊模式24个标准微相（MF1至MF24）命名，作为二级微相。潮坪亚相仅在南津关组发育（图3-5）。

潮道微相：主要岩性为各种颗粒石灰岩或白云岩，主要有亮晶含砾粗粒砂屑石灰岩、砾屑石灰岩、白云质砂屑石灰岩、藻屑石灰岩等。岩石结构组分主要为砂屑、砾屑、生屑、藻屑，它们可混合出现，粗粒、中粒结构居多，细粒、粉屑结构次之。产腹足、三叶虫、介形虫、牙形刺等化石。即使同一岩层，碎屑粒度无论上下还是侧向上均可变动一两个级序，垂向上为正粒序，分选性较差。生屑多磨蚀明显，显盆内搬运特征，以亮晶方解石胶结物为主，亦可有少量灰泥填隙物。常见底冲刷面，沉积构造丰富，可见平行层理、羽状交错层理、大—中型交错层理。

云坪、灰坪微相：本微相由粉晶及泥晶白云岩、粉晶石灰岩及其过渡类型组成，粉晶石灰岩、白云岩呈薄层至中层，发育水平层理。上下常与各种亮晶颗粒碳酸盐岩共生，可能属于滩后潮坪。

藻坪微相：主要岩性为叠层石石灰岩，叠层石呈水平纹层状、波纹状和柱状，以前二种形式最为普遍。小型柱状叠层石柱高10cm左右，柱半径变化于3~5cm之间，垂向上常发育小柱状→大波纹状→水平纹层状叠层石序列，序列厚20~50cm。叠层石石灰岩中，常发育亮晶颗粒石灰岩的夹层。

图 3-5 刘家场雷家塝奥陶系南津关组沉积相柱状图

（二）开阔台地相

开阔台地相分布于南津关组、分乡组和红花园组中，是下奥陶统剖面中最发育的相类型之一，主要为厚层、中层砂屑石灰岩、生屑石灰岩、鲕粒石灰岩、（泥）页岩、礁灰岩，夹有薄层中层灰白、浅灰色白云质泥晶石灰岩、瘤状泥晶石灰岩及具泥质条带的泥晶石灰岩，局部见钙质石英砂岩、核形石石灰岩、砾屑石灰岩等。产十分丰富的生物化石，包括棘皮类、腕足类、头足类、笔石类、三叶虫类、古杯类、海绵类、苔藓虫类、有孔虫类、托盘类（Calathium）、藻类以及遗迹化石。本相包括台地浅滩、滩间海和生物礁（丘）三个亚相，根据岩性的不同可以划分不同类型的微相。

1. 台地浅滩亚相

开阔海台地中的一些浅水高地，也是构成滩间海的主要障壁。以中层及厚层砂屑石灰岩、生屑石灰岩为主，砾屑石灰岩、藻屑石灰岩、鲕粒石灰岩次之，上述岩性可夹核形石石灰岩、含白云质砾屑的钙质石英砂岩、凝块石石灰岩和薄中层白云质泥晶石灰岩。砂屑石灰岩、生屑石灰岩、鲕粒石灰岩多为亮晶胶结，鲕粒常见有生屑核心，结构成熟度高，发育平行层理及大、中型交错层理等，显示高能的沉积构造。砾屑石灰岩可呈单层出现，但常发育于砂屑石灰岩、生屑石灰岩下部。刘家场雷家塌南津关组顶部厚0.6m的砾屑石灰岩层中，砾屑及砂屑呈扁平、长条状，大者20cm×4cm，扁平率多变化于3~6之间，多数长轴顺层。填隙物多为亮晶胶结物、中—细粒砂屑和少量陆屑，并显示不连续的交错层理。石英砂岩发育于南津关组顶部，非层状，结构、成分成熟度高，大型交错层理的细层与层系均由石英砂组成。松滋刘家场奥陶系剖面沉积构造见彩图3。

彩图3　松滋刘家场奥陶系剖面沉积构造

2. 滩间海亚相

滩间海亚相为黄灰色（页）泥岩、泥晶石灰岩、瘤状泥晶石灰岩及少量粉屑泥晶石灰岩。泥晶石灰岩可含小于15%的粉屑，具泥质显示的条带。泥质条带呈黄褐色，含钙质，发育水平纹理。条带宽度一般均在1cm以下，条带连续顺层分布，厚度变化大者，可过渡为瘤状。由于脉动水流作用，瘤状泥晶石灰岩中可见砾屑、砂屑灰岩透镜体。黄灰色（页）泥岩呈页状，亦见厘米级层理，产三叶虫、笔石、腕足化石，偶见介壳（屑）富集层，为潮下、低能、静水、氧气充足的开阔台地滩间海产物。

3. 台地生物礁亚相

台地生物礁亚相分布于下统南津关组、分乡组、红花园组中，剖面中以红花园组最为发育（图3-6）。

造礁生物有攀苔藓虫（Batostoma cf. B. jinhongshanense Yin et xia 1986）、托盘类（Calathium sp.）、海绵类（Archaeoscyphia. sp.）、蓝细菌（Cyanobacteria）、葛万藻（Girvanella）和 Pulchrilamina spinosa。附礁生物有头足类、腕足类、三叶虫类、海百合类、介形虫类、双壳类、腹足类和努亚藻（Nuia）等。

按照造礁生物种类及其组合、成礁作用与成礁机理以及礁岩石学特征，奥陶系台地礁可以具体划分为以下3类。

1) 藻岩隆礁

藻岩隆礁在湖北松滋地区较为发育，特征亦较明显，另外在宜昌、五峰、恩施等地也有产出，发育于下奥陶统红花园组。

(1) 形态和分布。

礁体形态多样，可呈丘状、面包状，亦可呈似层状块体。它们可以孤立出现，也可上、下叠置形成复合礁。已知单个体礁体最宽近百米，小者仅数米，最高22m，小者高度不足1m。无论是单个礁体，还是叠置复合礁，其厚度均大于同期沉积物，呈明显的正性地貌，沿地层走向，它们的厚度在短距离内可急剧膨大缩小，直至尖灭或再现（图3-7）。

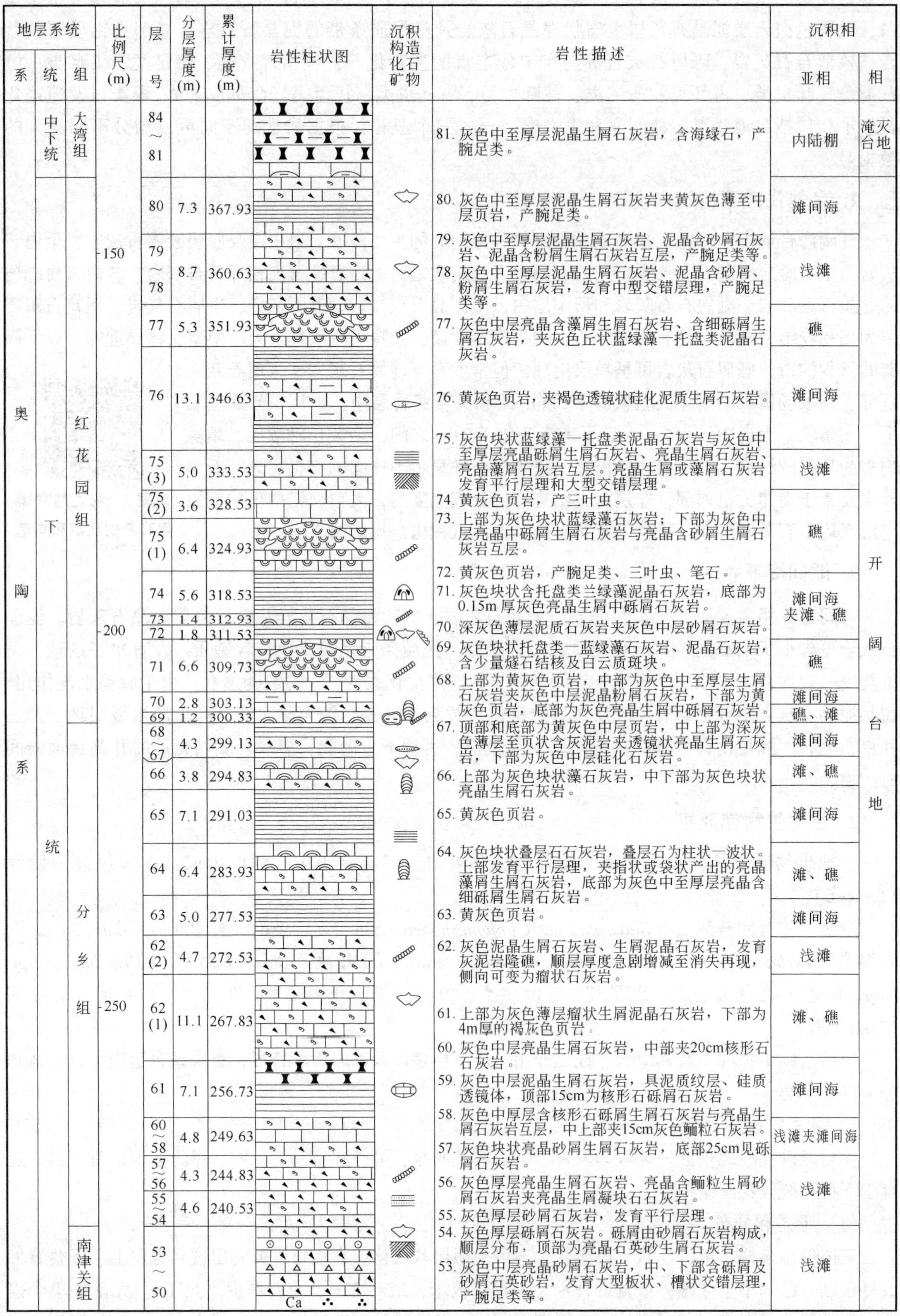

地层系统			比例尺 (m)	分层号	分层厚度 (m)	累计厚度 (m)	岩性柱状图	沉积构造化石矿物	岩性描述	沉积相	
系	统	组								亚相	相
奥陶系	中下统	大湾组		84~81					81.灰色中至厚层泥晶生屑石灰岩，含海绿石，产腕足类。	内陆棚	淹灭台地
奥陶系	下统	红花园组	-150	80	7.3	367.93			80.灰色中至厚层泥晶生屑石灰岩夹黄灰色薄至中层页岩，产腕足类。	滩间海	开阔台地
				79~78	8.7	360.63			79.灰色中至厚层泥晶生屑石灰岩、泥晶含砂屑生屑石灰岩、泥晶含粉屑生屑石灰岩互层，产腕足类等。 78.灰色中至厚层泥晶生屑石灰岩、泥晶含砂屑、粉屑生屑石灰岩，发育中型交错层理，产腕足类等。	浅滩	
				77	5.3	351.93			77.灰色中层亮晶含藻屑生屑石灰岩、含细砾屑生屑石灰岩，夹灰色丘状蓝绿藻—托盘类泥晶灰岩。	礁	
				76	13.1	346.63			76.黄灰色页岩，夹褐色透镜状硅化泥质生屑石灰岩。	滩间海	
				75(3)	5.0	333.53			75.灰色块状蓝绿藻—托盘类泥晶石灰岩与灰色中至厚层亮晶砾屑生屑石灰岩、亮晶藻屑石灰岩互层。亮晶生屑或藻屑石灰岩发育平行层理和大型交错层理。	浅滩	
				75(2)	3.6	328.53			74.黄灰色页岩，产三叶虫。		
				75(1)	6.4	324.93			73.上部为灰色块状蓝绿藻石灰岩；下部为灰色中层亮晶中砾屑生屑石灰岩与亮晶含砂屑生屑石灰岩互层。	礁	
				74	5.6	318.53			72.黄灰色页岩，产腕足类、三叶虫、笔石。 71.灰色块状含托盘类兰绿藻泥晶石灰岩，底部为0.15m厚灰色亮晶生屑中砾屑石灰岩。	滩间海夹滩、礁	
			-200	73	1.4	312.93			70.深灰色薄层泥质石灰岩夹灰色中层砂屑石灰岩。		
				72	1.8	311.53			69.灰色块状托盘类—蓝绿藻石灰岩、泥晶石灰岩，含少量燧石结核及白云质斑块。	礁	
				71	6.6	309.73			68.上部为黄灰色页岩，中部为灰色中至厚层生屑石灰岩夹灰色中层泥晶粉屑石灰岩，下部为黄灰色页岩，底部为灰色中层中砾屑石灰岩。	滩间海	
				70	2.8	303.13			67.顶部和底部为黄灰色中层页岩，中上部为深灰色薄层至页状含灰泥岩夹透镜状亮晶生屑石灰岩，下部为灰色中层硅化石灰岩。	礁、滩	
				69	1.2	300.33				滩间海	
				68~67	4.3	299.13			66.上部为灰色块状藻石灰岩，中下部为灰色块状亮晶生屑石灰岩。	滩、礁	
				66	3.8	294.83			65.黄灰色页岩。	滩间海	
				65	7.1	291.03			64.灰色块状叠层石灰岩，叠层石为柱状—波状。上部发育平行层理，夹指状或袋状产出的亮晶藻屑生屑石灰岩，底部为灰色中至厚层亮晶含细砾屑生屑石灰岩。	滩、礁	
		分乡组		64	6.4	283.93			63.黄灰色页岩。	滩间海	
				63	5.0	277.53			62.灰色泥晶生屑石灰岩、生屑泥晶石灰岩，发育灰泥泥隆礁，顺层厚度急剧增减至消失再现，侧向可变为瘤状石灰岩。	浅滩	
				62(2)	4.7	272.53			61.上部为灰色薄层瘤状生屑泥晶石灰岩，下部为4m厚的褐灰色页岩。	滩、礁	
			-250	62(1)	11.1	267.83			60.灰色中层亮晶生屑石灰岩，中部夹20cm核形石石灰岩。		
				61	7.1	256.73			59.灰色中层泥晶生屑石灰岩，具泥质纹层、硅质透镜体，顶部15cm为核形石砾屑石灰岩。	滩间海	
				60~58	4.8	249.63			58.灰色中厚层含核形石砾屑生屑石灰岩与亮晶生屑石灰岩互层，中上部夹15cm灰色鲕粒石灰岩。 57.灰色块状亮晶砂屑生屑石灰岩，底部25cm见砾屑石灰岩。	浅滩夹滩间海	
				57~56	4.3	244.83			56.灰色厚层亮晶生屑石灰岩、亮晶含鲕粒生屑砂屑石灰岩夹亮晶生屑凝块石石灰岩。	浅滩	
				55~54	4.6	240.53			55.灰色砂屑生屑石灰岩，发育平行层理。		
		南津关组		53~50					54.灰色厚层砾屑石灰岩。砾屑由砂屑石灰岩构成，顺层分布，顶部为亮晶石英砂生屑石灰岩。 53.灰色中层亮晶砂屑生屑石灰岩，中、下部含砾屑及砂屑石英砂岩，发育大型板状、槽状交错层理，产腕足类。	浅滩	

图3-6 刘家场雷家塌奥陶系红花园—分乡组沉积相柱状图

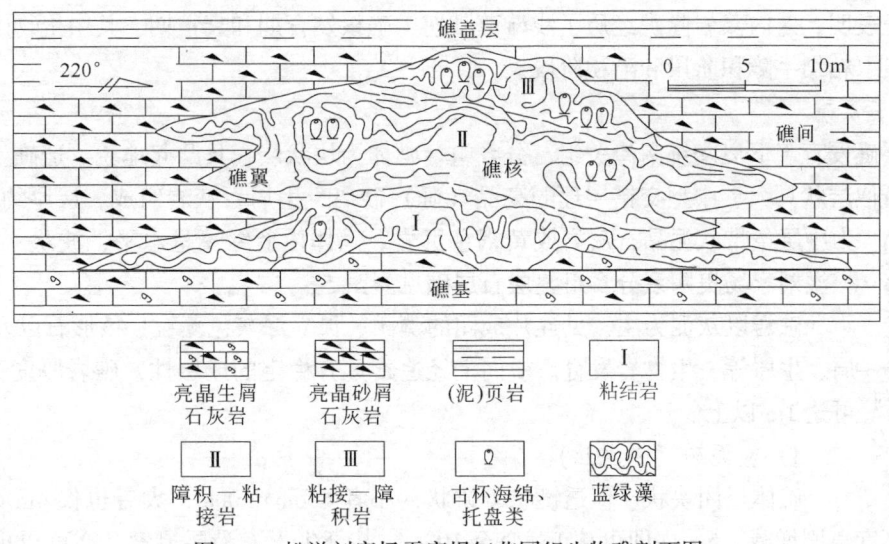

图 3-7 松滋刘家场雷家塌红花园组生物礁剖面图

（2）造礁生物和附礁生物。

造礁生物主要为蓝绿藻（*Pulchrilamina*）、古钵海绵（*Archaeoscyphia* sp.）、托盘藻（*Calathium* sp.）及少量苔藓虫（*Batostomella antiqua*）、钙质海绵等。蓝绿藻分布于礁体各个部位，但不均一。分布形态如云似絮，弯曲缠结，呈藻席者极为罕见。托盘藻多呈孤立生长的单体，最大者高 20 余厘米，外壁直径大于 10cm 者并不鲜见。在层面上普遍为圆形、近圆形，垂直层面方向呈杯状、倒锥状，少数略倾斜于层面，个别平卧于层面，极佳地显示了原地生长状态，古钵海绵亦呈完整的个体和原地生态。二者一般在礁体顶部最密集，被蓝绿藻紧密缠绕，形成一幅十分壮观的共生景象。钙质海绵和苔藓虫等在礁体中亦呈原地生长状态。松滋刘家场奥陶系红花园组生物礁见彩图 4。

附礁生物包括头足类（*Hopeicoceras*、*Cameroceras* 等）、腕足类、海百合、三叶虫、瓣鳃类、介形虫。它们主要分布于礁间。头足类大多仅保存粗大的体管，局部定向排列，腕足类可呈单瓣，个体小者完整，三叶虫多呈碎片状，显示了一定的水流作用。

彩图 4 松滋刘家场奥陶系红花园组生物礁

（3）礁微相。

礁基由具交错层理的亮晶腕足屑、棘屑石灰岩、砂（砾）屑石灰岩组成，属浅滩沉积。一般 1~3m 厚，延伸几十米即尖灭。礁盖层为中薄层（泥）亮晶生屑、砂屑石灰岩，夹泥质介壳屑条带，叠覆礁复合体之间可出现页岩，与下伏礁顶呈嵌入不整合接触。礁间沉积物为薄、中层生屑石灰岩，与礁体呈明显的指状穿插接触。礁核为无层理、无成层性的块状碳酸盐岩堆积体，呈丘状、面包状、似层状块体，其中发育大量遗迹化石，最常见的有 *Chondrites* 等。按照造礁生物的种类、含量和礁灰岩的结构类型，礁核自下而上可分为 3 个微相段：

① 粘结岩微相：灰、浅灰色，块状。岩石中灰泥含量大于 50%，亮晶方解石含量一般小于 15%，生屑和砂屑含量 30% 左右至缺失。托盘类、古钵海绵、攀苔藓虫等原地生物少见。建礁生物主要为藻类，藻类包括了蓝细菌、葛万藻和 *Pulchrilamina spinosa* 等，它们的存在使本微相以粘结作用发育为特征。

② 障积—粘结岩微相：藻类仍为基本的造礁生物。*Calathium*、*Archaeoscyphia* 在礁灰岩中的含量约占 10%~20%，与附礁生物头足类、腕足类、海百合等一起，在蓝绿藻的粘结作用下，在成礁过程中起障积作用。在成礁过程中，以粘结作用为主，障积作用为辅。

③ 粘结—障积岩微相：造礁硬体生物 *Calathium*、*Archaeoscyphia* 等含量一般大于 20%，局部可远大于 30%，它们被十分发育的蓝绿藻缠绕、粘结、障积作用为主，粘结作用为辅。

上述特征表明：区内藻岩隆礁经历了浅滩奠基期、礁核发育期和衰亡期，其中生物礁的发育期包括了粘结阶段、粘结—障积阶段和障积阶段。

2）叠层石层礁

叠层石层礁发育于下奥陶统南津关组、分乡组。礁体为块状层，具凸起地貌。造礁生物主要为蓝绿藻，礁基由似层状具大、中型交错层理的亮晶（砾）砂屑、生屑石灰岩组成，层厚约1m。礁盖层为中层条带状泥晶石灰岩或黄褐色页岩。礁体内蓝绿藻呈水平、波状、穹状、柱状。松滋刘家场奥陶系分乡组叠层石层礁见彩图5。

彩图5 松滋刘家场奥陶系分乡组叠层石层礁

礁岩以灰泥为主，见连片成团的藻团、孤立深灰色藻粒、核形石以及被缠绕的砂屑、生屑等，生物岩发育。横向上经追索具有稳定的成层性，礁岩厚度2~3m，起伏可达1m以上。

3）灰泥礁（灰泥丘）

礁体呈团块状、似透镜状、饼状，小者40cm×60cm，大者也仅4m×1m。沿岩层走向延伸，厚度急剧增减，5m内即可从1m变至10cm，甚至尖灭。沿层追索，亦可再现。由于厚度大于同期沉积物，可显示穿层现象。沿走向与正常成层的、厚度不大的泥质条带状泥晶石灰岩呈指状交叉，其上覆亦为泥质条带状石灰岩、粉屑石灰岩。礁基为中层泥晶，亮晶中、细粒砂屑石灰岩。造礁生物为蓝绿藻、海绵，苔藓虫偶见。附礁生物见头足、腕足类，含有相当数量的三叶虫、瓣鳃类、介形虫等生物碎屑。岩石中灰泥为基本组分，生屑含量可达30%~40%，但分布不均一。粘结结构不普遍，缺失处为泥晶石灰岩。礁间沉积物和礁盖层均为条带状泥晶石灰岩。它们的上覆下伏层均为数十米厚的交错层理亮晶颗粒石灰岩，表明灰泥礁是在滩后局部低能环境中形成的，因缺乏强抗浪能力，仅发育到粘结阶段就消亡（朱忠德等，1995）。

（三）淹没台地相

淹没（沉没）台地沉积体系是指相对海平面上升速率超过碳酸盐沉积物的垂直堆积速率，从而引起台地被浸没于水体的透光带之下，进而终止了光合生物成因的碳酸盐岩大量生产和快速堆积（Schlager，1981；Kendall和Schlager，1981）。透光带的深度可根据水体状况的不同而有极大差异，在开阔海洋中，其深度可达100m，而在富含细粒沉积物的盆地中，其深度则可小至30m左右。

淹没台地沉积体系在三峡东部地区主要分布于中上奥陶统地层中，主要为一套内陆棚、外陆棚沉积，完全型淹没台地期的五峰组，可能已经进入半深海环境。淹没台地可以以风暴浪基面为界划分为内陆棚、外陆棚两个亚相（图3-8）。

1. 内陆棚亚相

内陆棚亚相属于初始淹没台地阶段沉积，属于浅水陆棚环境，主要发育于大湾组至牯牛潭组。主要岩性为棕红、紫红、灰紫、灰黄色中层瘤状泥质石灰岩、泥质条带石灰岩、含海绿石生屑石灰岩、泥晶生屑石灰岩、灰质泥质及泥（页）岩。岩石颜色以氧化色为主，夹少量灰、灰绿色等，形成于氧化界面以上的富氧环境。

岩石中古生物化石十分丰富，包括头足类、腕足类、介形类、腹足类、三叶虫、有孔虫及少量笔石，上述浮游动物和底栖动物的混生反映了正常浅海海水盐度。生屑见腕屑、虫屑、棘屑，其机械磨蚀程度有限，明显记录了其原地分解、就地埋藏的特点。

大湾组下部石灰岩段，局部发育了中型交错层理、丘状交错层理和冲刷面，显示与风暴沉积有关。内陆棚沉积更多的沉积构造是瘤状构造和泥质条带构造，瘤状构造主要与富钙质与富泥质薄层差异压实、变形有关（李建明等，1993），也不排除波浪、风暴对沉积物沉积界面的改造。

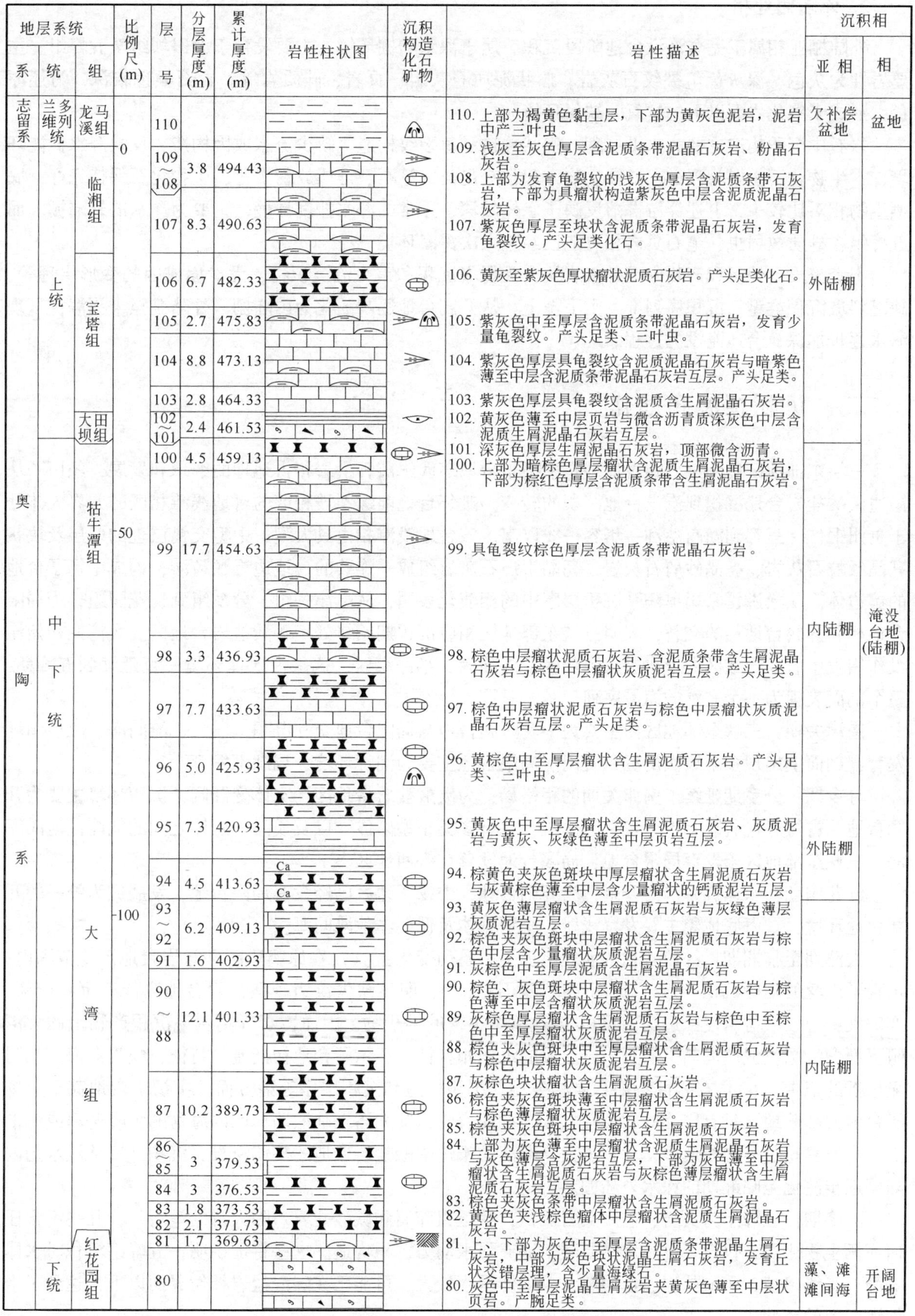
地层系统
系
统
组
比例尺(m)
层号
分层厚度(m)
累计厚度(m)
岩性柱状图
沉积构造化石矿物
岩性描述
沉积相
亚相
相
志留系
兰多维列统
龙马溪组
110
110. 上部为褐黄色黏土层，下部为黄灰色泥岩，泥岩中产三叶虫。
欠补偿盆地
盆地
0
109～108
3.8
494.43
109. 浅灰至灰色厚层含泥质条带泥晶石灰岩、粉晶石灰岩。
108. 上部为发育龟裂纹的浅灰色厚层含泥质条带石灰岩，下部为具瘤状构造紫灰色中层含泥质泥晶石灰岩。
临湘组
107
8.3
490.63
107. 紫灰色厚层至块状含泥质条带泥晶石灰岩，发育龟裂纹。产头足类化石。
上统
宝塔组
106
6.7
482.33
106. 黄灰至紫灰色厚状瘤状泥质石灰岩。产头足类化石。
外陆棚
105
2.7
475.83
105. 紫灰色中至厚层含泥质条带泥晶石灰岩，发育少量龟裂纹。产头足类、三叶虫。
104
8.8
473.13
104. 紫灰色厚层具龟裂纹含泥质泥晶石灰岩与暗紫色薄至中层含泥质条带泥晶石灰岩互层。产头足类。
103
2.8
464.33
103. 紫灰色厚层具龟裂纹含泥质含生屑泥晶石灰岩。
大田坝组
102～101
2.4
461.53
102. 黄灰色薄至中层页岩与微含沥青质深灰色中层含泥质生屑泥晶石灰岩互层。
101. 深灰色厚层生屑泥晶石灰岩，顶部微含沥青。
100
4.5
459.13
100. 上部为暗棕色厚层瘤状含泥质生屑泥晶石灰岩，下部为棕红色厚层含泥质条带含生屑泥晶石灰岩。
奥陶系
中下统
牯牛潭组
50
99
17.7
454.63
99. 具龟裂纹棕色厚层含泥质条带泥晶石灰岩。
内陆棚
淹没台地(陆棚)
98
3.3
436.93
98. 棕色中层瘤状泥质石灰岩、含泥质条带含生屑泥晶石灰岩与棕色中层瘤状灰质泥岩互层。产头足类。
97
7.7
433.63
97. 棕色中层瘤状泥质石灰岩与棕色中层瘤状灰质泥晶石灰岩互层。产头足类。
96
5.0
425.93
96. 黄棕色中至厚层瘤状含生屑泥质石灰岩。产头足类、三叶虫。
95
7.3
420.93
95. 黄灰色中至厚层瘤状含生屑泥质石灰岩、灰质泥岩与黄灰、灰绿色薄至中层页岩互层。
外陆棚
94
4.5
413.63
Ca
94. 棕黄色夹灰色斑块中厚层瘤状含生屑泥质石灰岩与灰黄棕色薄至中层含少量瘤状的钙质泥岩互层。
100
93～92
6.2
409.13
93. 黄灰色薄层瘤状含生屑泥质石灰岩与灰绿色薄层灰质泥岩互层。
92. 棕色夹灰色斑块中层瘤状含生屑泥质石灰岩与棕色中层含少量瘤状灰质泥岩互层。
大湾组
91
1.6
402.93
91. 灰棕色中至厚层泥质含生屑泥晶石灰岩。
90～88
12.1
401.33
90. 棕色、灰色斑块中层瘤状含生屑泥质石灰岩与棕色薄至中层含瘤状灰质泥岩互层。
89. 灰棕色厚层瘤状含生屑泥质石灰岩与棕色中至棕色中至厚层瘤状灰质泥岩互层。
88. 棕色夹灰色斑块中至厚层瘤状含生屑泥质石灰岩与棕色中层瘤状灰质泥岩互层。
内陆棚
87
10.2
389.73
87. 灰棕色块状瘤状含生屑泥质石灰岩。
86. 棕色夹灰色斑块薄至中层瘤状含生屑泥质石灰岩与棕色薄层瘤状灰质泥岩互层。
85. 棕色夹灰色斑块中层瘤状含生屑泥质石灰岩。
86～85
3
379.53
84. 上部为灰色薄至中层瘤状含泥质生屑泥晶石灰岩与灰色薄层含灰泥岩互层，下部为灰色薄至中层瘤状含生屑泥质石灰岩与灰棕色薄层瘤状含生屑泥质石灰岩互层。
84
3
376.53
83
1.8
373.53
83. 棕色夹灰色条带中层瘤状含生屑泥质石灰岩。
82
2.1
371.73
82. 黄灰色夹浅棕色瘤体中层瘤状含泥质生屑泥晶石灰岩。
81
1.7
369.63
81. 上、下部为灰色中至厚层含泥质条带泥晶生屑石灰岩，中部为灰色块状泥晶生屑石灰岩，发育丘状交错层理，含少量海绿石。
下统
红花园组
80
80. 灰色中至厚层泥晶生屑灰岩夹黄灰色薄至中层状页岩。产腕足类。
藻、滩滩间海
开阔台地
图 3-8 松滋刘家场雷家塌奥陶系中上统沉积相柱状图

2. 外陆棚亚相

外陆棚亚相属于完全淹没台地阶段沉积，属于深水陆棚环境，主要发育于大田坝组至五峰组。主要岩性为灰色、深灰色龟裂纹石灰岩、瘤状泥质石灰岩、页岩、硅质岩等。岩石颜色较深，为还原色，形成于氧化界面以下的贫氧、缺氧环境。

岩石中沉积构造主要为水平层理、瘤状构造和龟裂纹构造，缺少流水成因构造，反映静水低能环境。古生物化石主要为浮游、游泳生物，包括头足类、笔石、硅质放射虫等，生物化石保持完好，底栖生物相对比较少，上述浮游群落反映了水体较深、正常的海水盐度环境，主要为深水的外陆棚，而五峰组含硅质放射虫、笔石页岩相可能已经进入次深海环境。

本套淹没台地沉积产物中无外来岩块，无坍塌沉积和重力流沉积物，无滑塌成因的变形层理等，缺乏斜坡沉积类型。沉积序列上，由下至上，从开阔台地逐步演化为内陆棚、外陆棚至半深海，呈现海水逐步加深、台地淹没的过程。

二、沉积相展布演化

三峡东部地区奥陶纪岩相古地理是中扬子台地寒武纪芙蓉世岩相古地理的继承和发展，经历了从镶边碳酸盐岩台地沉积到淹没台地沉积的转变。毗邻台地前缘斜坡相区的台地浅滩相区的北界大体处于贵州铜仁—三都到湖南慈利—华容一线以南。该台地浅滩相由具大型、中型交错层理的厚层及块状亮晶鲕粒石灰岩、亮晶砂屑石灰岩、亮晶生屑石灰岩组成一连续的台地边缘颗粒滩，构成中扬子台地的镶边体。从松滋雷家塌奥陶系沉积层序中的相演化表明，从南津关组、分乡组到红花园组，为局限台地相和开阔台地相的交替，表明三峡东部地区相应沉积期始终处于碳酸盐岩台地区。大湾期初始淹没作用发生后，导致区内依次进入内陆棚、外陆棚、半深海区，这一古地理环境一直延续到五峰期，整个剖面表现为一个完整的海侵序列。

南津关期：三峡东部地区内主要为一套开阔台地与局限台地交互沉积，浅滩、滩间海、滩后潮坪发育，剖面上出现多个级次的沉积旋回。局限台地主要为潮坪环境，潟湖不发育。

分乡期：分乡期延续了南津关期的相格局，为碳酸盐岩台地区，水体变开阔，沉积环境主要为开阔台地，古海底地貌既有十分发育的浅滩，也有多类小型礁体，以及浅滩、礁体之间的低能洼地滩间海。三峡东部地区未发育局限台地，局限台地发育在鄂西地区。

红花园期：水体进一步变开阔，为开阔台地，中扬子地区已经没有局限台地，发展成为统一的开阔台地环境，古海底地貌主要发育浅滩、小型礁体及低能洼地滩间海。

大湾期至临湘期：区域岩相古地理出现了一系列变化：（1）在原镶边碳酸盐岩台地沉积范围内，出现了广泛的陆棚沉积；（2）奥陶纪的沉积层序中，明显缺失镶边碳酸盐岩台地高能滩沉积产物，亦缺失镶边碳酸盐岩侵蚀边缘堆积和/或过路型边缘的堆积物，因而覆于开阔台地沉积产物上的大湾组下部含海绿石泥质泥晶生屑石灰岩层段的沉积相特征，显示了台地初期淹没特征，缺失向海一侧明显坡折的记录；（3）在岩性特征、岩相类型、沉积构造和沉积层序等诸方面，中扬子台地甚至上扬子台地大部分地区具有广泛的相似性。上述特征表明，在大湾至临湘期，区内海盆的沉降速率或海平面上升速率超过了加积速率，导致了大湾期前的镶边碳酸盐岩台地的整体淹没，沉积环境从浅水的内陆棚逐步演化至临湘期的深水外陆棚。

五峰期：五峰组为页岩、硅质页岩沉积，缺乏粗碎屑和碳酸盐岩。除大量的笔石外，几乎不含任何底栖生物化石，仅发育少量水平层理，缺乏强水动力沉积构造。这些特征说明，五峰组沉积时水体安静、光线暗淡，碳酸盐岩已遭溶解，故水体深度较大，可能已在碳酸盐岩补偿界面以下，达到了半深海以上的范畴。

第六节 志留系沉积相

三峡东部地区志留系厚 1100~2000m，一般 1500m 左右，下部龙马溪组主要为一套含笔石的黑灰—黄绿色页岩、粉砂质页岩，中部罗惹坪组以粉砂质泥岩、页岩、粉砂岩为主夹泥质石灰岩团块和石灰岩透镜体，上部纱帽组为泥岩、粉砂质泥岩、粉砂岩和细砂岩。本区是国内志留系研究的经典地区，本节以黄陵背斜西翼兴山县建阳坪乡建阳坪村志留系实测剖面（高振中等，1999）为基础，论述其沉积相特征。

一、沉积相类型与特征

三峡东部地区志留系沉积相包括盆地、斜坡、陆棚和障壁滨岸等（表3-4、图3-9）。

表3-4 三峡东部地区志留系沉积相类型简表

相	亚相或微相	代表组段
盆地	欠补偿盆地	龙马溪组下部
斜坡	上斜坡、下斜坡、陆隆（原地沉积：泥页岩微相；异地沉积：浊流沉积、等深流和内波沉积、内潮汐沉积等微相）	龙马溪组下部
陆棚	内陆棚、外陆棚	龙马溪组上部、罗惹坪组
障壁滨岸	潮坪（潮上带、潮间带）、浅的潮下带	纱帽组

（一）盆地相

盆地相出现在三峡东部地区龙马溪组下部，由黑色、灰黑色及灰绿色页岩、泥岩夹薄层硅质页岩、粉砂质页岩组成，含富有机质与细分散状黄铁矿，是中上扬子地区志留系页岩气源岩。龙马溪组富有机质页岩有机质类型以 II_1 型为主，II_2 型次之，具有高总有机碳（TOC）含量、高成熟度的特征，黄铁矿常发育自形—半自形，扫描电镜下常见草莓状黄铁矿（刘子骅等，2016）。常见水平层理，水平层理由细粉砂、重矿物、长条状矿物定向排列显示出来，薄片中尤为明显。页岩中产数量丰富的浮游型笔石化石，构成典型的笔石页岩相。浮游型的笔石化石丰富，有 *Monograptus sedgwickii*、*Monoclimacis arcuata*、*Pristograptus leei*、*Orthograptus vesiculosuu* 等，发育水平状的生物爬痕，显示出深水、静水低能、还原的沉积环境。

对于区内龙马溪组的沉积环境，历来存在争议，有深海沉积（高振中等，1999）、深水陆棚（姚明君等，2016；邓鑫等，2018）、浅水陆棚（王秀平等，2019）。区域上其下伏的奥陶系五峰组为黑色薄层硅质岩、硅质页岩等，含有硅质放射虫、浮游笔石类，属于欠补偿盆地沉积。龙马溪组有 413~827m 的沉积充填，显示出前期盆地具有较大的水体深度，同时龙马溪组发育浊流沉积、等深流和内波沉积、内潮汐沉积，盆地沉积环境水体深度应属深陆棚至次深海深度。

（二）斜坡相

斜坡相可以分为上斜坡、下斜坡、陆隆等亚相，根据微沉积环境，又可分为水道、扇、朵叶、滑塌体等微相，根据沉积类型，又可以分为深水原地沉积与深水异地沉积，异地沉积主要发育在下斜坡—陆隆一带。

志留系斜坡相发育在龙马溪组下部，以大套深水原地沉积页岩夹薄层粉砂岩为特征。根据岩石

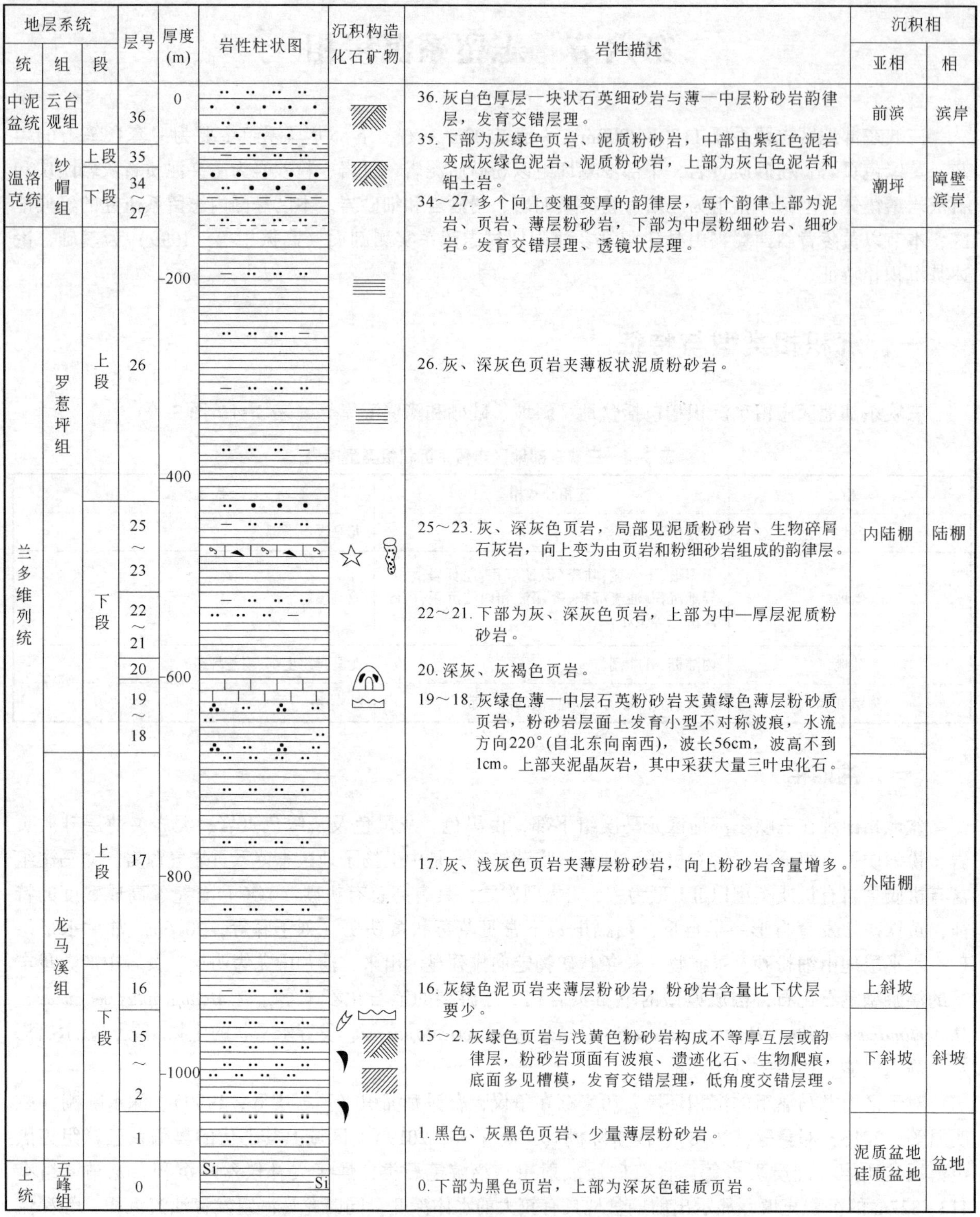

地层系统			层号	厚度(m)	岩性柱状图	沉积构造化石矿物	岩性描述	沉积相	
统	组	段						亚相	相
中泥盆统	云台观组		36	0			36. 灰白色厚层—块状石英细砂岩与薄—中层粉砂岩韵律层，发育交错层理。	前滨	滨岸
温洛克统	纱帽组	上段	35				35. 下部为灰绿色页岩、泥质粉砂岩，中部由紫红色泥岩变成灰绿色泥岩、泥质粉砂岩，上部为灰白色泥岩和铝土岩。	潮坪	障壁滨岸
		下段	34～27				34～27. 多个向上变粗变厚的韵律层，每个韵律层上部为泥岩、页岩、薄层粉砂岩，下部为中层粉细砂岩、细砂岩。发育交错层理、透镜状层理。		
兰多维列统	罗惹坪组	上段	26	-200 -400			26. 灰、深灰色页岩夹薄板状泥质粉砂岩。	内陆棚	陆棚
		下段	25～23				25～23. 灰、深灰色页岩，局部见泥质粉砂岩、生物碎屑石灰岩，向上变为由页岩和粉细砂岩组成的韵律层。		
			22～21				22～21. 下部为灰、深灰色页岩，上部为中—厚层泥质粉砂岩。		
			20	-600			20. 深灰、灰褐色页岩。		
			19～18				19～18. 灰绿色薄—中层石英粉砂岩夹黄绿色薄层粉砂质页岩，粉砂岩层面上发育小型不对称波痕，水流方向220°(自北东向南西)，波长56cm，波高不到1cm。上部夹泥晶灰岩，其中采获大量三叶虫化石。		
	龙马溪组	上段	17	-800			17. 灰、浅灰色页岩夹薄层粉砂岩，向上粉砂岩含量增多。	外陆棚	
		下段	16				16. 灰绿色泥页岩夹薄层粉砂岩，粉砂岩含量比下伏层要少。	上斜坡	斜坡
			15～2	-1000			15～2. 灰绿色页岩与浅黄色粉砂岩构成不等厚互层或韵律层，粉砂岩顶面有波痕、遗迹化石、生物爬痕，底面多见槽模，发育交错层理，低角度交错层理。	下斜坡	
			1				1. 黑色、灰黑色页岩，少量薄层粉砂岩。	泥质盆地硅质盆地	盆地
上统	五峰组		0		Si Si		0. 下部为黑色页岩，上部为深灰色硅质页岩。		

图 3-9 兴山县建阳坪志留系沉积相柱状图（据高振中，1999，有修改）

学、沉积构造和古生物组合特征，在泥岩中所夹的粉砂岩属浊流或底流沉积，属深水异地沉积，以下斜坡、盆地边缘沉积为主，上斜坡沉积不发育，沉积特征不明显。

1. 深水原地沉积

由黑色、灰黑色及灰绿色页岩、泥岩组成，龙马溪组下部泥页岩约占总岩类的80%，其沉积特征同盆地相泥页岩。

2. 深水异地沉积

1）浊流沉积

前已述及，在龙马溪组下部的泥页岩中夹有粉砂岩或泥质粉砂岩薄层，在绝大多数粉砂岩的底面上发现了数量可观的槽模，这是浊流沉积的最直接的证据。槽模一般大小为（3~7）cm×10cm，多成群出现，呈楔形、椭圆状，另外，这样的粉砂岩横向上具有稳定的厚度，顶底面均与泥页岩呈突变接触。多数具槽模的粉砂岩见鲍马序列，多为鲍马序列的A、B、E组合或A、E组合。A段厚约1cm，由含细砂的粗粉砂岩变为细粉砂岩，为明显的正粒序；B段为具水平层理的粉砂岩和含泥质粉砂岩，厚1~1.5cm，层理由泥质或粉砂成层富集表现出来，属低密度浊积岩。在剖面上，多层粉砂岩常构成向上变薄变细的层序。刘家场地区龙马溪组下部的薄层粉砂岩夹层为浊积成因，在区域上，也有丰富的浊流沉积的发育（韩京等，2018）。松滋刘家场志留系沉积构造见彩图6。

彩图6 松滋刘家场志留系沉积构造

2）等深流和内波沉积、内潮汐沉积

等深流和内波沉积、内潮汐沉积表现为夹于泥页岩中的某些薄层粉砂岩，其沉积特征主要有：（1）但粉砂岩中泥质含量很少，石英粉砂含量很高，局部出现亮晶方解石胶结，在层序上位于浊积岩顶部，应为浊积岩被等深流或其他底流改造后的产物；而具鲍马序列和槽模的浊积粉砂岩一般有较多的泥质。（2）某些含粉砂的泥页岩中，见石英粉砂局部聚集呈蠕虫状、条带状，其含量可高达90%，与周围仅含10%~20%的石英粉砂形成鲜明的对比，应为受某些底流改造的结果（S H. Yoon，S K. Chough，1990）；（3）在露头上常见有些粉砂岩呈透镜状或波状起伏，横向上尖灭成泥页岩，或发育透镜状、波状层理，应为内波、内潮汐沉积成因。

（三）陆棚相

陆棚相可分为内陆棚与外陆棚两个亚相。

1. 外陆棚亚相

外陆棚亚相发育于龙马溪组上部。外陆棚通常在风暴浪基面以下，水动力弱，因此属于滞流、还原环境，处于氧化还原界面以下。主要岩性为灰色、浅灰色页岩，夹薄层泥质粉砂岩、粉砂岩。沉积构造为水平层理。页岩中产数量丰富的浮游型笔石化石，缺少钙质沉积。

2. 内陆棚亚相

内陆棚亚相主要发育于罗惹坪组，主要为一套灰紫色、灰褐色、棕色、灰色泥页岩、泥质粉砂岩、粉砂岩，夹数层灰色含生物泥晶石灰岩、泥晶生屑石灰岩。沉积构造除水平层理以外，波痕发育。

1）含生物泥晶石灰岩

含生物泥晶石灰岩发育于罗惹坪组下部，呈灰色薄层，单层厚3~10cm，最厚40cm，夹于粉砂岩和页岩中。泥晶石灰岩在横向上常变成钙质粉砂岩—细砂岩，纵向上变为生物屑石灰岩。含丰富的海相底栖生物化石，类型有海百合茎30%~40%；四射珊瑚20%；苔藓虫10%~15%；三叶虫、腕足类等。填隙物既有泥晶也有亮晶方解石，常伴有一定量的石英粉砂。

2）生物屑石灰岩

生物屑石灰岩发育于罗惹坪组下部和中部，在刘家场地区，罗惹坪组下部发育厚约5m的灰色块状亮晶生物屑、砂屑石灰岩。

生物屑石灰岩在露头上，常厚度不稳定，表现为夹于粉砂质页岩之中。生物屑类型有海百合茎，含量30%~40%；珊瑚20%~25%，呈圆形或椭圆形，直径2~5mm不等；苔藓虫10%。填隙物以泥晶方解石为主，局部亮晶方解石胶结。

这两个微相石灰岩夹层为典型的开阔海碳酸盐岩沉积，生物屑石灰岩属于颗粒滩沉积微相。部分透镜状生物屑石灰岩，具有粒序层理，底部具有冲刷面，属于风暴沉积。

3）粉砂岩

灰绿色、黄绿色薄层，层厚10~50cm不等，局部可厚达1~2m。成分以石英粉砂岩为主，常含5%~8%的海百合茎、三叶虫等生物屑。在该类粉砂岩层面发育不对称浪成波痕，波长5~6cm，波高不足1cm，大多为直脊波痕，少量为曲脊波痕。同时层面上发育丰富的生物爬痕，粉砂岩中的层理以水平层理和微波状层理为主，未见大型交错层理，也未观察到任何与暴露有关的沉积构造，纵向上表现为砂层向上变粗、变厚的趋势，以上特征说明夹于页岩中的粉砂岩为正常浪基面以下的浅海陆棚沉积。刘家场地区从龙马溪组上部开始发育这套浅水陆棚粉砂岩。

4）泥页岩

灰紫色、灰褐色、棕色、灰色均有，主要为氧化色，水平层理，含有一定数量的粉砂，部分为粉砂质泥页岩，含三叶虫等正常海相底栖生物化石。

（四）障壁滨岸相

障壁滨岸相主要发育于三峡东部地区纱帽组，整个志留系沉积环境演化经历了龙马溪组下段的深海—次深海环境，龙马溪组上段和罗惹坪组的浅海陆棚环境，水体逐渐变浅，到了纱帽组则以潮坪亚相沉积为特征。具体可划分为纱帽组下段的潮间—浅的潮下带微相和上段的潮上带微相。

1. 潮间—潮下带微相

由灰绿色页岩、粉砂质泥页岩和薄层粉砂岩、细砂岩组成，这些岩石类型相互组合形成多个向上变粗变厚的韵律层，构成退积型潮坪层序。单个韵律上部为泥岩、页岩夹薄层粉砂岩；下部为中层粉细砂岩、细砂岩。页岩和粉砂岩水平层理发育，砂、泥互层层序，可见透镜状、脉状层理，上部细、中砂岩发育中型交错层理。

2. 潮上带微相

下部为灰绿色页岩，夹2~3cm厚的泥质粉砂岩；上部由紫红色泥岩、灰绿色泥岩和泥质粉砂岩组成，为温暖潮湿气候条件下潮上环境沉积。纱帽组顶部长期受风化剥蚀并形成灰白色黏土岩和铝土岩，与上覆泥盆系呈平行不整合接触。

二、沉积相演化

（一）龙马溪期

在晚奥陶纪末五峰期，三峡东部地区由碳酸盐岩沉积转变为盆地相的黑色页岩、硅质页岩夹少量粉砂岩沉积。志留纪兰多维列世龙马溪早期基本上继承了五峰期的沉积特征，沉积了一套深水、滞流的盆地相的黑色页岩夹少量粉砂岩沉积，发育少量浊流沉积与内波、内潮汐沉积，为盆地—斜坡环境。龙马溪晚期水体深度逐渐变浅，以大套灰绿色页岩夹少量薄层粉砂岩为特征，属外陆棚沉积。

刘家场地区龙马溪期晚期已经变为内陆棚，这无疑是受宜昌运动影响的结果。宜昌运动表现为华夏板块自南东向北西的俯冲挤压和扬子地块的抬升，到龙马溪期晚期这种挤压和抬升更加明显，扬子地块古陆范围进一步扩大，陆源碎屑物质的供应数量增加。但从龙马溪期沉积物以粉砂和泥质为主看来，地形高差并不大，气候以温热潮湿为主。

（二）罗惹坪期

罗惹坪期继承了龙马溪晚期的特征，下段薄层粉砂岩夹层相对发育，层面具小型不对称浪成波痕和丰富的生物爬痕，同时夹有薄层正常浅海沉积的含生物泥晶石灰岩、泥晶生屑石灰岩，说明水体较龙马溪晚期已相对变浅，形成一套的内陆棚沉积物。特别是邻区，在与其相当的时期还有珊瑚点礁发育（王泽中，1997；丘金玉，1990）。刘家场地区罗惹坪早期为一厚层—块状生屑石灰岩，属于内陆棚的生物滩微相，中上部为内陆棚泥与粉砂沉积，具有多个向上变浅的沉积序列，上部的粉砂岩与泥页岩互层沉积属于过渡带沉积。

（三）纱帽期

温洛克世纱帽期华夏古陆的挤压更为强烈，川中古陆进一步扩大，水体越来越浅，发育障壁地貌，主要形成一套障壁滨岸浅水潮坪沉积，部分地区为近河口区，为三角洲沉积。

到了纱帽期后期，由于广西运动的影响，三峡东部地区已完全上升为陆，华夏古陆与川中古陆连为一体，进入了长期的风化剥蚀阶段。作为这种风化剥蚀的遗迹，在纱帽组顶部发育了厚约3m的风化壳，可见自下而上泥岩的颜色逐渐由紫红色变为灰绿色再变为灰白色，顶部已变为铝土岩并见明显的铁质浸染，是早古生代的沧桑巨变的有力见证（高振中等，1999）。

第七节　泥盆系沉积相

一、沉积相类型与特征

三峡东部地区泥盆系只有中泥盆世晚期和晚泥盆世早期的沉积，以长阳、宜都、五峰、松滋一带出露较好，尤其长阳火烧坪、松滋三溪口等地露头较好，沉积相标志丰富。泥盆系主要发育一套无障壁滨岸碎屑沉积体系，岩性以滨岸碎屑岩为主，夹鲕状赤铁矿、菱铁矿，是区内主要的含铁层位，发育Fe1、Fe2、Fe3、Fe4共4层铁矿。本区泥盆系生物类型多，尤以植物化石最为丰富，其次为腕足类。

区内泥盆系无障壁碎屑滨岸沉积体系，发育滨岸相、浅海陆棚相两个相和前滨、后滨、远滨（滨外）三个亚相（图3-10）。

（一）前滨亚相

前滨亚相发育于云台观组。其特征包括：

1. 岩性

分选、磨圆好，成分成熟度高的石英砂岩。灰色或灰白色，中层—块状，细—中粒砂状结构，石英含量高达95%以上，颗粒间呈镶嵌接触，硅质胶结。细砂岩中石英圆度稍差且含较多包裹体，分选好，磨圆度高。

2. 沉积构造

大、中型交错层理和平行层理。层理由石英定向排列与棕红色颜色条带显示出来。交错层理系厚度可达30cm以上，细层倾角低，为5°～20°，主要为冲洗交错层理。

3. 层序

向上变厚、变粗的层序。整个云台观组由四个向上变粗、变厚的韵律组成。每个韵律下部为薄—中层粉—细砂岩，厚度1.5～10m；上部为厚层—块状石英中细砂岩，反映了砂质海岸进积型沉积层序特征。

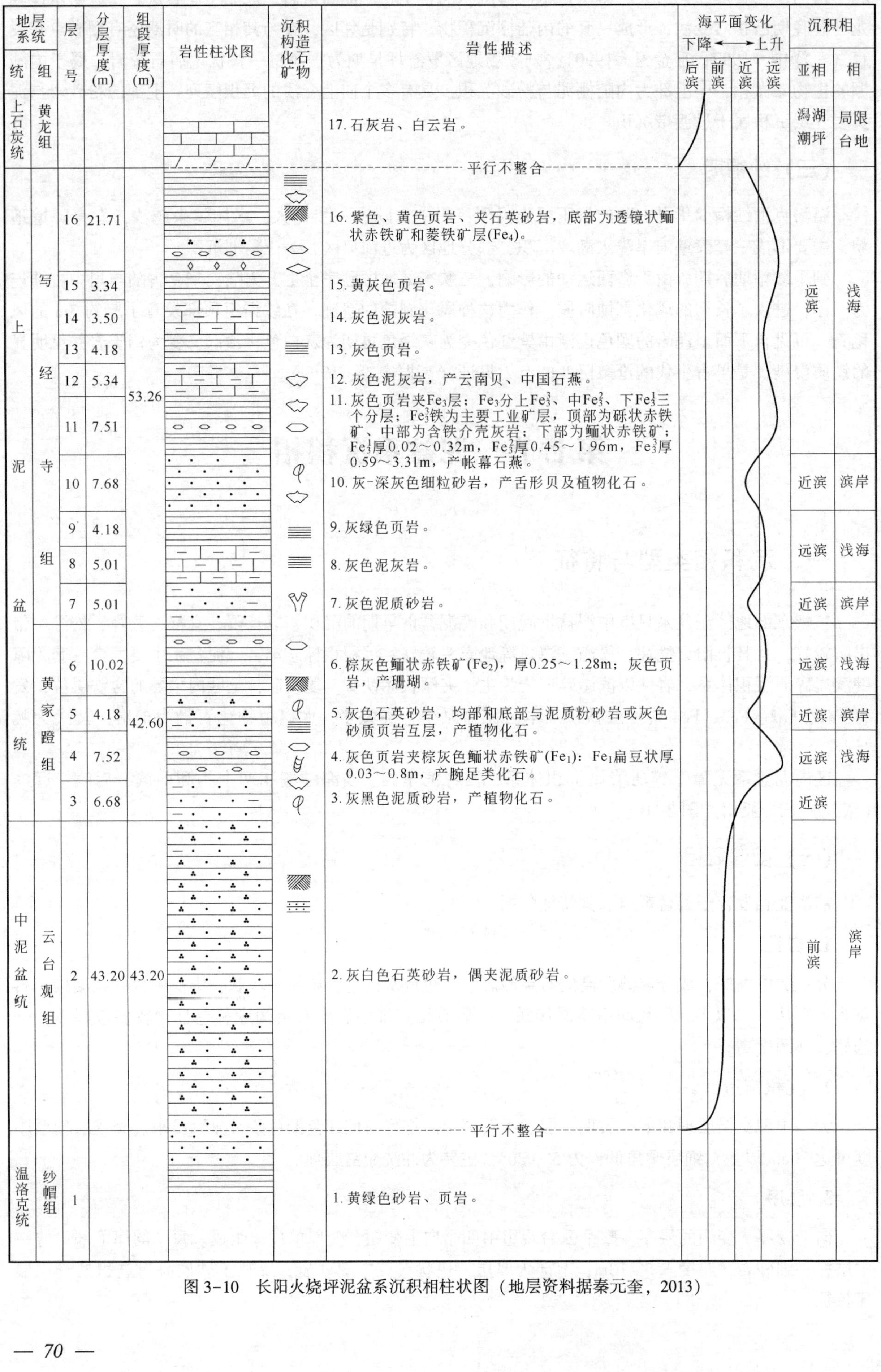

地层系统		层号	分层厚度(m)	组段厚度(m)	岩性柱状图	沉积构造化石矿物	岩性描述	海平面变化 下降←→上升				沉积相	
统	组							后滨	前滨	近滨	远滨	亚相	相
上石炭统	黄龙组						17.石灰岩、白云岩。					潟湖潮坪	局限台地
							——平行不整合——						
上泥盆统	写经寺组	16	21.71	53.26			16.紫色、黄色页岩、夹石英砂岩,底部为透镜状鲕状赤铁矿和菱铁矿层(Fe₄)。					远滨	浅海
		15	3.34				15.黄灰色页岩。						
		14	3.50				14.灰色泥灰岩。						
		13	4.18				13.灰色页岩。						
		12	5.34				12.灰色泥灰岩,产云南贝、中国石燕。						
		11	7.51				11.灰色页岩夹Fe₃层,Fe₃分上Fe₃¹、中Fe₃²、下Fe₃³三个分层;Fe₃铁为主要工业矿层,顶部为砾状赤铁矿、中部为含铁介壳灰岩;下部为鲕状赤铁矿,Fe₃¹厚0.02~0.32m,Fe₃²厚0.45~1.96m,Fe₃³厚0.59~3.31m,产帐幕石燕。						
		10	7.68				10.灰-深灰色细粒砂岩,产舌形贝及植物化石。					近滨	滨岸
		9	4.18				9.灰绿色页岩。					远滨	浅海
		8	5.01				8.灰色泥灰岩。						
		7	5.01				7.灰色泥质砂岩。					近滨	滨岸
	黄家蹬组	6	10.02	42.60			6.棕灰色鲕状赤铁矿(Fe₂),厚0.25~1.28m;灰色页岩,产珊瑚。					远滨	浅海
		5	4.18				5.灰色石英砂岩,局部和底部与泥质粉砂岩或灰色砂质页岩互层,产植物化石。					近滨	滨岸
		4	7.52				4.灰色页岩夹棕灰色鲕状赤铁矿(Fe₁):Fe₁扁豆状厚0.03~0.8m,产腕足类化石。					远滨	浅海
		3	6.68				3.灰黑色泥质砂岩,产植物化石。					近滨	
中泥盆统	云台观组	2	43.20	43.20			2.灰白色石英砂岩,偶夹泥质砂岩。					前滨	滨岸
							——平行不整合——						
温洛克统	纱帽组	1					1.黄绿色砂岩、页岩。						

图 3-10 长阳火烧坪泥盆系沉积相柱状图(地层资料据秦元奎,2013)

（二）近滨亚相

近滨亚相发育于黄家磴组。主要沉积相特征包括：

1. 岩性

黄灰、灰、紫红色含泥、泥质石英细砂岩、粉砂岩，中—厚层，石英含量50%~85%，0.05~0.1mm，磨圆好、分选差，泥质15%~50%。沉积物粒度比云台观组变细，环境能量较前滨降低，属于近滨至滨外过渡带。

2. 沉积构造

发育平行层理和沙纹层理。层系厚度为1~5cm。沙纹层理包括沙纹槽状交错层理和沙纹板状交错层理两类。泥质和石英粉砂富集成纹层状和条带状，显示交错层理。在靠近远滨的过渡带，砂质页岩中还发育有水平层理。层面上波痕发育，类型丰富，有不对称波痕、浪成波痕、干涉波痕等类型。

3. 实体化石与遗迹化石

实体化石少，主要为植物碎片、腕足类碎屑等。遗迹化石常见于泥质粉砂岩的层面上，为平行或垂直层面的生物钻孔、爬痕等，虫孔粗大，最大者直径可达1~2cm，孔壁平直，层面上密集处可见70%~80%的面积均为钻孔所占据，属 Skolithos 至 Scoyenia 遗迹相。

4. 层序

由向上变粗、变厚的韵律组成，下部为薄—中层泥质粉砂岩，上部为厚层—块状含泥粉砂岩、细砂岩。

（三）远滨（滨外）亚相

远滨又称滨外，为紧邻近滨带的正常浪基面以下的滨外浅陆棚带，属于浅海相的范围。发育于写经寺组、黄家磴组。主要沉积相特征如下：

1. 岩性

岩性主要为页岩、泥灰岩，铁沉积岩，夹石英砂岩。

铁沉积岩：在长阳火烧坪、狮子包、铜鼓包一带发育，刘家场三溪口也见有。铁矿石中金属矿物有赤铁矿、菱铁矿、褐铁矿等，脉石非金属矿物有石英、胶磷矿、黏土矿物等。矿物主要结构有针柱状微粒结晶结构（赤铁矿）、自形半自形细粒结晶结构（菱铁矿）、鳞片状结晶结构（鲕绿泥石）等。矿石主要呈鲕状、浸染状构造，同心环带状结构。鲕状绿泥石大部分具有鲕状核心，鲕粒粒径为0.2~0.4mm，形态各异，除球状外，椭球状、透镜状及扁豆状也常见，鲕粒表面常见一层褐铁矿包壳。松滋刘家场上泥盆统岩性与鲕状赤铁矿层见彩图7。

彩图7　松滋刘家场上泥盆统岩性与鲕状赤铁矿层

沉积铁矿赋存于上泥盆统黄家磴组和写经寺组中，共有4层矿。

第一层（Fe1）：发育于黄家磴组近底部，由砂质鲕状赤铁矿组成，常相变为含铁砂岩，常呈薄层或不连续的扁豆状，厚度小，0.03~0.8m，铁含量低，一般无工业意义。

第二层（Fe2）：存在于黄家磴组中上部，由砂岩、钙质鲕状赤铁矿组成，相变较大，常被含铁砂岩、含铁石灰岩代替，厚度小，0.2~1.5m，铁含量低，常呈似层状、透镜状产出，一般无工业意义。

第三层（Fe3）：为本区主要工业矿层，存在于写经寺下部，层位稳定，相变较小，由鲕状赤铁矿组成，多由三个亚层组成，间被钙质页岩所隔，其中，第三层较厚，下两层较薄，总厚度1~5m，铁品位高，有的达50%以上。

第四层（Fe4）：存在于写经寺组上部，由菱铁砂岩、鲕状赤铁矿组成，在本区呈似层状、透镜状、结核状产出，由多层组成，厚度小，铁含量低，局部有少量工业矿层存在。

页岩：灰、灰黑色，风化色（黄灰色、紫色），水平层理。

泥灰岩：灰、深灰色，水平层理或块状层理，泥晶结构，见有少量生物碎屑，主要为腕足类碎屑。

2. 沉积构造

水平层理为主要构造，少量透镜状构造，石英细砂岩中发育沙纹层理。

3. 古生物

主要为正常浅海生物群落，包括腕足类、珊瑚等，如云南贝、舌形贝、中国石燕等。

4. 层序

总体为一向上变深、变细序列，向上碳酸盐岩含量增加，铁矿物由鲕状赤铁矿变为菱铁矿，显示沉积环境水体变深的趋势。

二、沉积相演化

受加里东运动的影响，使三峡东部地区下泥盆统缺失，志留系温洛克统、罗德洛统、普里道利统全部或大部缺失。自早泥盆世晚期开始，海水自西向东重新侵入湖北，其前锋首先进入鄂西北地区，使三峡东部地区沉积了一套中上泥盆统的碎屑滨岸相沉积体系。

（一）云台观期

中泥盆世海侵自鄂西恩施一带向东侵入，直达鄂中。这个时期，鄂西和三峡地区连成一片，均为滨浅海环境。三峡东部地区主要为前滨环境，部分后滨环境，沉积了一套灰色或灰白色、成熟度高的石英砂岩。

（二）黄家磴期

海侵进一步扩大，水体加深，晚泥盆世黄家磴期海侵已达鄂东至安徽边境。三峡东部地区为近滨至滨外陆棚环境，沉积了一套石英细砂岩、页岩交互沉积，夹有2层浅海陆棚环境的鲕状赤铁矿（Fe1、Fe2）。石英细砂岩为近滨环境沉积，鲕状赤铁矿及其共生的珊瑚、腕足类化石显示出陆地边缘、湿热气候、水体动荡较浅的远滨环境。

在刘家场地区，古地理位置靠近海岸，水体较浅，黄家磴组早期主要为远滨至近滨环境，发育鲕状赤铁矿，晚期为前滨—后滨环境，发育交错层理石英砂岩及泥裂构造的粉砂质泥岩。

（三）写经寺期

写经寺早期继承了黄家磴期的海侵，发育了一套远滨泥页岩、碳酸盐岩沉积及菱铁矿、鲕状赤铁矿层（Fe3、Fe4）。鲕状赤铁矿代表水体局限、强氧化亚相环境，菱铁矿—赤铁矿组合代表较开阔的氧化亚相，通常水体深度比赤铁矿组合更深、更靠近广海。写经寺晚期受构造运动影响，抬升变浅，海水又从南部退出，沉积范围明显缩小，沉积一套障壁滨岸沉积。受后期构造运动的影响，写经寺组上部遭受风化剥蚀，可能发育不全。

刘家场地区写经寺早期为滨岸相的前滨—后滨环境，晚期水体变浅，为一套障壁滨岸碎屑潮坪沉积，发育潮坪相特征的波状、透镜状层理，夹有碳质页岩（煤线），属潮坪亚相沼泽微相环境。

第八节 石炭系沉积相

受海西运动影响，长江三峡地区石炭系发育不完全，分布较为零星，但三峡东部地区松滋、宜都和长阳等地石炭系发育良好，化石较丰富，沉积相特征明显。区内出露较好的石炭系地层沉积相代表性剖面有：（1）松滋桃树乡锈水沟磺矿厂下石炭统剖面；（2）松滋刘家场三溪口剖面；（3）松滋卸甲坪欧家河剖面；（4）长阳县平洛马鞍山煤矿栏杆崖上石炭统剖面；（5）长阳县资丘淋湘溪剖面等。本教材引用高振中等（1999）实测的松滋锈水沟、长阳县马鞍山栏杆崖剖面为代表论述沉积相。

一、沉积相类型与特征

三峡东部地区石炭系为一套有障壁滨岸相碎屑岩和台地相碳酸盐岩沉积，其中下石炭统为有障壁滨岸相与碳酸盐岩混合沉积，上石炭统为局限台地、开阔台地沉积（图3-11）。

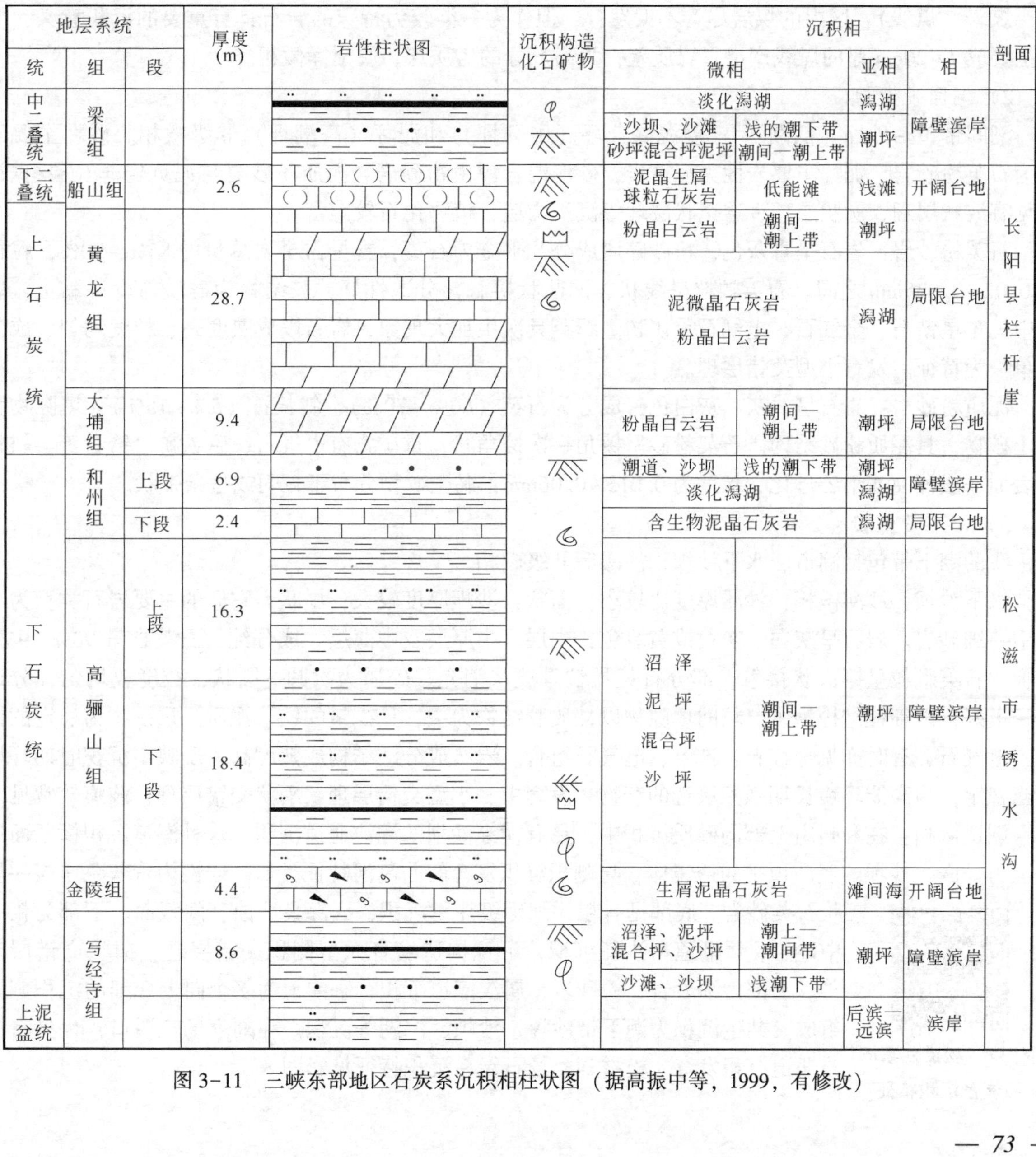

地层系统			厚度(m)	岩性柱状图	沉积构造化石矿物	沉积相			剖面
统	组	段				微相	亚相	相	
中二叠统	梁山组					淡化潟湖		潟湖	
						沙坝、沙滩	浅的潮下带		障壁滨岸
						砂泥混合坪泥坪	潮间—潮上带		
下二叠统	船山组		2.6			泥晶生屑球粒石灰岩	低能滩	浅滩	开阔台地
上石炭统	黄龙组		28.7			粉晶白云岩	潮间—潮上带	潮坪	长阳县栏杆崖
						泥微晶石灰岩 粉晶白云岩		潟湖	局限台地
	大埔组		9.4			粉晶白云岩	潮间—潮上带	潮坪	局限台地
下石炭统	和州组	上段	6.9			潮道、沙坝	浅的潮下带	潮坪	障壁滨岸
						淡化潟湖		潟湖	
		下段	2.4			含生物泥晶石灰岩		潟湖	局限台地
	高骊山组	上段	16.3			沼泽 泥坪 混合坪 沙坪	潮间—潮上带	潮坪	障壁滨岸 松滋市锈水沟
		下段	18.4						
	金陵组		4.4			生屑泥晶石灰岩	滩间海	开阔台地	
	写经寺组		8.6			沼泽、泥坪 混合坪、沙坪	潮上—潮间带	潮坪	障壁滨岸
						沙滩、沙坝	浅潮下带		
上泥盆统							后滨—远滨	滨岸	

图3-11 三峡东部地区石炭系沉积相柱状图（据高振中等，1999，有修改）

（一）碎屑障壁滨岸相

碎屑障壁滨岸相主要包括潮坪、潟湖等亚相类型。

1. 潮坪亚相

潮坪亚相按潮汐能量带可划分出潮上带、潮间带、浅的潮下带3个带（Ⅰ级微相），潮间带是潮坪的主体。

1）潮上带微相

潮上带微相主要岩性为灰色、青灰色、紫色或杂色泥质岩。可进一步划分为粉砂质泥岩、页岩、钙质页岩及碳质页岩。植物化石丰富，夹黑色碳质页岩及薄煤层或煤线，为潮湿气候下的潮坪类型。可进一步划分为潮上泥坪、沼泽Ⅱ级微相。

粉砂质泥岩：岩石呈灰色、灰白色、灰黑色及黄绿色，页理不发育，矿物成分较复杂，以伊利石为主，次为高岭石、蒙脱石、绿泥石及自生非黏土矿物。粉砂含量通常较高，约30%，部分层段含碳质。

页岩：呈灰色、灰黄色、灰黑色、紫色等，颜色较杂，页理发育，局部层含碳质或含钙质，形成碳质页岩或钙质页岩，在碳质页岩中常含有一定量的黄铁矿。

煤岩（煤线）：区内的煤岩尽管不太发育，但作为一类较为特殊的岩石具有重要的沉积意义，煤岩主要成1~20cm厚的煤线产出，煤质差，为高灰分的劣质煤，属沼泽微相。

2）潮间带微相

潮间带包括砂坪（低潮坪）、砂泥混合坪（中潮坪）和泥坪（高潮坪）Ⅱ级微相。砂坪主要岩性为石英粉砂岩，泥坪主要岩性为泥页岩，砂泥混合坪由粉砂岩、泥质粉砂岩与泥页岩薄互层组成。常见有波状层理、脉状层理、透镜状层理等沉积构造，植物化石较丰富。

石英粉砂岩：岩石呈青灰色，粉砂碎屑成分几乎全为石英，含量占全岩总量的85%~90%，粒径在0.02~0.035mm之间。石英颗粒呈线状、凹凸状接触，分选性好，胶结物为硅质与少许黏土，岩石中见零星锆石、金红石、电气石重矿物。石英具次生加大现象，岩石以成熟度高、粒度均匀、成分较单一为特征。发育小型交错层理。

泥质粉砂岩：岩石呈浅灰、灰白色，成分为石英（60%~70%）、斜长石（5%~15%），填隙物为黏土矿物，具泥质粉砂结构。石英粉砂呈棱角—次棱角状，重矿物有电气石、磁铁矿、锆石等，斜长石表面一般浑浊或绢云母化，粒度为0.015~0.06mm，黏土矿物分布于粒间或呈条带状。

3）潮下带微相

浅的潮下带包括潮道、水下沙坝、沙滩等Ⅱ级微相。

水下沙坝、沙滩微相：沙滩厚度比较小，面状，沙坝厚度较大，堤状，它们的主要岩石类型为石英中—细砂岩。岩石呈灰白、灰黄或黄绿色，中层、中厚层及中薄层。成分纯，石英含量90%~95%以上。石英颗粒呈镶嵌状接触，部分石英颗粒具波状消光。碎屑为次圆—圆状，粒度较均匀，分选好—极好，以细粒结构为主。粒间填隙物以硅质胶结物为主，见少量的铁、泥质。重矿物为稳定的锆石、电气石，有时亦见金红石、锆石、电气石组合。岩石成分、结构成熟度高，反映出沉积时期环境相当稳定，为高能环境长期强烈簸选的产物。发育中、小型交错层理，羽状交错层理，波痕较常见。

潮道微相：在和州组上部的砂质沉积中，见有横穿沙坝的潮汐通道沉积，这种潮道沉积横断面形态上为一嵌入沙坝的底凸顶平的透镜体，与侧积沉积发育的曲流河特征类似。岩性为青灰色厚层—块状石英砂岩。底部见有粗—细砾级滞留沉积，底部具冲蚀、削截面。下部为粗—中砂岩，属潮道—沙嘴沉积，沉积构造发育大型侧积交错层理、槽状交错层理等。上部为细砂岩、粉砂岩，属浅潮道沉积，垂向上为多个向上变细的沉积旋回组成。共生沉积为潮下带沙坪、沙坝、潟湖等沉积。在刘家场三溪口，也见有潮汐通道沉积发育。松滋刘家场石炭系沉积特征见彩图8。

彩图8　松滋刘家场石炭系沉积特征

潮坪相主要发育于下统写经寺组上部（即长阳组）、高骊山组。三峡东部地区内潮坪相沉积序列为多个向上变浅的碎屑岩组合，自下而上由砂岩、粉砂岩、泥岩及泥炭层（煤线）组成，代表了一个典型的受潮汐控制的泥质滨岸序列。

2. 潟湖相

潟湖相见于和州组下部。主要岩性为深灰色、灰黑色泥、页岩。与潮坪相的泥、页岩比较，颜色深，含细粒黄铁矿，岩性上含有泥灰岩透镜体，古生物化石含有海相的珊瑚、腕足类以及植物化石，水体有一定的深度，缺乏泥裂等暴露标志，属于淡化潟湖类型。

（二）局限台地相

局限台地相包括潟湖和潮坪两个亚相。

1. 潟湖亚相

潟湖亚相由灰色、深灰色含生屑泥晶石灰岩、泥—粉晶石灰岩、白云质泥粉晶石灰岩、球粒团粒石灰岩等岩性组成，呈中厚层至厚层产出。在这种相带中，由于水动力条件差异较大，因此沉积物特征也不同。在水体较深的安静环境，主要沉积物粒径细，以灰泥为主，颜色深，发育水平层理；泥质组分增加，甚至出现泥纹层或泥质条带，三峡东部地区和州组下段石灰岩属此环境。靠岸一侧水体较浅，但该带水动力条件也较弱，沉积物则以含球粒泥晶石灰岩及或白云质泥晶石灰岩为主，上统黄龙组大部均属此种环境。

2. 潮坪亚相

三峡东部地区潮坪亚相主要发育潮间坪、潮上坪微相，以前者常见。

（1）潮上坪微相：以灰、灰白色泥粉晶白云岩为主，中层，发育纹层构造及泥裂。以泥晶、微晶结构为主，有少量（2%~8%）石英粉砂，这类岩石由于含有不等量的方解石，因此，还可组成白云岩与石灰岩的过渡岩石类型。这种微相主要见于大埔组及黄龙组中。

（2）潮间坪亚相：所见岩性主要由灰色凝块石或团块等组成的砾屑泥晶石灰岩，可能代表了潮间环境潮渠的沉积产物。但是，这种砾屑泥晶石灰岩也极易遭受准同生回流白云石化，因此，常转变成砾屑泥晶白云岩，发育于黄龙组中。

（三）开阔台地相

开阔台地相包括滩间海与浅滩2个亚相：

（1）滩间海亚相：主要由灰色、深灰色的中厚层生屑泥晶石灰岩组成，生屑含量15%~35%不等，局部夹有含生屑砂屑石灰岩、含生屑含泥泥晶石灰岩。生屑含量高、类型多是该相的主要标志，生物种类主要为珊瑚、棘皮类、腕足类、有孔虫、介形虫等，生物扰动也较发育，金陵组石灰岩即属于该亚相。

（2）浅滩：主要岩性为亮晶颗粒石灰岩、泥晶颗粒石灰岩。颗粒类型有球粒、团粒、生屑、砂屑等，填隙物亮晶为主的为高能滩，黄龙组区域上发育这类高能滩，填隙物泥粉晶为主的属低能滩，船山组属此环境。

二、沉积相演化

三峡东部地区石炭系与泥盆系为连续沉积，石炭纪古地貌及沉积环境继承了晚泥盆世古地理特征，属较为平坦的障壁滨岸或极浅水的陆表海环境。

进入石炭纪以后，发生了全球性的海侵事件（Vail et al.，1977），这次海侵事件在三峡东部地区内反应明显。纵观三峡东部地区的石炭系沉积特征，至少可划分出四次大规模的海侵—海退旋回事件。

（一）长阳期至高骊山早期

第一次海侵—海退旋回自早石炭世岩关早期至大塘早期，沉积地层为长阳组、金陵组及高骊山组下部。

写经寺晚期（长阳期）：为一套障壁滨岸碎屑潮坪沉积。

金陵期：受海侵影响，碎屑岩转化为一套开阔台地环境碳酸盐岩沉积，此时期是第一旋回的主要海侵期。

高骊山早期：为一套障壁滨岸碎屑潮坪沉积，从潮下带往上逐步演化为潮上泥坪、沼泽环境，为第一旋回的海退期（大塘早期），为潮上坪发育时期。

（二）高骊山中晚期至和州期

第二次海侵—海退旋回包括了大塘中晚期，沉积地层则为高骊山组中上部及和州组。

高骊山晚期：为一套障壁滨岸碎屑潮坪沉积，潮下带发育，显示海侵、水体加深的特征。

和州期：沉积一套潮下低能潟湖沉积及高能的潮汐通道沉积，主要海侵时期为大埔早期，碳酸盐岩及泥质沉积发育，大埔晚期为海退时期。实测剖面上和州组顶部潮下石英砂岩与大铺组潮坪白云岩直接接触，代表了较浅水的沉积相直接覆盖在较深水的沉积相之上，反映了沉积相向盆地的迁移（Van Wagoner et al.，1990），其间可能缺失沉积，相当于 Vail 等的 Ⅱ 型层序边界。区域上发育不整合，如在建始县秦家湾泥盆—石炭系剖面上大埔组直接平行不整合覆于泥盆系写经寺组之上（惠博，2014）。

因下石炭统发育不全，因此第一、二次海侵—海退旋回沉积地层在中扬子区分布有限（陈宏明等，1994）。

（三）大埔期至黄龙期

第三次海侵—海退旋回发生在晚石世早期的威宁期内，沉积地层为大埔组、黄龙组。

大埔期：发育局限台地潮坪碳酸盐岩沉积，白云岩分布全区，是海岸上超的有力证据。

黄龙期：发育局限台地潮坪、潟湖碳酸盐岩沉积，包括白云岩、白云质石灰岩、石灰岩。为海侵的主要时期，区域上发育潮坪—潟湖—障壁粒屑滩—开阔海湾陆棚海侵演化序列（胡忠贵等，2010）。海退期发育在黄龙晚期，区域上黄龙组顶部常出现风化溶蚀。

（四）船山期

第四次海侵—海退旋回发生在晚石炭世末的马平期内，沉积地层对应马平阶船山组。

船山期：沉积环境主要为局限台地、开阔台地相，由于船山组残留厚度分布有限，层序发育不全，但它代表了石炭纪最后一次海侵期的沉积产物。

第一、二次海侵—海退旋回沉积在中扬子区内分布局限，这主要反映了泥盆纪末起伏不平的古地貌背景以及海平面升降幅度有限，因此，早石炭世在区内主要表现为填平补齐的作用。第二次海侵之后所发生的海退，可能导致海水退出本区，缺失沉积。在此期间内，进一步的风化剥蚀作用，导致古地貌更进一步的平原化，因此，第三次海侵得以遍及全区，发育稳定的大埔组白云岩层。船山组球粒、团粒灰岩形成时水体明显深于以潮坪—潟湖为主的黄龙组，并且这次海侵在塔里木板块内反映较明显（郭建华等，1996），随之而来的海退导致船山组顶部缺失沉积，并且在大部分地区还导致船山组及黄龙组上部被剥蚀，中二叠统梁山组平行不整合于其上。三峡东部地区控制这四次海侵—海退旋回的因素主要是全球性的海平面升降变化（郭建华等，1996），可与区域及全球 Ⅱ 级海平面变化对比（Vail et al.，1977）。

第九节 二叠系沉积相

三峡东部地区二叠系厚300~580m，广泛分布于松滋刘家场、秭归、兴山、宜都、长阳等地，其地层发育中二叠统梁山组、栖霞组与茅口组，主要为一套含煤碎屑岩及碳酸盐岩；上二叠统吴家坪组和长兴组，主要为一套薄层硅质岩及泥晶石灰岩（高振中等，1999）。本节以湖北省兴山县峡口镇大峡口二叠系实测剖面（罗进雄等，2014）为基础，论述其沉积相特征。

一、沉积相类型与特征

三峡东部地区二叠系沉积相包括滨岸、碳酸盐岩台地、斜坡和盆地等（图3-12、表3-5）。

表3-5 三峡东部地区二叠系沉积相类型简表

相		亚相或微相	代表组段
滨岸		砂质滨岸 滨岸沼泽	梁山组、吴家坪组底部
碳酸盐岩台地	开阔台地	滩间海 台内浅滩	栖霞组、茅口组、吴家坪组和长兴组
	局限台地	潮坪 潟湖	茅口组
斜坡		盆地边缘	吴家坪组、茅口组中部
盆地		海底平原	吴家坪组、长兴组

（一）滨岸相

滨岸环境主要发育于梁山组和吴家坪组底部的碎屑岩段。岩石类型主要有砂岩、粉砂岩、泥岩、页岩及煤，生物化石可见植物化石和腕足类等。该环境可进一步分为两种类型，即砂质滨岸和滨岸沼泽。

（1）砂质滨岸亚相：主要发育于梁山组，由浅灰色、灰白色中—厚层石英砂岩、石英粗粉砂岩组成；石英颗粒以细粒为主，中粗粒较少，其含量可达95%以上。石英砂岩的成分成熟度高，具有较好的分选性和磨圆度，发育平行层理、中小型交错层理。而栖霞组沉积早期，大峡口剖面处于海侵早期，未能接受栖霞组沉积早期碎屑岩段的沉积（王正允，1998；高振中等，1999）。

（2）滨岸沼泽亚相：见于梁山组和吴家坪组下部的碎屑岩段，岩石类型主要有粉砂质泥岩、泥岩、页岩、含碳质钙质页岩及煤层等，岩石颜色较暗，为深灰色—灰黑色，常见水平层理，生物化石可见植物化石和腕足类等。

（二）局限台地相

该相带岩石类型主要有泥晶石灰岩、白云质石灰岩、泥质石灰岩、叠层石石灰岩、白云岩、泥（页）岩及膏岩等。沉积物颜色一般为紫红色、灰色、深灰色等，岩层一般为薄层状或薄板状，泥页岩具页理构造。该相带水体极浅，发育有各种暴露成因的沉积标志，可分为潮坪和潟湖两种亚相。

1. 潮坪亚相

该亚相主要由紫红色、灰紫色薄层泥质石灰岩、泥晶白云岩、钙质泥岩为主，夹泥岩及膏岩等，见干裂、藻纹层等沉积构造及暴露标志。

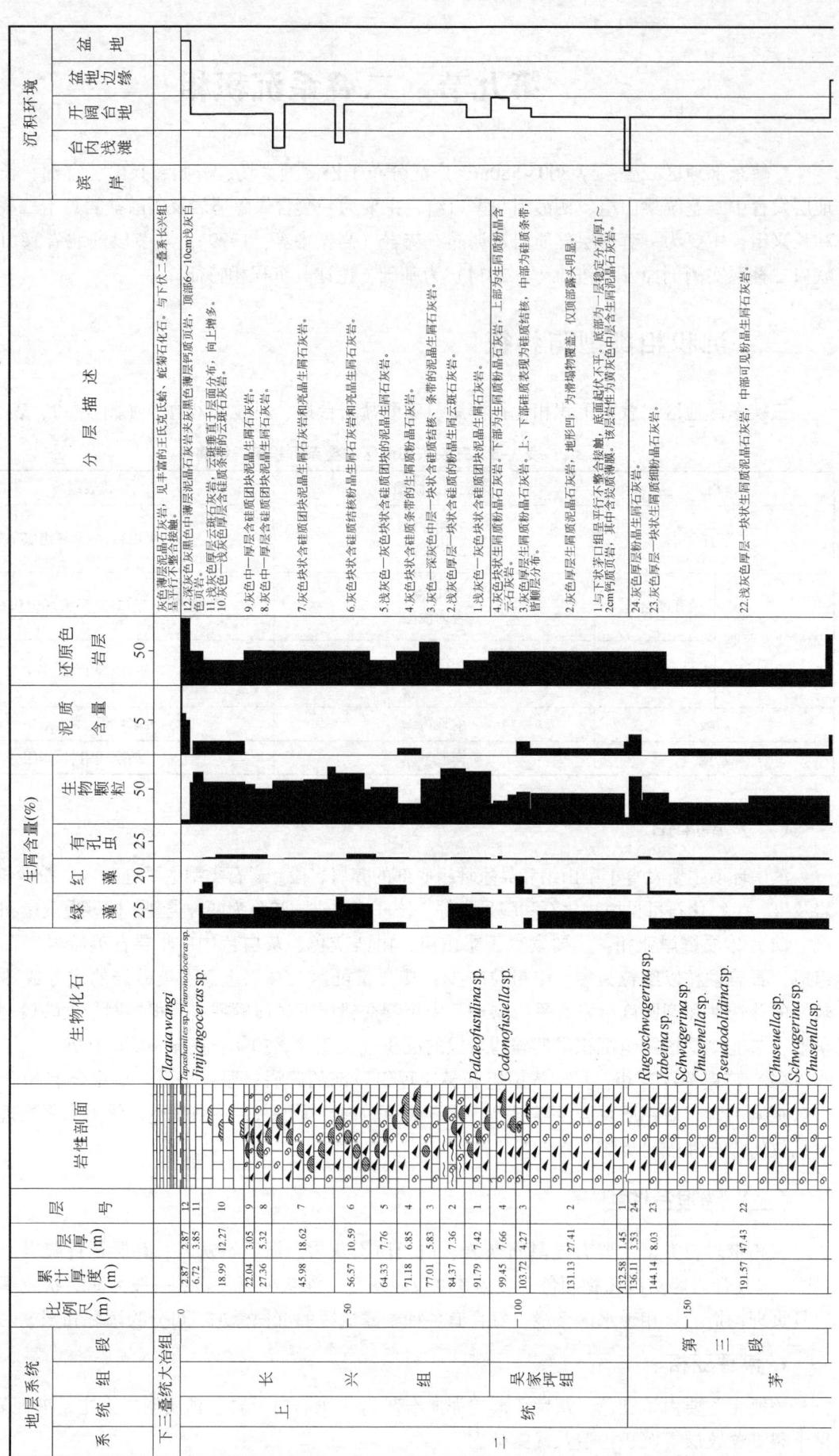

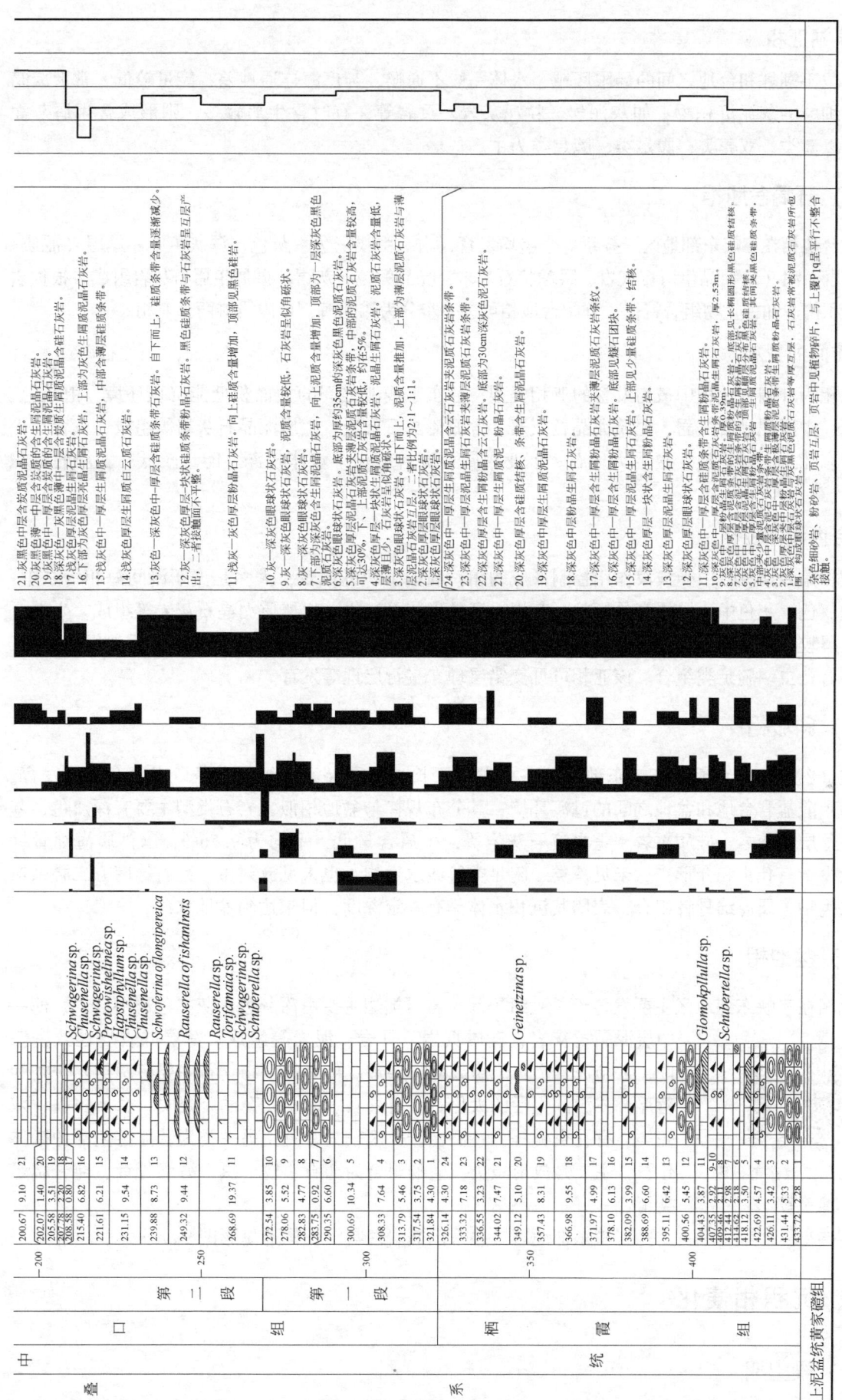

图3-12 兴山大峡口二叠系岩石特征及沉积相柱状图(据罗罘进等，2014，修改)

2. 潟湖亚相

潟湖位于潮坪和台地之间的局限区域，水体一般不通畅，与广海连通性差，能量较低，常形成暗色、深色细粒的灰泥沉积物，如灰泥岩、粒泥灰岩、页岩等，有时含生屑较多，则形成含生屑灰泥岩，化石以藻类、双壳类、腹足类、腕足类为主。

（三）开阔台地相

开阔台地相在三峡东部地区二叠系各个组均发育，主要由浅灰色、灰色、深灰色中—厚层（泥质）泥晶石灰岩、泥（粉）晶生屑石灰岩、眼球状石灰岩、亮晶鲕粒石灰岩、砂屑生屑石灰岩组成。根据岩石学、沉积构造和古生物组合特征，开阔台地相可进一步分为滩间海、台内浅滩两个亚相。

1. 滩间海亚相

该亚相为开阔台地相中最为发育的亚相类型，分布于浅滩之间的大面积低能沉积环境，由灰色、深灰色薄—中层泥晶石灰岩、泥质泥晶石灰岩、含泥泥晶石灰岩、生屑泥晶石灰岩等组成，发育水平层理，产有孔虫、双壳类、腹足类化石。该亚相属开阔台地相中水体较深、能量较低、安静的沉积环境。

2. 台内浅滩亚相

该亚相是台地相带中受波浪作用控制形成的相对高能沉积的地带，大多是夹于滩间海相带之中，主要由浅灰色、灰色中—厚层亮晶鲕粒石灰岩、亮晶生屑石灰岩、生屑质泥晶石灰岩等组成。生屑石灰岩中生屑较丰富，平均含量为35%，主要包括红藻、绿藻、有孔虫和海百合等，为原地堆积产物，属藻类—有孔虫—腕足类组合。该亚相可见交错层理、平行层理等发育。

（四）斜坡相

斜坡（盆地边缘）相在三峡东部地区主要发育于长兴组和吴家坪组，在茅口组也有少量发育。该相带为碳酸盐岩台地和盆地之间的过渡环境，其分布规律与盆地相似，岩石类型主要有深灰色、灰黑色中—薄层石灰岩、硅质页岩、重力流石灰岩等，生屑含量低，平均为9.56%，以钙质海绵骨针为主，含少量有孔虫和介形虫，未见藻类、腕足类等浅水生物，也未见放射虫、菊石等南方二叠系典型的深水生物，属海绵骨针组合，表明其沉积水体具有一定深度，但未达到盆地水深。

（五）盆地相

盆地相在三峡东部地区主要发育于长兴组顶部。岩石类型主要由深灰色、灰黑色薄层硅岩、薄—中层泥晶石灰岩、硅质页岩、页岩、泥岩等组成。薄层硅岩岩性致密坚硬，常与泥岩、页岩组成韵律层理。可见的生物化石主要有两类：一类为营浮游或游泳生活的大化石，有菊石、体小壳薄的腕足类、介形虫类、双壳类、有孔虫类等，它们在研究区较为常见；另一类为营浮游生活的微体化石，主要是放射虫类。生物组合为菊石、放射虫、海绵骨针、薄壳腕足类组合。

彩图9 三峡东部地区二叠系剖面岩性与沉积构造

三峡东部地区二叠系剖面岩性与沉积构造见彩图9。

二、沉积相演化

（一）梁山期

二叠纪早世的海退，扬子区大部分地区缺失沉积，仅在鄂西南长阳一带接受局限台地碳酸盐岩沉积（船山组）；往北东方向尖灭，松滋地区缺失该组。二叠纪中世早期，开始普遍沉降接受海侵，在研究区长阳、巴东麻沙、宜昌百里荒、秭归、建始、松滋刘家场等地沉积了一套梁山组含煤地层。梁山组一般以细粒石英砂岩为底，向上变细为粉砂质泥岩含透镜状煤层、煤线，主要为滨岸相沉积环境；其中底部砂岩具楔状、波状、大型交错层理，为砂质滨岸亚相沉积；向上粉砂质泥岩含透镜状煤层、煤线，一般可含煤1~3层，但不稳定，多呈透镜状，为滨岸沼泽亚相沉积。而在湖北兴山地区，在二叠纪中世早期，海侵由于黄陵古隆起尚未夷平，故未能接受梁山组的沉积。

（二）栖霞期

研究区栖霞组主要发育一套灰色、深灰色中至厚层生屑泥（粉）晶石灰岩、含生屑粉晶含云石灰岩、生屑质泥（粉）晶石灰岩、生屑质泥晶含云石灰岩、泥（粉）晶生屑石灰岩和眼球状石灰岩，含有硅质团块和硅质条带。可见红藻、绿藻、有孔虫、介形虫、海百合、腕足类、䗴、三叶虫、苔藓虫和珊瑚等生物化石，主要为开阔台地沉积环境。

（三）茅口期

茅口组与栖霞组为连续沉积，与栖霞组相比，其岩性及古生物特征较复杂，以浅色石灰岩序列为其主要特征。在松滋刘家场地区，茅口组发育灰色、浅灰色厚层—块状亮晶砂屑石灰岩、生物碎屑石灰岩；上部夹燧石团块及黄灰、紫灰色薄层硅质岩，顶部为灰黑色薄—中厚层含砾屑泥晶石灰岩，为开阔台地沉积环境。在鄂西秭归—兴山地区，茅口组沉积厚度较大，可达228m；其岩性主要为一套灰色、浅灰色厚层—块状含燧石结核生屑微晶石灰岩、眼球状石灰岩、藻屑微（泥）晶石灰岩、亮晶生屑砂屑石灰岩，中部夹2~3层细晶白云岩，且中上部石灰岩中，层间常有密集的燧石结核或条带，主体为开阔台地相沉积，局部发育盆地边缘相沉积。

（四）吴家坪期

研究区吴家坪组在不同地区岩性变化较大，在松滋刘家场地区其主体岩性为灰黑色薄层硅质岩及硅质页岩夹碳质页岩，底部夹深灰色中层含砾屑泥晶石灰岩。硅质岩中见很多游泳型的生物化石，包括头足类（菊石）、腕足类等，为盆地边缘相沉积。在长阳资丘地区，该组以灰—浅灰色厚层至块状含燧石结核生物石灰岩、生屑石灰岩为主，顶部可见白云岩、砂屑亮晶石灰岩等，整体为开阔台地沉积环境。在兴山大峡口吴家坪组底部发育一套厚1~2cm稳定分布的、含碳质薄膜的钙质页岩；该套页岩与茅口组顶部的灰色厚层粉晶生屑石灰岩呈平行不整合接触。底部这层稳定分布的含碳质薄膜的钙质页岩，为海侵初期滨岸沼泽沉积环境的产物；随着地壳的下降，其上部发育一套厚层至块状生屑质泥（粉）晶灰岩、生屑质泥（粉）晶含云灰岩、含生屑泥（粉）晶灰岩和含生屑泥晶含硅灰岩，为开阔台地沉积环境。

（五）长兴期

研究区长兴组岩性主要浅灰色、深灰色厚层—块状含燧石条带石灰岩，顶部夹浅灰色硅质岩及浅灰色中厚层白云质石灰岩。以兴山大峡口剖面为例，长兴组自下而上可以分为两段，其沉积环境分析分别如下所述。

1. 长兴组下段

该段与下伏吴家坪组为连续沉积。岩石类型主要为泥晶生屑石灰岩、云斑泥（粉）晶生屑石灰岩、亮晶生屑石灰岩、生屑质粉晶石灰岩和泥晶生屑含云石灰岩。颜色以灰色为主，也可见浅灰色和深灰色。层厚以中—厚层状为主，也见块状。该段含形状和大小不一的硅质团块，颜色既有灰黑色，也有灰白色—乳白色，还有灰白色—乳白色向灰黑色过渡的。局部还出现厚层—块状豹斑石灰岩，顶部斑状白云岩垂直于层面分布，白云石化向上增强。生屑平均含量达64.0%，主要包括绿藻、海百合、红藻和蜓类，还可见有孔虫、双壳类、腹足类、腕足类、海绵骨针和苔藓虫等，蜓类化石较完整；中部和上部均见个体较大的腕足类化石；中上部出现亮晶生屑石灰岩，反映其水动力条件较强。该段沉积时为水体清洁、循环良好的开阔台地环境，且局部发育能量较高的浅滩环境。

2. 长兴组上段

该段与上覆三叠系大冶组呈平行不整合接触。岩性主要为深灰色、灰黑色中—薄层状泥晶石灰岩夹灰黑色薄层钙质页岩，顶部为6~10cm厚的浅灰色页岩。泥晶灰岩与钙质页岩约为4:1~5:1，其中泥晶石灰岩占该段厚的77.35%，页岩则占22.65%。生屑含量较低，平均为6.18%，可见少量的有孔虫和腕足类碎片，其中深灰色、灰黑色页岩中产菊石化石。以菊石为主的浮游生物群，是中国南方二叠纪较深水环境的重要标志（金若谷，1987），因此该段沉积时水体较深、能量较低。泥晶石灰岩中可见黄铁矿，反映其沉积环境为还原环境。综合以上特征，长兴组上段沉积时期为盆地环境。

研究区二叠纪为古特提斯洋包围的广海盆地，纵观本区二叠纪沉积环境，主要为开阔碳酸盐岩台地环境，此外还发育滨岸、盆地边缘和盆地等环境。该时期共经历了两次海侵海退旋回：（1）第1次海侵始于中二叠世栖霞组沉积初期，整个栖霞组沉积时期和茅口组沉积早期，研究区为开阔台地环境；至茅口组沉积中期，海水进一步加深，出现盆地边缘环境；茅口组沉积晚期，水体变浅，又出现开阔台地环境。由于东吴运动的影响，茅口组沉积末期，研究区地壳上升隆起，海水退却，造成了茅口组与吴家坪组之间的沉积间断。（2）吴家坪组沉积初期，第2次海侵开始，继而水体变深，吴家坪组和长兴组沉积时期主要为开阔台地环境，其中长兴组沉积时期出现开阔台地内浅滩环境；至长兴组沉积末期，水体进一步加深，为盆地环境。

第十节　三叠系沉积相

三峡东部地区三叠系厚1100~3300m，一般1200m左右。下三叠统分为大冶组与嘉陵江组，为一套海相碳酸盐岩，以石灰岩和白云岩为主；中统为巴东组，为一套海陆交互相的碳酸盐岩与碎屑岩互层；上统为沙镇溪组，为陆相含煤碎屑岩（高振中等，1999）。本区是国内三叠系研究的经典地区。本节以湖北省兴山县峡口镇大峡口三叠系实测剖面（高振中等，1999，张震等，2013）为基础，论述其沉积相特征。

一、沉积相类型与特征

三峡东部地区三叠系沉积相包括开阔陆棚、斜坡、台缘浅滩、开阔台地和局限台地、滨岸、辫状河等（表3-6、图3-13）。

表3-6　三峡东部地区三叠系沉积相类型简表

相	亚相或微相	代表组段
开阔陆棚	—	大冶组底部
斜坡	下斜坡 上斜坡	大冶组中下部
台缘浅滩	—	大冶组上部
开阔台地	滩间海 浅滩	嘉陵江组

续表

相	亚相或微相	代表组段
局限台地	潮坪 潟湖	嘉陵江组、巴东组
滨岸	碎屑潮坪	巴东组上部
辫状河	河床 河漫	沙镇溪组

（一）开阔陆棚相

该相出现在三峡东部地区大冶组底部，由灰色、浅灰色薄层泥晶石灰岩与灰色、黄灰色薄层钙质（泥）页岩互层组成，二者的比例约为3∶1，具向上渐增的趋势；水平层理较为发育，生物化石罕见，仅偶在镜下观察到少量介形虫和海百合的碎片，反映了沉积物是在水体较深、安静的沉积环境中通过垂直降落的方式形成的。

（二）斜坡相

发育在大冶组中下部，以厚—薄层泥晶石灰岩夹薄层泥页岩为特征。根据岩石学、沉积构造和古生物组合特征，可分为下斜坡和上斜坡两个亚相，以发育变形构造、重力流沉积为特征。松滋刘家场大冶组斜坡相沉积特征见彩图10。

彩图10　松滋刘家场大冶组斜坡相沉积特征

下斜坡亚相由灰色泥晶石灰岩夹灰色、黄灰色钙质（泥）页岩组成，其岩石类型除薄层的泥晶石灰岩和泥页岩外，开始出现中层的泥晶石灰岩；在沉积构造上，以发育蠕虫构造和偶见丘状层理为特征。在本相带曾采集到菊石化石，此外则主要产海百合茎、介形虫等，为水体仍较深、低能的环境。

上斜坡亚相由灰色、深灰色中—厚层泥晶石灰岩夹灰色、黄灰色薄层钙质（泥）页岩组成，岩性与下斜坡亚相类似，但其泥晶石灰岩的层厚增大，泥页岩的比例进一步减小，蠕虫构造更为发育，蠕体较大且更密集，在横切层面上可分为条带状、斑点状、点线状及不规则等形态特征；生物化石的含量也明显增多，部分泥岩夹层层面上可具生物扰动构造。

（三）台缘浅滩相

本相带发育在大冶组上部，由于为窄相带，未进一步划分亚相，主要由灰色、深灰色中—厚层泥（粉）晶石灰岩、亮晶颗粒石灰岩（多为鲕粒石灰岩）、泥粒岩和少量粒泥岩（颗粒种类多为生屑及粉—砂屑）等组成。该相带的岩性以颗粒岩和泥粒岩为主要组成部分，出现小型交错层理、粒序层理、冲蚀面等沉积构造类型；生物化石为有孔虫—腕足类组合，其介壳具明显的搬运磨蚀迹象；整体上反映了水体浅、水动力条件强的沉积环境。

（四）开阔台地相

本相带主要发育于嘉陵江组，由灰色、深灰色泥晶—粉晶石灰岩、含泥石灰岩、蠕虫状石灰岩以及颗粒石灰岩等组成。根据岩石学、沉积构造和古生物组合特征，可将本相带划分为滩间海和浅滩两个亚相。

滩间海亚相为开阔台地相中最为发育的亚相类型，主要发育中—薄层泥晶石灰岩、薄层泥岩，夹少量泥粒岩或粒泥岩，颗粒主要为生屑碎片；发育水平层理，普遍可见蠕虫构造；偶见风暴成因的角砾状构造，生物组合较丰富，以海百合茎、介形虫、双壳类、腹足类等多见。泥页岩及部分泥晶石灰岩层面上普遍发育生物扰动构造。该亚相属水体较深、能量较低、安静的沉积环境。

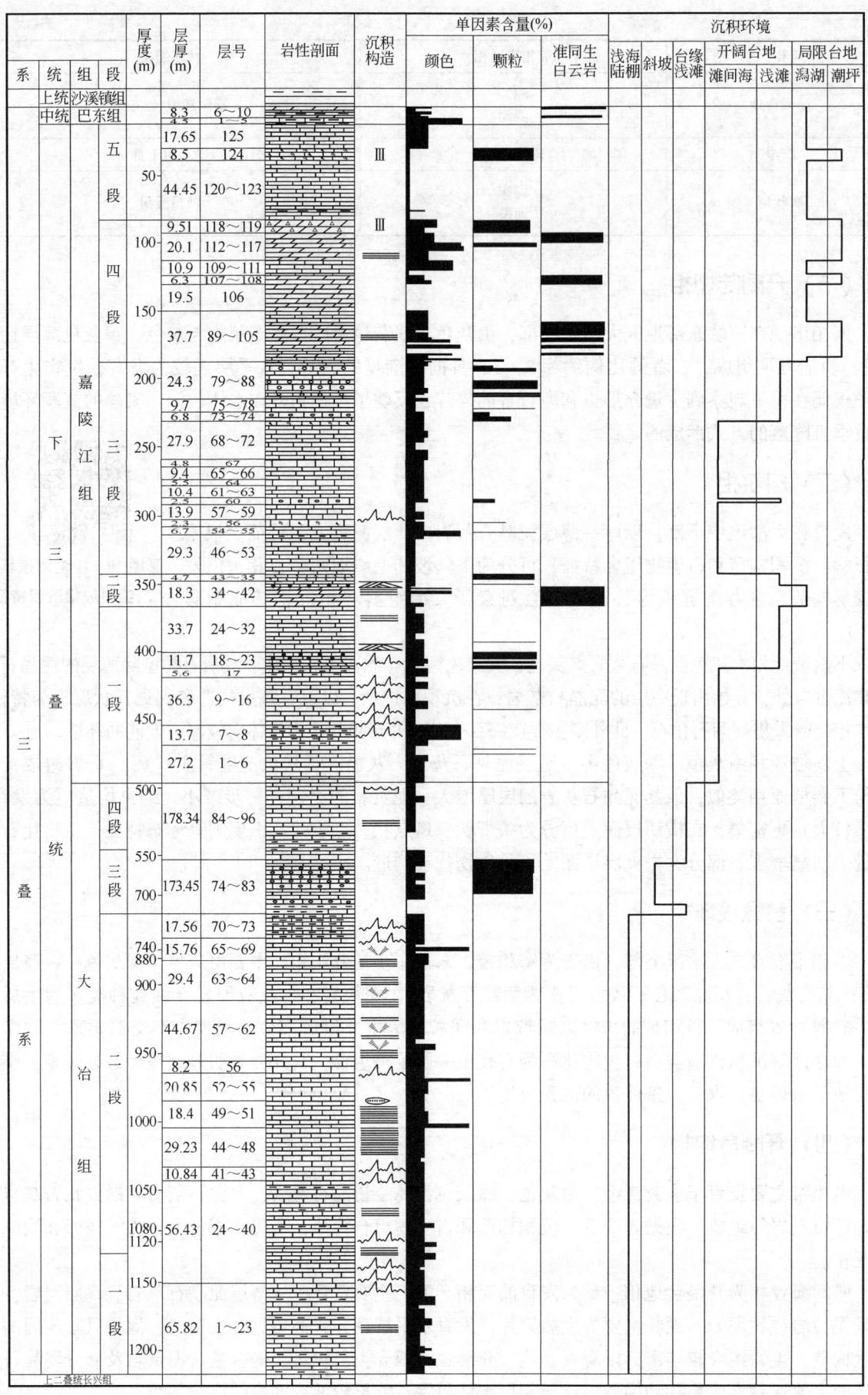

图 3-13 兴山大峡口剖面下三叠统沉积相剖面图（据张震等，2013，有修改）

浅滩亚相主要由灰色、深灰色中—厚层泥（粉）晶石灰岩、亮晶颗粒石灰岩（多为鲕粒石灰岩）、生屑石灰岩等组成。台内浅滩的基本情况与边缘浅滩大体类似，同样属于浅水高能的沉积环境，二者的区别一方面在于台内浅滩中亮晶鲕粒石灰岩所占的比例要小，另一方面其纵向上的相带演化关系也不同于边缘浅滩，大多是夹于滩间海相带之中。

（五）局限台地相

局限台地相主要发育于研究区嘉陵江组和巴东组，主要由白云岩、灰质白云岩、白云质石灰岩、泥晶石灰岩、粒泥岩、泥页岩等组成。根据岩石学、沉积构造和古生物组合特征，局限台地相可分为潮坪和潟湖两个亚相。

1. 潮坪亚相

该亚相主要由泥（粉）晶白云岩、灰质白云岩、白云质石灰岩组成，但以灰色、黄灰色、土黄色薄—厚层泥（粉）晶白云岩、灰质白云岩、白云质石灰岩为特征，可夹部分泥晶石灰岩或粒泥岩。白云岩类均为晶粒结构，很少含有颗粒，而石灰岩夹层中则常可看到粉屑、砂屑及生物碎片。水平层理普遍发育，白云岩中可见石膏假晶、藻纹层等构造，石灰岩中偶见冲蚀面，层面上生物扰动现象十分发育；生物化石种类较多，但数量较少，以有孔虫类、腕足类、介形虫类、腹足类为主。

2. 潟湖亚相

该亚相主要由泥晶石灰岩、泥岩和少量粒泥岩、泥粒岩构成，仅局部夹白云岩或灰质白云岩；水平层理发育，偶见波状层理，层面上生物活动遗迹发育；生物化石种类与潮坪亚相类似，但数量上明显增多，个体也相对较完整。

（六）滨岸相

滨岸相主要发育于巴东组上部，由灰黄色泥质粉砂岩、细砂岩、泥页岩等组成，为碎屑潮坪沉积环境。

（七）辫状河相

辫状河相主要发育于沙镇溪组，由灰白色中—厚层粗—中砂岩、薄—中层粉砂岩—细砂岩、黄褐色薄层细砂岩、褐灰色泥岩、碳质泥岩等组成，可分为河床沉积和河漫沉积两个亚相。

1. 河床亚相

该亚相主要为灰白色的中—厚层粗—中砂岩夹少量黄褐色薄层细砂岩，河床底部可见冲刷面，垂向上自下而上出现由粗到细的正韵律。

2. 河漫亚相

该亚相主要为褐灰色薄层泥岩、碳质泥岩、灰白色薄—中层粉砂岩—细砂岩组成，细粒相对较细，以细—粉砂岩夹泥岩为主要特征。

二、沉积相演化

研究区在早—中三叠世基本上延续了二叠纪较深水至浅水的沉积环境，主要为从开阔陆棚向局限台地转化的过程；晚三叠世则由于印支运动的影响，开始了内陆盆地的沉积。

（一）大冶期

大冶组沉积初期基本上继承了晚二叠世的开阔陆棚环境，沉积了一套薄层泥晶石灰岩与泥页岩的互层产物，发育水平层理，仅见少量介形虫碎片。

大冶组沉积早期为下斜坡沉积环境，沉积了中—薄层泥晶石灰岩夹薄层泥页岩，仍主要发育水平层理和纹层，偶见丘状层理，反映了风暴作用的影响；开始出现蠕虫构造，生物化石少见，以海百合茎和介形虫为多，曾在该段采到菊石标本，另在本段出现较多量的生物扰动构造。大冶组沉积中期为上斜坡沉积环境，其岩石类型与下斜坡类似，但其泥晶石灰岩的层厚明显增大，泥页岩所占比例减少，部分层段蠕虫构造发育，蠕体较大而密集，生物化石和生物扰动构造也相对下斜坡发育。大冶组沉积晚期为边缘浅滩环境，主要由中—厚层亮晶颗粒石灰岩（多为鲕粒石灰岩）、泥粒岩和少量粒泥岩（颗粒种类多为生屑及粉—砂屑）等组成；沉积构造多样，颗粒石灰岩中可见交错层理、波状层理、冲刷面等构造；泥粒岩和粒泥岩中则多为平行层理、粒序层理和冲蚀面等。生屑主要为有孔虫类、腕足类等，被搬运磨蚀的痕迹较明显。

（二）嘉陵江期

嘉陵江组沉积早期为开阔台地环境，可分为滩间海和浅滩两个亚环境，其中滩间海见于嘉一段中下部和顶部，主要沉积了中—薄层泥晶石灰岩，局部夹粒泥岩，颗粒主要为生屑碎片；发育水平层理，普遍可见蠕虫构造，从下自上层厚有逐渐增大的趋势。台内浅滩发育较少，仅见于嘉一段上部，其沉积特征与台缘浅滩相近，但其产物主要为泥粒岩和部分粒泥岩，局部也可形成少量亮晶颗粒石灰岩，颗粒组分主要为砂屑和生屑。

嘉陵江组沉积中期（嘉二段）开始为局限台地的潮坪环境，形成下部为厚层上部为中薄层的土黄色白云岩，其中薄层的白云岩中可见藻纹层；后转为台缘浅滩环境，发育亮晶颗粒（鲕粒、砂屑及生屑）石灰岩夹薄层泥晶石灰岩，局部白云石化，可见浪痕构造。

嘉陵江组沉积中晚期（嘉三段）为开阔台地环境，由中下部的滩间海和上部的浅滩组成。这些环境中的沉积产物与嘉一段基本相同，但其滩间海亚相中的泥晶石灰岩不具蠕虫构造，且含相对较多的生物碎屑。

嘉陵江组沉积晚期（嘉四段和嘉五段）为局限台地环境，由频繁转换的潮坪和潟湖两种亚环境组成。其中在潮坪环境主要形成了灰、灰黄、土黄色薄—厚层的白云岩、石灰质白云岩、白云质石灰岩和少量泥晶石灰岩或粒泥岩，大多为晶粒结构，仅偶见生屑碎片，薄层白云岩中可发育藻纹层，局部见到石膏假晶，整体上可将其归于云坪沉积；而在潟湖环境主要沉积灰—深灰色薄—厚层的泥晶石灰岩以及部分泥页岩、粒泥岩、泥粒岩和少量白云质石灰岩、石灰质白云岩、白云岩等。

（三）巴东期

中三叠统巴东组在本剖面仅出露9m。下部为一套黄绿色薄层钙质泥页岩夹薄层泥晶石灰岩、白云质石灰岩、白云岩和泥灰岩等；上部为灰黄色泥质粉砂岩、细砂岩。与有关资料（湖北省地质矿产局，1990）对比，其层位大致相当巴东组的下部层位。巴东组的整体面貌为海陆交互沉积环境，其中巴一段、巴三段的石灰岩、白云质石灰岩为局限台地的潮坪或潟湖沉积，而巴二段、巴四段的紫红色粉砂岩、钙质泥页岩则为滨岸三角洲或滨岸平原沉积。根据本剖面的实际资料，巴东组整体上仍为局限台地相，其下部为局限台地的潟湖沉积，上部为碎屑潮坪沉积。

（四）沙镇溪期

受印支运动影响，研究区在晚三叠世已抬升成陆，使之转为内陆盆地沉积环境。所测剖面上三叠统沙镇溪组仅有31m，且因工程施工，覆盖严重。其下部为灰白色的中—厚层粗—中砂岩夹少量黄褐色薄层细砂岩，上部由薄层褐灰色泥岩、碳质泥岩转为薄—中层的灰白色粉砂岩、细砂岩。据有关资料，鄂西地区沙镇溪组为湖泊沉积体系，包括滨—浅湖、滨湖三角洲、滨湖沼泽、河流相等沉积类型。根据本剖面沙镇溪组的实际情况，认为其整体为辫状河沉积相，其下部主要为河床沉积，夹少量河漫沉积，由心滩砂体夹少量河漫滩组成；上部主要为河漫沉积，由河漫滩和很少量的河漫沼泽组成。

第十一节 侏罗系沉积相

三峡东部地区侏罗系发育齐全，为一套陆相碎屑岩，主要分布于湖北省秭归—兴山及荆门—当阳两地。侏罗系厚度巨大，一般厚度可逾千米，岩性以灰黄色、灰紫色、灰绿色厚层—块状砂岩、粉砂岩与紫红色、棕色泥岩、粉砂质泥岩互层为主，底部以暗色页岩、泥岩夹煤线或薄煤层为主，下部偶夹薄层生物屑石灰岩。本节主要以高振中等（1999）研究的秭归县贾家店地区侏罗系剖面为基础进行阐述。该剖面出露良好，地层较连续，上、中、下统发育齐全，是三峡地区侏罗系地层沉积相研究的较为理想的剖面，总厚度4122.3m。

一、沉积相类型与特征

长江三峡地区，侏罗纪长期处于陆相沉积环境，接受了一套河流—湖泊沉积体系的沉积，可划分出3种相、8种亚相、17种微相类型（表3-7、图3-14）。

表3-7 侏罗系沉积相类型一览表

相	亚 相	微 相
曲流河相	河床亚相	河床滞留沉积、边滩沉积
	堤岸亚相	天然堤沉积
	河漫亚相	河漫滩沉积、河漫沼泽沉积
三角洲相	三角洲平原亚相	分流河道沉积、分流河间沉积
	三角洲前缘亚相	水下分流河道沉积、支流间湾沉积、河口沙坝沉积、远沙坝沉积
	前三角洲亚相	前三角洲泥
湖泊相	滨湖亚相	滨湖泥沉积、滨湖沙坝沉积、介屑滩沉积
	浅湖亚相	浅湖泥沉积、浅湖沙坝沉积

（一）曲流河相

曲流河相发育于下侏罗统香溪组与中侏罗统沙溪庙组。基本特征是具有明显的正韵律性，单个韵律层厚3~30m，一般为5~15m。韵律层底部发育冲刷面，其上可分布有少量河床滞留砾石沉积，向上依次为边滩厚层—块状砂岩沉积、天然堤粉砂岩与泥岩薄互层（可以缺失）、河漫滩厚层—块状泥岩或河漫沼泽碳质泥岩夹煤层。每一韵律层中，砂/泥比值约1∶1.5~1∶2，显示上部旋回发育的特点。韵律层常反复叠置，其间缺乏正常湖泊沉积特征而时见水上暴露标志。各微相基本特征叙述如下。

1. 河床滞留沉积

河床滞留沉积分布于韵律层底部冲刷面之上，呈透镜状产出，透镜体厚数厘米至十余厘米，一般为细砾岩，砾石成分以母岩区花岗岩、变质岩等为主，常含粒径粗大的泥砾，砾石排列具有定向性。河床滞留沉积总体不发育，多数韵律层底部缺失，表明本区地势较平缓，离物源区较远。

2. 边滩沉积

边滩沉积为厚层—块状砂岩，单层厚2~15m。粒径以细砂为主，中砂少量，粗砂偶见。单层砂

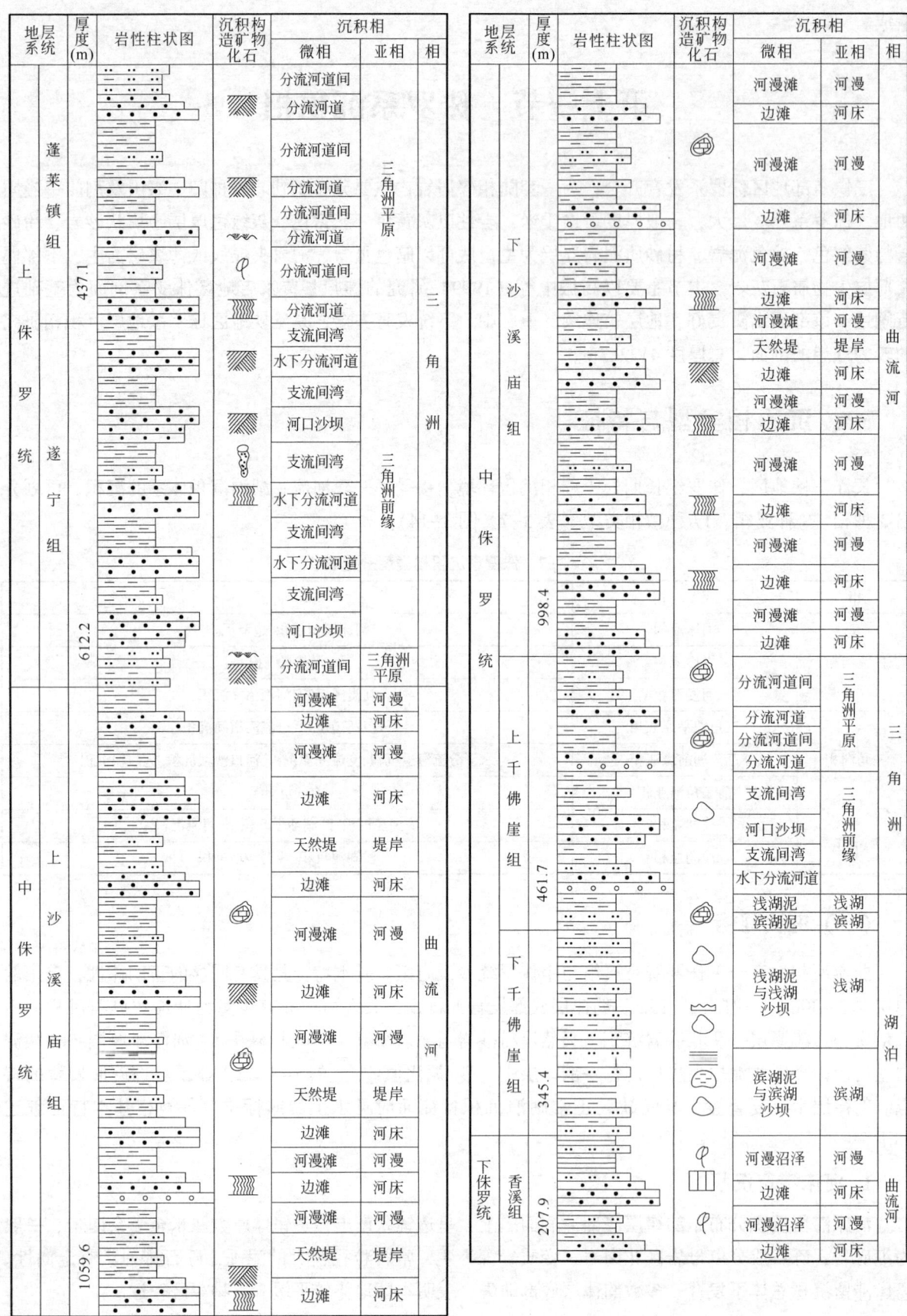

图 3-14 秭归县贾家店地区侏罗系沉积相柱状简图（据高振中等，1999，有修改）

岩常具向上变细层序，多数单层粒度表现为底部为中—细砂，可含少许砾石，向上变为细砂或粉砂。部分单层砂岩底部为含砾粗砂，向上为中砂或中—细砂。边滩沉积发育大型侧积交错层理和中—大型槽状交错层理、板状交错层理及平行层理，局部砂岩层面可见流水波痕，部分含植物基干化石与煤线。槽状与板状交错层理具单向倾斜特征，即多向南西或南倾斜，表明物源主要来自该区以北。边滩沉积横向分布不太稳定，多呈下凸的透镜体状，底具明显的冲刷面。边滩砂岩向一侧与天然堤沉积的粉砂岩与泥岩薄互层呈穿插接触。

3. 天然堤沉积

天然堤沉积为中层粉砂岩、泥质粉砂岩与泥岩、粉砂质泥岩的薄互层，互层厚 0.2~2m。粉砂岩中发育小型交错纹理、上攀交错纹理、不规则波状层理及生物钻孔构造；泥岩中见有水平层理，部分可含钙质结核，并见干裂痕。在曲流河相沉积韵律中，粉砂岩与泥岩的薄互层可重复出现，部分可缺失。

4. 河漫滩沉积

河漫滩沉积发育于沙溪庙组中，以紫红色、棕红色块状泥岩、粉砂质泥岩为主，夹中—薄层泥质粉砂岩。曲流河相一个韵律中，河漫滩沉积可占 50%~70%。泥岩一般不显层理构造，富含钙质结核，并可见干裂痕及生物扰动构造。泥质粉砂岩则发育不规划波状层理、小型交错层理，并可见生物钻孔构造。泥岩顶面常被上覆边滩沉积物所冲刷而形成凹凸不平的界面。

5. 河漫沼泽沉积

河漫沼泽沉积发育于下侏罗统香溪组中，即煤系地层，由灰黑色、褐灰色含碳质含粉砂质泥岩、碳质页岩夹中—薄层粉砂岩和煤层。泥（页）岩中富含炭化的植物化石及立生植物根痕，含菱铁矿结核。粉砂岩分选差，见不规则波状层理，亦含大量植物化石和菱铁矿结核。煤层较薄，一般不超过 1m，多数在 0.5m 以下，呈条带状产出，表明本区早侏罗世尽管具备成煤环境，但植被可能并非十分发育，故难以形成大型煤田。

（二）三角洲相

三角洲相为曲流河入湖形成的正常三角洲，发育于中侏罗统千佛崖组和上侏罗统中，可分为三角洲平原、三角洲前缘、前三角洲亚相。前三角洲亚相主要为前三角洲泥岩、粉砂质泥岩，与滨浅湖泥相邻，不易区分，这里合并到滨浅湖泥微相中。三角洲前缘是三角洲最活跃的沉积场所，受河流与湖水双重作用的影响，具有沉积类型多样、沉积构造复杂、砂岩相对较发育的特点。

1. 水下分流河道沉积

水下分流河道是水上分流河道在水下的延伸部分，二者的沉积特征有相似性，即均具有曲流河边滩沉积的特征，只是水下分流河道沉积相对较细，并与支流间湾灰绿色泥岩或与其他具有水下标志的沉积物共生，以此区别于水上分流河道沉积。水下分流河道沉积岩性以细砂岩为主，具向上变细层序，单层砂岩底部稍粗，为中—细砂或细砂，向上变为细砂或粉砂岩。水下分流河道沉积发育侧积交错层理、大—中型槽状交错层理、板状交错层理及平行层理，底具冲刷面，含泥砾，当三角洲前缘处于氧化界附近或以下时，其泥砾颜色为绿色或灰—深灰色。在三角洲前缘亚相中，水下分流河道沉积可占 50%~70%，占三角洲前缘亚相砂岩的 90%，表明三角洲主要受河流控制，湖泊的改造作用较弱。

2. 河口沙坝沉积

河口沙坝是三角洲前缘亚相中的一种重要沉积类型，为细砂岩或粉—细砂岩，局部可见双壳类及介形虫化石碎片。河口沙坝沉积具向上变粗的层序特征，是区别于分流河道沉积的重要标志。河口沙坝沉积发育中型槽状、楔状交错层理，纹层多向倾斜，部分交错层理因液化变形而形成包卷层理。河口沙坝沉积单层厚 2~5m，多呈板状分布。河口沙坝沉积在贾家店地区总体不发育，在三角洲前缘亚相砂岩中，总厚度不超过 10%。

3. 远沙坝沉积

远沙坝为细—粉砂岩，分选好，单层厚 0.5~2m，单层顶、底界面平直，呈板状分布。层中发育中型槽状、板状、楔状交错层理，有时见到小型浪成交错层理，层面可见干涉波痕，两组波痕走向常垂直或斜交。远沙坝沉积在贾家店地区不发育，仅在个别层段出现。

4. 支流间湾沉积

支流间湾为泥岩、粉砂质泥岩夹中—薄层粉砂岩及泥质粉砂岩。上侏罗统以棕色、褐红色为主，灰绿色少量；中侏罗统陈家湾组以灰绿色为主。泥岩发育水平层理，见生物扰动构造。粉砂岩中见小型交错纹理及不规则波状层理，发育生物钻孔构造，并时见双壳类化石。支流间湾沉积一般不超过 2m，横向分布不太稳定，因受水下分流河道沉积的冲刷、侵蚀常厚薄不均。

（三）湖泊相

湖泊相见于中侏罗统千佛崖组，为典型内陆湖泊沉积。所在剖面仅见有滨、浅湖亚相，最主要的沉积类型为滨、浅湖沙坝和滨、浅湖泥，另夹少量主要由双壳类碎屑组成的介屑滩沉积。

1. 滨湖亚相

滨湖位于湖岸线附近，介于洪水期岸线与枯水期岸线之间的地带，水动力作用复杂，沉积类型及沉积构造独特，主要发育滨湖泥、滨湖沙坝及介屑滩三种微相类型。

滨湖泥由暗灰紫色、暗紫色、杂色泥岩、粉砂质泥岩夹泥质粉砂岩组成。泥岩发育块状层理，含较多钙质结核；泥质粉砂岩发育小型交错层理，局部见浪成交错层理，层面可见有小型流水波痕或浪成波痕。滨湖泥沉积中发育干裂痕和垂直生物钻孔构造。

滨湖沙坝沉积为中—厚层细砂岩或粉砂岩，分选好，单层厚 1~3m，呈板状或底平顶凸的透镜状，发育平行层理，并时见中型楔状交错层理或小型交错层理，部分可见浪成交错层理。

介屑滩沉积由双壳类介屑石灰岩、粉砂质介屑石灰岩组成，单层厚一般 10~50cm，最厚 1m，横向分布不太稳定，双壳类介屑含量可占 50%~65%，大小 1~3cm，保存完好程度中等，为假铰蚌等淡水双壳类，填隙物为粉砂和泥质，胶结不甚致密。介屑滩是平行岸线分布的一种特征的滨湖沉积类型，其成因与湖浪的强烈淘洗作用有关。

2. 浅湖亚相

浅湖位于枯水期湖面以下、浪基面以上的地带。这里拍岸浪的影响不大，湖流和触及湖底的波浪为主要水动力作用。由于长期淹于水下，且水底氧气、阳光较充足，故水生生物较繁盛。在剖面所在地，浅湖亚相由浅湖泥和浅湖沙坝沉积组成。

浅湖泥为浅湖亚相中的主要沉积类型，厚度可占 75% 左右，为灰绿色、灰—深灰色及暗紫色泥岩、粉砂质泥岩夹中—薄层泥质粉砂岩，含较多淡水双壳类化石，保存较完整，另含少量植物化石碎片，并见有菱铁矿结核。泥岩中发育水平层理，泥质粉砂岩中发育浪成交错纹理，单层厚度不超过 0.5m，呈底平的透镜状或条带状分布。

浅湖沙坝沉积由细砂岩及粉砂岩组成，常显示向上变粗再变细的层序特征。单层厚度 1~8m，一般厚 2~4m，呈板状或底平顶凸的透镜状分布。分选好，偶见淡水双壳类及介形虫化石碎片。细砂岩发育中型槽状、楔状交错层理，纹层多倾斜；粉砂岩中常见浪成交错层理及小型交错层理，层面可见浪成波痕及垂直或斜交的异向干涉波痕，与交错层多向倾斜的特征较吻合，是湖泊中多向水动力作用的结果。

二、沉积相演化

侏罗纪，三峡地区作为四川沉积盆地的一部分，为持续稳定的大陆坳陷型盆地，侏罗系各统、组之间均为连续沉积，其底与上三叠统、其顶与下白垩统均为整合接触。区内经历了河流相→湖泊相→三角洲相→河流相→三角洲相的沉积演化过程；所含植物化石具有明显的分布规律，即早侏罗世多为喜湿的阔叶植物，而中—晚侏罗世则为耐旱的窄叶植物（余林青、王义明，1990），表明早侏罗世为潮湿气候，中—晚侏罗世则转变为半干旱—干旱型气候。

（一）早侏罗世香溪期

继晚三叠世之后，区内继续发育了河流相沉积。所不同的是早侏罗世沉积物总体明显偏细，砂质偏少，表明地形趋于平坦，沉积物搬运距离相对较远，为曲流河相沉积。由于持续的温暖潮湿气候利于植被的生长繁殖，在河道之间常形成河漫沼泽，沉积碳质泥岩及煤层。

（二）中侏罗世千佛崖期

早期（泄滩期）：三峡地区地壳下降，进入持续的湖泊发育阶段。从早期的滨湖沉积，逐渐演化为浅湖沉积，沉积了一套灰色、灰绿色泥岩、粉砂质泥岩夹细砂岩及中—薄层粉砂岩。产丰富的水生生物化石，如双壳类、介形类等。千佛崖早期（泄滩期）是三峡地区侏罗纪湖泊广泛发育、水生生物最为繁盛的时期。

中晚期（陈家湾期）：三峡地区气候由半潮湿逐步向半干旱转变，岩性下部为棕红色、紫红色与黄绿色间互，上部则转变为单一的红色色调，与气候的转变相吻合。水生生物和植被明显减少，且在水上沉积物中，常见钙质结核。由于雨水相对减少，湖泊趋向萎缩。河流作用增强，在贾家店地区河流入湖形成正常三角洲。中期为三角洲前缘沉积，晚期演化为三角洲平原沉积。

（三）沙溪庙期

由于地壳抬升，沉积速率增快，加之气候半干旱，使得湖水全部退出，持续发育了曲流河相沉积。物源供给充足，生物稀少，种类单一，沉积物普遍呈红色色调是这一时期的基本特征。该期沉积了一大套黄褐色、灰绿色厚层—块状中—细砂岩（局部为粗砂岩、含砾砂岩）与棕红色、紫红色块状含钙质结核泥岩、粉砂质泥岩及中层粉砂岩频繁互层，其环境的演化表现为曲流河河道、堤岸及河漫亚环境的反复变迁。

（四）晚侏罗世遂宁期

三峡地区继续保持半干旱气候，生物仍较贫乏。由于沉积速率减慢，地壳下降速度相对增加，继上沙溪庙期，贾家店地区由曲流河环境演化为正常三角洲环境。遂宁期初，贾家店地区为三角洲平原沉积，之后，持续发育了三角洲前缘沉积。沉积物粒度较细，分选较好，且成分成熟度偏高，表现为碎屑颗粒中长石明显减少，石英含量增高，砂岩多为石英砂岩。遂宁组为厚层细砂岩、粉砂岩与泥岩、粉砂质泥岩互层，缺乏中砂岩及其以上的粗粒沉积。砂岩、粉砂岩多呈浅灰色、紫灰色，部分呈灰绿色，底部一层粉砂岩呈浅砖红色，是地层划分的标志层。泥岩水平层理较发育，生物扰动与钻孔构造较常见，颜色以棕红色为主，紫红色少见，局部呈黄绿色。

（五）蓬莱镇期

沉积物特征具有遂宁期的继承性，即成分和结构成熟度较中侏罗统高。砂岩碎屑成分中石英可占80%以上，分选、磨圆均较好，且均为细粒砂状结构。与遂宁期比较，蓬莱镇组砂/泥比值增高，细砂岩明显增多，粉砂岩减少。泥岩为块状，普遍呈棕色色调，含少量钙质结核和植物碎片。砂岩则以灰绿色为主，其次为浅绿灰及黄灰色方解石胶结，层系厚2~5m的特大型侧积交错层理及平行层理等常见。蓬莱镇期，本区仍处于半干旱气候环境，持续为三角洲平原亚环境，直至侏罗纪末期的沉积演化结束。

第十二节　白垩系沉积相

三峡东部地区白垩纪地层发育，由下白垩统石门组、五龙组，上白垩统罗镜滩组、红花套组、跑马岗组组成，分布在江汉、秭归仙女山、建始、恩施、咸丰和朱凤—龙山等盆地中。实习区及临近地区白垩纪地层沉积相的典型露头剖面主要有：（1）湖北宜昌市南津关—宜都红花套剖面，全长约35km，出露地层自下而上有下白垩统石门组、五龙组，上白垩统罗镜滩组、红花套组及跑马岗下部；（2）湖北宜昌宋家嘴—当阳天花全旦剖面，全长12km，地层出露好，包括下白垩统石门组、五龙组，上白垩统罗镜滩组、红花套组底部；（3）湖北当阳新店洞—跑马岗剖面，全长约3km，出露好，主要揭示了上白垩统跑马岗组，底部和顶部分别可见跑马岗组与红花套组、跑马岗组与古新统龚家冲组的接触关系；（4）湖北宜都官坪七道场—徐家溪剖面，出露地层为上白垩统跑马岗组，其下与奥陶系角度不整合接触；（5）湖北宜都姚店泉水冲—争光水库剖面，出露地层为上白垩统跑马岗组，其底部为砾岩层，与寒武系不整合接触。刘家场镇北部汪家塝等地也有白垩系零星出露。本节以宜昌南津关—宜都红花套剖面为代表论述其沉积相特征。

一、沉积相类型及特征

根据区内白垩系所表现出的沉积特征，结合区内的构造发育史及构造格局，可进一步划分出冲积扇相、河流相及湖泊相（图3-15）。

（一）冲积扇相

白垩系冲积扇相发育，连续沉积厚度大，主要发育在下白垩统石门组及上白垩统的罗镜滩组。该相主要由三种沉积类型的岩相构成。

1. 泥石流沉积

泥石流沉积由分选差、混杂堆积的中厚层、厚层—块状砾岩组成，包括单成分砾岩、复成分砾岩，复成分砾岩又可分双成分砾岩、多成分砾岩。松滋刘家场白垩系沉积特征见彩图11。

彩图11　松滋刘家场白垩系沉积特征

单成分砾岩——石灰岩砾岩：中厚层、厚层至块状，砾石成分主要为石灰岩，占总砾石含量的80%~90%，少量硅质岩、砂岩砾石。大小混杂，主要粒径在5~20cm区间，属中—粗砾岩。砾石含量高，约60%~80%，粒间充填物主要为泥砂质、铁质、钙质，含量20%~40%。砾石磨圆度中等，呈次棱角至次圆状，杂乱排列，颗粒支撑与基质支撑均见有，主要分布于石门组的底部，其次见于罗镜滩组中。

双成分砾岩：中厚层、厚层至块状。这类砾岩的砾石成分以石灰岩及石英砂岩为主，其次为少量的砂岩、泥岩、燧石砾石，砾石含量较高，约55%~80%，粒径主要分布于4~15cm之间，属中—粗砾岩。这类砾岩主要分布在罗镜滩组、石门组。

多成分砾岩：厚层至块状，砾石成分比较复杂，包括石灰岩、白云岩、石英砂岩、粉砂岩、燧石等，砾石含量偏低，约55%~70%，以基质支撑为主。露头中常见有较大的砾石悬浮在细粒的基质中。这类砾岩主要分布在石门组、罗镜滩组。

沉积构造主要为块状构造，局部可见向上变细的正粒序层理，化石不发育。

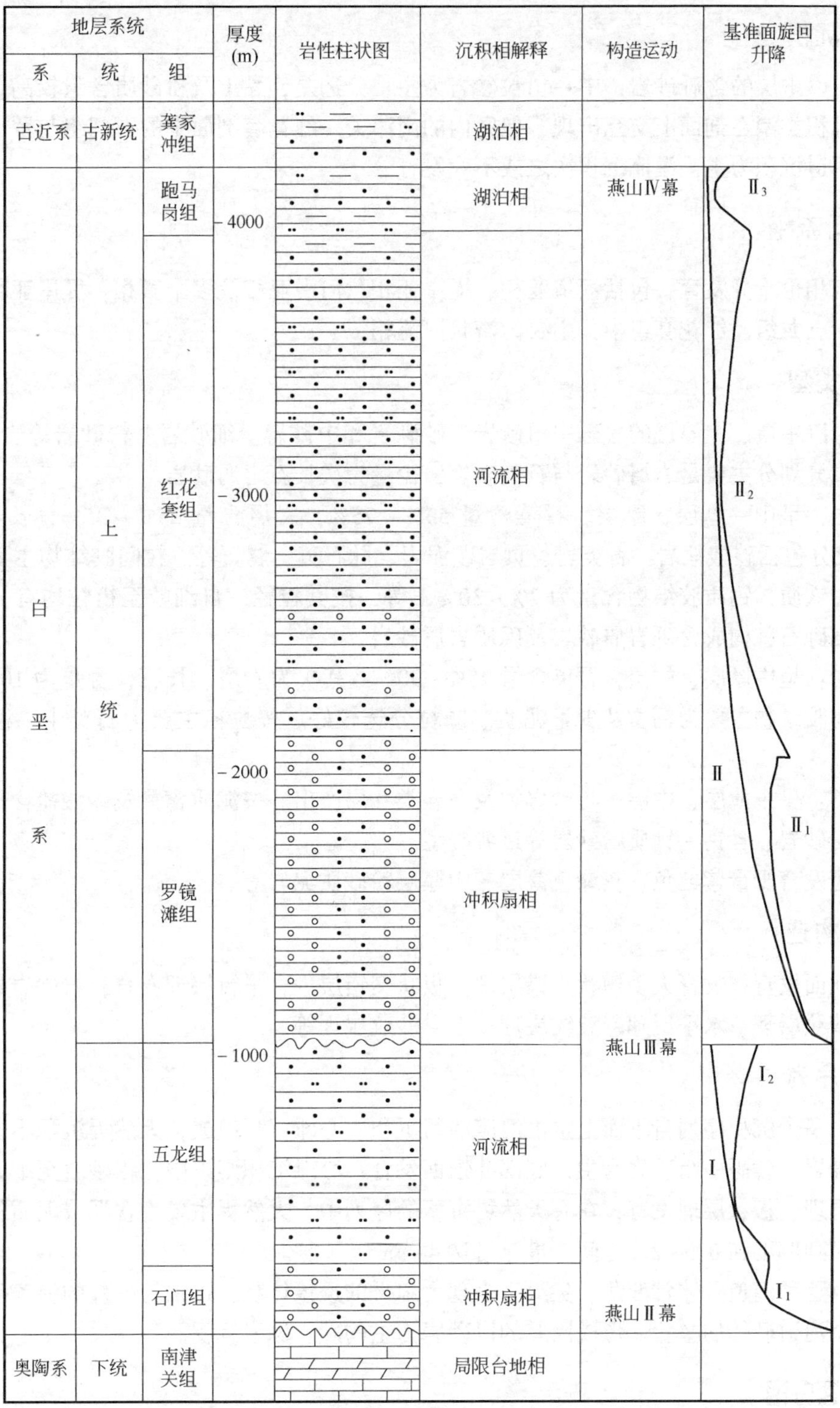

地层系统			厚度 (m)	岩性柱状图	沉积相解释	构造运动	基准面旋回升降
系	统	组					
古近系	古新统	龚家冲组			湖泊相		
白垩系	上统	跑马岗组	-4000		湖泊相	燕山Ⅳ幕	Ⅱ₃
		红花套组	-3000		河流相		Ⅱ₂
		罗镜滩组	-2000		冲积扇相		Ⅱ Ⅱ₁
		五龙组	-1000		河流相	燕山Ⅲ幕	Ⅰ₂ Ⅰ
		石门组			冲积扇相	燕山Ⅱ幕	Ⅰ₁
奥陶系	下统	南津关组			局限台地相		

图 3-15 三峡东部白垩系沉积相柱状剖面图（据高振中等，1999，有修改）

2. 河道沉积

河道沉积主要岩性有复成分砾岩、砂质砾岩等，以中厚层为主，砾石含量高（60%~80%），砾石成分复杂，包括有碳酸盐岩类、硅质岩类，基质含量较低，砂含量较高，部分为砂质砾岩。分选稍好，磨圆为次圆状。

砾石常成层排列，局部可见叠瓦排列。横向追踪可见这种砾岩层减薄、尖灭，或者是被另外的河道侵蚀、切割，其底部常见有明显的冲蚀面。

3. 漫流沉积

漫流沉积以中层的含砾砂岩，中—粗粒砂岩为主，分选差，黏土及粉砂质含量较高。

这三种沉积类型在剖面上交互出现，但区内的南津关—红花套剖面中的石门组与罗镜滩组中以泥石流沉积及河道沉积为主，漫流沉积次之或不太发育。

（二）河流相

区内河流相也十分发育，包括河道亚相、堤岸亚相、河漫亚相及多个微相，堤岸亚相不发育。区内河流相见于五龙组、红花套组中，主要为辫状河流相。

1. 岩石类型

岩石类型以中层、中厚层的含砾中粗砂岩、砂砾岩和中砂岩、细砂岩、粉砂岩等岩石类型为主。砂岩类型按成分划分主要是岩屑砂岩与石英砂岩，少量为次长石岩屑砂岩。

岩屑砂岩：呈中—厚层、厚层。石英含量 $55\% \sim 75\%$，岩屑含量 $25\% \sim 35\%$，长石含量 $5\% \sim 15\%$。岩屑成分包括碳酸盐岩、石英岩、页岩、泥岩、脉石英、燧石等。粒间胶结物主要是钙质，其次为少量泥、铁质，钙质胶结物含量为 $7\% \sim 30\%$ 不等，按其粒径，自细粒至粗粒均有分布。部分岩石中还含有细砾石，构成含砾岩屑砂岩及砾质岩屑砂岩。

石英砂岩：呈中厚层、中层，石英含量 $75\% \sim 90\%$，其次为岩屑、长石，含量为 $10\% \sim 25\%$，颗粒支撑，粒间胶结物主要为钙质及少量泥质。颗粒分选较好。按粒径主要为石英中—粗砂岩及石英中—细砂岩。

粉砂岩类：呈中薄层、中层，与砂岩类及泥岩类互层产出。按泥质含量及碳酸盐含量，可划分出含泥—泥质粉砂岩、含钙—钙质粉砂岩等过渡类型。

此外，还发育少量紫红色、灰绿色薄层—中厚层粉砂质泥岩等。

2. 沉积构造

底部冲蚀面发育；发育大型槽状交错层理、板状交错层理，平行层理发育；粉砂岩最常见的层理类型有小型沙纹层理、水平层理、波纹层理、上攀沙纹层理等。

3. 沉积序列

垂向上，一个沉积序列自下而上常由河床滞留沉积、心滩沉积组成，天然堤沉积不发育。滞留沉积主要以砂砾岩、含砾中粗砂岩为主，底部冲蚀面发育；心滩沉积则以中—粗砂岩至细砂岩为主，大型槽状交错层理、板状层理发育；在有天然堤沉积的序列中，天然堤主要为含泥或泥质细砂岩。一个辫状河沉积序列厚度在 $0.5 \sim 2m$ 之间，最厚可达 $4 \sim 5m$。

侧向上，这种河道砂体常变薄、尖灭，表现为扁平的透镜体状，也常为另外的河道砂体削切；垂向上则由多个河道砂体的叠置，形成巨厚的以砂岩为主的砂、砾岩沉积。

（三）湖泊相

区内湖泊相沉积由灰白色细砂岩、石英粉砂岩、泥质粉砂岩、粉砂质泥岩与泥岩等交互层组成，偶夹灰黑色泥岩及泥灰岩。化石类型丰富，已发现的化石有介形虫、轮藻、腹足类、孢粉、叶肢介、鱼和恐龙蛋等（雷振奕，1987）。湖泊相沉积主要见于上白垩统跑马岗组。

二、沉积相演化

晚侏罗世至早白垩世是中国大地构造演化的一个重要阶段。三峡东部地区在经历了侏罗纪末至白垩纪初的燕山Ⅱ幕运动之后，黄陵背斜强烈抬升，其余大部分地区则表现为整体下降或坳陷。由于燕山Ⅲ幕运动，可划分出两个大的构造旋回，即早白垩世构造旋回与晚白垩世构造旋回。根据区内白垩纪地层的沉积层序特征，在第一旋回内可进一步划分出两个次级旋回层序，即下白垩统石门组旋回层序与五龙组旋回层序；在第二旋回层序内可划分为三个次级旋回层序，即罗镜滩组旋回层序、红花套组旋回层序及跑马岗组旋回层序（高振中等，1999，图3-15）。这些次级旋回相当于Vail等（1978）定义的三级海平面升降旋回。

（一）石门期

该组以不整合超覆在前白垩系不同时代的地层之上。由于古地貌起伏不平，石门组则表现为近源粗碎屑的冲积相沉积特点，主要为冲积扇相。主要物源来自黄陵背斜及其他古地貌高地。区内石门组石灰岩单成分砾岩和碳酸盐岩、石英砂岩双成分砾岩表明，其母岩主要为奥陶系和泥盆系。石门组砾岩在垂向上有一定的变化规律，整体上表现为下细上粗的特点，反映了地层基准面由上升至下降的这一个沉积旋回。

（二）五龙期

该时期沉积相类型总体以辫状河为主。五龙组以其下段较细粒的细砂岩、泥质砂岩覆盖在下伏粗碎屑石门组之上，反映了第一旋回中第二次基准面的快速上升。自五龙组中段至上段，粒级不断变粗，粗碎屑组分含量不断增加，代表了基准面的不断下降。主要物源可能来源于黄陵背斜西翼的泥盆系、石炭系。

（三）罗镜滩期

该期主要发育冲积扇相。区内在经历了五龙期末的构造抬升事件之后，基准面又开始上升，在这一期构造抬升的基础上，又沉积了以洪积为特征的近源粗碎屑罗镜滩组砾岩，呈角度不整合覆盖于不同的老地层之上。

（四）红花套期和跑马岗期

由于构造控制的基准面不断上升，红花套期沉积了一套以辫状河流沉积为主的沉积。随着沉积盆地基底不断沉降，盆地范围不断扩大，跑马岗组主要发育了一套细碎屑的湖泊相沉积。燕山Ⅳ幕构造运动结束了整个白垩纪的构造沉降旋回或基准面升降沉积旋回，进入古近纪的构造—沉积演化阶段。

第四章

岩浆岩与变质岩

三峡东部地区岩浆岩与变质岩主要发育于宜昌黄陵背斜（穹窿）核部之古老岩系中（图4-1）。岩浆岩主要为侵入岩，变质岩主要为崆岭杂岩系。

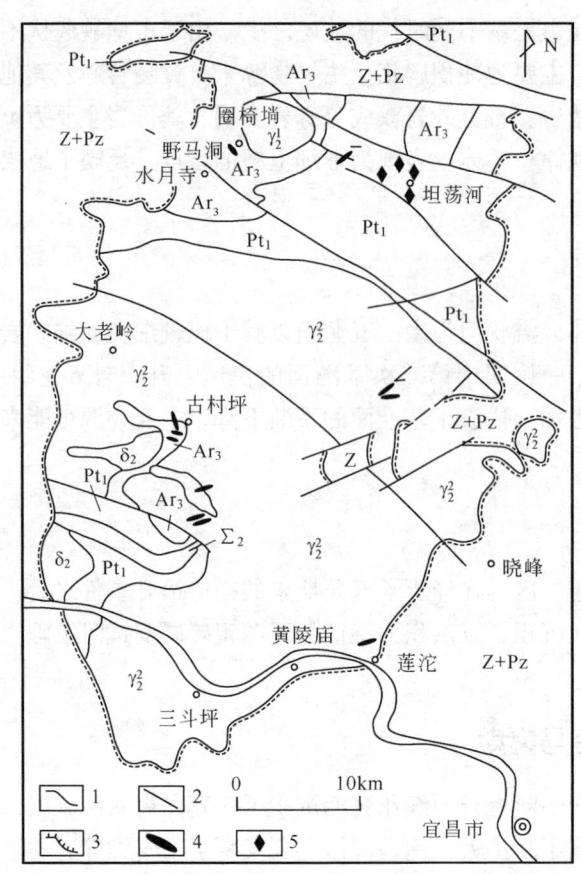

图4-1 黄陵地区地质略图（据马大铨等，1997，有修改）

Ar_3—基底片麻岩；Pt_1—表壳岩；Σ_2—橄榄岩；γ_2—辉长岩；δ_2—闪长岩；γ_2^1—圈椅埫花岗岩；γ_2^2—黄陵花岗岩；Z+Pz—震旦系及古生界；1—地质界线；2—不整合；3—断层；4—基性岩墙、岩脉；5—麻粒岩产地

第一节 岩浆岩

一、岩浆活动旋回

三峡东部地区侵入岩均系前震旦纪岩浆活动的产物，岩性十分复杂，从超基性到酸性以至偏碱性

的岩石均有发育，其中又以中酸性岩为主，构成三峡东部地区岩浆岩之主体。因此可将区内侵入岩划分为两个杂岩系列，即中性—超基性杂岩系列及中酸性杂岩系列。前者多为小岩体及脉岩，后则形成大型岩基及岩株。

依据岩浆岩的空间分布规律，岩体之间的相对关系，各岩体变质程度的差异，岩浆活动与构造运动、变质作用、混合岩化作用的内在联系及其一致性，又可将本区岩浆活动划分为两个构造岩浆旋回四个期（表4-1）。

表4-1　黄陵背斜岩浆岩旋回划分表

旋回	时期	岩浆建造	代表性岩体
第二构造岩浆旋回（副旋回）	晚期	石英正长岩建造	围椅埫石英正长岩体、岔路口石英正长岩体
	早期	辉长—辉绿岩 辉长—闪长岩建造	茶耳山辉长—辉绿岩体、徐家河辉长—闪长岩体
第一构造岩浆旋回（主旋回）	晚期	斜长花岗岩建造	黄陵背斜斜长花岗岩体、三斗坪黑云母石英闪长岩
	早期	基性—超基性岩混染中性岩建造	太平溪蛇纹石化橄榄岩体、张家湾蛇纹石化透闪石化橄榄岩体、牵羊河蚀变混染闪长岩体

也有学者根据形成顺序将黄陵花岗岩基分为三斗坪超单元、黄陵庙超单元、大老岭超单元（马大铨等，1997），有的还分出了晓峰岩墙群。宜昌黄陵岩浆岩见彩图12。

二、各期岩浆岩特征简介

彩图12　宜昌黄陵岩浆岩

按侵入旋回由老至新叙述如下：

（一）第一构造岩浆旋回

1. 早期：基性—超基性岩混染中性岩建造

本期建造，主要由橄榄岩、辉石岩、辉长岩类等组成，分布零散，规模小，受构造控制明显，出露于斜长花岗岩岩基中和崆岭群变质岩系的上部层位中，断层带附近或沿变质岩片理发育。出露面积几十平方米至几百平方米，个别可达3km^2，岩体大部分受区域变质作用、混合岩化作用、同化作用及热水溶液交代作用，因而形成了混染闪长岩及角闪石岩、滑石片岩、蛇纹石化透闪石化橄榄岩。

2. 晚期：斜长花岗岩建造

这期建造是区内规模最大的一次岩浆活动产物，分布于黄陵背斜核部的南半部，构造上为天宝山复背斜的核部。出露面积650km^2，占黄陵背斜结晶基底的五分之三，从规模上看，属典型岩基。其轴向为北西西，宽度大于长度。其北部与崆岭群变质岩系呈侵入接触，东南部被震旦纪地层所覆。岩基的岩性复杂，主要由主体斜长花岗岩、黑云母石英闪长岩、细粒花岗岩等组成，根据侵入顺序和侵入特点，将其分为先遣期（黑云母石英闪长岩）、主要侵入期（白色斜长花岗岩）、附加侵入期（浅红色细粒花岗岩）。主要侵入期规模最大，在数量上占绝大部分，先遣期略早于主要侵入期，而附加侵入期则为主要侵入期后残余岩浆活动产物。

1）先遣期

此期代表性岩体为三斗坪、响铜岩两个侵入体，它们分布于天宝山复背斜南侧，方岭向斜之南部及北部。

三斗坪侵入体西北部与崆岭群呈侵入接触，接触面不规则，接触线呈波状，内接触带有大量变质岩捕虏体；西部、南部被震旦纪地层所覆；东部被斜长花岗岩包围，并在岩体中有斜长花岗岩岩枝发育。

岩性为灰白色黑云母石英闪长岩，块状构造，中粗粒花岗结构。粒径4~5mm，其暗色矿物具明显的北西或北西西向的流面构造。主要矿物成分中长石占50%~55%，钾长石占1%~5%，石英占15%~20%，黑云母占15%，角闪石占10%，副矿物有磁铁矿、榍石、磷灰岩、锆石、褐帘石等。

2）主要侵入期

继黑云母石英闪长岩侵入之后，斜长花岗岩大规模侵入黄陵背斜核部，出露面积约570km²，侵入体北部、西南部分别与崆岭群变质岩和黑云母石英闪长岩呈侵入接触，岩体东部、东南部与震旦系呈沉积接触。

根据岩体矿物成分、结构构造和所处部位不同，可分为过渡相似斑状斜长花岗岩，边缘相细—中粒和中粒斜长花岗岩。过渡相为组成黄陵岩基背斜的主要成分，边缘相仅出露北部和西南缘。岩性特征如下：

似斑状斜长花岗岩：灰白色、微带红色，具块状构造，中粗粒半自形粒状结构或似斑状结构，斑晶由石英和微斜长石组成，粒径一般在6~7mm，微斜长石常在10mm以上，从边缘至过渡相，斑晶逐渐增多、变大。基质主要由自形板柱状斜长石和他形石英组成，粒径一般在3~5mm。矿物成分见表4-2。

表4-2 黄陵斜长花岗岩体矿物成分表

含量\矿物\相带	斜长石（%）	微斜长石（%）	石英（%）	黑云母（%）	角闪石（%）	微量矿物
北部边缘相	An29 60	0~5	30	5	<3	磷灰石、榍石、独居石、褐帘石、磷钇矿
过渡相	An28~30 50~55	2~8	25~30	5		磷灰石、磁铁矿、榍石、独居石、锆石、褐帘石
西南边缘相	An26 30~50	5	30	3~5	3~10	磷灰石、榍石、磁铁矿

3）附加侵入期

浅红色细粒花岗岩呈小岩体状产出，在龙潭坪见侵入黑云母石英闪长石中，在黄家冲见侵入于斑状斜长花岗岩中，面积约0.05km²，其岩性以长石含量高、石英含量减少为特征。现以龙潭坪侵入体为例叙述如下：

岩石为浅红色，细粒花岗结构，块状构造，侵入体边缘部分有围岩捕房体，岩体中暗色矿物有逐渐增多的趋势，并具明显流面构造。

（二）第二构造岩浆旋回

1. 早期：辉长—闪长岩、辉长—辉绿岩建造

本期岩浆活动规模很小，分布于斜长花岗岩和变质岩的断裂破碎带的附近。所见岩体有茶耳山、杨家大庙辉长—辉绿岩侵入体，转渡山闪长岩侵入体，徐家河辉长—闪长岩侵入体，七里山闪长岩侵入体等，现以徐家河辉长—闪长岩侵入体描述如下：

徐家河辉长—闪长岩侵入体：侵入似斑状斜长花岗岩中，出露宽约200m，长轴方向280°，具明显的分异作用，可划分为内部辉长—辉绿岩相、边缘暗色闪长岩相。接触边具隐晶质的冷凝边。

辉长—辉绿岩为黑灰色，中粗粒辉绿结构。主要成分有辉石（约50%）、斜长石（约30%）及角闪石等。矿物晶形不好，分布无规律性，其中斜长石遭受不同程度次生变化。

闪长岩为灰绿色，中粒，半自形粒状结构。

2. 晚期：石英正长岩建造

本建造由围椅垴、岔路口、烽火山三个石英正长岩体组成，分布于雾渡河大断层以北的变质岩系中，受背斜、断层及变质岩片理构造控制。围椅垴侵入体侵入圈椅垴背斜核部，出露面积约35km²，其东北端被宰金坪断层所截，其他两个侵入体分别侵入雾渡河断层北侧的变质岩中，在岔路口侵入体之东北部，被震旦系沉积不整合覆盖。三个侵入体的长轴方向均与背斜轴或断层线方向一致。现以圈椅垴、岔路口侵入体为例，综述如下：

岩体呈红色，块状构造，中粒花岗结构，石英正长岩常受动力作用，还可见有压碎结构。

主要矿物成分有斜长石（5.7%~10%）、微斜长石（70%~80%）、石英（10%~15%）、黑云母（1%~3%），次要矿物有绿帘石、绿泥石、绢云母，副矿物有磁铁矿、榍石、锆石等。

岩体出露前震旦系变质岩中，大量岩浆物质沿变质岩围岩片理或裂隙注入，并且交代围岩，形成红色石英正长岩质条带状混合岩及石英正长岩脉。在岩体边缘有围岩捕房体，岩体与黑云斜长质条带状混合岩接触界线不明显，属侵入交代接触关系。

岩体受后期变质作用主要表现在石英、长石呈脉状沿裂隙贯入交代，石英受晚期石英熔蚀以及长石、黑云母的绢云母化、绿泥石化等。

此外沿断层、破碎带长石双晶纹发生弯曲，石英具波状消光，沿裂隙有长石、石英脉充填。

三、各期侵入岩的脉岩

各期派生脉岩均分布在侵入体内部，沿裂隙充填或切割早期侵入体出现，其中以第一构造岩浆旋回晚期、第二构造岩浆旋回早期侵入体派生的岩脉最发育。

第一构造岩浆旋回晚期脉岩广泛分布在岩体内部，混合岩中也有少量脉岩，根据穿插关系，可看出早期石英—花岗岩脉及晚期煌斑岩、辉绿岩脉。

第二构造岩浆旋回早期的脉岩分中性、基性两类，它们主要分布在斜长花岗岩岩基北部和西部，走向以北北东、北西西最多，脉宽一般在5~10m。

第二构造岩浆旋回晚期侵入体派生的脉岩分布极广，在侵入体边缘，变质围岩及斜长花岗岩岩基中屡见不鲜，而第一构造岩浆旋回早期岩体和岩脉，由于受后期多次造山运动、岩浆活动，尤其是斜长花岗岩基中的大量侵入，致使缺少这期脉岩的存在。

各期构造岩浆旋回脉岩类型见表4-3。

表4-3 各期构造岩浆旋回脉岩类型表

构造旋回		脉岩类型
第二构造岩浆旋回	晚期	石英正长岩脉、长石石英斑岩
	早期	辉长玢岩、辉绿玢岩，辉长—辉绿岩脉、闪长玢岩、闪长岩脉
第一构造岩浆旋回	造山晚期	晚期:煌斑岩脉、辉绿岩脉 早期:细粒花岗岩脉、细晶岩脉、伟晶岩脉、石英岩脉
	造山早期	不发育脉岩

第二节 变质岩

区内变质岩主要为黄陵背斜核部出露的崆岭杂岩系中深变质岩，其上有震旦系不整合覆盖，且被晋宁期黄陵花岗岩侵入分隔为南、北两区（图4-1）。该杂岩最初称崆岭片岩（李四光，1924）。北京地质学院（1960）在本区进行1∶20万区调时改称崆岭群，又进一步划分为3个组，南区的地层自下而上称古村坪组、小以村组和庙湾组。宜昌地区的崆岭杂岩为扬子克拉通中最古老的太古宙结晶基底岩系。

一、崆岭杂岩的组成

根据岩石组合、原岩建造特征和同位素年龄，崆岭杂岩可划分为下部基底片麻岩和上部表壳岩两部分。基底片麻岩的主体为侵入起源的TTG片麻岩、混合片麻岩等，其中常见岩屏和包裹体产出的斜长角闪岩以及少量变粒岩和副变质岩。所有这些岩石都已强烈变形变质，出现了不少红色花岗岩细脉。基底片麻岩主要相当于原北区的下组和南区的古村坪组。宜昌崆岭变质岩见彩图13。

彩图13 宜昌崆岭变质岩

前人研究表明，崆岭杂岩中TTG片麻岩主要形成于3.4~2.9Ga（Qiu et al., 2000, Jiao et al., 2009；魏君奇等，2009；Guo et al., 2014, 2015），斜长角闪岩则主要形成于3.3~2.7Ga（马大铨等，1997；Ling et al., 1998；Wu et al., 2009；魏君奇等，2009, 2013；Li et al., 2014）。基底片麻岩形成时代属于中—新太古代，是扬子克拉通结晶基底的主体。

表壳岩包括两套岩石，上部为细粒斜长角闪片岩，下部为孔兹岩。下部相当于原北区中—上组的主体和南区的小以村组，以含石墨和富铝矿物（夕线石、石榴子石等）的云母片麻岩和英云片岩为主，夹大理岩、石英岩及斜长角闪岩、变粒岩和浅粒岩，上述岩石组合及其岩石化学成分具有典型的孔兹岩建造特征。变粒岩锆石U—Pb年龄值介于2200~2430Ma（李福喜等，1987；姜继圣，1987；郑维钊等，1991；马大铨等，1997），孔兹岩形成于古元古代。孔兹岩之上为一套细粒斜长角闪片岩，仅见于南区（原庙湾组）。马大铨等（1997）认为角闪岩相的庙湾群上限年龄应小于或等于1850Ma，下限年则大于或等于孔兹岩的上界年龄，有可能约为2000Ma，最大值不会超过2100Ma，其形成时代仍为古元古代。

二、主要变质岩特征

（一）基底片麻岩系

1. TTG片麻岩

TTG（英云闪长—奥长花岗—花岗闪长质）片麻岩是太古宙陆壳的主要组成岩石。区内TTG片麻岩矿物组成：石英26%~30%，斜长石65%~72%，黑云母9%~14%，角闪石<6%。其他长英质片麻岩矿物组成：石英约30%，斜长石约18%，钾长石约38%，黑云母约5%，角闪石约3%（凌文黎等，1998）。

2. 斜长角闪岩

斜长角闪岩为中粒半自形变晶结构、弱片麻状构造，矿物质量分数含量的变化范围为：钙质闪石40%~60%，斜长石35%~50%，石英1%~8%，有或无黑云母，副矿物有磷灰石、榍石、不透明矿物，另见有含石榴子石、微量透辉石等（马大铨等，1997）。斜长角闪岩呈围岩的形式存在于TTG片麻岩的周围，或以包裹体的形式存在于TTG片麻岩内部。斜长角闪岩的原岩为拉斑玄武岩，表明拉斑玄武岩形成之后，被TTG花岗岩侵入并少量捕虏。经过后期变质作用，TTG花岗岩转变为TTG片麻岩，拉斑玄武岩则转变为斜长角闪岩，呈现为TTG片麻岩的围岩或包裹体（富公勤等，1993）。

(二) 表壳岩

1. 富铝片岩—片麻岩及榴线英岩类

该岩类分布广泛，是孔兹岩系的特征岩石，具有细均粒鳞片变晶结构和片状或片麻状构造，棕红色黑云母的体积分数（φ_B）约为5%，常有石榴子石变斑晶（φ_B 有时高达35%）和细针柱状夕线石（φ_B 有时可超过20%），长英质矿物为含量不定的斜长石和石英，石墨的 φ_B 为1%~3%，一般无钾长石。其中榴线英岩（狭义孔兹岩）是该区孔兹岩系中最典型的岩石，一般在富铝片岩或片麻岩中呈灰白色薄夹层或小透镜体产出，具有纤状变晶结构和片麻状构造，主要由夕线石和铁铝榴石（φ_B 共占50%~70%）以及石英组成，含微量斜长石、石墨以及不透明矿物（严溶，2006）。

2. 长英质岩类

该岩类为孔兹岩系的主要岩石类型，尤其在上部岩组中分布更广，以粒状变晶结构的含石榴子石的黑云变粒岩为主，由黑云母（φ_B = 15%~25%）、酸性斜长石（φ_B = 30%~35%）及石英（φ_B = 40%~45%）组成，有时含少量石榴子石和石墨。在下部石墨矿层位，还有一些石英岩夹层，其中可含少量石榴子石、透闪石、黑云母、白云母、磁铁矿及石墨等矿物。

3. 镁铁质岩类

该岩类主要为斜长角闪岩和镁铁质麻粒岩。其中层状斜长角闪岩虽然到处可见，但主要集中于分布于岩组的石墨矿层位，且与大理岩互层产出，主要由绿色—黄褐色细粒角闪石和斜长石（An30~40）组成，含少量石英，具块状或片麻状构造。也可见到含石榴子石（φ_B）3%~10%或含少量透辉石的斜长角闪岩。

麻粒岩目前只在坦荡河以西的片麻岩或变粒岩中发现，呈透镜体或很薄的夹层出露，主要为含石墨石榴子角闪紫苏麻粒岩和含石墨石榴子角闪二辉麻粒岩。岩石具不等粒变晶结构，片麻状构造，有的岩石中紫苏辉石（φ_B）达25%~40%，石榴子石达6%~12%，角闪石为黄褐色，少量角闪石已黝帘石化（严溶，2006）。

4. 碳酸盐岩和钙镁硅酸盐岩岩类

据卢良兆等（1996）的研究，该区大理岩主要呈层状分布，常见含金云母、透辉石、镁橄榄石和石墨鳞片的白云质大理岩，也可见含方柱石或透闪石的大理岩、原岩为含泥质的白云质灰岩。钙镁硅酸盐岩结构多变，矿物成分较复杂，常分为3类：（1）完全由一种或数种钙镁硅酸盐矿物组成的岩石，如透闪石岩、透闪透辉石岩及黝帘透闪透辉石岩等，有时可呈巨晶结构的透镜体产出；（2）由钙镁硅酸盐和一定量的长石及石英组成的岩石，如斜长透辉石岩、透闪透辉变粒岩等；（3）含方柱石的钙镁硅酸盐岩，如透辉方柱石岩、石榴子透闪片岩及金云母透闪片岩等，原岩为白云质泥灰岩和钙质粉砂岩等。

第五章 地质构造

第一节 区域构造背景

一、构造位置及区域构造概况

从板块构造理论、逆冲推覆构造理论出发，依据构造发展演化的成因联系及构造的形变特征，三峡东部松滋、宜昌地区应位于华南板块的大陆区——扬子地块的扬子中生代压陷盆地区之上，跨鄂湘黔断褶带和黄陵隆起带两个次一级构造单元。其中主要教学区——刘家场地区位于鄂湘黔断褶带内，黄陵花岗岩体位于黄陵隆起带内。

华南板块作为控制本区构造成生演变的一级构造单元，共经历了南华纪—早古生代的大陆裂解与被动大陆边缘沉降及前陆盆地、中生代的陆内造山，以及晚白垩世—新生代的下伏海相盆地调整和上覆多成因复式盆地形成等阶段。鄂湘黔断褶亚带是燕山早期形成的受陆内逆冲推覆作用控制的陆内逆冲—褶皱带，该带的形成受基底逆冲和发育于震旦系下部、寒武系底、志留系底、三叠系内部的多个盖层滑脱面的滑脱作用控制。其主要构造特征为：第一，背斜主体由古生界组成，中生界三叠—侏罗系一般出露于向斜的核部，且由南东向北西逐渐变新；第二，构造平面展布规律总体呈向北西突出的弧形；第三，受前寒武系区域滑脱层所控制，形成了背斜宽缓、向斜狭窄的隔槽式褶皱组合；第四，总体上，背斜北西翼陡，构造复杂，次级褶皱发育，南东翼缓，构造相对简单，向斜正好相反，反映出自南东向北西的挤压作用对构造形成的控制。黄陵隆起亚带主要由黄陵背斜构成，背斜核部出露前震旦纪结晶基底，即中新太古代—古元古代的崆岭群及扬子期的中、酸性岩体，四周由南华系—三叠系组成，背斜轴向总体呈北北东向，为短轴背斜。背斜周缘被仙女山断裂、天阳平断裂、通城河断裂和新华断裂围割，其内还发育一组北西向平移—正断层，主要有宰金坪—盐池河断层、坦荡河断层、雾渡河断层及福堂坪—板苍河断层等。

二、构造层

（一）构造层划分原则

地壳的发展演化具有阶段性的特征。一般将某一特定地质历史阶段内的地壳运动称为构造旋回或构造运动旋回。根据构造运动发生的时间先后，构造旋回又可以进一步划分为若干期次或幕。构造旋回或构造运动旋回是通过对某些区域性的角度不整合或某些褶皱带的角度不整合的研究来确定的。

构造层是地壳发展历史中一定发展阶段所形成的独具特征的沉积建造、岩浆活动、变质作用和构造形变的岩石组合，是构造旋回的物质体现。构造层由与之相应的构造变形幕和卷入其中的地层组成，其分布范围代表相应地质阶段构造运动所影响的区域。各构造层之间常以区域性角度不整合（或平行不整合）分开。同一构造层内根据平行不整合、局部不整合、大型沉积旋回、沉积相及岩石组合差异还可以进一步划分出代表次一级构造演化阶段的亚构造层。与一定地质阶段相应的构造层的形成具有大致相同的沉积环境和构造背景，因此，对一定构造单元构造层的正确划分将有助于认识地质构造的发展过程和演化规律。

不整合面或平行不整合面是构造层划分的一个重要标志。除此之外，构造层的划分可以依据四个方面的标志，即沉积建造的差异、岩浆活动的差异、构造形变和变质程度的差异以及应力系统的差异。

（二）三峡东部地区构造层

根据以上原则，并结合三峡东部地区地质构造和沉积作用的特点，本区从古元古代到第四纪，可划分为五个构造旋回，即扬子旋回、加里东旋回、海西—早印支旋回、晚印支—早燕山旋回和晚燕山—喜马拉雅旋回。与之相应的构造层分别为大别构造层、扬子构造层、南华—志留纪构造层、泥盆纪—中三叠世构造层、晚三叠世—侏罗纪构造层和晚白垩世—第四纪构造层。由于野外教学主要涉及南华纪—第四纪沉积层，以下重点介绍四个构造层。

1. 南华—志留纪构造层

该构造层是加里东旋回的物质体现，其层系包括南华系至志留系（Nh-S）。

本构造层在区内发育齐全，基本保存完好。

本构造层最下部层位南华系与下伏前南华系均呈角度不整合接触。上部志留系温洛克统（局部为罗德洛统）与上覆中泥盆统（局部为上泥盆统或下二叠统）呈平行不整合接触，其间普遍缺失罗德洛统、普里道利统和下泥盆统。这是加里东旋回中最重要的运动——广西运动（或称晚加里东运动）在本区的表现。广西运动具有缓慢大面积升降运动的特点，造成了本区大面积较多地层的缺失，所以广西运动的界面在本区十分清楚。

本构造层内部各层系之间一般为整合接触，也有平行不整合接触，如长阳—鄂西南地区，莲沱组与古城组（东山峰组）、古城组（东山峰组）与大塘坡组（湘锰组）、大塘坡组（湘锰组）与南沱组、南沱组与陡山沱组之间为平行不整合接触。本区部分地区奥陶系与志留系龙马溪组之间也呈平行不整合接触。这些平行不整合多是局部的，所代表的间断是短暂的，其上下层间所缺失的地层不多，沉积环境变化不大。从南华纪到志留纪，其沉积环境由陆相逐渐变为海相，由浅水变为深水，又变为浅水，为一个完整的大的海进海退沉积旋回。

所以，南华系—志留系在区内代表了一个完整的构造—沉积旋回，它与下伏地层呈角度不整合接触，与上覆地层呈平行不整合接触，从而构成了同一个构造层。

根据平行不整合、沉积相和岩石组合的差异，该构造层可进一步划分为四个亚构造层。

1）第一亚构造层

这一亚构造层指南华系（Nh），由红色复陆屑建造—冰碛建造序列组成。

莲沱组发育红色复陆屑的沉积建造类型，为含砾石英砂岩、长石石英砂岩、岩屑砂岩及凝灰岩组合，为河流相—滨海相的沉积，厚0~200m。

古城组（东山峰组）、大塘坡组（湘锰组）和南沱组为冰期、间冰期的冰碛建造沉积组合，由大陆冰川类型的冰碛岩、砂砾岩、冰碛砾质砂岩和海洋冰川类型的含砾细砂岩、粉砂岩、砂泥岩组成。大塘坡组（湘锰组）为间冰期半封闭海湾沉积，有锰的富集。

2）第二亚构造层

这一亚构造层指震旦系（Z），由碳酸盐建造序列组成。

震旦系发育碳酸盐建造类型，主要岩性为白云岩、藻白云岩、鲕粒白云岩夹白云质石灰岩、石灰岩、硅质岩、碳质页岩。下部含磷较多，有磷块岩、磷结核。普遍含硅质条带或硅质岩。主要为碳酸盐台地相沉积。

3) 第三亚构造层

这一亚构造层包括寒武系（Є）和奥陶系（O），由含磷的碳质硅质页岩—碳酸盐建造序列组成。

寒武系下部的水井沱组、牛蹄塘组主要发育含磷碳质、硅质页岩建造，岩性以深灰色、黑色碳质页岩、硅质页岩、粉砂质页岩为主，夹石灰岩、白云质石灰岩、泥灰岩、硅质岩、粉砂岩等，为浅海陆棚或滞流浅海盆地沉积。

寒武系中上部各组以碳酸盐建造为主，且主要为白云岩，石灰岩次之，为局限海—开阔海台地相沉积。

奥陶系下部南津关组、分乡组、红花园组主要为碳酸盐建造，以石灰岩、生物屑石灰岩、礁灰岩为主，夹少量页岩，为开阔海台地相沉积。大湾组至临湘组，虽然也为碳酸盐建造，但泥质组分明显增加，为生物屑石灰岩、瘤状石灰岩、龟裂纹石灰岩夹页岩组合，为浅海陆棚或沉没碳酸盐台地沉积。五峰组，则主要为笔石页岩相，为滞流盆地沉积。

综上所述，该亚构造层均为浅海—深海相的以碳酸盐岩为主的沉积组合。

4) 第四亚构造层

这一亚构造层指志留系（S），由笔石页岩建造—砂页岩建造序列组成。下部是富含笔石的页岩—硅质页岩—粉砂质页岩组合，为滞流半深海—深海盆地相沉积。中上部为页岩、粉砂质页岩、粉砂岩、砂岩组合，韵律性明显，局部夹石灰岩，为浅海陆棚至滨岸相或三角洲相沉积。这一亚构造层自下而上沉积环境水体由深变浅，为一个大的海退序列。

该亚构造层的厚度在本区为 847~2235m。

2. 泥盆纪—中三叠世构造层

这一构造层包括泥盆系至中三叠统（D-T_2），代表了海西—早印支构造旋回。

本构造层在区内主要分布于向斜的核部及两翼。

由于广西运动的影响，中泥盆统云台观组与下伏温洛克统纱帽组呈平行不整合接触。柳江运动、淮南运动、云南运动和东吴运动均在本区造成过不同程度的海退现象，因而分别形成了上泥盆统与下石炭统、下石炭统与上石炭统、上石炭统与下二叠统、下二叠统与上二叠统之间的平行不整合接触。一般说来，这些沉积间断的时间不太长或是很短暂的，其沉积环境没有太大的变化，基本上均为滨—浅海相沉积。而发生在中三叠世末的印支运动Ⅰ幕（或称安源运动）使本区中三叠统与上三叠统之间呈平行不整合接触，而且这一运动结束了本区海相沉积历史，自晚三叠世开始，本区为陆相河、湖相碎屑沉积。

综上所述，本区泥盆纪—中三叠世均为海相沉积地层，其沉积环境经历了由浅水（D—C）到较深水（P_2），再由较深水（T_1）到浅水（T_2）的过程，为一个大的沉积旋回。因此，泥盆纪—中三叠世地层在区内代表了一个完整的构造—沉积旋回，它与下伏和上覆地层之间均以平行不整合或角度不整合接触，从而构成同一构造层。

根据平行不整合、沉积相和岩石组分的变化，该构造层可进一步划分为四个亚构造层。

1) 第一亚构造层

本亚构造层仅指泥盆系（D），主要由单陆屑建造或含铁单陆屑建造组成。中泥盆统云台观组（或小溪峪组）、上泥盆统黄家磴组（或水车坪组）和写经寺组构成了一个砾岩—石英砂岩—砂质页岩、石灰岩组成的沉积序列。下部云台观组以石英砂岩为主，在西北则以砾岩为主；中部黄家磴组由砂质页岩、石英砂岩、鲕状赤铁矿、泥灰岩组成；上部写经寺组以砂质页岩、石灰岩为主。这一建造中碎屑成分多为石英，岩石成分成熟度较高，总体上为滨岸相—潮坪相碎屑沉积。

2) 第二亚构造层

本亚构造层仅指石炭系（C），由陆屑建造（砂页岩建造）—碳酸盐建造序列组成。下统为陆屑建造，岩性以细砂岩、粉砂岩、黏土岩为主，夹石灰岩，含煤、赤铁矿、菱铁矿结核，为潮坪—滨海沼泽沉积，仅分布于东部长阳—松滋地区。上统为碳酸盐建造，岩性为白云岩、白云质石灰岩、石灰岩组合，常见角砾、鲕粒和生物屑等颗粒，为局限—开阔海碳酸盐台地相沉积。该建造残存厚度为 0~125m，长阳—松滋及宣恩—来凤一带较厚。

3) 第三亚构造层

本亚构造层仅指二叠系（P），为硅质碳酸盐建造序列组成。

二叠系是硅质碳酸盐建造类型，由两个陆源碎屑—硅质碳酸盐沉积旋回构成。下旋回下部为梁山组，岩性为砂岩、粉砂岩、黏土岩，夹碳质、黏土质页岩，局部含煤；中部为栖霞组石灰岩段，岩性为沥青质石灰岩、生物屑石灰岩夹少量页岩，含硅质结核；上部茅口组为石灰岩、含硅质结核或条带石灰岩及硅质岩。上旋回下部为含煤粉砂岩、黏土岩（龙潭组和吴家坪组下段）和石灰岩（吴家坪组灰岩段）；上部为砂岩、生物屑灰岩、礁灰岩（长兴组）及硅质岩（大隆组）。

4) 第四亚构造层

本亚构造层包括下三叠统和中三叠统（T_1-T_2），由碳酸盐建造—蒸发碳酸盐建造—陆屑蒸发式建造序列组成。

下统大冶组为碳酸盐沉积建造类型，岩性为中—薄层石灰岩、鲕粒石灰岩、白云质石灰岩夹泥灰岩及少量页岩，是碳酸盐台地相—浅海陆棚相—斜坡—盆地沉积。

下统嘉陵江组为蒸发碳酸盐建造类型，岩性为白云岩、鲕粒白云岩、白云质石灰岩、石灰岩及盐溶角砾岩或膏溶角砾岩，多为局限海台地—蒸发台地相沉积。

中统巴东组为陆屑蒸发式建造类型，以紫红色、黄绿色钙质、泥质粉砂岩、粉砂质泥岩为主，夹泥灰岩、石灰岩、白云岩，为干旱条件下的滨海砂泥质潮坪相沉积。

3. 晚三叠世—侏罗纪构造层

这一构造层为晚印支—早燕山构造旋回的物质体现，包括上三叠统和侏罗系（T_3-J）。该构造层在本区分布局限，主要发育于向斜核部。

中三叠统与上三叠统之间，沉积相及岩石组合差异较大。中三叠统为海相沉积，上三叠统则为陆相沉积，二者之间有印支运动Ⅰ幕造成的较长时间的沉积间断（普遍缺失晚三叠世早期的沉积），在区域上形成平行不整合接触。如秭归沙镇溪和恩施七里坪等地均发现上三叠统沙镇溪组与中三叠统巴东组呈平行不整合接触。

上三叠统与下侏罗统之间在本区部分地区为整合接触，部分地区则为平行不整合接触，这是由印支运动Ⅱ幕（相当于南象运动）所造成的。

本区侏罗系上统（或中统）与白垩系之间均为角度不整合接触。上三叠统、侏罗系主要为内陆河流相—湖泊相的含煤碎屑沉积—碎屑沉积，而白垩系则主要为山间盆地及磨拉石沉积。它们之间沉积物差异较大。因此将上三叠统—侏罗系划分归一个构造层。根据平行不整合和沉积物差异，该构造层又可进一步分为上三叠统和侏罗系两个亚构造层。

1) 第一亚构造层

本亚构造层仅包括上三叠统（T_3），为本区印支运动后发育的第一个陆相沉积地层，为灰色含煤复陆屑建造。岩性主要为砂砾岩、砂岩、粉砂岩和砂质页岩，夹煤层（或煤线）。砂砾岩中碎屑成分主要为石英和长石。岩石整体色调较浅，含丰富的植物和淡水动物化石。为河流相—湖泊相（局部为沼泽相）沉积。该建造是本区的重要含煤层位。

2) 第二亚构造层

本亚构造层包括侏罗系（J），由灰色含煤复陆屑建造—杂色复陆屑建造序列组成。

下侏罗统为灰色含煤复陆屑建造类型，岩性为砂岩、粉砂岩、砂质泥岩、粉砂质泥岩夹煤层（煤线），局部夹石灰岩、泥灰岩，见菱矿结核，底部有砾岩或含砾砂岩。砂岩、砾岩的碎屑成分主要为石英、长石和岩屑。下侏罗统富含植物和淡水双壳类化石，为河流相—湖泊沼泽相沉积。该建造为本区的主要含煤层位。

中—上侏罗统为杂色复陆屑沉积建造类型，岩石色调以紫红、黄绿、灰绿、灰白等杂色为特征，由长石质、石英质砂岩、粉砂岩、粉砂质泥岩组成多韵律岩系，底部有砾岩，局部夹泥灰岩，冲刷面、交错层理等沉积构造常见。中—上侏罗统含有淡水双壳类和植物化石，为气候渐转干旱的内陆河流相—湖泊相沉积。

燕山运动早期，逆冲—推覆作用分别来自北方及东南方，使上述三大构造层不同程度地卷入了变形，彻底改变了侏罗纪及其以前地层的构造面貌，形成了地质界瞩目的冲断—褶皱系。此后，由于区域伸展作用，形成了山间盆地沉积的晚白垩世—第四纪的第四构造层。

4. 晚白垩世—第四纪构造层

这一构造层包括上白垩统至第四系（K_2-Q），代表了晚燕山—喜马拉雅构造旋回。

本构造层在区内主要分布于一些断陷和山间盆地内。上白垩统与下伏不同时代的地层呈角度不整合接触，普遍缺失下白垩统。上白垩统至新近系主要为陆相断陷和山间坳陷盆地沉积，分布较为零星，岩性主要为棕红、紫红、砖红色砾岩、砂砾岩、砂岩及泥岩等。第四系主要为一套陆相松散碎屑及土状堆积物。

三、区域构造演化

三峡东部地区位于扬子地块上，因此，从区域构造角度来看，三峡东部地区的构造演化明显受控于扬子地块的构造演化。扬子地块的构造演化经历了前南华纪基底形成、南华纪—中三叠世稳定沉降、晚三叠世—侏罗纪前陆盆地发育、早白垩世陆内逆冲推覆及晚白垩世—新生代断陷和山间盆地发育等五个构造演化阶段。

（一）前南华纪基底形成阶段

扬子地块出露的最老地层为中元古界冷家溪群。冷家溪群为一套巨厚的（>25000m）浅灰、浅灰绿色为主的浅变质细碎屑岩、泥质岩及含凝灰质细碎屑岩的复理石建造，鲍马序列发育。底部夹较多的白云岩、石灰岩等钙质团块，顶部以砂岩为主。在益阳石咀塘、醴陵攸坞，有裂隙式海底喷溢的玄武岩流和喷发的基性火山角砾、凝灰质等，熔岩浆可能来自上地幔；在济阳鄱淡和衡山新桥分别有角斑岩和安山岩流喷溢及相关的火山碎屑喷发。基性熔岩属过钙性 钙性岩、拉斑玄武岩系列。

中元古代末期的"武陵运动"（四堡运动），使冷家溪群褶皱隆起并遭受剥蚀。"武陵运动"初始，固结的"古陆"经过一段剥蚀后，又伸展裂陷接受海侵，沉积了新元古代早期的板溪群。板溪群自北而南大体可分为三种沉积类型。第一种类型为稳定潮坪—浅海碎屑沉积，此类型主要分布于湖南澧水以北的石门、张家界、桑植等地区，由一套紫红色和灰绿色相间的砾岩、砂岩及板岩组成，为潮坪—近滨以及浅海沉积；整个板溪群构成两个大的沉积旋回，厚度300~700m，与下伏冷家溪群为角度不整合接触。第二种类型为滨浅海—浊流沉积类型，该类型多分布于澧水以南，溆浦—安化断裂以北，包括常德、安化、沅陵等地，厚度可达3000余米，分为下部马底驿组、上部五强溪组。马底驿组相变较大，北部常德一带主要为滨—浅海紫红色砂泥质沉积，下部夹有泥质白云岩，向上泥质增高，向南本组上部则出现浊积岩，再往南浊积岩层位渐低，至沅陵马底驿地区，马底驿组底部发育了碎屑流成因的杂砾岩，向上为浊流沉积，可能代表浊积扇开始阶段的根部沟道相沉积，尔后，随上叠扇的后退出现浊流沉积。五强溪组在常德地区仅顶部出现灰绿色含凝灰质浊积岩，与马底驿组一样向南也出现浊积岩逐渐降低的趋势。第三种类型是浊流沉积类型，它们主要分布于溆浦—安化断裂以南直至湘、桂交界处，板溪群仍分为两个组，下部为高涧组，上部为漠滨组，全部为灰绿色含凝灰质浊积岩。溆浦—安化断裂以南，板溪群厚度突然加大到5000~6000m。

中—新元古代早期的火山活动，具有地壳伸展的特点，即火山活动大都发生在大洋坳陷区及隆坳交接地带的坳陷一侧，于海洋环境中形成，多沿断裂带呈裂隙式喷溢形成岩流，个别呈中心式喷发形成岩锥。呈裂隙式喷发者多为玄武岩；呈中心式喷发者主要是安山岩、英安岩。火山岩厚度一般较大、层数较多、喷发旋回和韵律性较明显。冷家溪群内的火山岩一般发育枕状构造。

综上沉积建造及火山活动特征可以看出，研究区及其东南缘在中—新元古代早期，地壳整体处于扩张状态。"晋宁运动"使扬子地块基底形成，从而使扬子古地块进入了盖层构造演化阶段。

（二）南华纪—中三叠世稳定沉降阶段

该阶段的时限为800~235Ma，此阶段扬子地块构造演化明显受控于华南板块北缘和东南缘的构造演化。在印支期华南板块与华北板块、华夏板块拼合之前，其北缘始终处于被动大陆边缘，东南缘早加里东期为被动大陆边缘，此后伴随着华南洋向西北的俯冲转变为主动大陆边缘。俯冲早期因挤压一度使研究区上升为陆，缺失了晚志留世至早泥盆世沉积，之后因弧后扩张形成了弧后盆地。总之，由于北缘及东南缘大地构造环境总体上处于拉伸状态，故形成了扬子地块内部在加里东及印支—华力西两大构造旋回控制下盖层发育好、沉积厚度大、地层间无角度不整合这些显著特点。加里东构造旋回的特点为沉降幅度大，沉降速率大，有可能存在陆内裂谷。该旋回形成了地台上的第一套盖层，这套地层由南华纪的磨拉石、冰碛岩建造，震旦纪的碳酸盐岩建造，寒武纪的含磷硅质页岩建造、碳酸盐岩建造，奥陶纪的碳酸盐岩建造及顶部的笔石页岩相沉积，志留纪的笔石页岩建造—砂页岩建造组成，构成了一个由海进到海退的完整沉积旋回。这一沉积旋回与早加里东时期华南洋、秦岭洋的扩张及晚加里东时期华南洋转为向华南板块俯冲挤压的大地构造环境是一致的，换言之，该沉积旋回就是在这一大地构造环境的控制下形成的。印支—华力西构造旋回的特点为沉降幅度平稳，速率均衡，形成了地台上的第二套盖层。这套地层由泥盆纪—石炭纪的陆屑建造—碳酸盐岩建造序列及二叠纪—中三叠世的陆源硅质碳酸盐岩建造—内源蒸发式建造—陆屑蒸发式建造序列组成。这一沉积组合规律，同样构成了一个完整的海进到海退的沉积旋回。这一沉积旋回，同样是早期华南板块北缘的被动大陆边缘的拉伸环境和东南缘弧后扩张环境及晚期逐渐转为碰撞的挤压环境下形成的。

印支期秦岭洋及华南洋关闭，华南板块与华北板块、华夏板块碰撞、缝合造山，从而结束了扬子地块稳定沉降阶段。

（三）晚三叠世—侏罗纪前陆盆地发育阶段

该阶段的时限大致为235~135Ma。此时期印支期扬子地块与秦岭微板块、华北板块碰撞造山，导致扬子地块北部地壳的下弯沉降，形成了具有周缘前陆盆地性质的前陆盆地。在扬子地块东南缘，受华南板块与华夏板块碰撞拼合的影响，于地块东南部发育弧后前陆盆地。介于以上二前陆盆地之间的地块内部在晚三叠世时为一北东向延伸的古陆，该古陆是印支期的基底拆离隆起及其前缘的推隆带。该古陆一直延续到早侏罗世早期。而后沉没，接受沉积。地块内前陆盆地的沉积物，晚三叠世以湖泊相的粉砂岩和砂泥质岩为主，夹少量细粒长石石英砂岩，长石石英砂岩中偶见湖泊三角洲沉积。湖泊沼泽相的碳质页岩中常夹煤层或煤线，并含丰富的菱铁矿结核。湖泊相的底部或边缘常有石英质砂砾岩和含砾石英砂岩的河流相沉积物。侏罗纪继承了晚三叠世盆地面貌，但湖盆范围有所扩大，下侏罗统为含煤碎屑岩，中—上侏罗统为红色碎屑岩岩层。

(四) 早白垩世陆内逆冲推覆阶段

早白垩世的燕山早期构造运动为扬子地块自基底形成后的第一次大规模褶皱造山运动，地块内一系列北东—近东西向褶皱和逆冲断层即形成于此时期。此时川东经鄂西、黔北至湘西北，包括雪峰基底拆离隆起为一个统一的褶皱—冲断系。这个褶皱—冲断系有如下特点：一是雪峰拆离隆起与其西北的褶皱束平行排列，都呈向西北凸出的弧形；二是褶皱束延伸的长度不超过雪峰拆离隆起出露的范围；三是从东南向西北形变组合逐渐变化，变形强度逐渐减弱，最后至华蓥山断裂带以西消失，与此相对应，剥蚀强度从南东向北西减弱，出露地层依次为下古生界至侏罗系、白垩系；四是有大量走向逆断层与褶皱共生，它们中多数倾向南东，向北西逆冲。上述特点所展现出的褶皱—冲断系的几何形态、空间配置和从前锋到根带的变形规律，反映出该褶皱—冲断系的发育顺序是从南东向北西逐渐推进的，主要的应力来自南东方向。

叠瓦逆冲带是造山带前缘的特征产物，所以 Dewey（1986）把它作为识别古碰撞造山带的一个基本要素，如世界上著名的阿尔卑斯山和阿巴拉契亚山，我国的天山、秦岭等。现有资料分析，上述的褶皱—冲断系却不是古板块的碰撞造山带，更可能是陆内或板内应变的产物，与我国南方其他地方中生代的盖层变形一样，其力源与日本—巴拉望洋（任纪舜等，1990）和古南海（何春荪等，1986）在东南沿海外侧的俯冲和地体拼接作用有关。或是华夏板块与华南板块拼接后，继续向华南板块俯冲，产生了向北西方向的挤压力，在该力的作用下产生了雪峰基底拆离隆起，并在其前缘形成了褶皱—冲断带。

三峡东部地区发育的北东—近东西向的隔槽式褶皱及与这些褶皱平行的逆断层是上述褶皱—冲断系的一部分，它们的特征与该褶皱—冲断系的形变特征一致，如背斜构造一般呈南（南东）翼缓、北（北西）翼陡的不对称形态，且南（南东）翼构造简单、次级褶皱不发育，北（北西）翼构造复杂、次级构造发育（如刘家场背斜）；层间小褶皱一般北翼陡倾甚至倒转；与褶皱平行的逆断层一般发育于背斜北（北西）翼，且倾向南（南东）方向。

(五) 晚白垩世—新生代断陷和山间盆地发育阶段

燕山早期构造变形形成了研究区沉积盖层内最大的一个区域性角度不整合，尔后，晚白垩世至新近纪，应力体制发生了重大转变，由挤压环境转变为拉张环境，以形成一系列分割的小型断陷红色盆地，断陷盆地内发育伸展断块、铲形正断层与滚动背斜等伸展变形样式为特征，并叠加在燕山早期形成的构造形迹上。但总体说来，这种伸展变形与燕山早期构造变形相比，规模要小得多，它并未根本改变燕山早期形成的构造格局。新近纪—第四纪，受喜马拉雅运动的影响，先存部分断层复活，并形成一系列新近纪—第四纪山间盆地、新近系与下伏地层、第四系与新近系之间的角度不整合。

晚燕山期本区出现的伸展构造环境，是中—新生代以来太平洋洋壳板块与亚洲大陆陆壳板块大规模构造活动的结果。

第二节 构造的结构特征

一、构造带概况

三峡东部地区位于中扬子地块西部。中扬子地块西部在区域构造位置上南东以保靖—慈利断层为界与江南—雪峰古隆起相隔，北西以齐岳山断层为界与川东构造相隔，北受黄陵古隆起阻挡并与大巴山弧形构造对突，南与黔中构造相接。保靖—慈利断层与齐岳山断层之间超过 200km 宽阔的中上扬子陆内中古生界变形带是江南—雪峰陆内造山作用向北西方向递进扩展变形的结果，构造走向 NE—SW 向、向 NW 向突出呈弧形展布，从南东向北西由多个 NE 向复向斜和复背斜相间的构造带组成，以厚皮"隔槽式"结构为主（图 5-1）。

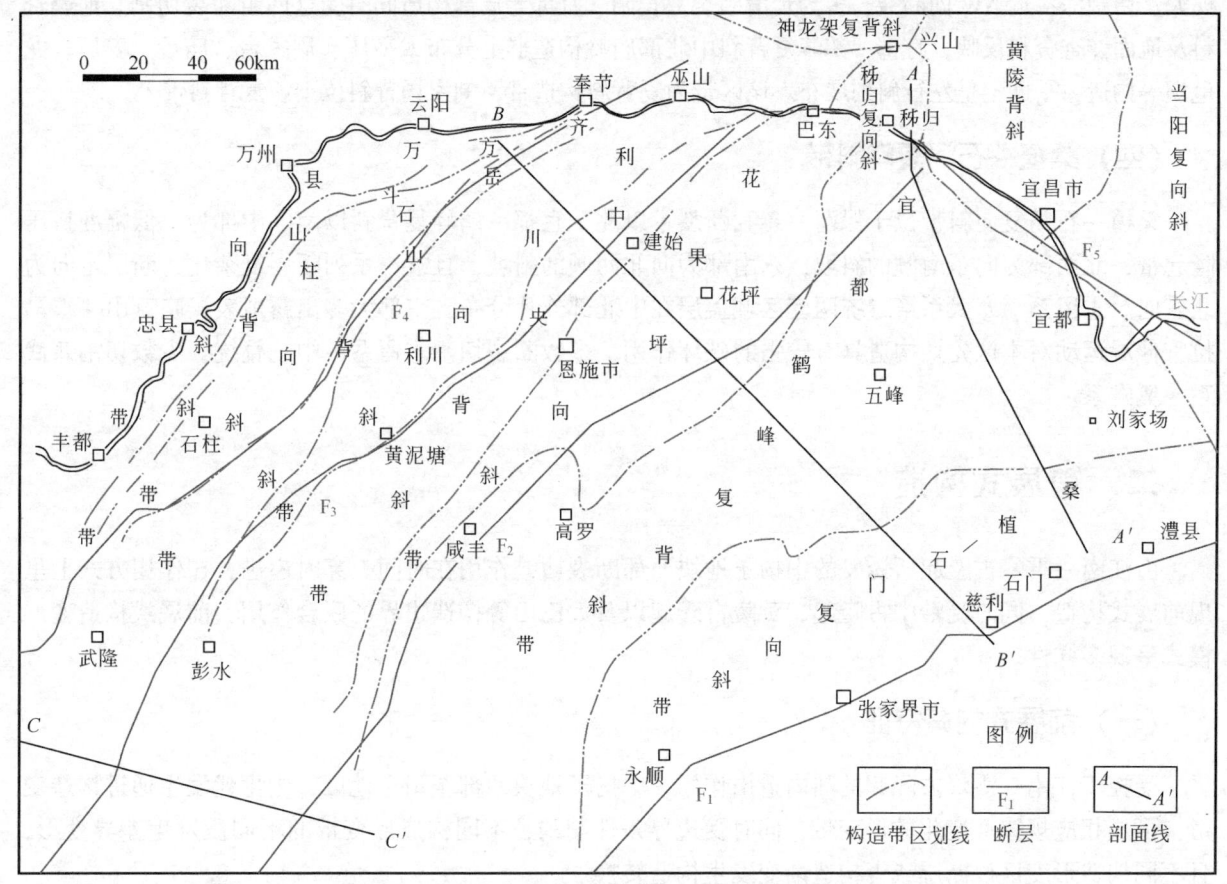

图 5-1　中扬子地块西部构造分区图（据李福喜等，1991；陈孔全等，2020，有修改）
F_1：保靖—慈利断层；F_2：鹤峰—龙山断层；F_3：建始—彭水断层；F_4：齐岳山断层；F_5：天阳坪断层

三峡东部实习区主要涉及 4 个构造带：北部为黄陵背斜、秭归复向斜，南部为宜都—鹤峰复背斜带和桑植—石门复向斜带。

（一）黄陵背斜

黄陵背斜及其邻区处于多组构造线的交织部位，其周缘构造带为秦岭—大别造山带前缘的大洪山构造带、大巴山构造带和雪峰陆内变形系统前缘的湘鄂西褶皱带。黄陵背斜核部的出露形态为一长轴方向近南北向的短轴椭圆，南北方向长约 73km，东西方向长约 36km。黄陵背斜为一不对称背斜，西翼陡峭，倾角为 40°~60°；东翼平缓，倾角为 10°~20°。黄陵背斜核部为黄陵花岗岩体和崆岭群变质岩。黄陵岩体主要由花岗斑岩、花岗闪长斑岩、二长花岗岩、英云闪长岩、奥长花岗岩、花岗闪长岩等组成。

（二）秭归复向斜

秭归复向斜南北方向长约 40km，东西方向长约 30km。秭归复向斜整体为一非共轴叠加褶皱，其形态与盆地类似，并发育两个向西突出的构造鼻。秭归复向斜南翼、东翼陡而短，北翼、西翼缓而长。

（三）宜都—鹤峰复背斜带

宜都—鹤峰复背斜带位于花果坪复向斜、桑植—石门复向斜及秭归坳陷之间，东北边界为天阳坪断裂。地表主要分布寒武系及其以上地层，其中东山峰、长阳构造核部震旦系至冷家溪群和板溪群已暴露地表。构造展布方向从 SW 至 NE 逐渐由 NE 变为 NEE—近 EW 向，总体特征表现为局部构造多、面积大、隆起幅度高。东部断裂十分发育，长度大于 10km 的断裂有 90 余条，主要有两组：NE 向断裂，规模大、切割深；近 NW 向断裂，多为走滑断裂。长阳、宜都等局部构造同时受这两组断裂切割。地震资料及地面详查资料反映，宜都—鹤峰复背斜中北部庙岭构造群上分布太平庄、周家台、庙岭、安厂、龙龟坝等构造，平面上呈左行斜列展布。该区带为复背斜构造带，刘家场背斜位于该复背斜带上。

（四）桑植—石门复向斜带

桑植—石门复向斜带位于保靖—慈利断裂带以北，宜都—鹤峰复背斜以南。中部为一低幅度挤压隆起带，北西部为向东南倾的斜坡，东南部为向北西倾的斜坡，且被一系列断层复杂化，断层走向为北东向。志留系、寒武系第二统两套区域盖层在中北部连片分布，南部大多出露地表；晚燕山—喜马拉雅伸展运动对本区先期构造具有较强的破坏作用，多数断裂切割志留系—中三叠统，少数切割寒武系—奥陶系。

二、前展式构造

由江南—雪峰古隆起所诱发的中扬子地块西部断裂褶皱作用在时间上穿时递进，在作用方式上呈现前展式构造，同时受黔中古隆起、黄陵古隆起以及大巴山等构造边界的联合作用，前展式构造变形模式呈现多样性。

（一）前展式构造特征

受控于江南—雪峰古隆起的陆内造山作用，中扬子地块西部至川东地区，中生代发生递进构造变形，形成相应规律性变化的形变带，同时受边界条件制约，不同构造形变带的不同段发生差异变形，且不同构造形变区以断层或者构造渐变发生构造转换。

以鹤峰—龙山断层、建始—彭水断层和齐岳山断层为界，可将中扬子地块西部与川东断褶带分为 4 个形变带（陈孔全等，2020），并构成完整的前展式构造模式区。

1. 冲断形变带

冲断形变带位于保靖—慈利断层与鹤峰—龙山断层之间，由桑植—石门复向斜和宜都—鹤峰复背斜组成，空间位置上位于江南—雪峰古隆起西缘，中生代以来遭受挤压作用最为强烈，收缩变形剧烈，地层发生强烈的冲断作用，构造类型以压性断块与较为紧闭的褶皱为主要特征，同时发生强烈的隆升剥蚀作用，地表出露地层以古生界，尤其是下古生界为主。

2. 挤压褶皱形变带

挤压褶皱形变带东西边界为鹤峰—龙山断层与建始—彭水断层，由花果坪复向斜、中央复背斜组成。由于所受挤压作用较冲断带弱，断层作用强度相对较小，褶皱较为发育，与冲断形变带相比，该带中褶皱较为宽缓，其中在花果坪复向斜，褶皱呈似箱状特征；垂向隆升剥蚀强度较冲断形变带减弱，北段以三叠系出露为主，而南段则主要出露下古生界。

3. 冲断—滑脱过渡带

冲断—滑脱过渡带处于建始—彭水断层与齐岳山断层之间，包括利川复向斜和齐岳山背斜。该构造带为区域性滑脱层转换带，即自东向西区域性滑脱层由前寒武系转换为寒武系，其滑脱层呈阶梯状向上传递位移。从构造变形来看，该带位于雪峰段逆冲推覆构造西北缘的峰带，构造变形较为强烈，变形方式为冲断、滑脱；北段以三叠系和侏罗系出露为主，南段则为古生界。

4. 前缘盖层断褶—滑脱带

该带位于齐岳山断层以西，区域滑脱层由前寒武系转为寒武系，构造变形以在寒武系发生区域滑脱作用下的断褶作用为主。该带构造样式简单，由二叠系、三叠系和侏罗系组成了隔档式褶皱，背斜紧闭，两翼产状较陡，核部出露二叠系；向斜开阔，两翼产状较缓，核部出露侏罗系。基底未卷入或微弱变形。

（二）前展式构造类型

中扬子地块西部在前展式构造模式发育过程中，受差异边界条件的制约，不同区的前展式构造模式不尽相同，可以识别出限制型、弱改造型以及强改造型3类前展式构造模式（陈孔全等，2020）。

限制型前展式构造模式位于中扬子地块西部北段，受神农架古隆起、黄陵古隆起与大巴山对雪峰构造域的限制，江南—雪峰古隆起所引起的NW向递进构造变形与之发生对突，形成"L"形联合构造，从而限制了递进变形的系统发育，造成前展式构造变形的不完整，仅发育冲断形变带和挤压断褶形变带［图5-2(a)］。

弱改造型前展式构造模式位于限制型结构模式以南、涪陵—武隆—彭水一线以北，在中生代NE向主体构造形成之后，未发育强烈的构造改造作用，具有较为完整的逆冲推覆构造结构，自江南—雪峰古隆起至川东，可以识别出冲断形变带、挤压断褶形变带、冲断—滑脱过渡带、前缘盖层断褶—滑脱带。其中冲断形变带、挤压断褶形变带的变形特征与限制型前展式构造变形模式类似［图5-2(b)］。

强改造型前展式构造模式：较之于湘鄂西地区弱改造型前展式构造变形模式，涪陵—武隆—彭水一线以南武陵山地区构造形态更为丰富。在早期NE向雪峰构造域形成之后，晚期还叠加了NNW向构造，且地层剥蚀强度大，以下古生界出露为主，褶皱较为紧闭，断层作用强度大［图5-2(c)］。

三、构造转换带

不同构造变形区，具有不同的改造强度和变形方式，而这些改造强度与变形方式在各区间相互存在构造转换。中扬子地块西部地区发育3个构造转换带（陈孔全等，2020）：

（一）湘鄂西断褶带与武陵山断褶带构造转换带

该构造转换带为弱改造型与强改造型前展式构造模式构造转换带。

转换带以北最主要而显著的构造线是大致呈NNE向的褶皱及其伴生断裂。这些褶皱相互平行交替排列，长达数十至百余千米，形成湘鄂西断褶带的主要构造，且褶皱宽缓开阔，轴面向ES向倾伏。

转换带以南，不仅NE向构造发育，而且发育近SN向构造，导致部分NNE构造由于受SN向构造的干扰或与之联合而形成弧形构造。另外，还存在一些不够显著的NNW向褶皱及其伴生断裂，叠加复合在NNE向构造之上，受NNE向构造所限制。这3组构造相互干扰、穿插、限制、联合，是不同时间、不同应力场或不同边界条件限制的结果。区内褶皱相对紧闭，褶皱两翼产状较陡峭。

（二）湘鄂西断褶带与川东断褶带构造转换带

齐岳山断层是东侧湘鄂西断褶带与西侧川东断褶带的水平构造变形模式褶皱转换处。其中齐岳山断裂带焦石坝段西侧的箱状背斜类型显示，隔槽式褶皱向隔档式褶皱构造转换过程中还存在中间褶皱类型。因此，自中扬子地块向上扬子区过渡转换带—齐岳山断层周缘的褶皱组合形式并非为隔槽式褶皱向隔档式褶皱转换的简单模式，而是在其间存在箱状构造，如焦石坝箱状背斜，以及武隆箱状向斜。

空间上，齐岳山断层为前寒武系区域滑脱断层的前锋带，至齐岳山断层以西，区域滑脱断层发育于寒武系中。因此齐岳山断层整体表现为冲断特征。

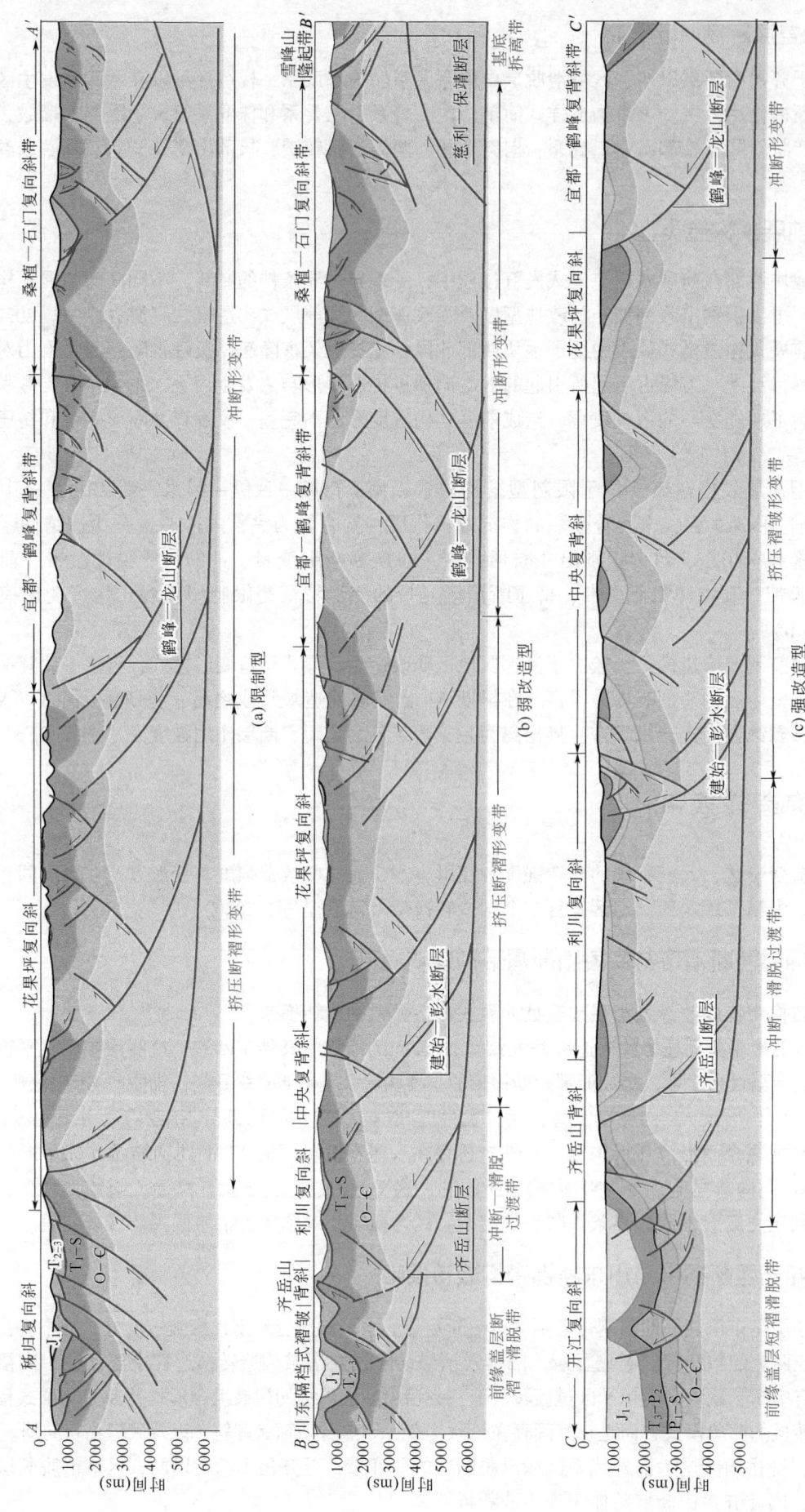

图 5-2　中扬子地块西部不同前展式构造模式图（据陈孔全等，2020）
剖面位置图见图 5-1

(三) 露头区与盆覆区构造转换带

以天阳坪断层为界，以西为海相露头区，以东为江汉盆地盆覆区，即为江汉盆地断陷作用与湘鄂西断块作用构造转换带。天阳坪断层位于转换带内，在地震剖面上具基底断裂的性质，以挤压特征为主，伴有一定的走滑作用，表现为多期活动的特征。

第三节 局部构造

实习工区主体构造为刘家场大背斜。与该大背斜相配置、伴生及有成因联系的各种局部构造、次级构造极为发育。在褶皱构造方面，工区内除刘家场大背斜外，还发育有断展、断滑、层间弯滑等褶皱作用造成的各种局部褶皱和次级褶皱构造。在大背斜北翼有断展褶皱作用造成的西家坡向斜和纸槽沟背斜；在大背斜的核部普遍发育滑脱作用造成的尖棱、箱状褶皱；在背斜的两翼（尤其是北翼）发育有层间弯滑作用造成的不对称层间次级褶皱。在断裂构造方面，工区内发育有逆冲、张性、压扭等类型齐全的断裂构造，在大背斜的北翼有区域上与之相配置的刘家场东西向逆冲断层；在松木坪有东西向区域引张造成的近南北向正断层组合，而在南翼雷家塌则发育有与南北向区域压扭作用伴生和配套的近北东向正断层；在大背斜南翼雷家塌至薛家洞一带和北翼李家湾有区域性压扭作用造成的右行平移断层组合。在节理构造方面，剪节理和张节理构造极为发育，在大背斜南翼雷家塌和薛家洞一带普遍发育与区域性压扭作用有关的近南北向剪切节理；在北翼刘家场断层上盘及松木坪发育次级伴生张节理和区域引张造成的纵张节理。工区主要构造现象分述如下。

一、褶皱

(一) 刘家场大背斜

刘家场大背斜平面上为一近东西向延伸的短轴背斜，东西长约25km，南北宽近5km，闭合高度约1000m，闭合面积达110km^2；剖面上为一南翼缓、北翼陡、开阔、略向北斜歪的不对称褶皱构造；其核部宽缓，转折端呈波状起伏（图5-3）。背斜核部地层为寒武系苗岭统覃家庙组（ϵ_3q）浅灰、深灰色中—厚层白云岩夹长石石英砂岩，两翼依次为寒武系芙蓉统三游洞组（ϵ_4s）浅灰、灰黑色白云岩，奥陶系（O）泥质岩—碳酸盐岩和志留系杂色笔石页岩、泥岩和碎屑岩。该大背斜北翼构造比较复杂，断裂和次级褶皱构造发育，地层倾角均在40°以上，局部大于70°，甚至倒转；南翼构造简单，为单倾构造，地层倾角约20°~30°；背斜核部次级滑脱褶皱极为发育，且类型丰富。

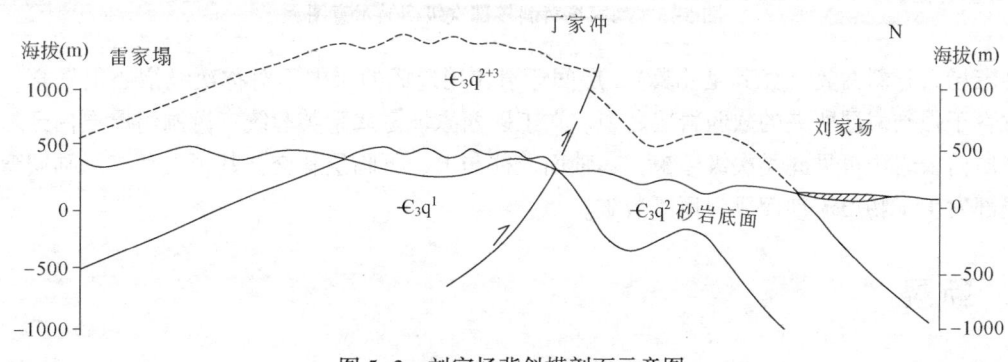

图5-3 刘家场背斜横剖面示意图

(二) 次级褶皱

工区次级褶皱主要发育于刘家场大背斜北翼和核部。大背斜北翼次级褶皱发育于刘家场东西向逆冲断层的上盘，由于先期形成的逆冲断层的断弯褶皱作用，翼部单斜地层被次级褶皱复杂化，典型构造有西家坡向斜和纸槽沟背斜。西家坡向斜和纸槽沟背斜均发育于寒武系芙蓉统三游洞组浅灰、灰黑色中—厚层状白云岩地层之中，近东西向延伸，向西自白龙泉出工区，向东延至纸槽沟随着下伏断裂作用逐渐减弱而过渡为不具规模的次级波状褶带，区内延伸近7km。该类褶皱构造南北宽100m左右，背斜北翼陡南翼缓，向斜则南翼陡北翼缓，轴面均向南倾斜，为典型的开阔型线性褶皱构造（图5-4）。

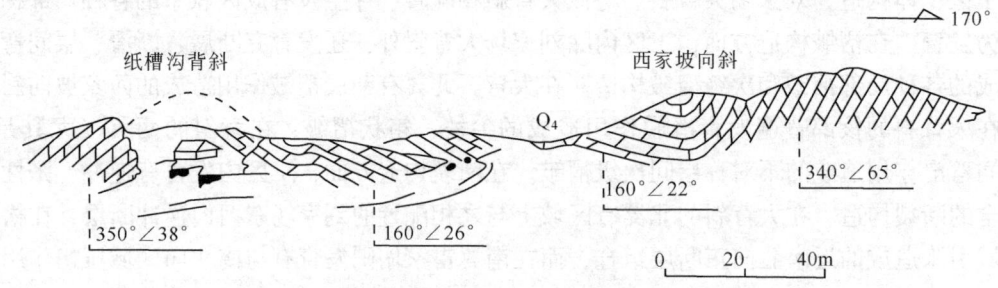

图5-4 西家坡刘家场背斜北翼次级褶皱信手剖面图

大背斜的核部普遍发育次级滑脱褶皱构造。该类褶皱均发育于寒武系苗岭统覃家庙组（ϵ_3q）白云岩地层之中，其中尤以覃家庙组（ϵ_3q）一段浅灰色中—薄层状白云岩夹泥质白云岩中更为发育，且褶皱类型丰富，变形强烈。这类褶皱一般规模很小，轴向上一般延伸几十至几百米，横向上大者不过百米，小者则1~2m，在平面上多为斜列式或平行式排列组合，剖面上为隔档式和隔槽式组合。在工区和尚天坑处可见非常典型的隔档式次级褶皱带。其中的次级背斜多为尖棱状，而向斜则为平缓开阔状，变形强烈处这种开阔向斜变形为反箱状构造。在工区西端梨子坑可见典型的隔槽式次级褶皱带，其中的次级背斜多为箱状褶皱，而向斜则为尖棱状褶皱，强烈变形往往造成箱状背斜的北翼陡倾、倒转，局部可见其北翼轴面倒卧呈近水平状（图5-5）。

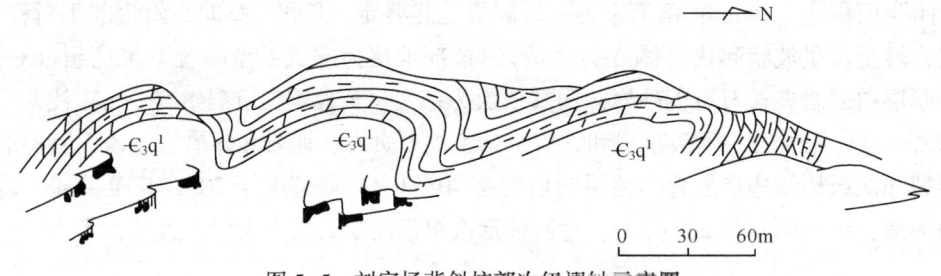

图5-5 刘家场背斜核部次级褶皱示意图

在刘家场大背斜两翼（尤其是北翼），层间弯滑作用造成的层内不对称次级褶皱很发育。这类褶皱往往发育于强硬岩层所夹的软弱岩层之中。在工区西家坡寒武系芙蓉统三游洞组厚层白云岩中所夹的薄层泥质白云岩中可见此类次级褶皱，其轴面往往与上、下临层斜交，其锐夹角指示临层弯滑运动方向。局部发生了物质流动而成为顶厚褶皱。

二、断裂

实习工区断裂构造较为发育，且类型齐全，主要断层介绍如下。

（一）刘家场逆断层

该断层发育于刘家场大背斜北翼，向西自温家塪出工区，向东经丁家冲至庆贺寺而逐渐减弱，且被刘家场北东向张（扭）性断层错断。该断层区内东西向延伸10km以上，是与刘家场大背斜相伴生的区域性逆冲断裂构造，造成了上盘下奥陶统南津关组（O_1n）地层由西向东分别与下盘奥陶系大湾组（$O_{1-2}d$）、红花园组（O_1h）和分乡组（O_1f）地层断接，其间有较大规模的地层缺失（图5-6）。该断层普遍发育50~100m的挤压破碎带，破碎带内见有断层角砾岩、构造岩块和断层泥；而断层上、下盘地层均发育构造劈理带。上盘刘家场大背斜北翼地层发育较大规模的断展次级褶皱，背斜核部地层普遍发育的隔档式和隔槽式次级滑脱褶皱也与此断裂有关。该断层西段规模较大，向东逐渐规模减小。如在温家塪可见上盘下奥陶统南津关组（O_1n）向北逆冲于大湾组（$O_{1-2}d$）之上；在南坡可见东西长500m、南北宽30~50m的红花园组（O_1h）地层呈构造岩块夹于断层带中；在丁家冲可见上盘南津关组（O_1n）地层向北逆冲于分乡组（O_1f）之上，在李家湾断裂带可见上盘分乡组（O_1f）和红花园组（O_1h），其中分乡组仅出露几米，绝大部分被上盘红花园组逆掩超覆或冲断缺失。同时，沿该断层有热液活动，形成重晶石矿脉（图5-7、视频27）。

视频27 刘家场逆断层

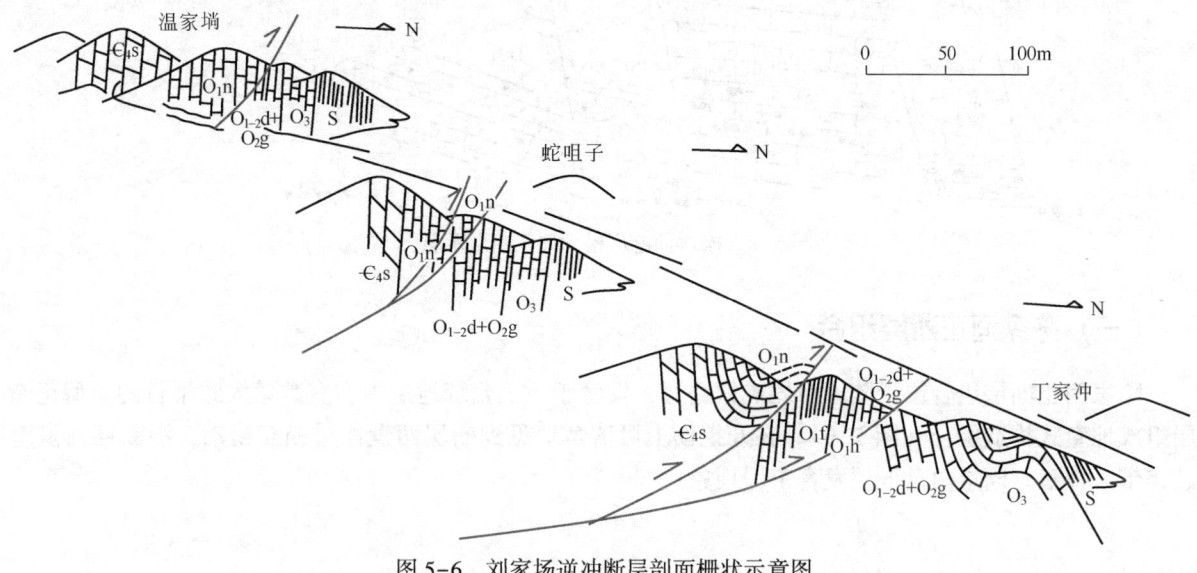

图5-6 刘家场逆冲断层剖面栅状示意图

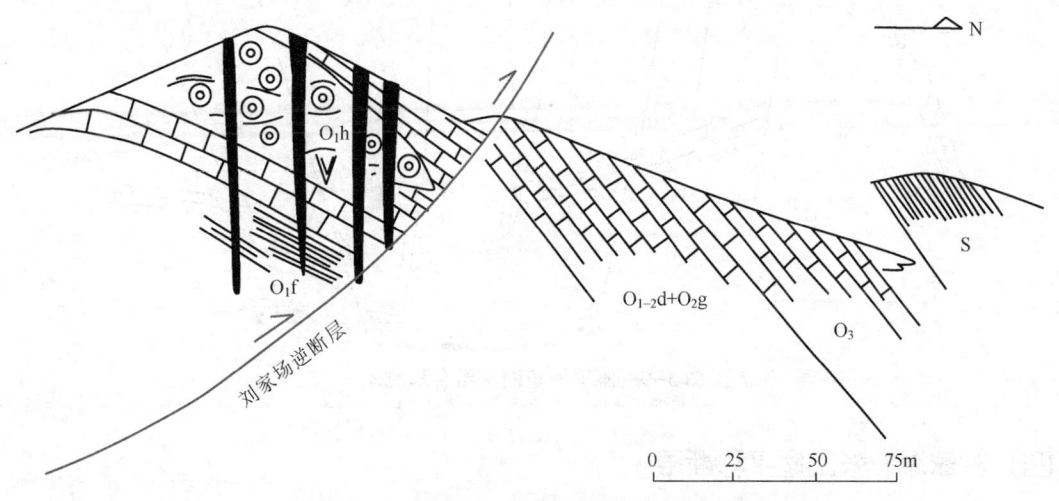

图5-7 刘家场李家湾重晶石矿剖面示意图

（二）松木坪正断层

该断层位于仁和平向斜东端，近南北向延伸 20km 以上，其南段切于刘家场北斜北翼，并转向为北东向。断层性质为张（扭）性正断层，断层西盘下降并向南错动，在刘家场背斜北翼造成了 1.5km 以上的左行错动。在松木坪电厂铁路旁可见 50~100m 的张性断裂带，该带内发育三条正断层，由东向西依次下滑，主断层上（东）盘为泥盆系石英砂岩，下（西）盘为石炭系—二叠系石灰岩、煤系地层（图 5-8）。该断层发育宽 30m 的断层角砾岩带，带内发育分选、磨圆度极不一致的断层角砾岩，大者砾径数十厘米，小者几厘米，角砾有棱角状、次棱角状和椭球状，甚至发育角砾化角砾岩，表明该断层经历了多期活动。在断层三角面上可见擦痕、阶步、断层膜等现象。松木坪断层组合及产状测量见视频 28。

视频 28 松木坪断层组合及产状测量

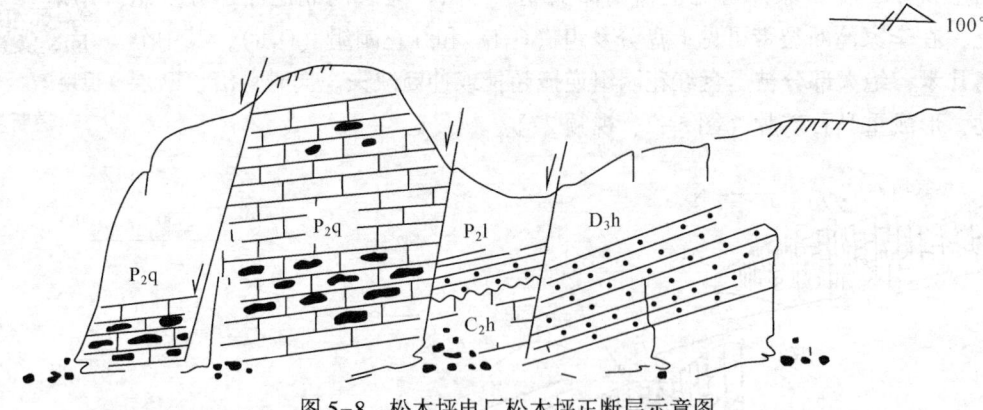

图 5-8 松木坪电厂松木坪正断层示意图

（三）陈家河正断层组合

陈家河正断层组合位于陈家河煤矿铁路旁，发育于下三叠统地层中，有数条大致平行的小型正断层组成地堑式构造组合（图 5-9）。在开挖面上可清楚地见到断层两盘地层相互错动，沿断层面发育破碎带、擦痕。断层两盘地层发育牵引现象。

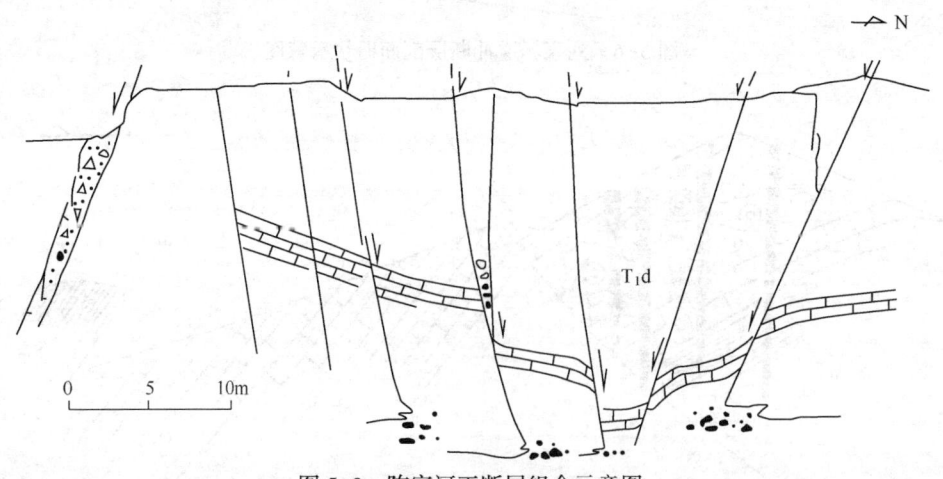

图 5-9 陈家河正断层组合示意图

（四）雷家塌、张山堰平移断层

雷家塌、张山堰平移断层均发育于刘家场大背斜南翼奥陶系、志留系之中，近南北向延伸达

4km，为一右行平移断层组合，造成了背斜南翼奥陶系—志留系的右行错断。该平移断层组合南段规模大，向北逐渐减弱，并消失于下奥陶统南津关组石灰岩之中。

张山堰断层在张山堰村旁简易公路旁可见东盘上奥陶统宝塔组（O_3b）龟裂纹石灰岩与西盘志留系笔石页岩沿走向断接。两盘地层均被牵引变形，并发育等间距的剪节理带（图5-10、视频29）。

雷家塌平移断层曾被前人命名为158平移断层。该平移断层不仅造成了整个奥陶系的右行平移错断，而且在其北段右行剪切作用派生的局部引张造成了西盘地区中发育一条北东向的正断层派生构造。雷家塌公路旁可见该子断层造成了奥陶系红花园组（O_1h）和大湾组（$O_{1-2}d$）地层重复出露（图5-11）。

视频29 张山堰平移断层

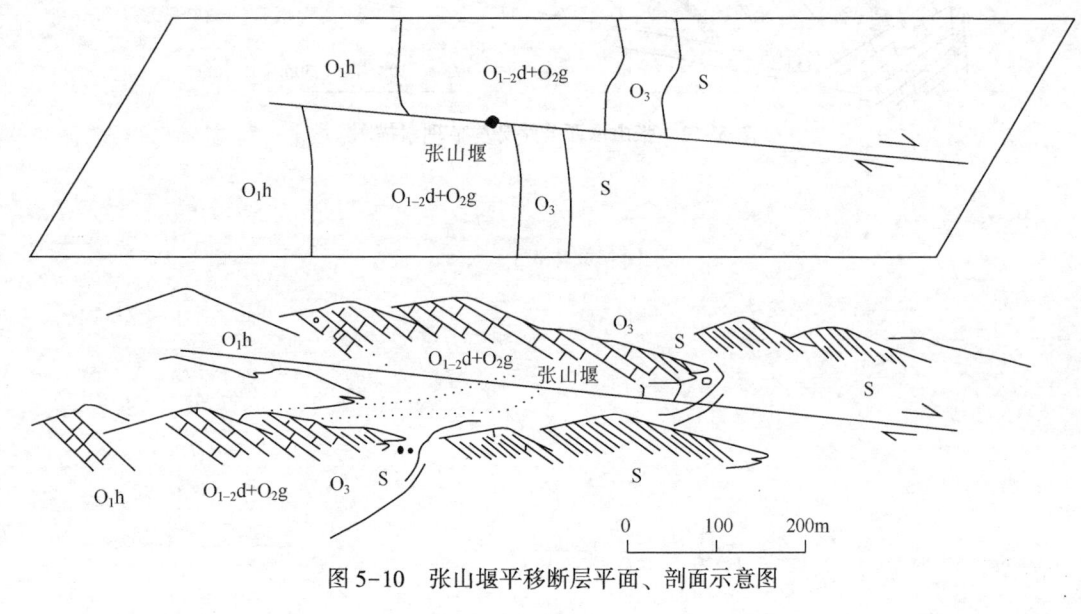

图5-10 张山堰平移断层平面、剖面示意图

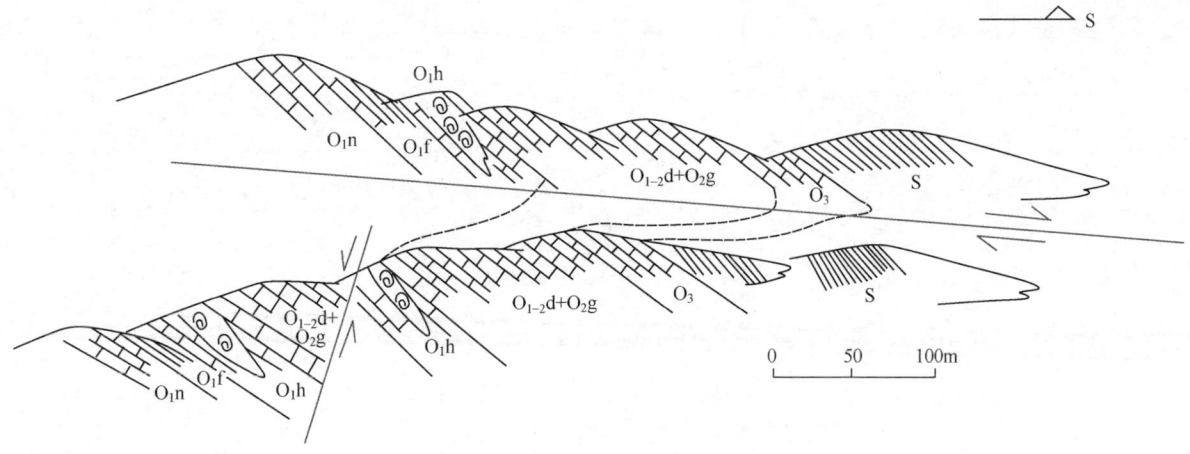

图5-11 雷家塌平移断层示意图

三、节理

实习工区节理构造较为发育。在大背斜南翼雷家塌至张山堰简易公路旁，上奥陶统临湘组瘤状石灰岩中极为发育剪节理。野外露头可见该组节理呈直线延伸，且等间距分布，其延伸方向与雷家塌、张山堰平移断层延伸方向一致，为同期应力场产物（图5-12）。在工区北翼松木坪正断层下盘地层中

有较为发育的张节理，在断面上多呈不规则锯齿状，延伸距离不大，在平面上呈羽状排列，与断面的锐夹角指示本盘运动方向，且多数被方解石后期充填。

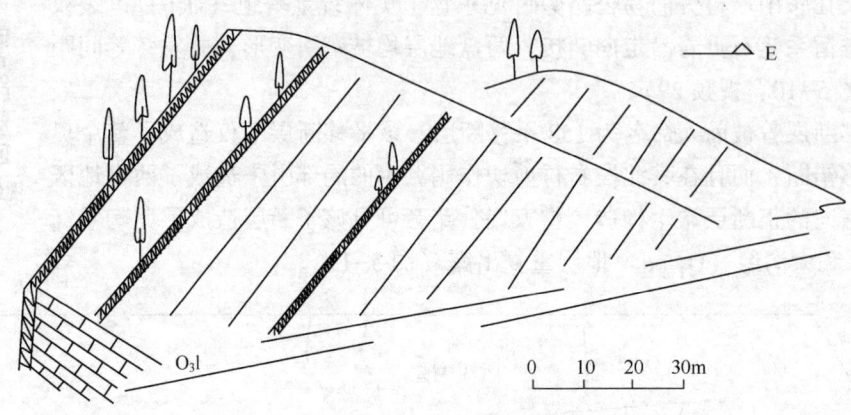

图 5-12　张山堰西公路旁剪节理素描图

第六章 地貌及第四纪地质

第一节 岩溶地貌

岩溶（喀斯特）地貌是具有溶解性能的水流对可溶性岩石长期以溶蚀作用为主、机械作用为辅所产生的特殊地貌。在三峡东部地区，从震旦系到三叠系，碳酸盐地层广泛分布，厚度大，各碳酸盐岩层建造、岩性、岩相垂向变化很大，岩溶地块深切，地表水及地下水丰富，因此相应的地表、地下喀斯特地貌发育。三峡东部地区以塌陷漏斗天坑、峡谷、锥状峰丛洼地等为代表的地表喀斯特和以大型溶洞、洞穴次生化学沉积等为代表的地下喀斯特非常丰富。

一、地面喀斯特地貌

三峡东部地面喀斯特地貌类型多种多样，主要有峡谷、石林、石芽、锥状峰丛、洼地、漏斗、天坑、落水洞、干谷、盲谷等，其中以丘峰洼地、漏斗天坑、喀斯特峡谷等为代表的地表喀斯特最为普遍，独具特色。下面论述本区主要的几种岩溶地貌。

（一）岩溶漏斗和岩溶洼地

它们是三峡东部地区岩溶地貌中常见的形态之一，它们有时不易严格区分，不过当地群众一般称岩溶漏斗为"坑"；而一般称岩溶洼地为"坪"。岩溶漏斗和岩溶洼地多位于分水岭上的各级岩溶夷平面上，尤以靠近长江及其支流深切峡谷的边缘最为密集，如西陵峡的宜昌峡段松门溪两岸山原期岩溶夷平面上岩溶洼地密如蜂窝（景才瑞，1985）。在较大的岩溶洼地中常有次一级的岩溶洼地，而在大一级的岩溶洼地中又有深陷的岩溶漏斗。这种叠置岩溶地貌形态现象在三峡地区多者可达3~4层，表明这里地壳有过多次的间歇性上升。

刘家场地区岩溶洼地和岩溶漏斗多发育于寒武系白云岩、白云质石灰岩分布区，如和尚天坑、水岩层一带，可见0.5~2km² 大小不等的多个溶蚀洼地。它们的特征是四周山峰环绕，中间低凹的盆状地形，没有地面流水出口，其中有溶斗或落水洞与地下泄水通道相通。洼地底部被第四纪黏土质土壤覆盖，为当地村落、农田所在。刘家场岩溶地貌见彩图14。

彩图14 刘家场岩溶地貌

（二）天坑和落水洞

天坑是一种特殊的岩溶地貌形态，曾经被国内岩溶学界称为大型塌陷漏斗。朱学稳（1991）将其定义为发育在碳酸盐岩层中，从地下到地面，四面岩壁峭立、深度和平面宽度常在百米以上的岩溶陷坑状负地形。天坑从成因分类有两种——塌陷形和冲蚀形，这两种类型在三峡地区均有发育。三峡东部地区大大小小的天坑众多，如长阳大堰乡赵家堰村的"万丈天坑"口沿直径达700m，天坑纵深300m左右，坑底有老虎洞、猪獾洞两处。

三峡地区落水洞被当地群众称为"天坑"，它多分布在岩溶漏斗、岩溶洼地到岩溶干谷的底部，其发育严格受构造裂隙控制，因此形态随裂隙而异。如西陵峡井状落水洞大致循层面裂隙发育，虽然深度不很大，但为数甚多，占二分之一强；而西陵峡的宜昌峡段落马洞天坑则是循南东30°左右垂直裂隙发育，垂直深度达350m左右，并以地下暗河通向南津关附近的长江岸边（景才瑞，1985）。刘家场和尚天坑北部也有落水洞发育。

（三）岩溶丘陵

三峡地区岩溶丘陵分布极为普遍，在鄂西高原上表现为峰林状的孤峰和坟丘状的残丘。它与岩溶洼地组成了区内主要形态组合类型。三峡东部地区高级岩溶剥夷面上可见到大残丘上附生小残丘，这是一种较典型的"地貌叠置"现象。岩溶丘陵的排列方向受构造所控制，尤其在褶皱较为紧密地区更为明显，其排列方向与构造线方向一致，如刘家场地区。

（四）石芽、溶沟和石林

溶沟是石灰岩表面上的一些沟槽状凹地，由地表水流溶蚀而成，沟谷宽深不一。石芽是溶沟之间溶蚀残留起伏的石脊。石芽、溶沟等地表岩溶现象、在三峡东部地区随处可见。尤其在质纯的碳酸盐岩地层中，石芽发育，如南津关组。在裂缝发育、性脆、成分不纯或白云石含量高的碳酸盐岩中，往往溶沟发育。如寒武系地层中溶沟发育，白云岩表面小溶沟发育，使得白云岩外表呈"刀砍纹"。这些刀砍纹是沿构造裂缝、白云岩表面风化裂缝、层间缝溶蚀形成。

奥陶系牯牛潭组为棕红色的泥质条带石灰岩，岩石成分不纯，富含泥质的条带溶解性弱，而富含钙质的层溶解性较强，形成差异溶解风化，因此在垂向上形成凹凸不平的"搓板状"，而在平面上，由于垂直层面的断层与裂缝发育，沿这些薄弱带发生溶蚀，地面形成棋盘状的溶沟，使得三峡东部地区牯牛潭组产状平缓区地貌呈现为独特的红色石林地貌，如刘家场雷家塌。有的地方牯牛潭组还发育单层蜂窝状形态的岩溶地貌，被认为是构造作用形成的劈理，多沿准同生期"龟裂纹"构造薄弱带发育，劈理与缝合线组合共同围限石灰岩砾石，后期地下水差异溶蚀形成蜂窝状（陈友智等，2021）。

二、地下喀斯特地貌

三峡东部地下以大型溶洞和丰富的洞穴次生化学沉积为代表的地下喀斯特为特征，包括溶洞、洞穴沉积、岩溶泉、瀑布、地下暗河等类型。

（一）溶洞

三峡东部地区溶洞十分发育，主要分布在岩溶洼地、坡立谷、岩溶沟谷的边缘以及河流的谷壁上，但它发育却严格受构造裂隙所控制，溶洞主要发育在寒武系、奥陶系及石炭系、二叠系地层中。按照溶洞形状与裂隙的关系，它可分为三个类型：沿层面裂隙发育的溶洞呈扁平状，如宜昌猫子洞；沿垂直裂隙发育的溶洞呈狭而高；沿层面和垂直裂隙发育的溶洞介于两者之间，如宜昌硝洞及实习区的松滋新神洞（彩图15）、古神洞（视频30）。

彩图15　新神洞

视频30　古神洞

溶洞的成层性是一种非常普遍的岩溶地貌现象，但各地层数不等，高程也不一。三峡东部地区一般有4层溶洞。第一层溶洞一般距江面0~15m，在整个峡谷两岸此层溶洞最多，洞口直径多为2~3m，洞内无泉华堆积，形态多为扁平状或三角形，其顶点多沿裂隙发育，底面与层面大致平行，即主要是沿岸层层面分布，如宜昌石龙洞标高与长江河漫滩和一级阶地相当。第二层溶洞高出江面 40~50m，洞内有泉华构成物，比第一层溶洞规模大，如风箱峡长江北岸所见溶洞，洞口形态为半圆形，洞阔 20m×20m，可见深度不足 10m，洞尾为坍塌堆积物所壅塞。第三层溶洞高出江面 80~100m，平均洞口直径比第二层更大，洞内泉华物更丰富。如风箱峡长江北崖的七道门溶洞有上下相距 5m 的两个洞口，洞深莫测，相距水面约 100m。第四层溶洞一般位于江面以上 200m，在跳石、杨家棚、培石等长江北岸均可见到（李愿军等，1996）。

在刘家场帽子山东侧二叠系石灰岩中溶洞发育。该处高度不同的溶洞至少有三层，下层高程约 180m，中层高程约 260m，上层约 280~300m，均为干涸的无流水溶洞，洞内钟乳石、石笋、石柱、石幔等地下沉积物千姿百态。在寒武系三游洞群中，新神洞、古神洞、葫芦洞也发育在不同的高程。很显然，这些洞穴形成较早，由于山区的多次抬升，河流下切，地下水面下降，使它们相对升高，进入包气带中。

（二）洞穴沉积

洞穴沉积是洞内各种物理、化学和生物堆积，堆积物既可来自洞外，也可来自洞内。洞穴沉积包括次生化学沉积、洞穴机械沉积、生物和文化层沉积等三大类型，这里主要介绍次生化学沉积和洞穴机械沉积。

1. 次生化学沉积

为区别洞穴围岩，凡在洞穴中由化学过饱和水体沉淀而成的后期化学沉积物统称为次生化学沉积，也叫钟乳石类沉积。按矿物成分，次生化学沉积可区分为碳酸盐沉积、硫酸盐沉积、磷酸盐沉积和其他矿物沉积。三峡东部地区主要为碳酸盐沉积，其主要矿物是方解石和文石，构成了洞穴自然景观的主体。按控制次生化学沉积形成的水流状态，可细分为 6 类：

（1）滴水沉积：由洞内滴水形成，又称为滴石类，包括石钟乳、石笋、石柱、鹅管等。其中鹅管和石钟乳是自洞顶往下生长；鹅管是空心的，直径较细；石笋自洞底往上生长；石柱则由石钟乳和石笋相向生长连接而成。这些在刘家场新神洞均有发育。

（2）流水沉积：由洞内流水形成，为流石类，可分为顶流石、壁流石和底流石。顶流石有水母石；壁流石包括石幔、石幕、石瀑布等；底流石包括流石坝、石梯田、钙板等。

（3）飞溅水沉积：由洞内滴落水溅飞的水雾或细微水珠而成，包括石葡萄、石棕榈片、石珊瑚等。

（4）池水沉积：形成于洞内积水池塘，如边石坎、穴筏、月奶石、池中晶花等。以上 4 类属于重力水沉积范畴。三峡东部地区次生化学沉积主要为重力水沉积。

（5）非重力水沉积：（如水雾、水汽等）结晶后，生成的沉积物不一定向下或向上生长，而是向各个方向生长，不受地球引力的影响。由洞壁洞顶或其他洞内沉积物表面毛细水形成，如石毛、卷曲石、晶花、晶霜等。

（6）协同沉积：由两种以上不同运动方式的水流协同作用而形成，如石蘑菇、莲花盆、穴珠、晶锥、棕榈状石笋等。

2. 洞穴机械沉积

洞穴机械沉积包括：（1）流水沉积，如砂、砾石、黏土等，一般是被流水自洞外携入的外源碎屑沉积；（2）崩塌沉积，是洞顶垮塌和洞壁及早期钟乳石类崩塌所产生的岩块堆积。

在松滋新神洞中，次生化学沉积与洞穴机械沉积均十分发育。新神洞位于洈水风景区的中部，是目前发现的洈水溶洞群中最具代表性、观赏性和研究性的溶洞。该洞发育于寒武系芙蓉统三游洞组灰质白云岩中。1998 年英国溶洞探险队进入 5100m 深处，未发现出口。新神洞目前已开发 1300m，对外开放 1000m，以"一绝、三奇、十大重点"和近百处千奇百怪的溶洞地质景观被誉为天下奇洞。

一绝：天宫大幕，即石幕，高16m，宽27m，面积超大，四边齐整，幕面平展，气势雄伟，为国内溶洞所罕见。三奇：一奇乃"迎宾瀑布"，高10m，宽8m，凌空飞泻迎宾，春夏秋冬依然，终年水温18℃左右；二奇乃边石坎（也称流石坝），单个边石坎高4m有余，造型多、特、异，多个边石坝体依次梯层递接，构成"沧海桑田"景观；三奇乃"乾坤神柱"，即石柱，高18m，周长12m，是一个由28片透明的薄石幔连接而成的放射型圆柱，地面的石笋向上发育，与其上端石壁上的钟乳石向下延伸，对接而成。2000年，新神洞被长江大学确定为"地球科学教学与实习基地"。

（三）岩溶泉

岩溶地下水是世界上最重要的供水水源之一，供应了大约25%世界人口的生产生活用水（袁道先等，2016；Kalhor et al.，2019）。相较于裂隙和孔隙含水层，岩溶含水层具有高度的非均质性。

彩图16 潮水洞岩溶水系统概念模型

与岩溶有关的泉水在三峡东部地区十分发育，如宜昌市点军区高岩村的潮水洞泉，是当地主要的饮用水源地和观赏景点之一。潮水洞泉无降雨补给时仍有规律地间歇性流出，是典型的岩溶间歇泉。它出露于石龙洞组地层中，地层呈小角度的单斜分布，产状134°∠7°。潮水河流域面积为4.05km²，潮水洞是流域内最主要的地下水排泄点，出露高程462m。石龙洞组和天河板组构成了潮水洞岩溶水系统的主要含水层。石牌组厚约为98m，是区域稳定的隔水层（郭绪磊，2020）。潮水洞岩溶水系统概念模型见彩图16。

实习区可见泉水多处，有基岩裂隙泉、溶洞泉，以及松散沉积物中的接触泉、侵蚀泉等。比较大的泉水如雷家塌村北公旁的雷家塌之侵蚀裂隙泉和葫芦洞之溶洞泉。雷家塌泉和葫芦洞泉均出露于寒武系三游洞组白云岩中。雷家塌泉泉水清澈、流量稳定，成为当地居民饮水、灌溉的重要水源。根据观察，该处白云岩节理裂隙极为发育，沿裂隙与层面的岩溶发育，可见泉水自宽大的溶蚀裂隙中流出，略具承压性（可见气泡自底部岩层中断续冒出），因此泉的成因类型主要为侵蚀裂隙泉（图6-1）。葫芦洞泉为间歇溶洞泉，溶洞悬挂于岩溶槽谷的谷壁上，在地面降水季节，溶洞泉水出水流量大，形成瀑布。

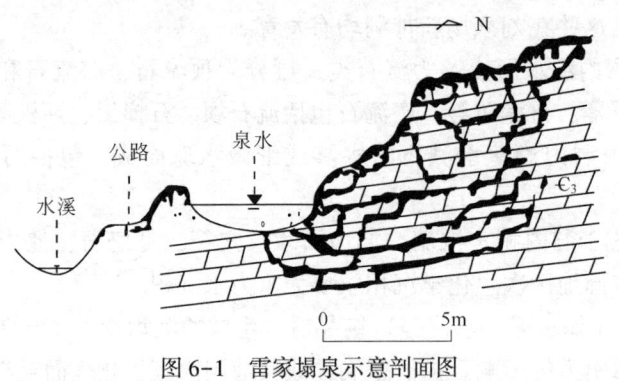

图6-1 雷家塌泉示意剖面图

第二节 层状地貌

层状地貌是新构造运动间歇性上升过程中由外营力形成的呈层状分布的地貌单元，一般具多级性，如多级阶地、多级夷平面和多级洪积扇等。三峡东部地区以多级夷平面、多级阶地为特征。

一、夷平面

夷平面有两种不同的观点：一种观点认为地壳长期稳定条件下，由各种外动力地质过程对地面进行剥蚀与堆积的统一过程中形成的一个近似平坦的地面，这个统一的夷平面各个部分成因和性质是很复杂的，各类剥蚀面、堆积面间的关系可以逐渐过渡、互相交错，即同一时期的夷平面可以是多成因的组合；另一种观点认为夷平面仅指剥蚀面而不包括堆积面，这说明夷平面的存在证明了在地貌和构造运动发展史上经历过长期稳定、地貌发育成熟的重要阶段。前人对三峡地区的峰顶高程分布得出了夷平面的高程及抬升速率（李愿军等，1996）。

表 6-1　三峡夷平面高程及抬升速率（据李愿军等，1996）

地文期		高程(m)	据今年代 (10^4a)	平均抬升速率 (mm/a)	备注
鄂西期	云台荒亚期	>1500	6500	>0.023	E 以来
	台风台亚期	1300~1500	2330	0.056~0.064	N 以来
山原期	周家地亚期	900~1200	248	0.363~0.484	Q_1 以来
	王家坪亚期	400~900	73	0.548~1.233	Q_2 以来
三峡期		<400	10	<4.000	Q_3 以来

刘家场一带峰顶高程多在 400~700m，如帽子山为 406m，关木山为 442m，西部最高峰达 696.9m，主要为山原期夷平面。

三峡地区鄂西期夷平面的地貌类型有：山顶顶部的喀斯特台地、背斜山或次成山—石英质岩石—山顶剥蚀平台、山顶岩溶峰林、岩溶洼地等。山原期夷平面上地貌类型有喀斯特溶原面、喀斯特台地、石灰岩盆地、溶蚀残丘和溶蚀洼地、坡立谷等（屈波，2005）。

二、阶地面

阶地是内外动力地质作用共同造成的现象，即在地壳不断或间断性上升的背景下由河流的垂直侵蚀、侧向侵蚀及堆积作用交互形成的，是河流发育历史的遗迹。因此阶地的现象和研究对于了解、构造演化史、河流发育史有重要的意义。关于长江三峡段河流阶地的级数，不同学者有不同的观点和看法。巴尔博认为，三峡内没有或很少有阶地存在。沈玉昌在《长江上游河谷地貌》一书中认为，重庆—奉节段一般只有 5 级阶地，奉节—宜昌段阶地有 10 级。20 世纪 80 年代以来，由于采用新的技术和测年方法，同时考虑到洪水水位高程因素，对长江阶地的划分有了新的认识（陈宝冲等，1996；李愿军等，1996；田陵君等，1996；向芳等，2005），确定出了长江三峡阶地的时代和级序（表 6-2），普遍认为三峡地区一般有 5 级阶地（表 6-3）。

表 6-2　长江三峡阶地的时代和级序（据陈宝冲等，1996）

测试方法	^{14}C	^{14}C	热发光	热发光	古地磁
测定时代(距今)	1 万多年	2.4 万年	约 9 万多年	11 万多年	73 万年
阶地级序	Ⅰ	Ⅱ	Ⅲ	Ⅳ	Ⅴ

表 6-3　长江三峡阶地高程（据陈宝冲等，1996）　　　　　（单位：m）

阶地次序 \ 地点	云阳	奉节	巫山	秭归龙江	茅坪三斗坪	宜昌	宜都
Ⅴ						152	100
Ⅳ	207	200	195	166		125	83
Ⅲ	175	170	163	135		90	75
Ⅱ	140	140	130	105	95	75	60
Ⅰ			82	80		60	53

在刘家场地区，根据观察，沧水河谷有阶地 3~4 级，边山河附近阶地主要位于北岸，Ⅰ级为堆积阶地，Ⅱ、Ⅲ级阶地为基底阶地。阶地面上堆积物为砾石层和黏土、亚黏土等。刘家场镇区河流阶地可达 5 级，两岸分布不对称，高级阶地多位于镇区西北部，已被近期流水切割成零散的山丘。Ⅰ级阶地为堆积阶地。平均高程约 135m，主要农田和居民区均位于这一阶地面上。Ⅱ、Ⅳ级阶地均为基底阶地。Ⅱ级阶地高程约 140~145m，已被切割或人工改造成与Ⅰ级间已无明显的陡坎。Ⅲ、Ⅳ级阶地已被切割成低矮山丘。阶地面上有 Q_2 砾石层及红色黏土沉积，高程分别为 150m 和 155~160m。Ⅴ级阶地高程 180~200m，为河两岸系列基岩组成的山丘，阶地面上没有流水沉积物或残留有巨大的砾石或漂砾，可能相当于局部夷平面性质。另外，实习区内曲河流沉积地貌也可见及，滑坡等地质灾害地貌也有发育（视频 31）。

视频 31　曲流河及地质灾害地貌

第三节　三峡地貌的形成

长江三峡以其奇山秀水展现出自然界鬼斧神工的魔力，今日峭壁千仞、危崖耸立、怪石嶙峋、惊涛拍岸的峡谷山川，记载着亿万年的沧桑。

一、河流袭夺促使"一江春水向东流"

今日三峡地区已成为举世闻名的游览胜地、科学研究者的宝库。那么，它是如何演变、发展的呢？近一个世纪以来，经过地质学家们艰苦卓绝的考察研究，终于揭开了它的奥秘。

大约在 1.35 亿年前，由于早燕山运动的影响，在此之前形成的近万米厚的地层全部褶断变形，三峡地区及周围的群山就是这次地层变形的产物。三峡地区正好位于长江以北的大巴山脉及以南的大娄山、武陵山的交汇处，其间为巫山山脉。当时的地貌特征为，三峡地区为山地，以西为古巴蜀湖（相当于现今的四川盆地），以东为古云梦泽（相当于现今的江汉盆地）。三峡地区山地两侧的河流，西侧向西流入古巴蜀湖，东侧向东流入古云梦泽，巫山山脉是分水岭。大约在 23.3Ma 前，我国的地势已出现西部高、东部低的格局，这就打下了"一江春水向东流"的基础。与此同时，三峡地区西部的古巴蜀湖东边，伴随着三峡地区山地的不断抬高而上升，而三峡地区东部的古云梦泽的沉降中心则逐渐东移，整个地势也在慢慢地相对下降，与巫山山脉之间的高差进一步加大。这时，分布在分水岭东坡的河流因加大了落差，向源侵蚀的力量大大增强。河流在向下切割河床的同时，它的源头也不断地向分水岭的方向侵蚀和延伸，这种现象就叫"向源侵蚀"。向源侵蚀的结果是，河流的源头最终将爬上分水岭，削低山脊。向源侵蚀作用强的河流，首先切开分水岭，伸向另一侧向源侵蚀作用较弱的河流源头，掠夺它的水源，这就是河流的袭夺现象。

在三峡地区古老的巫山山脉上，山脊两侧的河流展开了一场漫长而又激烈的争夺。由于东侧的河流地势高差大，向源侵蚀作用强，终于夺走了巫山山脉西侧流入古巴蜀湖、西昌湖的江水，使它掉头东流，沿着仙女山和天阳坪两条断裂带造成的低洼地带，逶迤绕过黄陵背斜核部南缘，向东奔流而去。地质学家们在三峡的东边宜昌一带，研究了长江河床底部的沉积物，发现其中砂、砾石有的来自黄陵背斜，有的出自三峡以西地区。这一事实，证明了这一漫长而激烈的河流夺水过程的客观存在。

二、地质作用形成了三峡神奇画廊

地质学家们发现，分布在三峡地区与现在的长江流向基本上一致的 800~1000m 高的夷平面，大约是新近纪以后的流水冲刷而形成的。就在这些夷平面上，人们发现了许多大约生存在 200 万年前的古哺乳动物化石,如犀牛、大熊猫、剑齿象、巨貘等。这说明,在200万年前三峡地区曾是一块富饶的土地,也是陆地上动物繁衍生息的场所。200万年过去了,这里已经上升了800~1000m。上述事实说明,三峡两侧河流刚刚沟通的早期,这里没有高山峻岭,也没有大的悬崖峭壁,可能是一个丘陵地带。现今的地势是在后来来自北及南东方向挤压力的联合作用下不断抬升的结果。地势的升高,使河水对河床底部的下切力作用增大,河槽不断加深,河流两岸的峡壁也就日渐陡峭。这种作用,今天仍在进行着,例如黄陵背斜西南端有个海拔高1084m的仙女山,经测算还在以每年0.1mm左右的速度不断增高(林甲兴等,1991);又如,根据1954—1971年重复水准测量成果分析,黄陵背斜相对于江汉盆地西缘平均每年上升0.4mm(张或丹,1986)。这些数字看来微不足道,要知道,如果这种上升的速率持续下去2000万~7000万年后,这里可能又是一座高达8000m以上的山峰。

自古以来,人们传颂:瞿塘峡雄伟壮丽,巫峡幽深秀丽,西陵峡滩多流急。推本溯源,这些与三峡地区的地质结构有关,即地质作用的结晶。三峡的西边,是2.08亿~1.35亿年前(侏罗纪)沉积的砂岩、泥岩构成的四川盆地东缘,那里河谷开阔、川流平缓。夔门之内,瞿塘峡两岸大多是由2.50亿~2.35亿年前(早—中三叠世)的石灰岩组成,质地坚硬而致密,河谷狭窄。而夔门的位置又恰处于宽谷和狭长的瞿塘峡谷交汇处,它就像一座巨大的闸门扼住了江流的去路。江流一旦从宽阔的航道突然挤进峡谷,俨然水流从大口径水道冲进小口径水管一样,压力就会猛增,必然会出现江流奔腾咆哮的壮观景象,河床的下切力也随之成倍增大,地势的奇险就此而形成。

瞿塘峡与巫峡之间,主体为巫山向斜,向斜核部主要出露中三叠统巴东组泥质石灰岩、黏土岩及上三叠统沙镇溪组砂岩、页岩。由于峡江两岸岩性较软弱,容易被流水冲刷侵蚀,故形成了两峡间的宽谷带。幽深秀丽的巫峡江岸,主体也是2.50亿~2.08亿年前沉积的石灰岩,岩层较薄,江流的流向与岩层走向大致平行或斜交。由于岩层薄,故在派生应力场的作用下产生了许许多多千姿百态、造型美观的小褶皱和裂缝。这些裂缝分别以北东向和北西向裂开,把薄薄的岩层分割成许多菱形块体。江流沿着这些裂缝逐渐向下切割,年深月久,就把长江河道改造成今日迂回曲折、幽深秀丽的峡谷及峡江两岸神态各异的巫山十二峰等诸多美景。

巫峡与西陵峡之间,是秭归复向斜,地层主要是2.35亿~1.35亿年前(晚三叠世及侏罗纪)沉积的砂、泥岩。由于峡江两岸岩性较软,故在这2个峡谷间也形成了宽谷带。西陵峡自香溪到宜昌,江流切割了距今10多亿年以来沉积的各种岩石,包括石灰岩、石英岩、砂岩、泥岩,以及花岗岩等岩浆岩。这些受黄陵背斜控制的软硬不均、性质不同的岩石相间排列在沿江两岸。河谷的宽窄受到岩石类型的控制,河流流向又受到黄陵背斜上北东、北西向两组裂隙的控制,故在此处形成了宽窄相间的锯齿状河槽。在此基础上,奔腾的江水落入河槽,犹如潜藏在水中的蛟龙上下翻滚;江流和突兀于江底的岩石相遇,产生回流和漩涡;山麓崩塌的巨大岩块落入河床,形成了水中的屏障,阻挡着江流的奔泻;石灰岩分布区经地下水溶蚀作用形成许多溶洞、锅穴和暗河,又增添了江流的复杂变化。这些因素汇成一体,就形成了西陵峡滩多流急的特色(彩图17)。

彩图17 长江三峡地貌

第七章 野外地质教学路线指南

第一节 地层沉积相与地貌第四纪地质教学路线

实习区地层沉积相与第四纪地质地貌路线包括 11 条，其中宜昌、秭归、兴山、南漳、远安、宜都一带 3 条，松滋地区 8 条。以下详细介绍。

一、宜昌莲沱镇—石牌

（一）教学目的与要求

1. 教学目的

本条路线主要观察并描述地层，了解各地层单位的划分原则与标志，熟悉崆岭群、南华系、震旦系—寒武系纽芬兰统、第二统所包含的岩石地层单位及环境特征。掌握岩浆岩、变质岩的特征，掌握大陆冰川沉积、河流沉积、碳酸盐缓坡体系与台地体系沉积露头沉积特征。培养地质研究兴趣，训练地质思维。

2. 要求

认真观察本条路线地层单位类型及岩性、古生物、接触关系和沉积构造等现象；观察花岗岩、脉岩、崆岭群变质岩及其与南华系接触关系，以及捕虏体特征。学习花岗岩、片麻岩、孔兹岩、冰碛岩、古杯礁灰岩等的识别方法，盆地、缓坡、碳酸盐台地等相类型的相标志，剖面相序，亚相或微相沉积特征；学习并编绘沉积构造素描图、信手剖面图；学习罗盘的使用操作。

（二）观察内容与要点

（1）太古宙—古元古代崆岭群变质岩系。
（2）前南华系黄陵花岗岩，多期岩脉穿插关系。
（3）南华系莲沱组辫状河沉积以及南沱组冰碛岩、莲沱组底部不整合接触关系。
（4）震旦系陡山沱组白云岩夹黑色页岩和灯影组白云岩。
（5）寒武系纽芬兰统至第二统水井沱组黑色页岩，石牌组粉砂岩，天河板组鲕粒石灰岩、泥质条带石灰岩以及古杯礁灰岩，石龙洞组含石膏白云岩。

二、松滋水岩屋—和尚天坑—西家坡

(一) 教学目的与要求

1. 教学目的

本条路线主要观察并描述地层，了解寒武纪苗岭世地层单位的划分原则与标志，并熟悉其所包含的岩石地层单位及环境特征。掌握局限台地、蒸发台地、开阔台地相的露头沉积特征，掌握岩溶地貌的发育特征。开展地质工作基本技能与地质思维的训练。

2. 要求

认真观察本条路线地层单位类型及岩性、古生物、接触关系和沉积构造等现象；观察局限台地碳酸盐潮坪、潟湖、碎屑潮坪、开阔台地浅滩、滩间海等类型的相标志，剖面相序，亚相或微相沉积特征；观察岩溶洼地、落水洞、石芽等岩溶地貌特征；学习并编绘沉积构造素描图、信手剖面图；学习罗盘的使用操作方法及地形图的认读方法。

(二) 观察内容与要点

(1) 覃家庙组一段地层及岩性特征，包括白云岩、泥质白云岩、颗粒白云岩、石盐、石膏假晶、层理及白云岩外表的"刀砍纹"等现象，局限台地沉积特征。

(2) 覃家庙组二段长石石英砂岩及沉积构造特征、碎屑潮坪沉积特征。

(3) 和尚天坑外貌特征、溶蚀洼地及其内的落水洞等岩溶地貌现象。

(4) 覃家庙组三段的岩性特征及沉积相标志、砂屑白云岩及砾屑石灰岩等。

(5) 覃家庙组四段的岩性特征及沉积相标志、微晶—粉晶白云岩、波状及层状叠层石等现象。

三、松滋金竹园—古神洞—新神洞

(一) 教学目的与要求

1. 教学目的

本条路线主要观察并描述地层，了解寒武纪芙蓉世地层单位的划分原则与标志，并熟悉其所包含的岩石地层单位及环境特征。掌握局限台地、开阔台地相沉积特征，以及地下喀斯特地貌特征。

2. 要求

认真观察本条路线地层单位类型及岩性、古生物、接触关系和沉积构造等现象；观察开阔台地浅滩、滩间海、局限台地潮坪等沉积相类型的相标志，剖面相序，划分亚相、微相等；学习了解洞穴次生化学沉积与洞穴机械沉积特征，学习并编绘沉积构造素描图、岩溶地貌素描图、信手剖面图。

(二) 观察内容与要点

(1) 三游洞组地层及外貌特征：微晶—粉晶白云岩、颗粒白云岩及白云岩"刀砍纹"外表特征，三游洞组底界及与覃家庙组界线。

(2) 三游洞组沉积构造特征，包括羽状、楔状、波状、平行层理及丘状交错层理。

(3) 三游洞组波状叠层石。碳酸盐潮坪、浅滩、滩间海、潟湖及风暴沉积等亚相、微相特征。

(4) 古神洞、新神洞洞穴沉积物，包括石钟乳、石笋、石柱、石幔、洞穴机械沉积等。

四、松滋田州山——码头

(一) 教学目的与要求

1. 教学目的

本条路线主要观察并描述地层,了解奥陶纪地层单位的划分原则与标志,并熟悉其所包含的岩石地层单位及环境特征。掌握开阔台地、台地生物礁、沉没台地等相露头沉积特征。

2. 要求

认真观察本条路线地层单位类型及岩性、古生物、接触关系和沉积构造等现象;观察生物礁、开阔台地等相的相标志,浅滩、滩间海、浅陆棚、深陆棚等亚相类型的相标志,剖面相序,亚相或微相沉积特征;了解南津关组的石芽、牯牛潭组的红色石林等岩溶地貌,学习并编绘沉积构造素描图、信手剖面图。

(二) 观察内容与要点

1. 下奥陶统

南津关组四个段的岩性和三叶虫、腕足类、笔石和头足类生物化石特征。一段的平行层理、槽状交错层理;二段的波状叠层石及柱状叠层石等,以及条带状泥晶石灰岩;三段的白云质石灰岩及凝块石云质石灰岩;四段的羽状交错层理、浪成交错层理等。南津关组中的石芽等岩溶地貌。

分乡组两个段的岩性、沉积构造,三叶虫、腕足类、笔石和头足类生物化石特征;分乡组一段的颗粒石灰岩种类(砂屑、鲕粒、核形石和生物碎屑)和特征;分乡组二段的波状叠层石与柱状叠层石逐渐过渡及柱体间的水道沉积等特征。

红花园组的岩性,三叶虫、腕足类、笔石和头足类生物化石特征;红花园组生物礁的鉴别特征,造礁生物的类型、大小及含量等特征。生物礁亚相、微相的划分。

2. 中奥陶统

大湾组三个段的岩性、沉积构造,三叶虫、腕足类、笔石和头足类生物化石特征;大湾组一段的岩性特征及海绿石;大湾组二、三段瘤状构造及成因。

牯牛潭组岩性特征、生物化石特征、外表差异风化现象以及红色石林地貌。

3. 上奥陶统

大田坝组、宝塔组、临湘组岩性特征,头足类和三叶虫生物化石特征,宝塔组龟裂纹特征与成因。临湘组与志留系龙马溪组平行不整合接触关系。五峰组缺失的原因。

五、松滋丁家冲—关木山

(一) 教学目的与要求

1. 教学目的

本条路线主要观察山区河流地质作用特征,同时描述志留纪地层。了解志留纪地层单位的划分原则与标志,并熟悉其所包含的岩石地层单位及环境特征。掌握盆地、斜坡、陆棚、无障壁滨岸露头沉积特征。

2. 要求

认真观察河流沉积物及河流阶地，以及本条路线地层单位类型及岩性、古生物、接触关系和沉积构造等现象；观察盆地、斜坡、陆棚、无障壁滨岸相等类型的相标志，剖面相序，亚相或微相沉积特征等；学习并编绘河流阶地、沉积构造素描图、信手剖面图等。

（二）观察内容与要点

1. 山区河流地质作用特征

凸岸沉积、凹岸侵蚀现象；河流边滩、河漫滩沉积物特征；河流阶地及其意义。

2. 志留纪地层及沉积特征

龙马溪组的岩性、层理及层面构造和笔石等生物化石特征，龙马溪组与下伏奥陶系平行不整合接触关系。盆地相、斜坡相及深水原地沉积、浊积岩等异地沉积的特征，深陆棚亚相沉积特征。

罗惹坪组的岩性、沉积构造，腕足类、珊瑚、三叶虫和笔石等生物化石特征，顶、底部石灰岩。浅陆棚相特征。

纱帽组的岩性、沉积构造和笔石和三叶虫等生物化石特征，纱帽组与上覆泥盆系平行不整合接触关系。碎屑潮坪相特征。

六、松滋关木山—三溪口—汪家塝

（一）教学目的与要求

1. 教学目的

本条路线主要观察并描述地层，了解泥盆纪—石炭纪地层单位的划分原则与标志，并熟悉其所包含的岩石地层单位及环境特征；了解相关地层的接触关系和意义。掌握滨岸相、有障壁滨岸相、局限台地、开阔台地露头沉积特征。

2. 要求

认真观察本条路线地层单位类型及岩性、古生物、接触关系和沉积构造等现象；观察前滨、近滨、远滨、潮上—潮间带坪、潮汐通道、潟湖等类型的相标志，剖面相序，亚相或微相沉积特征等；学习并编绘沉积构造素描图、信手剖面图及地层接触关系素描图。

（二）观察内容与要点

1. 泥盆纪地层沉积特征

云台观组岩性和沉积构造，石英砂岩及平行层理、低角度交错层理、楔状交错层理等，云台观组与下伏纱帽组平行不整合接触关系。

黄家磴组岩性、化石和沉积构造。化石包括古植物、腕足类以及鱼类，沉积构造有槽状交错层理、泥裂。矿物有鲕状赤铁矿等。

写经寺组岩性、化石和沉积构造。化石包括古植物和腕足类。沉积构造有菱铁矿结核。

2. 石炭纪地层沉积特征

金陵组岩性及化石，白云质石灰岩及珊瑚、腕足类化石，与下伏写经寺组的接触关系。

高骊山组岩性、沉积构造及化石，粉砂岩、泥岩，植物、腕足类化石。

和州组岩性、沉积构造及化石，泥质石灰岩、粉砂岩、石英砂岩（反粒序层序），大型槽状交错层理，珊瑚、腕足类等化石。

大埔组岩性及化石，白云岩、白云质石灰岩，珊瑚、蜓类化石等。

黄龙组岩性、沉积构造及化石，粉晶石灰岩、生屑石灰岩及白云质石灰岩，珊瑚、腕足类及蜓类等化石。本路线中船山组缺失，黄龙组与上覆中二叠统梁山组呈平行不整合接触关系。

汪家塝水泥厂一带可见上白垩统下部罗镜滩组红褐色中—厚层砾岩与下二叠统栖霞组呈角度不整合接触。古近系红层岩性与沉积环境。

七、松滋桃树乡—险桥

（一）教学目的与要求

1. 教学目的

本条路线主要观察并描述地层，了解二叠纪至早三叠世地层单位的划分原则与标志，并熟悉其所包含的岩石地层单位及环境特征。掌握障壁滨岸、碳酸盐缓坡、局限台地、开阔台地、斜坡、盆地相的露头沉积特征。

2. 要求

认真观察本条路线地层单位类型及岩性、古生物、接触关系和沉积构造等现象；观察障壁滨岸、碳酸盐缓坡、局限台地、开阔台地、斜坡、盆地相等相沉积特征，总结识别标志等；学习并编绘沉积构造素描图、信手剖面图。

（二）观察内容与要点

1. 中二叠统

梁山组的岩性、沉积构造和腕足类、古植物等化石特征。平行层理、楔状交错层理等。与下伏黄龙组不整合接触关系。障壁滨岸（潮坪、潟湖、障壁岛）沉积特征。

栖霞组岩性和腕足类、珊瑚及蜓类等化石特征。深灰色石灰岩、臭灰岩，燧石结核、条带及眼球状石灰岩的外貌特征观察。碳酸盐缓坡相沉积特征。

茅口组岩性和腕足类、珊瑚及蜓类等化石特征。含砾屑泥晶石灰岩及燧石结核等外貌特征观察。碳酸盐缓坡相沉积特征。

2. 上二叠统

吴家坪组岩性和腕足类和菊石等化石特征。硅质岩、硅质碳质页岩及石灰岩透镜体的外貌特征观察。与下伏茅口组不整合接触关系。开阔台地、局限台地相沉积特征。

长兴组吴家坪组岩性，腕足类和蜓类等化石特征。燧石条带石灰岩、泥晶石灰岩观察。

3. 下三叠统

大冶组岩性和双壳类和菊石等化石特征。薄板状石灰岩、砾屑泥晶石灰岩外貌特征观察。与下伏长兴组不整合接触关系。盆地、斜坡相沉积特征。

嘉陵江组岩性、双壳类等化石特征。石灰岩及白云质石灰岩、鲕粒石灰岩及角砾状石灰岩观察。浅滩、开阔台地、局限台地沉积特征。

八、远安—南漳

(一) 教学目的与要求

1. 教学目的

本条路线主要观察并描述地层，了解中—晚三叠世地层单位的划分原则与标志，并熟悉其所包含的岩石地层单位及环境特征。掌握局限台地、碎屑潮坪、河流、湖泊相的露头沉积特征。

2. 要求

认真观察本条路线地层单位类型及岩性、古生物、接触关系和沉积构造等现象；观察局限台地、碎屑潮坪、河流、湖泊相沉积特征与相标志，划分亚相或微相；学习并编绘沉积构造素描图、信手剖面图。

(二) 观察内容与要点

1. 中三叠统

巴东组岩性和双壳类等化石特征。杂色粉砂岩与页岩、石灰岩、泥质石灰岩夹鲕粒石灰岩观察。局限台地、碎屑潮坪沉积特征。

2. 上三叠统

九里岗组岩性和双壳类、古植物等化石特征。粉砂岩、泥质粉砂岩、泥岩及煤线观察。湖泊、河流相河漫沼泽等微相沉积特征。

王龙滩组岩性和双壳类、古植物等化石特征。石英砂岩、长石石英砂岩观察。河流相沉积特征。

九、秭归—兴山

(一) 教学目的与要求

1. 教学目的

本条路线主要观察并描述地层，了解侏罗纪世地层单位的划分原则与标志，并熟悉其所包含的岩石地层单位及环境特征。掌握曲流河、三角洲、湖泊相的露头沉积特征。

2. 要求

认真观察本条路线地层单位类型及岩性、古生物、接触关系和沉积构造等现象；观察曲流河、三角洲、湖泊等相类型的相标志，剖面相序，亚相或微相沉积特征等；学习并编绘沉积构造素描图、信手剖面图。

(二) 观察内容与要点

1. 下侏罗统

香溪组岩性和双壳类、古植物等化石特征。细砂岩、泥质粉砂岩、页岩夹煤层。与下伏上三叠统王龙滩组呈整合接触关系。

2. 中侏罗统

千佛崖组岩性和双壳类、古植物等化石特征。杂色泥岩及粉砂岩，槽状、楔状交错层理。

沙溪庙组岩性和介形虫、古植物等化石特征。杂色泥岩及细砂岩。槽状、楔状交错层理。

3. 中侏罗统

遂宁组岩性和化石特征。杂色砂岩及泥岩。

蓬莱镇组岩性和介形虫、古植物等化石特征。杂色砂岩及泥岩，冲刷面，槽状、楔状交错层理。

十、宜昌—松滋

（一）教学目的与要求

1. 教学目的

本条路线主要观察并描述地层，了解白垩纪世地层单位的划分原则与标志，并熟悉其所包含的岩石地层单位及环境特征。掌握冲积扇、辫状河流相的露头沉积特征。

2. 要求

认真观察本条路线地层单位类型及岩性、古生物、接触关系和沉积构造等现象；依据沉积特征学习划分冲积扇、辫状河流相的亚相、微相类型；学习并编绘沉积构造素描图、信手剖面图。

（二）观察内容与要点

1. 下白垩统

石门组岩性和化石特征。以宜昌西陵峡口一带发育最好，砾岩夹泥质粉砂岩。不整合于下伏不同地层之上。冲积扇相沉积特征。

五龙组岩性和古植物化石特征。在宜昌及五龙、窑湾发育较好。细、中粒砂岩夹粉砂岩和粉砂质泥岩。河流相沉积特征。

2. 上白垩统

罗镜滩组岩性和化石特征。厚层—块状砾岩，不整合于下伏不同地层之上。冲积扇相沉积特征。

红花套组岩性和恐龙蛋化石特征。棕红色块状细砂岩，风成砂岩。

跑马岗组岩性和恐龙蛋化石特征。砂岩、粉砂岩、粉砂质泥岩夹泥灰岩。湖泊相沉积特征。

十一、宜都—松滋

（一）教学目的与要求

1. 教学目的

本条路线主要观察并描述地层，了解古近纪地层单位的划分原则与标志，并熟悉其所包含的岩石地层单位及环境特征。掌握湖泊相的露头沉积特征。

2. 要求

认真观察本条路线地层单位类型及岩性、古生物、接触关系和沉积构造等现象；观察湖泊相沉积的相标志，剖面相序，亚相或微相沉积特征等；学习并编绘沉积构造素描图、信手剖面图。

（二）观察内容与要点

1. 龚家冲组

龚家冲组岩性和腹足类化石特征。杂色泥岩夹泥灰岩。

2. 洋溪组

岩性和化石特征。砂岩与粉砂岩和泥岩不等厚互层夹泥灰岩。松滋市老城镇、八眼泉、黑水当及王家桥可以观察鱼类 *Jianghanichthys hubeiensis*、龟鳖类 *Aspidcrctes muyuensis*、哺乳类 *Coryphodon zhich-cancnsis* 等。

3. 车阳河组

车阳河组岩性和化石特征。块状砂岩，细砾石、泥砾和虫管，冲刷面和交错层理。宜都市董家冲可以观察哺乳类化石。

4. 牌楼口组

牌楼口组岩性和化石特征。松滋市牌楼口—松滋口可见杂色砂岩、粉砂岩及泥岩。

第二节　构造地质教学路线

一、构造观察路线

（一）水岩屋—和尚天坑—西家坡

1. 教学目的与要求

教学目的：本路线主要观察刘家场背斜核部和北翼变形特征，了解褶皱构造野外观察内容和研究方法，熟悉形态分析和成因分析主要内容。学会后方交会定点法，掌握褶皱要素野外测量和赤平投影求解方法。

要求：学会识别地形地物，利用周边山峰在地形图上交会定点，观察本路线褶皱构造卷入地层及变形特征，测定两翼地层、枢纽和轴面产状，确定褶皱类型和组合形式，分析核部和翼部次级褶皱成因类型。在地形图上交会定点，绘制褶皱剖面图和成因分析图。

2. 观察内容与要点

本路线自水岩屋沿公路经和尚天坑向北至西家坡，主要观察点有四个：

（1）水岩屋南公路旁及周边地形、地物。
（2）和尚天坑东公路旁寒武系覃家庙组中发育的次级褶皱。
（3）和尚天坑北侧公路旁寒武系三游洞组中发育的层间次级不对称褶皱。
（4）西家坡向斜构造、纸槽沟背斜构造。

路线内容包括观察水岩屋东地形、地物，测量周边山峰相对方位；观察各类次级褶皱产出地层、转折端和剖面形态，测定两翼、枢纽和轴面产状，确定褶皱类型、次级褶皱组合形式，分析次级褶皱形成机制。在地形图上交会确定水岩屋观察点，绘制各观察点剖面图和成因分析图。

（二）二叉河—南坡—温家垴

1. 教学目的与要求

教学目的：本路线主要观察刘家场逆断层，了解断层的野外观察和分析方法，熟悉断层识别、断面产状测量、断层性质分析主要内容。掌握断层野外识别、产状测量和类型确定方法。

要求：了解断层发育的区域构造部位，观察本路线断层构造卷入地层及两盘地层变形特征和派生次级构造，测量断面及上下盘地层产状，确定断层性质，绘制剖面示意图和成因分析图。

2. 观察内容与要点

本路线自丁家冲二叉河、南坡至温家垴沿断层走向观察，主要观测点有三个：
（1）二叉河公路南山坡发育在奥陶系南津关组、分乡组地层中的断层观察点。
（2）南坡公路南山坡发育在奥陶系南津关组、红花园组地层中的断层观察点。
（3）温家垴公路北山坡发育在奥陶系南津关组、大湾组地层中的断层观察点。

由东向西沿断层走向追索，寻找断层存在的依据。观察并描述断层两盘出露的地层及其产状变化、地层的重复或缺失、断层带内发育的角砾岩及充填的方解石晶族、断层与背斜及其他派生小构造的关系等。绘制各观察点的剖面图、平面示意图，反映刘家场断层沿走向的构造尖灭情况。

（三）上雷家塌—下雷家塌

1. 教学目的与要求

教学目的：本路线主要观察雷家塌平移断层和正断层，了解断层的野外观察和分析方法，熟悉断层识别、断面产状测量、断层性质分析等内容。掌握断层野外识别、产状测量和相对运动确定方法。

要求：了解断层发育的构造部位，观察本路线断层构造卷入地层及两盘地层变形特征和派生次级构造，测量断面产状，确定断层性质，绘制平面、剖面示意图和成因分析图。

2. 观察内容与要点

本路线自上雷家塌经158.1高地至下雷家塌，主要观测点有两个：
（1）158.1高地至下雷家塌发育在奥陶系、志留系地层中的平移断层观察点。
（2）上雷家塌发育在奥陶系大湾组、牯牛潭组地层中的派生正断层观察点。

由下雷家塌至上雷家塌沿平移断层走向观察，寻找断层存在的依据。观察并描述断层两盘出露地层及其错断情况。观察并描述断层西盘大湾组、牯牛潭组地层重复情况，测量断层产状，分析平移断层与正断层的成因关系，绘制平面示意图和成因分析图。

（四）陈家庄—张山堰

1. 教学目的与要求

教学目的：本路线主要观察张山堰平移断层，了解断层的野外观察和分析方法，熟悉断层识别、断面产状测量、断层性质分析等内容。掌握断层野外识别、产状测量和相对运动方向确定方法。

要求：了解断层发育的构造部位，观察本路线断层构造卷入地层及两盘地层变形特征和派生次级构造，测量断面产状，确定断层性质，绘制平面、剖面示意图和成因分析图。

2. 观察内容与要点

本路线自陈家庄至张山堰。主要观测点有五个：
（1）陈家庄至张山堰奥陶系、志留系地层路线观察。
（2）张山堰西南山坡断层观察点。

(3) 张山堰西南山坡断层东盘上奥陶统临湘组地层内张节理观察点。

(4) 张山堰西断层东盘上奥陶统宝塔组地层牵引变形观察点。

(5) 张山堰西公路旁断层剖面观察点。

观察并描述由陈家庄至张山堰沿沟断层两盘地层错断情况，确定断距，绘制平面示意图；观察张山堰西南山坡上奥陶统临湘组石灰岩与志留系龙马溪组页岩线状断接，测量断层产状；观察断层东盘奥陶系地层内派生张节理，测量节理产状，分析节理与主断层的成因关系，绘制平面示意图；系统测量断层东盘奥陶系地层产状，恢复牵引弧，绘制平面示意图；观察张山堰西公路旁断层剖面效应，绘制剖面示意图。依据地层错断、两盘地层派生次级构造、牵引变形和剖面断层效应确定断层性质，分析次级构造与主断层的成因关系。

（五）河田坪—松木坪电厂

1. 教学目的与要求

教学目的：本路线主要观察河田坪公路旁山坡向斜和松木坪电厂铁路旁正断层，了解褶皱和断层的野外观察和分析方法，熟悉褶皱形态分析和断层识别、断面产状测量、断层性质分析主要内容。掌握褶皱要素野外测量、形态描述和分类方法，掌握断层野外识别、产状测量和断层性质确定方法。

要求：观察本路线褶皱卷入地层及变形特征，测定两翼地层、枢纽和轴面产状，确定褶皱类型，绘制剖面素描图；了解断层发育的构造部位，观察本路线断层构造卷入地层及两盘地层变形特征和伴生构造，测量断面产状，确定断层性质，绘制平面、剖面示意图。

2. 观察内容与要点

本路线自河田坪公路旁山坡至松木坪电厂铁路旁。观察内容有两个：

(1) 河田坪公路旁山坡上发育的向斜构造观察点。

(2) 松木坪电厂正—平移断层观察点。

观察并描述河田坪公路旁发育在二叠系栖霞组地层内的向斜构造，内容包括测定两翼地层、枢纽和轴面产状，观察转折端和剖面形态，确定褶皱类型，绘制剖面示意图；观察并描述松木坪电厂铁路旁正—平移断层及伴生次级断层，内容包括观察发育在泥盆系、石炭系和二叠系内的主断层地貌特征、断裂带特征，发育在二叠系栖霞组内的伴生次级断层断裂带特征（断层角砾岩、叠瓦状透镜体、断层泥）和断面特征（擦痕、阶步、羽状张节理），断层两盘岩层牵引变形等，确定断层性质和组合形式，绘制剖面示意图、断面示意图。

二、地质填图路线

填图工区占据了刘家场背斜主体，出露地层稳定，构造较为简单。路线布置以穿越法为主，结合追索法。但由于横向穿越背斜构造平面距离达10km，加之地形相对高差较大，故路线设计一般对背斜构造的南北两翼分别穿越。现提供参考路线共十条，其中，教学示范路线一条，分组自主独立填图九条。

（一）金竹园—水岩屋—和尚天坑—西家坡（教学示范路线）

1. 教学目的与要求

教学目的：了解地质填图内容和工作方法，熟悉各填图单位岩石地层特征和分界标志，以及主要褶皱和断层构造特征。培育团队合作精神，熟练运用所学知识和地质技能进行地质填图，掌握野外定点、记录、产状测量和勾线方法，学会地质图清绘和编绘。

要求：沿设计路线穿越观察地层岩石特征、变形特征，依次确定地质界线点和构造控制点，进行点位描述，测量产状，绘制点位剖面图，在地形图上勾绘地质界线。编写路线小结，绘制路线信手剖面。

2. 观察内容与要点

（1）点号：G001（视频32）。

点位：金竹园刘澧公路与学屋垴小路交会处（图7-1）。

高程：350m。

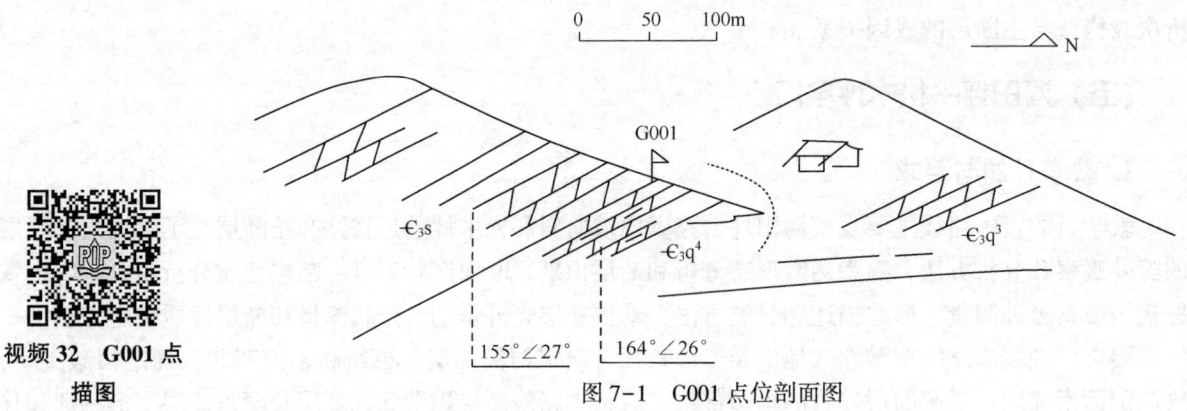

视频32 G001点描图

图7-1 G001点位剖面图

目的：$\epsilon_4 s/\epsilon_3 q^{2-4}$ 地质界线点。

露头情况：良好。

描述：点北为覃家庙组四段顶部深灰色中层状泥晶白云岩夹灰黄色薄层状泥质白云岩，产状为 $164°\angle 26°$；点南为三游洞组灰白色厚层至块状白云岩，产状为 $155°\angle 27°$。

（2）点号：G002（视频33 G002点描图、测产状）。

点位：渔麻村公路旁（图7-2）。

高程：330m。

目的：$\epsilon_3 q^{2-4}/\epsilon_3 q^1$ 地质界线点。

露头情况：良好。

描述：点北为覃家庙组一段深灰色薄至中层状泥晶白云岩，产状为 $160°\angle 20°$；点南为覃家庙组二段黄褐色薄层状长石石英砂岩，产状为 $170°\angle 16°$。

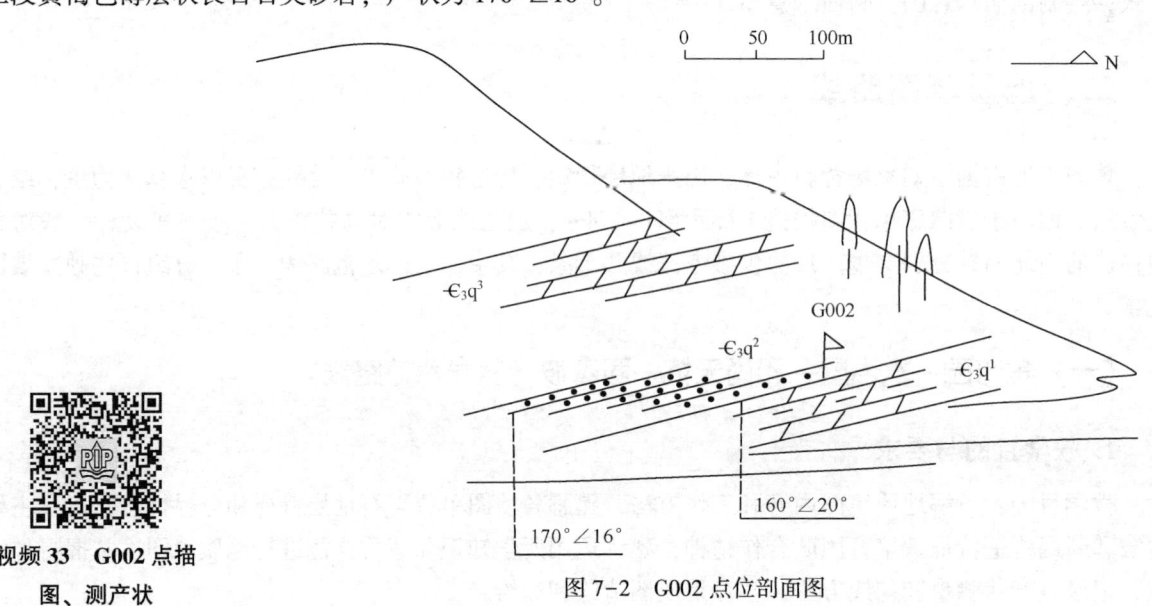

视频33 G002点描图、测产状

图7-2 G002点位剖面图

点间描述：自 G001 点向北东 1000m 至 G002 点，点间总体出露良好，产状逐渐变缓。其中，0～300m 为覃家庙组四段地层，产状 26°～22°；300～550m 为覃家庙三段地层，产状 20°左右；550～1000m 为覃家庙组二段地层，局部有耕地覆盖，产状较缓，倾角 16°～18°。

（3）点号：S001。

点位：水岩屋公路旁（图 7-3）。

高程：310m。

目的：ϵ_3q^1 地层中次级背斜轴线控制点。

露头情况：良好。

描述：该背斜发育在覃家庙组一段地层内，核部和两翼均为深灰色薄层状泥晶白云岩夹灰黄色泥质白云岩，为开阔直立褶皱构造。背斜轴线近东西向延伸（110°～290°），南翼地层产状 172°∠15°，北翼产状为 335°∠12°。

点间描述：自 G002 点向北 350m 至 S001 点，点间为覃家庙组一段地层，出露良好，产状稳定，倾角 12°～15°。

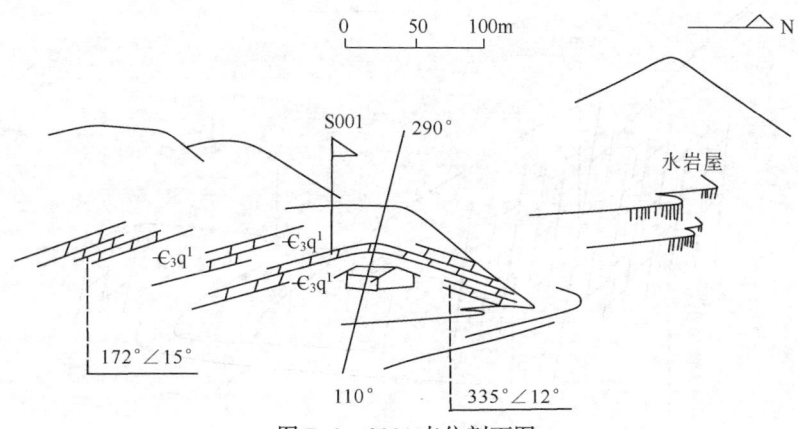

图 7-3　S001 点位剖面图

（4）点号：G003（视频 34）。

点位：和尚天坑东公路旁（图 7-4）。

高程：320m。

目的：$\epsilon_3q^{2-4}/\epsilon_3q^1$ 地质界线点。

露头情况：良好。

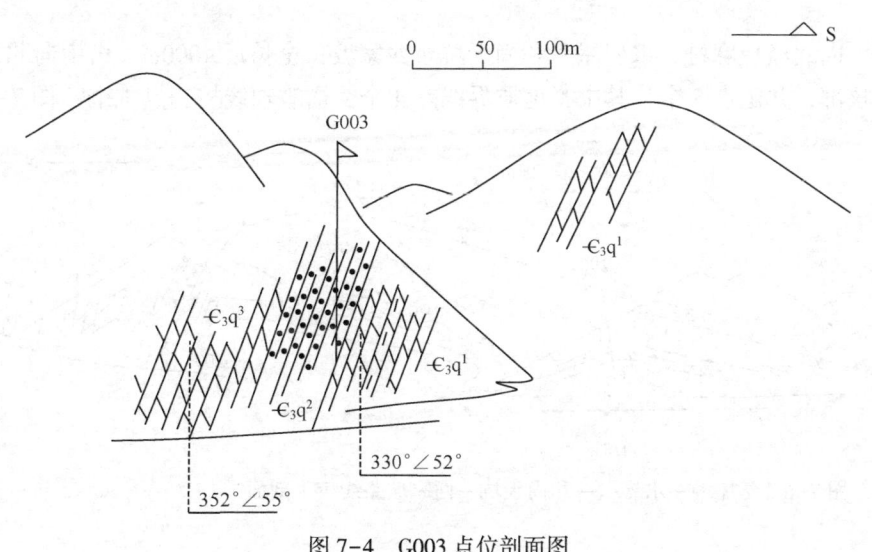

图 7-4　G003 点位剖面图

视频 34　G003 点描图、测产状

描述：点南为覃家庙组一段深灰色薄至中层状泥晶白云岩，产状：330°∠52°；点北为覃家庙组二段黄褐色薄层状长石石英砂岩，产状：352°∠55°。

点间描述：自S001点向北东1800m至G003点，点间为覃家庙组一段地层，总体出露良好，100~250m有耕地覆盖。其间穿越刘家场背斜核部，并发育大规模次级褶皱，呈隔档式和隔槽式褶皱组合。

视频35　G004点描图

（5）点号：G004（视频35）。

点位：西家坡公路旁（图7-5）。

高程：240m。

目的：$\epsilon_4 s/\epsilon_3 q^{2-4}$地质界线点。

露头情况：良好。

描述：点南为覃家庙组四段顶部深灰色中层状泥晶白云岩夹灰黄色薄层状泥质白云岩，产状为352°∠65°；点北为三游洞组灰白色厚层至块状白云岩，产状为348°∠68°。

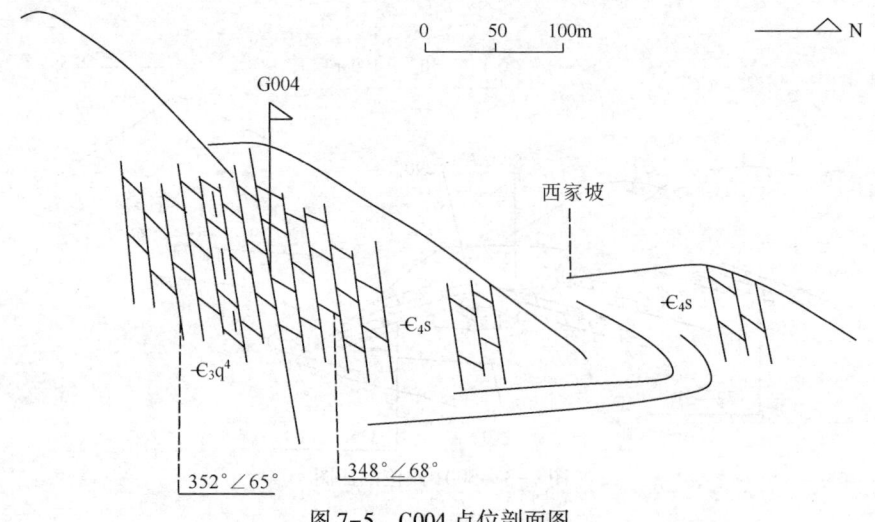

图7-5　G004点位剖面图

点间描述：自G003点向北800m至G004点，点间出露良好，产状逐渐变陡，倾角52°~68°。其中，0~30m为覃家庙组二段地层，产状55°~58°；30~250m为覃家庙组三段地层，产状58°~65°；250~800m为覃家庙组四段地层，产状60°~68°，在650m西家坡公路旁黄灰色泥质白云岩地层内发育大规模层间次级不对称褶皱。

路线小结：

本路线南起金竹园，向北经渔麻村、水岩屋、和尚天坑至西家坡，全长近4000m，由南向北沿刘澧公路穿越刘家场背斜核部，共定点5个，其中，地质界线点4个，褶皱轴线控制点1个（图7-6）。

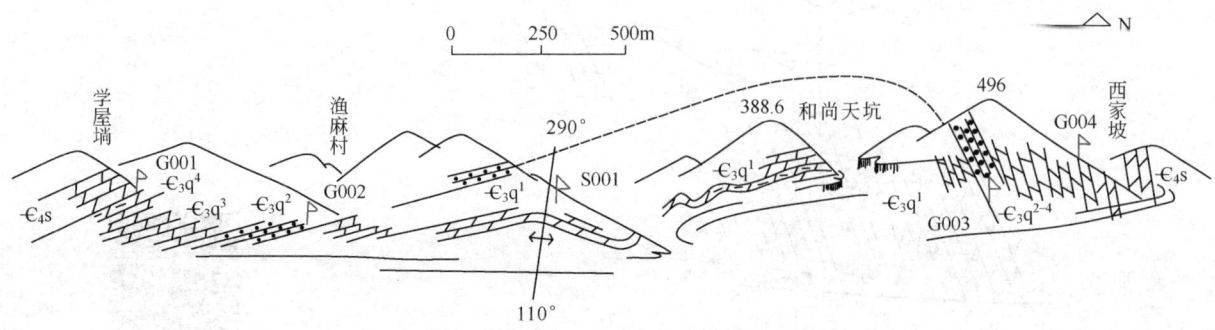

图7-6　学屋堉—水岩屋—和尚天坑—西家坡路线信手剖面

本路线出露地层为覃家庙组和三游洞组，总体露头良好，局部有耕地覆盖。其中，覃家庙组一段出露于水岩屋至和尚天坑一带，近东西向延伸；覃家庙组二段至四段出露于水岩屋—金竹园和和尚天坑—西家坡，东西向展布；三游洞组出露于金竹园以南和西家坡以北，呈东西向分布。

本路线由南向北穿越刘家场背斜核部，背斜核部在水岩屋一带，出露地层为覃家庙组一段，北翼在和尚天坑—西家坡一带，南翼在渔麻村—金竹园以南，两翼出露地层为覃家庙组二、三、四段及三游洞组地层。背斜为北翼陡、南翼缓的斜歪闭合褶皱，北翼倾角52°~70°，南翼倾角12°~35°，近东西向延伸，区域上向西呈指状倾覆。在水岩屋至和尚天坑背斜转折端覃家庙一段地层内发育大规模浅层滑脱次级褶皱，呈隔档式和隔槽式褶皱组合，在西家坡背斜北翼覃家庙组四段地层内发育层间次级不对称褶皱。

（二）三尖角—梨子坑—白龙泉—温家塆

1. 教学目的与要求

教学目的：了解地质填图内容和工作方法，熟悉各填图单位岩石地层特征和分界标志，以及主要褶皱和断层构造特征。熟练运用所学知识和地质技能进行地质填图，并培育团队合作精神。掌握野外定点、记录、产状测量和勾线方法，学会地质图清绘和编绘。

要求：沿设计路线穿越观察地层岩石特征、变形特征，依次确定地质界线点和构造控制点，进行点位描述，测量产状，绘制点位剖面图，在地形图上勾绘地质界线和断层线。编写路线小结，绘制路线信手剖面。

2. 观察内容与要点

本路线由南向北穿越刘家场背斜西段地质填图。需填绘背斜核部及北翼各填图单位的地质界线，特别是刘家场大背斜轴线点及西段倾伏端形态。观察并描述北翼三游洞组的次级褶皱及组合形式；观察并描述刘家场逆冲断层温家塆段两盘出露的地层及其产状变化、地层缺失情况、断层带构造岩、断层与背斜及其他派生小构造的关系。

（三）金竹园—学屋塆—何家塆—斯家坳—张家屏墙—蛇咀子

1. 教学目的与要求

教学目的：了解地质填图内容和工作方法，熟悉各填图单位岩石地层特征和分界标志，以及主要褶皱和断层构造特征。熟练运用所学知识和地质技能进行地质填图，并培育团队合作精神。掌握野外定点、记录、产状测量和勾线方法，学会地质图清绘和编绘。

要求：沿设计路线穿越观察地层岩石特征、变形特征，依次确定地质界线点和构造控制点，进行点位描述，测量产状，绘制点位剖面图，在地形图上勾绘地质界线和断层线。编写路线小结，绘制路线信手剖面。

2. 观察内容与要点

本路线由南向北穿越刘家场背斜中段地质填图。需填绘出背斜核部及北翼相应各填图单位的地质界线。填绘出刘家场背斜轴线点及转折端形态，北翼次级褶皱轴线及刘家场逆冲断层。观察并描述刘家场逆冲断层南坡段两盘地层的变形特征、地层缺失情况、断层带构造岩，系统测量两盘地层产状和断层产状。

（四）和尚天坑—黄家天坑—大尖岩—二叉河

1. 教学目的与要求

教学目的：了解地质填图内容和工作方法，熟悉各填图单位岩石地层特征和分界标志，以及主要褶皱和断层构造特征。熟练运用所学知识和地质技能进行地质填图，并培育团队合作精神。掌握野外定点、记录、产状测量和勾线方法，学会地质图清绘和编绘。

要求：沿设计路线穿越观察地层岩石特征、变形特征，依次确定地质界线点和构造控制点，进行点位描述，测量产状，绘制点位剖面图，在地形图上勾绘地质界线和断层线。编写路线小结，绘制路线信手剖面。

2. 观察内容与要点

本路线由背斜核部先向西追索后向北穿越北翼地质填图。需填绘出北翼各填图单位的地质界线、北翼次级褶皱轴线和刘家场逆冲断层。观察并描述黄家天坑背斜转折端和大尖岩背斜北翼次级褶皱；观察并描述刘家场逆冲断层丁家冲段两盘地层的变形特征、叠瓦逆冲断带几何结构和扩展方式，测量断层产状。

（五）绿垧—红塘湾—周武桥—傅家坪

1. 教学目的与要求

教学目的：了解地质填图内容和工作方法，熟悉各填图单位岩石地层特征和分界标志，以及主要褶皱和断层构造特征。熟练运用所学知识和地质技能进行地质填图，并培育团队合作精神。掌握野外定点、记录、产状测量和勾线方法，学会地质图清绘和编绘。

要求：沿设计路线穿越观察地层岩石特征、变形特征，依次确定地质界线点和构造控制点，进行点位描述，测量产状，绘制点位剖面图，在地形图上勾绘地质界线和断层线。编写路线小结，绘制路线信手剖面。

2. 观察内容与要点

本路线由核部向北穿越刘家场背斜中部北翼地质填图。需填出核部及北翼各填图单位地质界线、背斜转折端和北翼次级褶皱轴线及刘家场逆冲断层。观察并描述红塘湾—周武桥背斜转折端和西家坡背斜北翼次级褶皱。观察并描述傅家坪刘家场逆冲断层两盘地层变形特征、断带特征。

（六）薛家洞—长冲—柳坑—樱桃湾—纸槽沟

1. 教学目的与要求

教学目的：了解地质填图内容和工作方法，熟悉各填图单位岩石地层特征和分界标志，以及主要褶皱和断层构造特征。熟练运用所学知识和地质技能进行地质填图，并培育团队合作精神。掌握野外定点、记录、产状测量和勾线方法，学会地质图清绘和编绘。

要求：沿设计路线穿越观察地层岩石特征、变形特征，依次确定地质界线点和构造控制点，进行点位描述，测量产状，绘制点位剖面图，在地形图上勾绘地质界线和断层线。编写路线小结，绘制路线信手剖面。

2. 观察内容与要点

本路线由南向北横穿背斜构造东部地质填图。需填绘出两翼及核部各填图单位地质界线，填绘出大背斜核部转折端形态及北翼次级褶皱轴线。观察并描述柳坑—樱桃湾背斜转折端及纸槽沟北翼次级褶皱。

（七）炉王塌—雷家塌—158.1高地—陈家塝

1. 教学目的与要求

教学目的：了解地质填图内容和工作方法，熟悉各填图单位岩石地层特征和分界标志，以及主要褶皱和断层构造特征。熟练运用所学知识和地质技能进行地质填图,并培育团队合作精神。掌握野外定点、记录、产状测量和勾线方法,学会地质图清绘和编绘。

要求:沿设计路线穿越观察地层岩石特征、变形特征,依次确定地质界线点和构造控制点,进行点位描述,测量产状,绘制点位剖面图和成因分析平面图,在地形图上勾绘地质界线和断层线。编写路线小结,绘制路线信手剖面。

2. 观察内容与要点

本路线穿越与追索相结合,由北向南穿越背斜南翼西部地质填图。需填绘出工区西南角南翼奥陶系至志留系各单位地质界线及雷家塌平移断层和正断层。重点观察并描述炉王塌—158.1高地雷家塌平移断层造成的地层错断,以及在断层南段西盘大湾组—牯牛潭组地层内发育的派生次级正断层和东盘志留系地层内发育的派生次级褶皱。

(八) 陈家庄—昌水洞—张山堰—罗家冲

1. 教学目的与要求

教学目的:了解地质填图内容和工作方法,熟悉各填图单位岩石地层特征和分界标志,以及主要断层构造特征。熟练运用所学知识和地质技能进行地质填图,并培育团队合作精神。掌握野外定点、记录、产状测量和勾线方法,学会地质图清绘和编绘。

要求:沿设计路线穿越观察地层岩石特征、变形特征,依次确定地质界线点和构造控制点,进行点位描述,测量产状,绘制点位平面图、剖面图和成因分析平面图,在地形图上勾绘地质界线和断层线。编写路线小结,绘制路线信手剖面。

2. 观察内容与要点

本路线南北向两次穿越背斜南翼地质填图。需填绘出南翼奥陶系各填图单位地质界线及张山堰平移断层。重点观察并描述陈家庄至张山堰沿线奥陶系、志留系地层错断,张山堰西南山坡断层东盘上奥陶统临湘组地层内发育的派生张节理,断层东盘上奥陶统宝塔组地层牵引变形,张山堰西公路旁断层带。系统测量地层产状、断层产状和节理产状,依据地层错断、派生次级构造、牵引变形和断层效应确定断层性质。

(九) 新神洞—三岔口—桃花岛—响水洞—田州山

1. 教学目的与要求

教学目的:了解地质填图内容和工作方法,熟悉各填图单位岩石地层特征和分界标志。熟练运用所学知识和地质技能进行地质填图,并培育团队合作精神。掌握野外定点、记录、产状测量和勾线方法,学会地质图清绘和编绘。

要求:沿设计路线穿越观察地层岩石特征、变形特征,依次确定地质界线点,进行点位描述,测量产状,绘制点位剖面图,在地形图上勾绘地质界线。编写路线小结,绘制路线信手剖面。

2. 观察内容与要点

本路线南北向两次穿越背斜南翼中部地质填图。需填绘出奥陶系至志留系各填图单位地质界线。重点观察并描述两条线路之间红花园组生物礁的横向变化。

（十）柳树垴—104.3高地—荮茅冲—桂山包

1. 教学目的与要求

教学目的：了解地质填图内容和工作方法，熟悉各填图单位岩石地层特征和分界标志，平移断层的变形特征。熟练运用所学知识和地质技能进行地质填图，并培育团队合作精神。掌握野外定点、记录、产状测量和勾线方法，学会地质图清绘和编绘。

要求：沿设计路线穿越观察地层岩石特征、变形特征，依次确定地质界线点和断层控制点，进行点位描述，测量产状，绘制点位剖面图，在地形图上勾绘地质界线和断层线。编写路线小结，绘制路线信手剖面。

2. 观察内容与要点

本路线在工区东南两次南北向穿越南翼地质填图。需填绘出奥陶系各单位地质界线。及荮茅冲平移断层。重点观察并描述两条线路之间红花园组生物礁的横向变化和荮茅冲平移断层两盘地层的牵引变形。

三、实测构造横剖面路线

构造横剖面路线的布置一般应尽可能垂直于主要构造线走向。但由于穿越路线地理条件限制，很难做到与主要构造线完全垂直，可以结合教学要求和地理条件布线，也可利用填绘的地质填补充产状控制点，布置图切剖面路线。现设计两条构造横剖面实测（图切）参考路线如下：

（一）傅家坪—庆贺寺—305.0高点—周武桥—黑湾—红塘湾—廖家岭—柳树垴—金堂湾

1. 教学目的与要求

教学目的：了解褶皱构造野外观察内容和研究方法，熟悉褶皱形态分析的标志层确定、几何形态观测、纵深形态变化等内容。掌握路线穿越实测、图切数据采集方法和室内剖面恢复技术。

要求：沿设计路线观察刘家场背斜褶皱核部和两翼地层的分布、主次构造的变形特征、断层的发育情况。依次完成界线点、构造点、产状控制点、次级构造观察点的定点、描述、产状测量，绘制点位素描图、路线信手剖面图。

2. 实测内容与要点

本路线由北向南穿越刘家场背斜构造实测。需结合地质填图资料在剖面线（或附近）测定各地层单位界线点、产状控制点、褶皱轴线点、断层点。重点描述周武桥—黑湾背斜转折端次级褶皱几何形态和组合形式、傅家坪刘家场逆冲断层断带及两盘变形特征；实测界线上下地层产状、褶皱轴线和两翼产状，断层断面和两盘产状。

（二）二叉河—大岩尖—黄家天坑—渔麻村—金竹园—窑家山—新神洞—三岔口—滨湖公园

1. 教学目的与要求

教学目的：了解褶皱构造野外观察内容和研究方法，熟悉褶皱形态分析的标志层确定、几何形态观测、纵深形态变化等内容。掌握路线穿越实测、图切数据采集方法和室内剖面恢复技术。

要求：沿设计路线观察刘家场背斜褶皱核部和两翼地层的分布、主次构造的变形特征、断层的发育情况。依次完成界线点、构造点、产状控制点、次级构造观察点的定点、描述、产状测量，绘制点位素描图、路线信手剖面图。

2. 观察内容与要点

本路线由北向南穿越刘家场背斜构造实测。需结合地质填图资料在剖面线（或附近）测定各地层单位界线点、产状控制点、褶皱轴线点、断层点。重点描述黄家天坑—渔麻村背斜转折端次级褶皱几何形态和组合形式、丁家冲刘家场逆冲断层断带及两盘变形特征；实测界线上下地层产状、褶皱轴线和两翼产状、断层断面和两盘产状。

路线填图小结见视频36。

视频36　路线填图小结

第八章

野外地质工作方法

第一节 罗盘及地形图的使用方法

一、地质罗盘仪的使用

地质罗盘仪是在我国劳动人民发明创造的指南针基础上进一步改进而成的。在野外地质工作中，它可以确定方位、观察点的位置，测量地形坡度及各种面状和线状地质体的产状等。在科技高度发达的今天，地质罗盘仪仍然是野外地质工作不可或缺的工具，被称为传统地质工作的三大宝之一。

（一）地质罗盘仪的结构

地质罗盘仪式样很多，有长方形、方形和圆形，但各种地质罗盘仪结构与使用方法基本上是一致的。常用的是圆盒式地质罗盘仪安装在一个铜铝或胶木制成的圆盒内，结构如图8-1所示。

磁针：两端分指南和北，由于我国处在北半球，南针上缠有铜丝。

水平角刻度盘（上圈）：从0°开始逆时针方向刻1°记数至360°。在0°和180分别记为北（N）和南（S），90°和270°为东（E）和西（W），即南北线与东西线把360°分成四个象限。

圆水准器：气泡居中时，底盘是水平。

瞄准器：包括长照准合页、短照准合页、反光镜等，作瞄准之用。安装在上盖的称为短照准合页，安装在外壳上的称为长照准合页，两照准合页尖端的连线正好平分方位刻度盘。照准合页、磁针、刻度盘配合使用可以用来测定目标物的方位。

测斜仪：包括垂直水准器（长水准器）、垂直角刻度盘、垂直角指针和垂直角调节把手。长水准器与测斜盘连为一体，可通过转动外壳背面的垂直角调节把手来转动测斜盘，它与测斜刻度盘一起构成罗盘的测斜系统，可用来测量坡度角（仰角或俯角）及产状要素的倾角。垂直角刻度盘记数是从0°向两侧分别记至90°。

磁针制动钮：用来固定磁针便于读数并在罗盘不使用时用来使磁针不转动以减少磨损。

水平角刻度盘调节螺钉：旋转该螺钉可调节水平角刻度盘角度，用于校正磁偏角。

（二）地质罗盘仪的使用方法

1. 罗盘的校正

罗盘磁针指示的是地磁场的磁南极和磁北极（简称磁南、磁北），与地理子午线指示的南北方向不一致，存在一个交角，这一交角称为磁偏角。因此，罗盘在使用前要对这一磁偏角进行校正，只有进行了磁偏角校正后测得的方位才是实际的地理方位。

第八章 野外地质工作方法

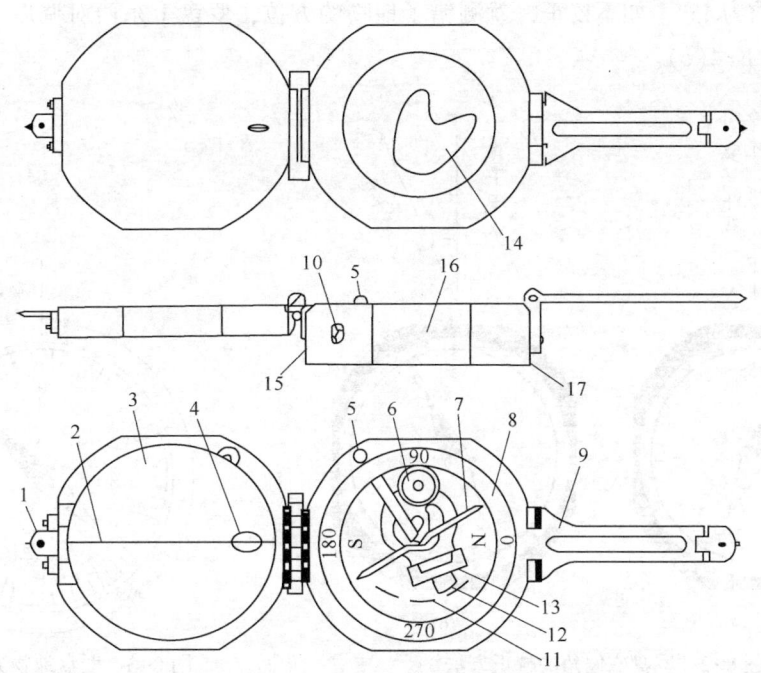

图 8-1 地质罗盘结构图

1—短照准合页；2—照准中分线；3—反光镜；4—透明孔；5—磁针制动钮；6—圆水准器；7—磁针；8—水平角刻度盘；
9—长照准合页；10—水平角刻度盘调节螺钉；11—垂直角刻度盘；12—垂直角指针；13—长水准器；
14—垂直角调节把手；15—罗盘底座南端面；16—底座侧面；17—罗盘底座北端面

地球上不同地区的磁偏角数值和偏向是不相同的。磁针偏向正北方的东边称为东偏，偏向正北方的西边称为西偏。我国大部分地区均为西偏，一般在各种正规的地形图上多会给出这一地区的磁偏角的偏转方向和度数。

到某一地区进行地质工作时，事先应该获取该地区的磁偏角，并对罗盘进行磁偏角校正。磁偏角校正用罗盘盒外面的偏平附件工具转动刻度盘校正螺丝进行。若磁偏角西偏时，使刻度盘逆时针转，若磁偏角为东偏时，使刻度盘顺时针转，刻度盘转动的度数为磁偏角的度数（图 8-2）。磁偏角每年都在变化，三峡东部地区磁偏角为平均西偏 2°，精确值可用 GPS 测得。

2. 地物方位的测量

这是测量地物位于测量者的什么方向，即测量地物和测量者之间的方位角。方位角是指正北方向按顺时针旋转到该测线间的夹角。

测量步骤：

（1）放松磁针制动钮，使磁针自由摆动。

（2）右手平端罗盘，在底盘水准气泡居中的情况下，调整反光镜、长照准合页（瞄准板），在反光镜中观察，使反光镜中线平分瞄准板中孔并对准地物，构成三点一线，即为瞄准。

（3）待磁针静止后，指北针所指度数即为所测地物的方位角。

如图 8-3 所示，为瞄准地物后，指北针指着 314°，即目的物方位角为 314°。

通常为了方便，总把罗盘的北端对准目的物读指北针。特殊情况下，可以使南端对准目的物，此时则应读指南针。

当打开罗盘时，会发现罗盘上的东西方向和地理东西方向相反，这是人们实践的总结，目的是使用方便。

如图 8-4(a) 所示，要测北西方向某一地物。该地物方位角为 315°，假如罗盘东西方向和地理东西向一致，大家看测出的角度应是多大呢？我们按上述步骤测，罗盘上的北对准地物读数，见

— 145 —

图 8-4(b)，由读数为 45°，如不校正，就测错了地物的方位，罗盘上东西对调后，测出的方位角则正好为 315°，见图 8-4(c)。

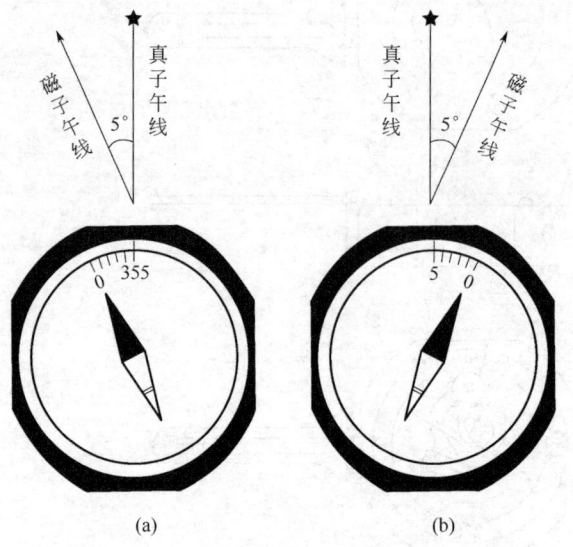

图 8-2　罗盘磁偏角的校正方法
(a) 磁偏角西偏 5°；(b) 磁偏角东偏 5°

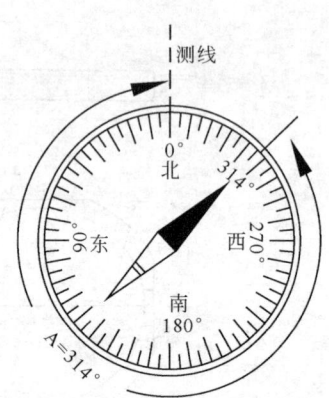

图 8-3　罗盘地物方位的测量

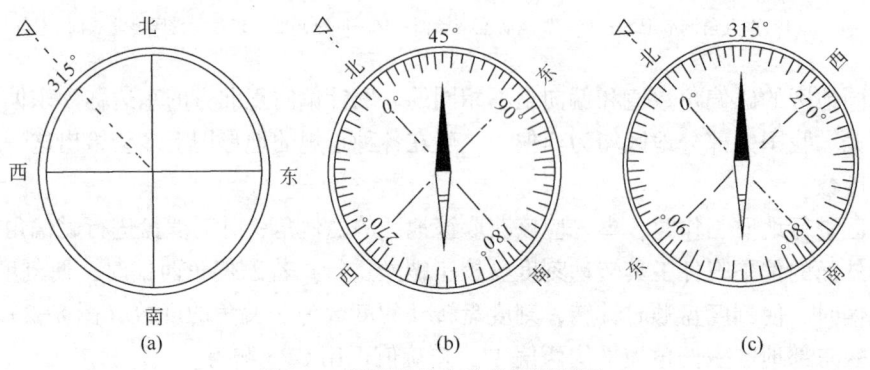

图 8-4　罗盘地物方位的测量原理

那么，为什么对调后测出的方位角就符合实际呢？其原因是罗盘的刻度盘已经固定，而指南针则永远指向北方，当我们用罗盘瞄准器对准地物时，指北针就相对地向相反方向转动（注意，指北针是永远指北的，它实际是没有转动）。如上例，如果不对调，指北针所指读数就是北东象限的 45°。而实际地物是在北西象限内，这就需要校正。为了提高工效，把东西对调一下就好了。也有东西不对调的罗盘，但这种罗盘则需要刻度能转动。

3. 岩层产状要素的测量

岩层的产状是指层状岩层在空间的位置状态。确定岩层的空间位置是用岩层的产状要素表示。岩层产状要素包括岩层的走向、倾向和倾角，见图 8-5、图 8-6。

1) 岩层走向的测定

岩层层面与水平面的交线为走向线，走向线的方位角为走向。测量时，将罗盘长边靠着层面，并沿层面移动罗盘，使底盘水准器泡居中，读出指北针或指南针所指的刻度，即为岩层的走向。它是代表一条直线的方向，可两边延伸，所以读得南针和指北针均可。当读出直线一端的方向数值即可知另一端，因为两者相差 180°，如测北一端为 165°，则另一端为 345°。

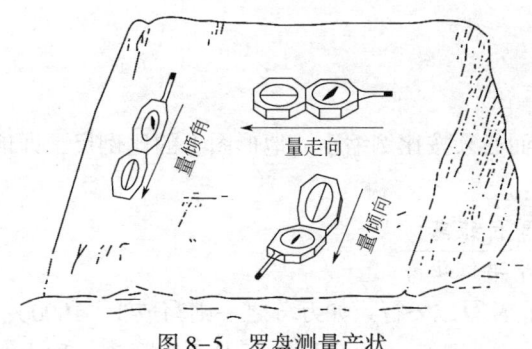

图 8-5 罗盘测量产状

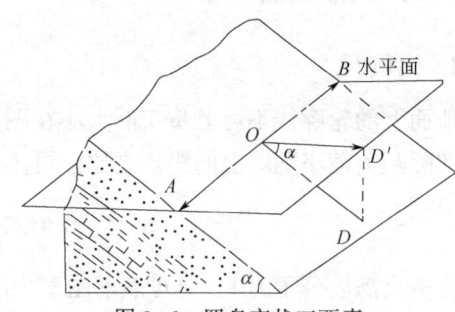

图 8-6 罗盘产状三要素

2) 岩层倾向的测定

岩层倾斜线在水平面投影的方向称为岩层倾向，它与岩层走向垂直。测量时，将罗盘北端指向倾斜方向，南面靠着层面，并沿层面移动罗盘，使水准气泡居中，读指北针所指刻度，即为岩层的倾向。

3) 岩层倾角的测定

岩层层面倾斜线与水平面间的夹角称为岩层倾角。测量时，将罗盘立起，并以长边靠着岩层的倾斜方向，沿层面左右移动罗盘，并用中指扳动罗盘底部的活动扳手，使垂直水准气泡居中，读出刻度盘指示器所指最大读数，则为岩层的真倾角。

野外地质工作中，岩层产状要素是很重要的地质资料之一，所以测后要按规定及时记录下来。在记录时，往往只记岩层的倾向和倾角，如 135°∠30°。当需要把产状标到图上时，就用"∠30°"表示，数字为倾角。

（三）野外练习

通过野外练习，掌握罗盘的使用方法。

（1）在野外选取几个目标，用罗盘测方位，同学间互相研究互相校对。测量内容包括：① 地物在我的什么方向？② 我在地物的什么方向？

（2）做路线图练习。两个同学互相配合，用罗盘测方位，用脚步量距离，最后画出路线图。

（3）量产状要素：在附近的山上选择岩层进行练习。

二、地形图及其使用

（一）地形图的概念

地形图是由地形工作者把地球表面错综复杂的形状测量出来，最后用特殊方法按一定比例尺缩绘成一张与实地相似的图。所以，地形图是表示自然界地面形状、高低起伏、倾斜缓急和地物位置等情况的平面图。

地形图是地质工作者进行野外工作必不可少的工具之一。因为地形图可以帮助我们工作前对工作区域的地形、地物、自然地理有初步认识，帮助我们初步选择工作路线。在工作中我们可以把矿体、各种岩层和其他地质现象描绘在地形图上制成地质图。因此，地形图的精确性是影响地质图质量的重要原因。

(二)地形图的内容

1. 比例尺

地面上的轮廓线不可能按实际大小在图上绘出,而必须按比例缩小。地形图上的比例尺,即地面上的实际距离缩小到图上的距离之比,可用公式表示:

$$比例尺 = \frac{图上单位距离}{实地水平单位距离}$$

比例尺需以分子为1,分母表示图缩小的倍数。通常写成一行。如万分之一则写成1∶10000;二万五千分之一则写成1∶25000。比例尺还可以线段表示,即标出1cm长度所表示的距离,称为线段比例尺。不同比例尺的地形图所反映地形的精确程度是不同的。比例尺越大,所反映的地形特征越清楚,精确度越高。

2. 等高线

等高线是表示地形起伏的曲线。图8-7表示某一高地被彼此等距的若干个水平面所切割,这些水平面与地面的交线为闭合的曲线,称为等高线。将这些不同高度的水平面所切割出的等高线投影到同一水平面(H)上,则成为一系列等高线表示的图即地形(等高线)图。

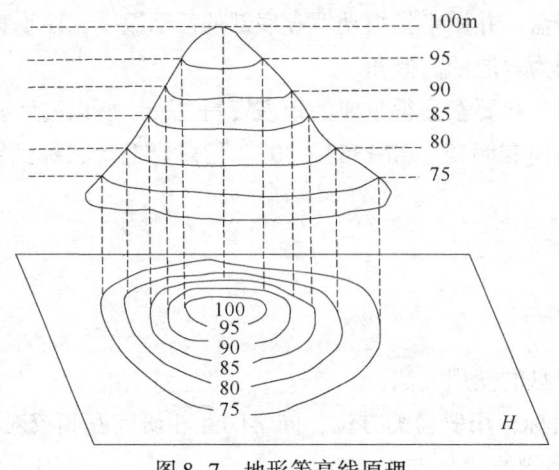

图8-7 地形等高线原理

从图8-7可以了解等高线的一些特征:

(1)同一等级上各点高度相同。

(2)各条等高线必各自形成闭合的曲线,若因图幅所限,不在本幅闭合必在邻幅闭合。

(3)两条等高线不能交叉,不能合并成一条,但悬崖、峭壁例外,如图8-8中 C 点悬崖处等高线交叉。

(4)相邻两条等高线间有一高差(即两截面间的垂直间距),称为等高距。不同比例尺的图中等高距不同,如五万分之一的地形图等高距为20m,一般比例尺越大,等高距越小。

在一幅地形图中有一系列的等高线,为了计算方便,以利于工作,每隔几根(往往是每隔5根)等高线要用一较粗的线表示,这根线一般称为计曲线。

所在等高线的高度,都选定"黄海平均海平面"作为计量高程的起点,全国各地形图都是统一的。各种地形用等高线表示的特征:

1)山头与洼地

从图8-8可以看出,不论山头还是洼地,用等高线来表示时,都是一圈套着一圈的闭合曲线,我们可根据所注的高程来区别,如果由外圈向里圈,高程数值越来越大,则为山头,如图中Ⅰ处;反之则为洼地,如图中Ⅱ处;同一山脊,相邻两山头之间的过渡处称为鞍部,如图中Ⅲ处。

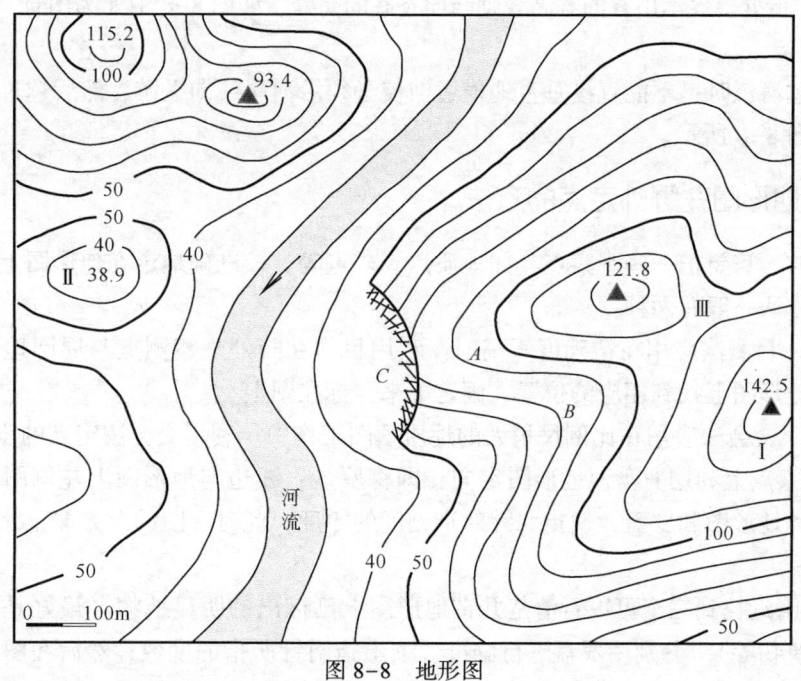

图 8-8　地形图

2）山坡

山坡的断面一般可分均匀坡（坡度均匀）、凸出坡、凹入坡和阶地状坡等四种，等高线分布情况如图 8-9 所示。

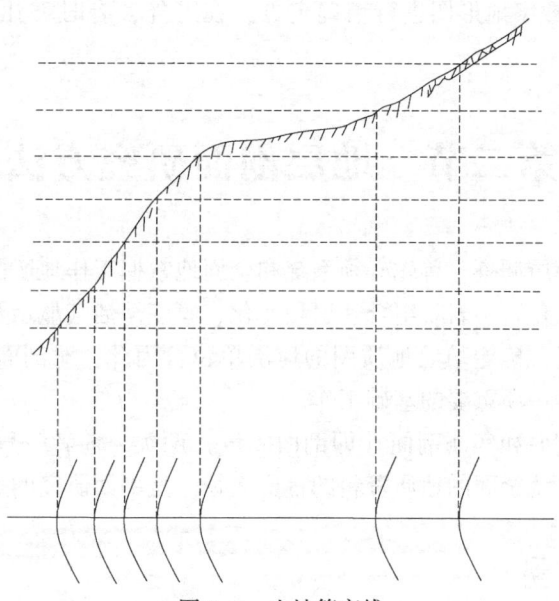

图 8-9　山坡等高线

(1) 均匀坡：相邻等高线间的水平间距近似相等。
(2) 凸出坡：等高线间水平距，低处小，高处大。
(3) 凹入坡：等高线水平距，低处大，高处小。
(4) 阶梯状坡：等高线的分布稀密相同。当坡很陡或悬崖、峭壁时，等高线可能重叠到一块。通常可在重叠部分加绘特别符号，如图 8-8 所示。

3）山脊和山谷

如图 8-8 所示，山脊和山谷几乎具有同样形式的等高线，因而要从等高线标高来区分。表示山脊的等高线凸向山脊的低处。表示山谷的等高线则凸向谷底的高处。如图8-8中A为山脊，B为山谷。

4）河流或水流

当等高线经过河流时，不能直接垂直地横过河流必须沿河岸线向上游，然后越过河底，再渐向下游离开河岸，如图8-8所示。

（三）利用地形图在野外定点的方法

在野外工作时，需要把一些观察点，如地质点、矿点等，较准确地定在地形图上。

野外定点的方法一般有两种：

（1）目测法。目测法应用在精确度不高时。利用目估在野外观察测点与周围地形、地物的距离和方位，进而在地形图上找到相应的位置，固定下来，标在图上。

（2）交会法。交会法应用在比例尺稍大的地质填图工作中。利用交会法定点的步骤为：

① 首先在观察点上利用罗盘使地形图定向，即将罗盘直线边与地形图上左侧图框或右侧图框平行对齐，整体移动地形图和罗盘，使指北针对准刻度的零度，此时，图的上方即正北方向，且与实地正北方相符。

② 在观察点附近找到三个可以看清楚并在地形图上已标出的明显地物（最好是具有特征的如三角点、山顶、建筑物等），分别用罗盘进行瞄准，读出指南针所指的度数，然后在图上找出相应点并画出该测线的方向线，所作三条测线的方向线理论上应交于一点，该点即为观察点的位置。但由于各方面有误差，三要测线往往并不交于一点，而构成一个小三角形，称为误差三角形。测点位置取误差三角形中点即可。

实际工作中，往往把目测法和交会法结合作用，互相校正，可使定点得更迅速更准确。若有条件可用GPS定位仪配合数字地形图进行精确定点。在野外，有时需几种定点方法相互校正进行定点。

第二节 地层剖面研究方法

对一个地区开展区域地质调查，首先必须系统和全面地掌握工作地区内所有地层的层序、分层标志、时代、接触关系、所含化石、岩石组合、岩相变化、厚度、油气显示及其他含矿特征等，然后根据上述特性选择制图标准层，确定填绘地质图的地层单位，因此，对剖面的研究具有极其重要的意义，是区域地质调查研究的一项重要的基础工作。

剖面研究常采用路线剖面和实测剖面（即剖面丈量）两类，前者一般适用于对构造、侵入岩体的研究，后者是获得上述系统全面的地质资料的首要途径，是剖面研究的重点。

一、地层剖面丈量

除室内查阅地质资料、资料综合分析、图件资料准备外，地层剖面的丈量通常需要做以下几个方面的工作：

（一）剖面踏勘

剖面踏勘的目的是全面了解工作地区的地形特征、构造形态、地层出露情况、岩石组合特性、岩性岩相的一般变化规律、地层接触关系；初步了解化石层位，确定重要样品（硅酸盐、人工重砂等）取样点；对地层进行初步划分，确定地层单位的划分位置及填图单位；对重要地质现象及岩石定名取得基本统一的认识。

剖面踏勘是选择和布置实测剖面必要的基础工作，同时也为下一步地质填图中观测线、点的布置，沉积相研究中沉积结构、构造等观察点的选择，构造地质研究中褶皱、断层、节理等观察点的选择，以及矿产调查中矿床点或矿化点的确定提供依据。

（二）剖面选择和布置

实测剖面应选择在地层层序完整、露头连续、岩性组合和厚度在区内具有代表性、接触关系清楚、化石丰富、构造比较简单、没有断层或复杂褶皱、未发生变质作用或变质作用较浅的地段。剖面的布置应基本与区域地层走向垂直，剖面线方向与地层走向一般不应小于60°。

对地层露头连续性差或关键的地段，根据需要布置探槽或探坑。如果剖面遇有天然障碍，或由于构造破坏剧烈造成测制意义不大的地段或覆盖严重时，可以进行剖面平移。平移剖面必须以一标志层（指一定区域内分布稳定、岩性特征明显的层位）或实地顺层追索为依据。平移前后，均应测透标志层位或追索的层位，通常情况下平移距离不应大于500m。

由于各种地质、地形条件的限制，往往在一个地段不可能将工作地区所有地层测全，而必须在几个地段分段测量，然后再把不同地段的丈量结果按地层新老顺序连接起来（俗称"接剖面"），构成工区内完整的地层柱状剖面。接剖面必须特别注意标志层的选择，以免造成人为的地层缺失和重复，得出错误的结果。实测时应在露头上醒目地标示剖面起止点、编号、分层号、样品号等。剖面的起止点、导线位置、重要的分层界线及构造线、特殊的采样点（如同位素年龄样）、代表性岩层产状等，都必须现场标定到地形图及航空相片上。

（三）剖面实测方法

实测地层剖面包括对地层进行划分（分层）、岩性描述、化石、正常层序的识别和接触关系、地层产状测量、地形剖面线测量、数据记录信手剖面图的绘制、标本采集、覆盖与脉体处理等方面的工作。

1. 地层划分（分层）

区域地质调查中，地层时代的确定和详细划分是非常重要的。地层划分是实测地层剖面的关系，直接影响到以后地质测量的质量。

实测基干剖面以"层"作为基本描述单位。它可以是单一岩性层，也可以是复合层，内部基本连续，与上、下相邻层宏观上可以区分。垂向上岩性的任何差异都可以作为分层标志，通常以自然岩性层厚度作为分层规模的下限。

地壳运动、沉积环境、物质成分、气候条件等变化时，均可形成岩层的自然界面，在下列情况下应予分层：

（1）地层系、统、组、段的分界，包括不整合接触界面。

（2）不同岩类和岩性之间的界面。

（3）同一岩类中具有不同颜色、结构、构造、层理和古生物化石含量界面，如浅灰色石灰岩与深灰色石灰岩、微晶石灰岩与亮晶颗粒石灰岩、粗砂岩与细砂岩、厚层状石灰岩与薄层状石灰岩、生物石灰岩与普通石灰岩之间的界面。

（4）碳酸盐岩中的粘结岩类，如生物碎屑石灰岩、鲕状石灰岩、薄层状内碎屑石灰岩及裂缝孔洞发育的岩类。

（5）具有明显界面的韵律层。

（6）层面特征非常显著的层。

分层的精度要求取决于制图比例尺的大小，原则上以相应比例尺图面达1mm的岩层均应分层描述，图上1mm对应的厚度为最小分层厚度。最大分层厚度是最小分层厚度的10倍，允许浮土覆盖的最大宽度是最小分层厚度的5倍。如1:500比例尺，最小分层厚度为0.5m，最大分层厚度为5m，允许浮土覆盖的最大宽度是2.5m。对于特殊的岩性层，例如正常沉积岩中的火山碎屑岩夹层、含矿层、化石富集层、古土壤层等，不论其厚度大小应单独分层，有的需适当放大绘于图上。当数种岩性频繁交互，而且各自厚度较小，不便于以单一岩性分层时，要谨慎识别客观的旋回或韵律，可将旋回或具有同一韵律结构的岩层作为一个复合层。但旋回层或韵律层的组成与结构数据必须描述清楚。

2. 岩性描述

在野外对地层露头的岩性描述，是收集第一手资料的必要程序，应根据肉眼的实际观察并借助放大镜、小刀、盐酸等对地层进行尽可详细的描述和记录。

岩性描述的基本内容包括颜色、结构、构造、矿物成分和岩石名称，此外还要观察岩石的胶结物类型、结核和包裹体、生物化石及其埋藏特征、沉积韵律和沉积旋回、接触关系、含矿性、岩石物理性质（如硬度、断口等）、岩层产状、风化面特征及风化后形成的地形、地貌特征等方面的内容，进行补充描述。除文字描述之外，对典型的层理、层面特征、结核、生物化石、沉积韵律、接触关系和构造等应进行素描和照相。

沉积岩的野外描述和定名，原则上构成方式是：颜色+成层特点+结构构造+矿物成分+胶结物成分+岩石名称，例如，浅灰色厚层粗粒条带状云母砂岩、灰白色厚层状中细粒长石石英砂岩。

对岩石颜色的观察要以新鲜面为准，若是风化的应当注明，并注意颜色分布的不均匀性与成分、结构、构造等因素有何关系。描述岩层的颜色应注意区分原生色、次生色（风化后的颜色）和继承色（母岩的颜色）。

沉积岩的原生色常反映沉积介质的物理化学性质，并间接地说明当时的气候和地形。

灰色和黑色是由岩石中含有机质（如碳、沥青等）或分散状的黄铁矿、白铁矿颗粒所致，其含量的多少与颜色的深浅成正比，同时也指示还原程度的强弱。

红色、紫红色、黄棕色主要由岩石中含有三价铁离子所致。三价铁离子多呈氧化物或氢氧化物（赤铁矿、褐铁矿、水针铁矿），表明其沉积环境为氧化—强化氧化环境，常见于热带和亚热带。

绿色多数是由岩石中含铁的低价氧化物或铁硅酸盐矿物（海绿石、鲕绿泥石）等所致，反映弱氧化或弱还原环境。

要注意在野外借助放大镜观察描述岩石结构、组构特征，如碎屑颗粒的粒度、形状、磨圆度、分选性，化学沉积或重结晶矿物的结晶粒度、晶形，碎屑颗粒排列形式及胶结类型等。

宏观的沉积—成岩构造，包括"层"的形态、层理类型、单层厚度，各种交错层理，滑塌变形、液化变形、压实变形构造，原生与次生孔洞、生物潜穴、内沉积、帐篷构造，层纹石或叠层石，层顶面的波痕、冲蚀痕、干裂或水下收缩裂隙、生物遗迹，层底面的各类印痕、印模等，均需全面观测描述。

要识别用以确定岩（矿）石名称的基本矿物或碎屑成分，特别是生物屑的成分，并注意能够反映沉积或成岩环境的特征成分，例如海绿石、磷、铁、锰结核，盐类矿物，钙质结构等的分布状况及量比关系。

碎屑岩中胶结物的成分常见以下几种：
(1) 硅质：岩石致密坚硬，与盐酸不反应，击开新鲜面有光泽，有时可见颗粒状断口。
(2) 泥质：较疏松，与盐酸不反应，浸水后颗粒可分开。
(3) 钙质：致密，加盐酸起泡，反应强烈。
(4) 铁质：较致密，风化后呈棕红色。

3. 化石

实体化石和遗迹化石不仅是生物地层学研究的主要对象，而且是沉积环境最灵敏的指示物，有时还可为分析构造应变方式和计算有限应变量提供方便。所以，必须加强对沉积岩中所含化石的研究，提高常见古生物属种的野外识别能力，至少要描述肉眼能分辨的化石的门类、组合特征、个体形状、保存状况、分布状态、与岩性与沉积构造的关系、排列的优选方位和遗迹化石类型等。生物地层研究还需逐层详细采集化石，特别应注意演化快、属种延限时间短的化石，采集的标本必须保存着鉴定特征。要区别哪些化石是原地埋藏的，或虽非原地但与沉积物同期的；哪些化石是再埋藏的、与沉积物非同期的。每个化石采集点的层位，特别是首现和末现位置均需测量记录，成岩或构造变动使化石发生的变化，如被压扁、被某种物质交代或者化石成为结核的核心等，也在观察、测量、描述之列。除了定性的描述外，还要注意数量测定。

4. 正常层序的识别和接触关系

识别岩层的顶底方位，是确定其新老顺序的关键。许多沉积构造能够指示岩层的原始顶底方向，如斜层理、波痕、冲蚀痕、沟槽模、干裂、遗迹化石、示顶底构造等。在一定条件下，后期的变形构造也可以作为标志，如轴面劈理与层理之间的交切关系等。

关于岩层间的接触关系，要弄清其具体特征。对连续沉积的岩层，要注意岩性如何渐变过渡；不连续的沉积界面，应注意其形态（平整的，起伏的，有印痕或印模等）、上下岩层是否交切、有无底砾岩或古风化壳、是否存在不同的构造变化及变质现象，并查清不连续沉积的原因。怀疑有不整合时，除了接触关系特征外，还要注意在临近界面上下寻找地层时代的依据。

观察接触关系应当点面结合，经常要沿界面进行适当追索。无论地层单位或单层之间，凡是由于浮土掩盖而未看清接触关系时，必须如实记载，并计算出被掩盖地层的厚度。

5. 地层产状测量

实测剖面时，在剖面上通常每层要测一个产状，一般都是用地质罗盘直接测出岩层的走向、倾向和倾角，数据按规定格式记录在实测剖面记录表中相应的层位上。

需要注意的是，测量产状时，应选择有代表性的层面；产状有变化的地方应多测几个，以保证地层厚度计算的精度；测线附近如无较好的层面，应顺层向两侧适当追踪，特别要注意区分层面与裂隙面、基岩与滚石。

6. 地形剖面线测量

地形剖面线测量包括以下数据：导线（皮尺）的方位角、地形坡度，以及每一皮尺的斜距。前两项数据可由前后测后同时测量，取两个读数平均值，以提高测量精度，斜距由前测手读出。

在测量过程中，皮尺方向（剖面方向）应保持一致；前测手离开原来位置时要做好一个易使后测手找到的明显标记，以免测线不连续，导致漏测地层。

剖面线的起点和终点位置、代表性产状要素测量点、大的地层单位分界点等，均应准确地标定在地形图上，同时在实地建立标记，用北斗或 GPS 定位以利查找。

7. 数据记录

实测地层剖面中的各项资料和数据很繁杂，应由专人负责，按照"野外实测剖面数据记录表"（附录二）所列各栏认真填写，填表时应注意以下几点：

（1）所有数据均用铅笔填写，如有错误可用线划去，保持原有数据还能清楚看出，并在旁边记上新的数据，不得用橡皮擦去另写。

（2）地形坡度角应分清顺向坡和逆向坡。前者指地形的倾向与地层的倾向相同，后者指地形的倾向与地层的倾向相反。顺向坡应在坡度角前加上"-"号，逆向坡应在坡度角前加上"+"号。

（3）岩性栏内要记该岩层的完整野外定名，但不作详细描述。岩石的名称应与岩性描述的记录一致。

（4）记录表内的各栏，要求在野外当场算出。

（5）起点及终点的高程、剖面最低与最高点的高程，记录在备注栏内，同时将剖面的起点、终点及剖面位置标定在地形图上。

岩层厚度一般采用列氏公式计算。列氏地层厚度计算公式不全面，不包括所有的野外实测情况，王兆国等（2020）对其进行了修正，新的地层厚度计算公式为

$$h=L(\pm\sin\alpha\cdot\cos\beta\cdot\sin\gamma\pm\sin\beta\cdot\cos\alpha)$$

式中，h 是岩层真厚度，L 是岩层顶底两点距离，α 是真倾角，β 是坡角，γ 是测线与地层走向之间的锐夹角。

当地层倾向与测绳经过的地面坡向相反时，取"+""+"；当地层倾向与测绳经过的地面坡向相同且坡角小于倾角时，取"+""-"；当地层倾向与测绳经过的地面坡向相同且坡角大于倾角时，取"-""+"。实际工作中，常使用导线方向与岩层倾向之间的夹角 ω 进行计算，上式转换为

$$h=L(\pm\sin\alpha\cdot\cos\beta\cdot\cos\omega\pm\cos\alpha\cdot\sin\beta)$$

测制地层剖面时，若倾向与坡向相同，一般不选择坡角大于倾角导线进行测量，因为沿导线前进方向地层变老，因此，上述公式可简化为两种情形：一种是坡向与倾向相反，上述公式全部为正[图8-10（a）]；另外一种是坡向与倾向相同，坡角小于倾角，后部分为负[图8-10（b）]。

$$h=L(\sin\alpha\cdot\cos\beta\cdot\cos\omega\pm\cos\alpha\cdot\sin\beta)$$

实际工作中也可以在坡角中用正负计，上坡为正，下坡为负，厚度公式中不计正负，直接用公式 $h=L(\sin\alpha\cdot\cos\beta\cdot\cos\omega+\cos\alpha\cdot\sin\beta)$ 计算厚度。

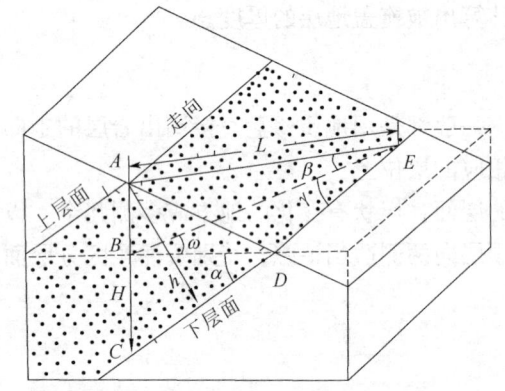 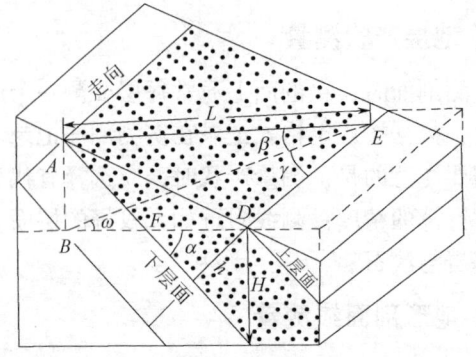

(a) 剖面线斜交岩层走向，坡向与倾向相反
$h=L(\sin\alpha\cdot\cos\beta\cdot\sin\gamma+\sin\beta\cdot\cos\alpha)$，
$H=L(\tan\alpha\cdot\cos\beta\cdot\sin\gamma+\sin\beta)$

(b) 剖面线与岩层走向斜交，坡向与倾向一致，$\alpha>\beta$
$h=L(\sin\alpha\cdot\cos\beta\cdot\sin\gamma-\sin\beta\cdot\cos\alpha)$
$H=L(\tan\alpha\cdot\cos\beta\cdot\sin\gamma-\sin\beta)$

图8-10 倾斜岩层厚度测算公式及图解

h—真厚度；H—铅直厚度；L—岩层顶面到底面的导线距；α—岩层倾角；
β—地面坡角；γ—剖面导线方向与走向的夹角；ω—剖面导线方向与倾向的夹角

8. 信手剖面图的绘制

在实测地层剖面中，担任厚度记录的人员或担任岩性描述的人员还应绘制剖面测量信手剖面图。该图用最直观的形象写照记录了野外实测地层剖面的全过程。实测地层剖面时，信手剖面图可以起到客观地记录每一个导线与其分层点的位置关系、地形的起伏变化、岩层产状变化规律、各层厚度情况，以及小褶皱、小断裂在剖面上的形式，同时又可起到室内剖面整理时参考及测量记录的相互印证的作用。绘制实测剖面图时，一般是面对目的物，以岩层厚度选定比例尺，再按视野内的地形线勾绘出剖面外貌，以岩层产状画出倾斜斜线及岩层厚度，并在相应层上画出岩性花纹符号，且标注导线号和层序号、产状测位、岩样、化石等编号，对剖面经过的地名或特殊标志物也要注明。剖面上的地质构造和沉积现象还可另外放大比例尺素描或照相，一般描绘在野外记录本的方格纸上。图的上方或下方书写图名、比例尺，剖面方向标绘在地形线以上左或右端（图8-11）。

剖面的平移：信手剖面以及实测剖面过程中，如果剖面通过区遇有大片覆盖、天然障碍或因构造

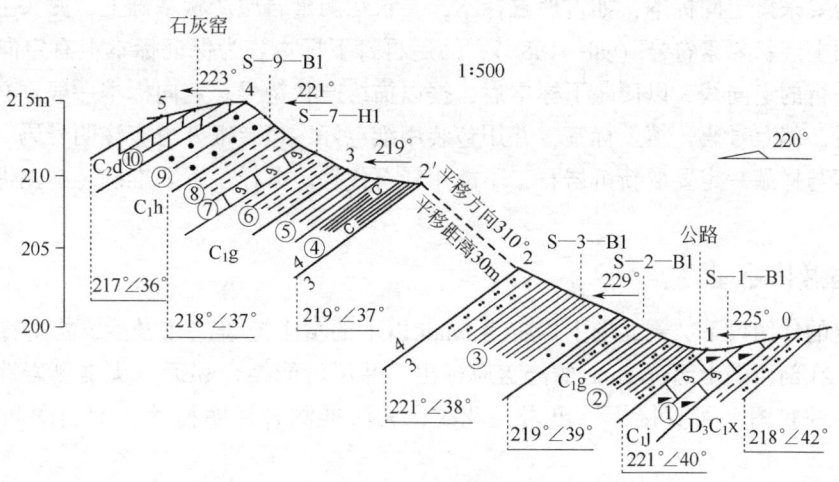

图 8-11 石灰窑下石炭统实测剖面示意图

0~5 为导线号；①~⑩为地层的分层号

破坏造成测制意义不大的地段，则需要剖面平移或在旁侧加测辅助剖面进行补充。平移应依明显的标志层或实测的顺层追索为准。平移距离不宜过长，一般控制在 20~30m 以内，不大于 500m，否则应分开另行测制剖面。

当导线平移时，一定注意沿地层某界面走向左右平移，而不是垂直于导线方向平移。这样才能保持地层的正常层序，不致因导线平移而使地层重复或缺失。

在信手剖面图上，应标出平移方向、平移距离（如图 8-11 的导线 2—2'）。平移段导线的编号、数字不变，在数字后加上码，以示区别。当一条导线不能完成平移时，多条导线连续加上码编号，如 2—2'，2'—2"，依次类推。平移段主要记录方位角、斜距及坡角，可不记录岩性，备注栏记录是什么岩层内平移。

野外描述剖面时，一定要现场算出厚度，画出柱状图，并用各种约定的符号标注采样位置、编号及观察到的现象，以便及时掌握各地层单位基本层序的变化情况。柱状图中的岩性花纹可以暂不填满，只画特殊沉积岩的花纹，其比例尺也可逐层不一。

9. 标本采集

实测地层剖面时，应按顺序打一套完整的标本，以此作为地质资料的佐证，并通过室内鉴定，补充野外观察的不足，解决野外工作中不能解决和不能发现的问题，如岩石的准确定名，生油层、储油层、油气水性质及变质程度的分析鉴定等。

标本的采集密度随制图比例尺的大小和工作需要而异，原则上必须每层一块，厚度大于 15m 岩性无变化或厚度小于 15m 岩性有变化要在下、中、上部各采一块，岩性复杂对比困难的层段，采样密度应加大；生油、储油性能分析的岩样，原则上 2.5~5m 一块，标本无论何用处，均要求采集未经风化的新鲜岩石，并应具有代表性。

标本规格视需要而定，一般情况下标本规格为 3cm×8cm×10cm 或 3cm×4cm×6cm，特殊样品可大一些或小一些。如果标本是用来阐明沉积构造、风化作用等，则大小随意，古生物化石以保存完整为原则。

所有的标本均应准确系统编号，填好标本签，然后将标签折叠好与标本一起包装，包装纸上写上标本号，以便查找，并记录在"实测地层剖面记录表"相应层位。标本及样品编号不准重复。一般编号要有剖面代号、层号、标本及样品类型（如薄片标本、化学分析样等）、标本的序号等。如 L—2—B3，L 代表刘家场雷家塝剖面；2 代表该标本取自第 2 层内；B3 代表薄片用标本，该层的第 3 块薄片标本。根据需要可增加地层代号、剖面序号，如 LO_1f—2—B3。

有的样品需要采集定向标本，如古地磁标本，要求在测量岩层产状基础上，露头上选择一定的平面，用记号笔画上产状要素符号（如→108°），然后再打下标本。为保证标本上有定向线，可在定向面上多画几条平行的走向线，以便敲下标本后，据以描绘产状符号。定向标本一般不必整修，用记号笔标注定向线后，编上号码，填上标签，并用包装用纸包好，包装纸外也应注明号码。

注意，标本与样品一定要取新鲜岩石，不能用转石代替。取样位置要准确，在测绳上读准斜距记入表格中。

10. 覆盖与脉体处理

一般在选定的比例尺下，剖面图上标定为5mm以下的覆土掩盖，在岩性、构造稳定地段，可作连续露头测制，在剖面图上超过5mm的掩盖应标出，并尽可能结合邻近露头推测岩性，在剖面图上标于覆土之下，柱状图上可直接标绘出岩性花纹，无法推测者注明掩盖，剖面图和柱状图花纹均为空。

对于地层中侵入的岩脉，如果在剖面图上标定为1mm以上，应分出；如果太多，频繁出现在剖面图上，可以选择几条有代表性的标出，柱状图上不予表示。如果在剖面图上标定为1mm以下，可以不单独分出，但应在文字记录中作简单描述。

实测地层剖面需要测量的数据很多，工作量大。通常由一个小组（5~7人）协同作业，各项工作需要做到有计划、有步骤地进行。分层、描述、前测手、后测手、测量产状、记录和计算、采集标本等都必须明确分工，由专人负责。分层人员要及时向记录人员报告分层位置、层号及岩性定名，当一导线工作完毕及时指挥测手前进。描述人员对重要的地质现象要作素描图或照相。前测手、后测手身高尽量相近。对一些出露不好而又关键的地段，要向导线两侧追踪补充描述，必要时可将导线附近的地质界限沿走向平移至导线上来。同时，应注意小组成员间相互帮助，密切配合，做到彼此协调一致。对各项数据要经常检验对照，使实测剖面的质量达到预定的要求。

二、实测地层剖面图的绘制

实测地层剖面图的绘图法，通常主要有展开法和投影法两种，此外尚有投影法和展开法二者并用的分段投影法（或真厚度法）。

（一）展开法

1. 首先绘制地形剖面线

一般只要根据导线斜距和坡角两个参数画出各段导线的地形线，并把各导线的方位角标在地形线对应位置的上方。如果导线太密集或图件比例尺太小，可以选择方向变化较大的位置标出。但这样画出来的地形轮廓线呈折线，应根据野外草图所反映的地形细节，将其勾绘成圆滑的曲线（图8-12）。

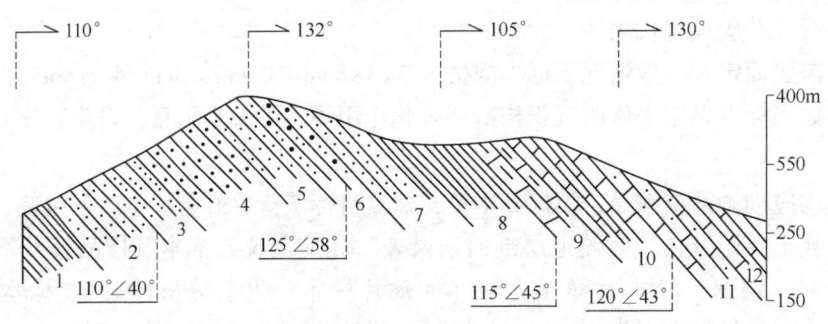

图8-12　展开法绘制实测剖面（据李勇等，2008）

2. 绘制地质要素

多数情况下，导线不完全垂直于岩层走向。因此，在绘制地质界线投影时，需要进行视倾角的换算。除导线方位与岩层走向夹角大于80°可视为近似垂直外，凡其夹角小于80°时，均应按换算出来的视倾角绘制，但产状注记仍应标记真倾角。采集的标本样品等应标注在剖面上方相应的位置。分层号、地层分界线及地层代号等标注在剖面的下方，还应有图例、比例尺等图外的说明。

展开法的优点是作业流程简单，便于野外边测边绘，同时便于检查。其缺点是，将转折的导线展开便会夸大了地质体的实际宽度，地层厚度只能用公式计算求得；导线方位的改变引起了产状相同的岩层视倾角的数值不同，特别是在导线方位与岩层走向夹角较小时，按视倾角在剖面上画上的地层投影线常出现相交、突变等不协调现象，歪曲了实际地质现象。

（二）投影法

投影法是目前应用最广泛的一种，常用的作图方法有垂直投影法和走向投影法两种。垂直投影法是指将各导线点、岩性分界、地层分界、产状、断层、岩体位置一一垂直投影到选定的剖面总方向上（图8-13）。垂直投影法是一种常用的方法，它的特点是绘图简单，可直接投影作图。当地层厚度、产状在横向上有变化时，仍按原剖面导线的比例分配，不重新产生因投影而造成的厚度误差，导线平面图上剖面总方向线与所作剖面长度一致，图面协调美观；不足之处是当剖面在实测中有过导线平移时，经垂直投影后可出现地层重叠或空缺。走向投影法是指将剖面导线上的各点，如岩性分界点、地层分界点、产状点、断层点、岩体位置点等，沿地层走向或构造线走向投影到选定的剖面总方向线上。走向投影法一般适用于沿实测剖面方向各岩层产状基本一致，特别是在处理剖面导线平移问题有独到之处，它克服了垂直投影法中因制图方法而出现的人为重叠或空缺问题。也可将上述两种方法结合作图。垂直投影法作图步骤如下：

1. 作导线平面图

作图前，首先要确定好剖面总方向线，总方向线的选线原则有：一是剖面总方向应尽量垂直大多数岩层走向；二是剖面总方向线应尽量靠近多数导线段；三是剖面总方向线至少应通过起、终点中的一个点。根据上述原则，一般选择导线的起、终点的连线作为剖面的总方向线，即作图的实际剖面线，也就是剖面投影水平基准线方位。以方格纸的横坐标线作为预估的总导线方位，根据各导线的方位和其平距在方格纸上分别作出各段导线，即形成导线平面图。

另一办法是，在另纸上先作出导线平面图，然后量出（也可计算出）剖面线起点与终点连线的方位，以此方位为投影基准线，直接在方格纸上作出导线平面图，也可以在地形图（手图）上剖面起点和终点的连线方向为总导线方位。如果实测剖面时定点准确，一般不会有太大误差。

确定导线平面图基线需遵循的原则是，凡总导线方位介于180°~360°区间者，剖面起点位于右侧，终点位于左侧。凡总导线方位介于0°~180°之间者，剖面起点位于左侧，终点位于右侧。

再将岩层产状、分层界线和分层号、地层界线及地层代号、岩石标本及化石采集点标绘到导线上相应的位置，即构成了导线平面图（图8-13）。导线平面图中平移段用虚线连接分段绘制（比例尺不同时，必须说明）。含平移的导线图一般不能首尾点连接旋转确定导线的总方向（误差太大，总方向偏离岩层倾向太多），可以分段确定本段导线总方向。含平移的导线图可以根据岩层倾向确定导线平面图基线。

2. 作地形剖面图

将导线各转折点垂直投影到其下方的投影基准线上，以投影基准线作为计算相对高程的"零点"，然后在方格纸的纵坐标上找出各段导线的累计高差点，这些点的连线为导线地形的折线，用平滑的曲线勾绘这些点即成地形剖面图。

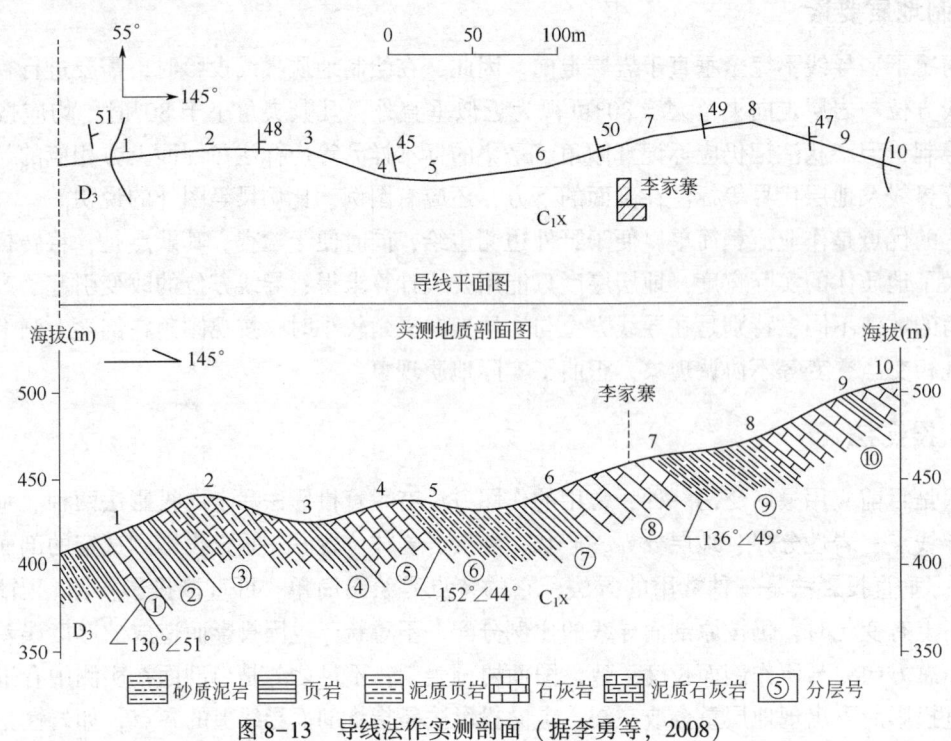

图 8-13 导线法作实测剖面（据李勇等，2008）

3. 在地形剖面图上绘制地质要素

将导线平面图上的分层界线、岩层产状、岩石标本和化石采集点垂直投影到地形剖面上来。由于投影剖面线的方向基本上垂直于地层走向，所以除局部地层产状有变化的地段外，大都可直接根据真倾角绘出岩层倾斜线。如果投影剖面线方位与岩层倾向夹角大于10°，就应该换算成视倾角，再绘出岩层视倾斜线，但在其下方标绘产状时，仍标绘真倾角。应该指出，一定要用投影基准线（即剖面起点与终点连线）方位与岩层走向之夹角来换算视倾角。

平移段剖面图的绘制：地质剖面与导线对应分段绘制，对应导线段分段绘制地形线，投影岩性、采样点、构造点等。由于导线平移后两点间存在高差，因此平移段在地质剖面图地形线是不连续的（断开），两点间用虚线连接，并注明平移方向和平移距离。如果剖面总方向线与倾向夹角很小，平移距离小，剖面几乎没有重复或空白带，可顺产状连接。

4. 填绘岩性花纹

在地形剖面图的各分层中，按视倾角填绘岩性花纹，就获得带岩石花纹的剖面图。

5. 绘制图例及责任表

一张完整的实测地层剖面图，还要加绘上相关的图例和责任表。具体的图例可参考本教材附录三，责任表格式可参考表 8-1。

表 8-1 责任表格式

图名	湖北松滋刘家场雷家塌奥陶系实测剖面图		
单位	长江大学地球科学学院××××班		
制图	张三	图号	YZ-04-01
清绘	李四	比例尺	1：200
审核	×××	资料来源	实测
技术负责	×××	日期	2022.10.12

三、地层柱状剖面图的编制

地层柱状剖面图是以工作地区内出露的不同时代的地层为基础，根据实测地层剖面结果，按规定的比例尺，用一定的岩性符号，将地层由老到新编制的图件。它反映整个工区的地层层序、岩性特征、岩相、地层接触关系、古生物演变及矿产分布等，是一份区域地质调查的基本图件。

（一）资料整理

在正式作图前，必须对实测剖面资料进行综合分析和整理，主要有以下几个方面的工作：
(1) 根据所采化石，并参阅前人工作成果，确定剖面上各段地层的地质年代。
(2) 对剖面上的各层岩石准确地给予定名，并整理分层岩性描述。
(3) 合并小层为大层，编写大层的文字描述。
(4) 整理组、段的特征综合描述。
(5) 核对厚度，并把各层厚度全部累计起来。
综合地层柱状剖面的编制格式见图8-14。

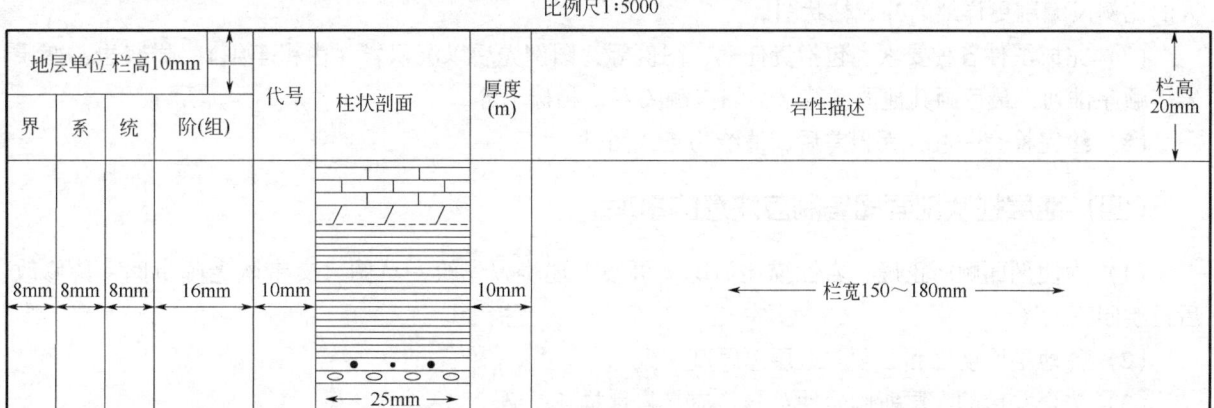

图8-14 综合地层柱状剖面图格式

（二）地层柱状剖面图的编制规范和要求

(1) 地层单位：按国际性和地区性两种原则命名，并分别用国际代号表示。
(2) 厚度：综合柱状图上的总厚度应是各地层厚度的总和，因此，综合柱状图的长度应按比例尺与各岩层厚度之和相当，其误差不能大于0.5%。
(3) 层序：由下而上，地层应由老到新，不能颠倒和错乱；按野外观察结果，分别用角度不整合（〰〰）、平行不整合（┄┄）和整合接触（——）符号表示。
(4) 岩性描述：在进行岩性描述时，应力求简明扼要，将野外的岩性描述系统化，并对夹层、互层、韵律层进行分析，归纳合并为大层，抓住合并后的大层特征，整理成柱状剖面图的文字资料，以便如实地反映地层的本来面貌。这里只描述岩石名称和各岩层的组合关系、上下变化规律及其重要的结构、构造特征。
(5) 化石：凡是在野外发现过的化石地，都应在相应层位上写出化石的名称。
(6) 矿产：寻找有用矿产是地质普查的目的之一，因此必须把矿产用符号标点在柱状图上，同时在相应层位备注栏上加以简要说明，例如矿产名称、质量、用途及开采使用情况等。
(7) 岩性符号：遇有特殊意义的岩层，可以适当扩大比例尺，但所扩大部分必须在同一分层或组段厚度中找补回来。

(8) 其他：如水文地貌等，可在相应层位备注栏作简要描述。

(9) 比例尺及图件要素：1：25000地质填图要求综合柱状图的比例尺为1：2500，图件要求在图件绘完后再加工。

(三) 地层柱状剖面图的作图方法及步骤

(1) 按规定制好图框，同时留出图名、比例尺、图例的位置，把图框置于图件中央，使两侧对称。

(2) 画出地层界线，按时代由高一级的地层单位到小一级的地层单位，厚度按比例尺缩小，自下而上由老到新先卡出总厚度，再卡出组、段厚度，各分层厚度之和要与总厚度一致，并绘出地层间的接触关系。

(3) 在柱状图内填入相应的岩性符号、化石及其他标记。

(4) 用仿宋体填写图内岩性文字描述、组段综述、化石名称（含拉丁文）等。

(5) 地层间断和角度不整合可用不同形状的线段表示在柱状剖面图上，如果区内有侵入岩，也应在柱状剖面图上标明其位置。

(6) 对含有矿产（煤、石油、天然气等）或是对解决某一地质难题非常重要的分层，必须以更大的比例尺编制更详细的补充柱状图。

(7) 完成图件各种要素，包括责任表、图例等，图例先后以沉积岩（由粗至细）、岩浆岩、变质岩等顺序排列，最后画其他图例符号，如接触关系、相标示等。

(8) 绘完检查一遍，无误差后，清绘为正式图件。

(四) 地层柱状剖面图编制应注意的事项

(1) 为使剖面顺序正确，岩性描述简练，可按上述步骤先绘一草图，交带队老师审阅，待修改后再绘制正式图件。

(2) 各地层厚度之和必须与地层总厚度一致。

(3) 按合并后的大层所画岩性符号，应与岩性描述一致。

(4) 当文字过多时，可用折线将该栏向上或向下扩充一些，但全部文字描述必须在表格以内。

(5) 岩性符号应力求工整美观，要求线条粗细均匀，相互垂直或平行，长短相等，点和圈要圆滑，且上下排列要整齐。

(6) 内容必须按规定格式填写，字体须用仿宋体，要求大小一致，工整美观。岩性描述栏左边留出1cm空白，以便有些文字描述写不下时引斜线扩充该栏用。

(7) 如果剖面图着色，其色调规格必须与地质图保持一致。不同地质时代地层着色参考附录四。

第三节 沉积相野外工作方法

一、相剖面的测制

(一) 剖面的布置原则和要求

沉积相的研究具有较大的野外和室内工作量。因此剖面的布置应在充分利用前人资料的基础上，根据以往工作的研究程度和已有剖面的分布情况、编图区古地理格局特点和岩相类型的复杂程度，以及编图比例尺的精度要求等因素合理地进行安排。

剖面测制包括控制性剖面（基干剖面）、辅助相剖面和路线观察点的布置，首先应从测制控制性相剖面入手，掌握编图区的岩性、岩相纵向上的沉积特征和演化规律，并布置一定数量的辅助相剖面，以便控制相带的横向变化。对相变较大或缺少剖面点控制的关键性地区，应根据比例尺的路线要求布置一定的观察点，开展面上的路线追索，由点到面进行综合分析，掌握区域岩相的空间展布和演变特点。

不同比例尺岩相、古地理图实测剖面点的控制数量和精度要求，根据国内工作经验，可参考表8-2进行安排。

表8-2 不同比例尺岩相古地理图剖面布置精度要求

绘图比例尺类别	每一相区（带）控制性相剖面			每一相区内辅助相剖面			路线观察点	备注
	数量	剖面比例尺	分层厚度	数量	剖面比例尺	分层厚度		
小比例尺 （1∶200万~1∶400万）	不少于 1~2条	1∶500~ 1∶2000	平均5m， 最大在10m内	2~4	1∶1000~ 1∶2000	不定	少量	按亚相级
中比例尺 （1∶50万~1∶100万）	不少于 1~3条	1∶500~ 1∶1000	平均5m， 最大在10m内	2~4	1∶1000	不定	适量	按亚相级
大比例尺 （1∶5万~1∶20万）	不少于 2~3条	不小于 1∶500	在5m以内	2~4	1∶500~ 1∶1000	不定	较多	按微相级

（二）相剖面测制的程序和方法

1. 剖面测制工作的一般程序

1）剖面踏勘

对选定的剖面，首先应自下而上进行初步观察，这是施测前不可缺少的重要阶段。

应查明岩层的正常层序、产状和接触关系，追索并了解有无后期构造变动（褶皱、断层）及滑坡而引起的剖面不同部位岩层的重复、倒转、缺失等现象，初步确定剖面中明显的各种标志层和岩层的剥蚀面（沉积间断面）、不整合面。对变动较复杂的剖面点，还应根据沉积的和生物的标志特征正确地判定岩层的顶底板。

通过踏勘观察，应初步确定岩石的分层界线，划分岩石的自然成因单位，圈定某些具有指相意义的特殊岩段，如特殊的岩石结构、沉积构造和韵律层，以及富含不同组合及生态特征的化石组合带和生物礁带等段落，并应标记在剖面中明显的位置上。

2）剖面测制

对剖面进行逐层丈量和详细分层观察描述及必要的素描、照相，并按要求系统或针对性地采集各类典型标本和样品。

3）初步分析、作草图

根据逐层观察描述所取得的各种资料，分段研究剖面结构、沉积序列特征，进行初步的岩相（微相）划分和环境分析。要求做到野外初步定相，并应与邻近剖面岩相类型进行对比。

用剖面资料进行整理和编制相柱状草图。

2. 沉积岩的野外描述

剖面测制中，除记录层号、原数等基础数据外，还必须对沉积岩进行详细的野外描述。根据石油行业标准 SY/T 5517—2021《野外石油天然气地质调查规范》，沉积岩的野外描述内容规范要点如下：

沉积岩的野外描述内容包括颜色、矿物成分、结构、沉积构造、生物化石与古生态、成岩后生变化、晶洞与溶洞、节理与裂缝、风化与地貌特征、含油气显示。

1) 颜色

（1）颜色描述的原则规定。

尽可能用新鲜干燥的岩石描述颜色；描述潮湿的或风化的岩石时，必须附加说明是潮湿还是风化的颜色；描述颜色的纵横向变化规律和均匀程度；观察颜色和层理的关系；判断岩石的颜色是原生色还是次生色；不得用物质的名称来表达颜色，如猪肝色、咖啡色、乳色等。

（2）颜色描述的用词规定。

① 单色的用词规定：单色词为红、橙、黄、绿、青、蓝、紫、白、灰、棕、褐、黑，共12个。

② 复色的用词规定：由12个单色词中任意2个组成颜色的复色词，写在后边的颜色是主色，写在前边的颜色是次色。如"黄绿色"中，绿色是主色，黄色是次色。

③ 颜色色调特殊性的表达用词规定：特殊色调用词包括深、浅、亮、暗、鲜、苍6个。

④ 颜色分布形状特殊性的表达用词规定：斑点状、斑纹状或斑驳状、条带状或条纹状、云彩状、分散晕状、杂乱状。

⑤ 颜色描述用词的排列顺序规定：岩石的颜色具有特殊分布形状或特殊色调时的用词排列顺序为颜色特殊分布形状—特殊色调—颜色（单色或复色）；三种以上颜色呈杂乱状分布时，用"杂色"一词表达，不再一一列出各种颜色。

2) 矿物成分

（1）鉴定工具：在野外鉴定岩石中的矿物成分必须借助放大镜、小刀、浓度为5%的稀盐酸或其他试剂。

（2）鉴定内容：岩石中的重矿物、黏土矿物、矿物残渣、自生矿物、造岩后生矿物等主要由实验室分析鉴定。地质人员在野外应力所能及地鉴定并描述一些矿物，尤其是指相矿物，如黄铁矿、海绿石、菱铁矿、石膏、岩盐等。

3) 结构

（1）碎屑岩的结构观察内容。

① 粒度：粒度分类见有关规定，粗砂以上的较大颗粒应描述其形状和分布特点。

② 分选性：应描述岩石内不同粒径颗粒的分布情况或一致性，分为3个等级，即分选好、分选中等、分选差。

③ 磨圆度：应描述岩石颗粒的磨圆程度，分为4个等级，即圆状、次圆状、次棱角状、棱角状。

④ 碎屑颗粒的形状：应观察粗砂粒级以上的较大颗粒的形状，根据碎屑颗粒的三个轴向（长轴、中轴、短轴）之间的长度比例，将颗粒形状分成4种类型，见表8-3。

表8-3 颗粒形状分类表

	形状分类	中轴/长轴	短轴/中轴
1	圆球体	≥2/3	≥2/3
2	椭球体	<2/3	≥2/3
3	扁球体	≥2/3	<2/3
4	长扁体	<2/3	<2/3

⑤ 砾石的排列方向：测定内容包括砾石的最大扁平面的倾向和倾角、砾石长轴的走向。

测定排列方向的规定：测量点必须位于同一位地层层位上；每个测量点的范围为$1m^2$；在测量点上对每个合乎规定的砾石（具有扁平面和延伸方向、合乎某一规定的粒级的或合乎某一规定成分的），应毫不例外地进行测量；对疏松的或不坚固的砾石层，可把松动的砾石拨出来，用小板放在砾石的空模中仔细地比拟其扁平面和长轴的产状进行测量；若地层较致密坚固，则应尽量把测量点布置在风化壳上。

⑥ 胶结物：描述胶结物种类、胶结类型和胶结物结构。

胶结物种类：泥质、灰质、硅质、铁质、石膏质、白云质。

胶结类型：基底胶结、孔隙胶结、接触胶结、镶嵌胶结。

胶结物结构：隐晶质结构、粒状结构、栉状结构、嵌晶结构。

（2）碳酸盐岩的结构观察内容。

① 粒屑：碳酸盐岩的粒屑包括各种颗粒和碎屑。

内碎屑：砾屑，粒径>2mm；砂屑，粒径0.1~2mm；粉屑，粒径0.03~0.1mm。

生物化石个体和生物碎屑：在野外应尽量区别原地生长（未经过搬运与磨损）和经过搬运与磨损的生物化石的门类组合及古生态。

鲕粒：应描述鲕粒的大小及形状特征。

② 胶结物：主要是指充填于颗粒之间的结晶方解石或其他矿物。在野外应尽量识别不同成分的胶结物。胶结物一般包括结晶方解石（又称亮晶方解石）、白云石、石膏。

③ 晶粒：晶粒是结晶碳酸盐岩的主要结构组分。晶粒按颗粒大小分类见有关规定。

晶粒按形态特征分为自形晶、半自形晶、他形晶。

晶粒按结构分为：斑晶（相对周围晶粒，格外粗大）、包含晶（大晶体中包含小晶体）。

④ 生物骨架（生物格架）：生物骨架是生物礁灰岩（简称"礁"）不可缺少的结构组分。在野外应观察并描述原地生长的造成生物骨架的群体生物，如珊瑚、苔藓虫、钙藻、海绵、层孔虫、牡蛎蛤等。

在野外露头上对礁的观察识别方法包括：礁核部分露头风化面呈粗糙感，并容易找到各种造礁生物的化石，常以1~2种为主，呈富集状态或在数量上占绝对优势，与附礁生物相伴生；礁核部分出现支撑、块状或缠结（绕）格架，前两者从造礁生物本身可以认识，后者在露头上呈种种回曲环绕姿态，缠绕于大小礁块或化石碎块之间；对比四周同期地层，有无岩性突变和厚度突然加大现象；礁核部分质纯，块状，没有层理；从礁核部分分别向两侧追踪，可以发现前礁角砾岩和后礁低能环境下形成的层状泥晶石灰岩和白云质石灰岩或白云岩；礁核、前礁和后礁组合明显；礁在地形上经常造成陡崖；如遇缓坡，由于礁核部分质纯、呈块状，也常可发现小型石林地形。

⑤ 结构类型：包括结晶粒状结构、晶粒异形结构、生物结构、碎屑结构、同心结构、成岩后生结构（次生变化结构）。

4）沉积构造

（1）碎屑岩的沉积构造。

① 层理：必须详细观察描述岩层性质（颜色、矿物成分、结构等）沿垂向的渐变或突变状态。

层理的形态：必须观察描述层与层之间的形态关系。层理的形态种类有水平层理、波状层理、交错层理（斜层理）、透镜状层理（压扁层理）、递变层理（粒序层理）、韵律层理、均质层理（块状层理）。层的形状有板状、羽状、楔状、透镜状、槽状。

层的均匀性：必须观察岩层内组分和结构的变化，分为4种类型，即均质层（层内组分相同，分布规则）、非均质层（层内组分不同，分布不规则）、递变层（层内粒度有规则地连续性变化）、韵律层（层内组分或粒度的连续性变化在垂向上重复出现，呈旋回性）。

层的厚度：层的厚度分类应符合表8-4的规定。

表8-4 层的厚度分类表

厚度分类	块状	厚层	中层	薄层	页状
单层厚度（m）	>2	0.5~2	0.1~0.5	0.01~0.1	≤0.01

层间接触关系：在野外确定层间接触关系时必须有可靠的依据，对观察描述的要求一是应有一定数量的自然露头和人工露头；二是应清晰看到两层之间的接触关系；三是应测量不整合面及上、下岩

层的产状要素。互层与夹层分类规定见表8-5。描述时，应丈量和记录互层的岩层具体厚度之比，如"30cm：10cm"。

表8-5 互层与夹层分类表

分类	等厚互层	略等厚互层	夹层
两种岩性厚度比	<2：1	2：1~5：1	>5：1

② 层面：应注意观察描述岩层互相接触的界面特性。

波痕的观察：应描述波痕形态、波峰与波谷上的矿物分布、粒度变化，并测量波痕要素（包括波长、波高、不对称度、波峰走向等），同时应确定波痕的成因（浪成、流水或风成）。

泥裂（干裂）的观察：应描述其形态、深度、密度及充填物。

雨痕和冰雹痕的观察：应描述其形态、大小、平面分布及充填物。

槽模、沟模、梭模、刷模、锥模的观察：应描述其形态、大小、长轴方向及充填物。

③ 同生变形构造：指沉积物在沉积作用的同时或固结成岩之前，处于塑性状态时，发生变形所造成的各种构造。应观察区分负载构造、球枕构造、揉皱构造、滑塌构造，描述其形态、大小和分布特征。

④ 化学成因构造：指成岩作用过程及以后由化学沉淀和溶解作用形成的构造，并有晶体印痕和结核等。

晶体印痕：泥屑沉积物在未固结前，松软表面上的盐类或冰的结晶体后来溶解消失，在层面上留下特殊的晶体印痕。应描述其形态，大小与分布特征。

结核：应观察区别同生结核、成岩结核、后生结核，并描述结核的形状、大小、表面结构和内部结构，鉴定结核成分，查明结核产状的原生性和次生性，确定结核与围岩层理的关系，定量统计结核丰度，总结结核在岩层中的分布规律。

⑤ 生物成因构造：指生物活动在沉积层上和岩石中留下的痕迹。痕迹化石可用来确定沉积环境和海水深度，并可根据痕迹保存好坏来判断沉积作用的快慢。应描述动物寻食和穴居的孔道（潜穴）、足迹、爬迹的形态、大小和分布特征，并观察有无植物根痕迹。

(2) 碳酸盐岩的沉积构造。

碳酸盐岩的沉积构造类型，不但具有碎屑岩的沉积构造类型，还具有其特有的沉积构造类型。碳酸盐岩的特殊沉积构造类型包括以下5种。

① 叠层构造（叠层石构造）：叠层石由两种基本层交互出现形成叠层构造，一种为富藻纹层，又称暗层；另一种为富碳酸盐纹层，又称亮层。叠层石的形态有层状、柱状、锥状，以及这些形态的过渡形态和组合形态。层状的生成环境水动力条件较弱，多属潮间带上部产物；柱状和锥状的生成环境水动力条件较强，多属潮间带下部及潮下带上部的产物。

② 鸟眼构造（窗格构造、雪花构造）：在泥晶或粉晶的石灰岩或白云岩中，常见一种毫米级大小、多呈定向排列的方解石或硬石膏充填或半充填的空隙，形如鸟眼或窗格，其充填或半充填的空隙呈白色，状如雪花。它出现于潮上带及台地相的半封闭潟湖环境。

③ 示顶底构造（示序构造、示序花瓣构造）：在碳酸盐岩的孔隙中，常见两种不同的充填物，在孔隙的底部或下部为泥晶或粉晶方解石，色较暗；在孔隙的顶部或上部为亮晶方解石，色较浅，多呈白色。两者界面平直，且同一岩层中各个孔隙的类似界面都相互平行一致。这类构造特点是上亮下暗，用以识别岩层的顶底方向。

④ 虫孔构造：指蠕虫动物和软体动物在尚未固结的碳酸盐岩中穿孔、潜穴（掘穴、虫穴）及爬行造成的痕迹。分布特征为：潮上带虫孔较少，多为垂直或弯曲状；潮间带虫孔较发育，多为垂直状、倾斜状、弯曲状；潮下带虫孔以水平状为主。

⑤ 缝合线构造：指碳酸盐岩切面上常见锯齿状的裂缝曲线；沿此裂缝的破裂面，参差不平凹凸

起伏，称缝合面；凹下或凸起的大小不等的柱状，称缝合状。这些构造中以缝合线最常见，故称缝合线构造。其特征为：缝合线构造大小差别甚大，凹凸幅度从小于1mm到大于100mm；缝合线构造有的和层面一致或平行，有的与层面交叉，即有原生和次生两种成因。在野外应详细观察缝合线的特征、大小和分布，对探讨油气运移聚集有积极作用。

5) 生物化石和古生态

(1) 资料收集内容，包括层号、岩性、化石门类和属种主次名称及丰度、各门类化石的分异度、化石保存情况（包括化石个体是否完整、有无磨损、破碎或变形情况、纹饰或内部构造是否清晰完好等）、各种生物化石之间的关系（包括缠结、寄生、共生等）、化石排列情况、古生态或生物埋藏情况（包括生物化石在地层中的产状、是否保持原始生长状态）、素描、照相、录像；采样。

(2) 野外古生物化石数量统计。

方格统计法：在一个露头上，画出边长20~50cm（最长100cm）的正方形，观察统计正方形内化石数量，记录在表8-6内。

表8-6 化石数量统计表

序号	地层层位	剖面层号	化石名称	个体数	碎片数

切线统计法：当露头层面不好而化石丰富，同时化石在垂直层面的切面上比较清楚时，则取一固定直线，统计直线切割的化石数量；当化石数量稀少时不用此法。

化石排列的向量统计法：对许多长形化石，如笔石、直角石、海百合茎、箭石等，可按不同排列方向进行化石门类及数量统计，以百分率表示，用以研究水流方向和水流强度。

(3) 化石数量等级（丰度）划分的描述用词规定。

大量：某种化石能构成岩石的基础，全面富集，数量最多，而且均匀地出现在各个露头上。

较多（局部堆积）：某种化石只是在岩层中局部富集，在许多露头上数量比较多。

稀少（星散）：某种化石在许多露头上都有发现，但数量很少。

个别（偶见）：某种化石在许多露头上只是偶尔、零星见到。

无：某种化石在许多露头上均未见到。

(4) 化石的素描、照相和录像。

对能反映古生物生态或沉积环境的现象必须在现场及时进行素描和照相，有条件的可进行录像，不得在事后补作描绘。

素描内容规定：化石产地远眺；化石分布疏密；化石排列位置；化石埋藏和保存的特征；含化石层的沉积特征；层面上的化石分布状况；标出箭头表明化石排列方位；比例尺。

照相或录像内容规定：重大的化石产地在采掘前、采掘过程中、采掘后的现场情况及化石标本样品，其余规定与素描相同。

6) 成岩后生变化（次生变化）

碎屑岩的成岩后生作用包括、胶结作用、交代作用和溶蚀作用、重结晶作用、压实作用、压溶作用、蚀变作用等。

碳酸盐岩的成岩后生作用包括溶解作用、碳酸钙矿物转化作用（方解石化）和重结晶作用、胶结作用、交代作用[白云化、去白云化、硅化、硫酸盐化（石膏化、硬石膏化）、去石膏化、菱铁矿化和黄铁矿化等]、压实作用、压溶作用。

野外应取资料包括：成岩后生变化的类型；成岩后生变化在岩层中的分布情况（均匀性）；成岩

后生变化强度（以强、中、弱表示，或以岩石面积百分比表示）；成岩后生变化所引起的裂隙、晶穴、岩石组织结构、溶蚀特征及其与正常岩层的差异性等。

7）晶洞、溶洞

应收集的资料内容为：

① 晶洞、溶洞的分布情况和分布特点：呈串珠状或其他形状，沿层面或沿裂隙分布，分布的纵横向范围与均匀性等。

② 晶洞、溶洞分布的密度，分为密集、星散、偶见三种。

③ 晶洞、溶洞的连通性。

8）节理、裂缝

① 节理、裂缝的划分，包括构造大裂缝、层间裂缝、微裂缝、生物晶隙、晶间裂隙。

② 节理、裂缝描述内容：节理、裂缝中除微裂隙、晶间裂隙肉眼难以观察，必须依靠室内分析外，其他方面在野外。观察描述的具体内容规定为：节理、裂缝发育密度；节理、裂缝宽度、延伸长度和深度；充填物质；节理、裂缝产状及相互串通情况；分布的均匀性；与母岩性质和层面的关系；与构造（断层、背斜、隆起）的关系。

9）风化与地貌特征

① 岩石风化面或风化壳描述内容包括：风化后的颜色、风化后的性质、风化程度（分为强烈风化、中等程度风化、微弱风化）、风化壳深度、强烈风化带厚度。

② 岩石的地貌特征描述：在野外应描述不同的地貌特征与岩性的关系，同时进行素描、照相和录像。

10）含油气显示

借助人体感官、地质锤、放大镜、四氯化碳（或三氯甲烷、丙酮）试剂等观察描述油气显示。

(1) 油气显示种类。

① 液体油苗常沿断裂面流出，伴生天然气和盐水。

② 水面油膜指不流动的小型水体上的油膜。注意水面油膜与水面上氧化铁膜的区别。区别方法为：用手搓摩，油膜具滑腻感，铁膜无此感；用棍搅之，油膜不易破碎并很快聚拢，而铁膜易破碎成棱角状散片。

③ 浸染原油是最为常见的沉积岩中的含油显示，可分为3种：

油砂：岩石全部被原油浸染，甚至饱和、湿润。

油斑：岩石局部被原油浸染，浸染部位常是粗粒结构部分或各种缝隙。

油迹：岩石个别地方被原油浸染，且较轻微。

④ 轻质原油：在新鲜岩石被击碎后立即可以看到浅白色或浅黄色液体原油，挥发很快。可用丙酮试验方法鉴定。

⑤ 原油显微显示指肉眼难以看到，借助四氯化碳或三氯甲烷试剂可识别的原油。

⑥ 天然气苗指沿断裂面、层面、节理等溢出的天然气，在水中出现时呈气泡状。为了防止起爆伤人，在大量天然气溢出处，禁止进行点火试验；只有在小量气溢出时，可用排水取气法进行点火试验，以区别于非烃类的天然气。

⑦ 吸附烃：新鲜岩石被击开后，以可否闻到天然气味进行判别。

⑧ 泥火山由地下高压天然气上升时携带泥岩块和水到地面形成，可证实地下有天然气。

⑨ 地蜡由石蜡基原油在地表浅处结晶析出，呈固体显示。

⑩ 沥青呈现固体显示。原油氧化形成的沥青分为软沥青、地沥青、石沥青。原油变质形成的沥青分为：碳质沥青、碳沥青、次石墨。

⑪ 油页岩是一种高灰分的含可燃有机质的沉积岩，属于非常规油气资源。

⑫ 间接油气显示：油气被硫酸盐还原造成硫化氢气体或臭味，可生成自然硫；与油气作用后的

次生岩石或次生土壤。

(2) 油气显示描述。

描述内容：①类型、产状及分布；②分布层位、岩性和构造部位；③油苗、气苗、沥青与孔洞、断层和裂缝、不整合面的关系。

样品采集要求：

① 油样：应用棕色或深色磨口玻璃瓶装油样，不少于200mL；不应超过容器容积的2/3，用石蜡密封瓶口；填写两个标签，一个贴在瓶口，另一个贴在瓶壁上。

② 气样：用集气钢瓶取样，容积不小于1000mL；用饱和盐水为封液，采用排水取气法取样；运输与保存期间瓶身始终倒置。

③ 沥青：固体或半固体样品取样量为1~2kg，液体沥青常规检验取样量为1L（乳化沥青为4L），采集要求按国标GB/T 11147《沥青取样法》执行。

3. 剖面结构（相层序）分析

剖面结构（相层序）分析是相剖面测制中进行微相研究的重要内容。组成沉积岩的不同剖面结构（相层序），反映了不同环境的沉积特征，应根据岩性、结构、构造、生物、岩层冲刷及沉积韵律层等组合顺序特点，分段进行综合分析，划分出反映微相级沉积环境的不同剖面结构（相层序），编绘放大比例尺的剖面结构（相层序）图，并应根据需要采集必要的样品，备作室内深入研究。

4. 样品的采集方法和要求

采样的目的主要是为室内深入研究沉积环境及分析沉积相与含矿性的关系提供更详细的资料，部分样品的分析也可用于地层的划分对比。样品的布置应根据其应用的广泛性、经济效果和测试条件按以下三类进行安排。

第一类属应用较广、需逐层或分段（按岩性及岩石结构、构造类型）系统采集的样品，包括：

(1) 岩石薄片样：是相分析中进行岩石学与化石岩石学研究最基本的样品，一般可采用检块法连续或分层采取，可根据研究需要适当加密或放宽。

(2) 古生物样：用于划分对比地层、进行生态研究。样品采集要全，除采集各门类大化石外，还应注意采集各种微体、痕迹化石样。研究古生态的化石标本应在野外定向，并标注岩层产状和顶底板位置，必要时应照相素描。

(3) 光谱分析样：用于痕迹（微量）、稀土元素区分岩相和地层对比，研究古地球化学分区和元素富集规律。采集可用连续检块法或用化学分析样的副样代替，送样质量不少于50g，视其需要和条件可分别作光谱定量、半定量及原子吸收光谱、等离子体光谱分析。

(4) 化学分析样：主要是对碳酸盐岩、黏土岩等进行化学分析，提供化学成分和矿物成分的定量统计资料，可根据不同目的确定分析项目。如分析碳酸盐中的CaO、MgO、CO_2、SiO_2可计算方解石、白云石的百分含量和钙镁比值，判别海水的古盐度；分析泥质沉积物中的微量元素及研究$SrCO_3$和$CaCO_3$的比值，也有助于岩相的判断。采样可用刻槽或检块法，送样质量不少于100g。

(5) 揭片样：是研究碳酸盐岩不可缺少的样品，用于研究沉积岩的结构、构造及古流向测定。应按岩石结构、构造类型采集典型标本，进行磨光和揭片研究，标本要求野外定向并注明产状。

(6) 粒度分析样：用于研究碎屑岩的颗粒大小，确定岩石的粒度分布和分选性等成因特点，提供沉积环境分析的资料。采样点应按岩石的成因类型进行布置，便于成果的综合解释。目前国内已逐步应用电子计算机图像分析系统进行粒度统计，可大幅度提高鉴定效率。因此应以薄片粒度分析法为主，并可与岩石薄片样同时采取标本，必要时也可采集部分筛析样作粒度分析（样本质量不少于200g）。

岩石、地层标本的尺寸为3cm×8cm×10cm；电镜、薄片样品不得小于3cm×4cm×6cm；重矿物、光谱样品不得少于200g；衍射样品应为300～500g；分散粒度样品应为500～1000g；古地磁样品不得小于8cm×10cm×10cm；同位素年龄样品，单块质量不得小于500g。

第二类属根据某些研究需要可适当采集的样品，包括：

（1）人工重砂样：用于研究有用矿物和陆源重碎屑含量及分布特征，可与岩石薄片样同时采集。

（2）地化环境指标样：对研究沉积物沉积时的环境仅有一定参考意义，一般可不作此项分析。

（3）物性样：用于测定岩石的孔隙度和渗透率，若其测试手段不能满足研究要求时，可适当选择采集少量样品。

（4）包裹体测温和成分分析样：用于研究成岩成矿温度和地下热水及含矿溶液的深度及性质，一般应按不同成岩成矿的阶段分别采取代表性矿物样品。

第三类是根据测试条件并应考虑测试费用需慎重安排的样品，包括：

（1）古地磁样：用于研究某一区域某一地质时期的古纬度，对复原古地理有重要的参考价值。在大区域中，小比例尺岩相古地理工作中应对古地磁给予一定的重视，根据实际需要可适当采集。

（2）稳定同位素样：目前已较广泛应用于碳酸盐岩、碎屑岩、硅质岩及某些金属矿物的研究。测量氧、碳、硫和稳定同位素，可更深入地解决沉积和成岩成矿环境等方面的问题。应针对需解决的问题采集必要的样品，送样前必须先做光片，进行薄片鉴定。

（3）扫描电镜、CT样。扫描电子显示微镜能显示微小物体的立体形态，具有很高的分辨能力。扫描电镜、微纳米级CT可深入研究沉积岩和黏土矿物的表面形成、内部结构、微细孔隙和微体、超微体古生物的微观形态和结构，提供沉积、成岩环境、成因分析和储层微观特征资料。此项试验应在偏光显微镜等研究的基础上，针对存在的问题合理进行安排。

（4）其他：如差热分析、红外光谱及X射线衍射粉晶分析样，对研究黏土岩、碳酸盐岩中的矿物成分和含量可提供可靠的资料，也应根据需要适当采集。

野外岩相类型的鉴别和划分，往往根据少数主要的相标志就可大致确定，室内样品的分析是野外定相的补充和修正。因此，工作中没有必要对各类样品都系统取全。除上述第一类样品一般必须采集外，第二、三类样均应根据研究中存在的问题按实际需要合理地安排。采样点一般要求布置在"控制性相剖面"上，并应根据不同剖面结构、不同相段特征分析的需要考虑其系统和连续取样，尽量减少重复性的样品工作量。"辅助相剖面"一般不需要系统取样，应做到有选择地、针对性地采集最基本、最有效的样品。试验项目的确定也应针对不同目的按实际需要予以慎重考虑，既要满足工作需要，又要注意经济效益，尽可能缩短研究周期，加快岩相古地理的工作步伐。

二、古流向的测量与校正

（一）古流向的测量

能指示沉积时介质运动方向的沉积构造为指向构造，常见的有交错层理、砾石、波痕及槽模、沟模等。

1. 交错层理的测量

交错层理的前积层倾向一般与古流向一致。测定古流向，实际上就是测定前积层的倾斜方向。可将一木板（或硬纸片、野外记录本等）放于露出的细层面上，以扩大测量面。测量这一木板产状，即得前积层产状。前积细层常常向下或向上下两端变缓，因此需注意在细层的中部测量。槽状交错层理应测量轴的方向。除了前积层产状外，尚应同时描述交错层理类型及其他层理要素，并登记于专门的表格上（表8-7）。当岩层倾角大于5°时，还应测量并记录岩石产状，以便室内校正。

表 8-7 交错层理测量登记表

编号	地点	剖面层号	交错层理类型	厚(mm)		岩层产状(°)		前积层产状(°)		校正(°)		备注
				层系	分层	倾向	倾角	倾向	倾角	倾向	倾角	

为了绘制玫瑰花图并求得平均流向，至少要测 50~60 个的数据，这些数据是否在同一层位中不同地点取得，或是一个露点附近取得，则视研究目的而定。

2. 砾石的测量

砾石的最大扁平面倾向和长轴排列方向可指示介质运动方向。

测量砾石最大扁平面产状与测量交错层理前积层的方法相似。胶结松散时，可将砾石挖取出来，依其铸模的产状测量，仅出露砾石的一个断面（与围岩为同一平面）的露头不能作砾石测量。

测量时可在露头上圈定一范围，在此范围内砾石应无选择地逐个测量。根据砾石排列方位的稳定程度不同，每一测量点须测量砾石 100~300 个，并按表 8-8 的内容进行登记。表中 a、b、c 为砾石的三个相互垂直轴的长度，a 为最大扁平面上的最大直径，b 为最大扁平面内垂直 a 轴的最大直径，c 为垂直最大扁平面的最大直径，也就是通常说的颗粒长轴、中轴、短轴的长度。

表 8-8 砾石测量登记表

地点：　　　　　　　　　　　　　　　　　　　　　　　　　　　　　　　　　　　　岩层产状：

编号	砾石成分	形状	表面特性	砾径(cm)			最大扁平面产状(°)		校正(°)		备注
				a	b	c	倾向	倾角	倾向	倾角	

3. 波痕的测量

将一小木板放于产有波痕的岩面上，令其一边（图 8-15）与岩层走向平行。在木板上画出波痕走向（图 8-15 上的 AB），再以 A 边为轴，翻动木板至水平位置，测量 AB 方向即为波痕的原始走向，不需再经室内校正。

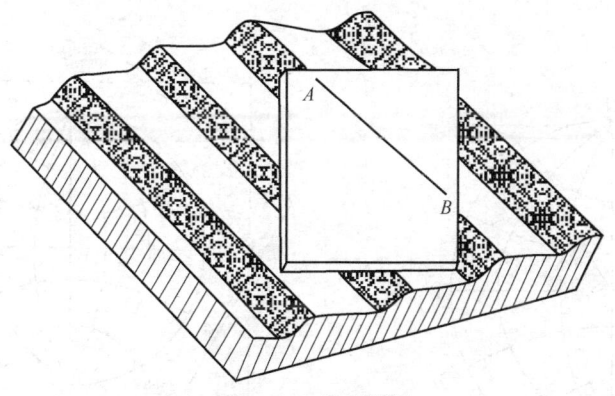

图 8-15 波痕测量

波痕陡坡（顺水坡）产状可连接在陡坡面上量取（图 8-16），也可借助木板或野外记录本等来扩大测量面。需要注意的是，陡坡面倾角从上到下不断变化，应以陡坡面中部的产状为准。在测量产状的同时，还要描述波痕类型，记录波痕要素，并登记于表格内（表 8-9）。

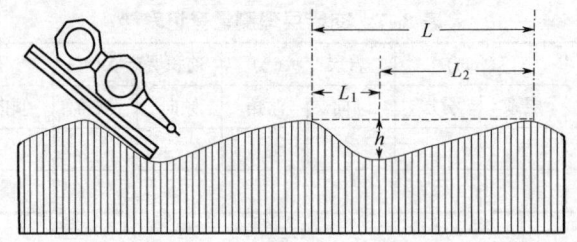

图 8-16 测量波痕陡坡面中部

表 8-9 波痕测量登记表

编号	地点（剖面位置）	层号	波痕类型	波痕要素(cm)				波痕走向(°)	岩层产状(°)		陡坡产状(°)		校正(°)		备注
				L	L_1	L_2	h		倾向	倾角	倾向	倾角	倾向	倾角	

4. 槽模、沟模的测量

测量方法与测量波痕走向相同，但应注意测取轴的走向。槽模夹端指向上游。与测量交错层理时一样，测量其他各类指向构造时，也必须同时测量该所在岩层的产状（倾角<5°时可忽略不计），以便室内校正。

（二）古流向的校正

由于含有各种指向构造（指示流向）的岩层大都经过后期的构造变动，故必须对野外量取的定向要素进行校正，以恢复构造变动前的原始产状，进而确定古流向。

校正可采用相关软件计算，也可以采用吴氏网。吴氏网上一般以岩层层面法线投影点代表面状产状。法线倾伏向可自网的中心向该点作延长线交于基圆围而求得，倾角可以圆心为中心，将该点转至网的 EW 或 SN 轴上读出，也可制成与吴氏网刻度相同的尺子直接量得（图 8-17）。

校正时先将透明纸覆于吴氏网上，用针固定圆心。

把岩层和指向构造产状投影到吴氏网上。例如正常产状的岩层倾向为 NE30°，倾角 60°，将透明纸上标有 30°的地方转动到吴氏网的 W，自圆心向 E 读取 60°，即为此岩层法线产状的投影点，以符号"□"表示（图 8-18）。指向构造投影方法与岩层相同，并以符号"○"表示。

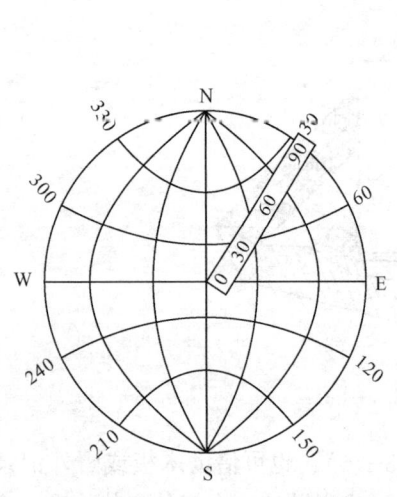

图 8-17 用直尺在吴氏网上测定

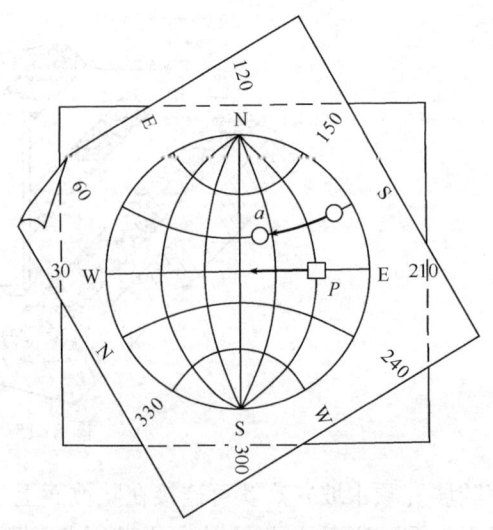

图 8-18 用吴氏网测量

进行校正的步骤如下：

当岩层和指向构造（如斜层理）均未倒转时，将岩层法线投影点 P 转到吴氏网的 EW 轴上，使之沿 EW 轴移向圆心（表示将岩层恢复到水平位置），使指向构造（斜层理）法线投影点沿其所在纬线向着与 P 点移动的相同方向移动相同角度至 a。将透明纸恢复到原来位置，此时 a 点的位置即代表指向构造法线的原始产状 [图 8-19(a)]，自 a 点过圆心延长交于基圆的方位角即为古流向。

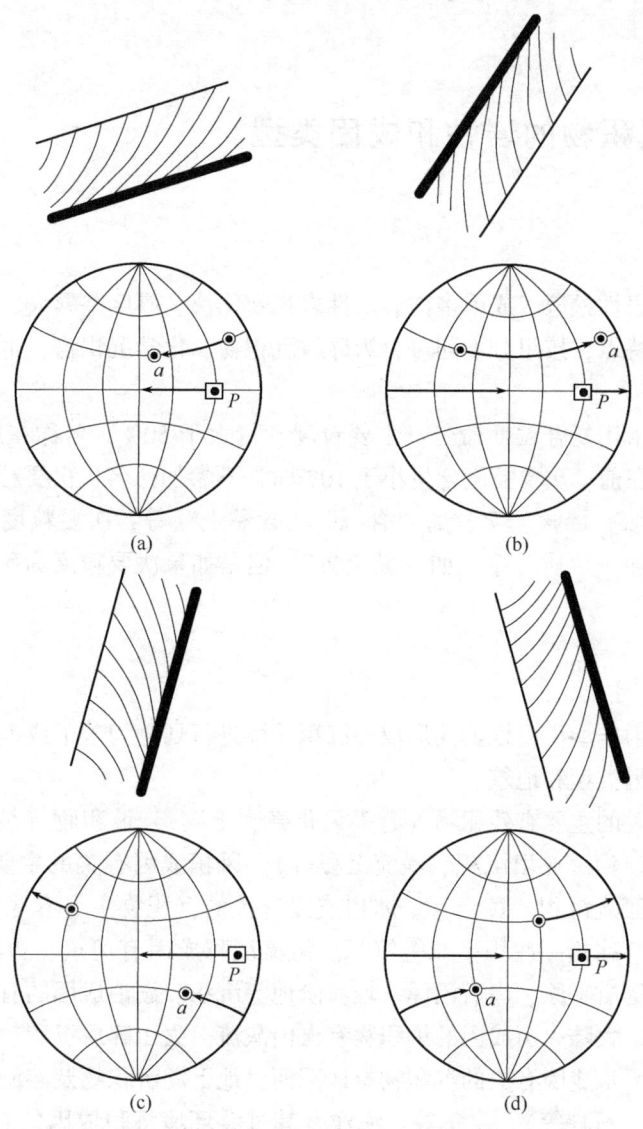

图 8-19　指向构造原始产状的校正（据刘宝珺，1985）

(a) 岩层和斜层均未倒转；(b) 岩层倒转而斜层倾向未倒转；(c) 岩层未倒转而斜层倒转；(d) 岩层与斜层均倒转

当岩层倒转而斜层理未倒转时，已移到 EW 轴上的岩层法线投影点 P 点沿着与圆心相背的方向移至圆心，使斜层理法线投影点沿所在纬度向着与 P 移动的相同方向移动一相同度数至 a，使透明纸恢复到原来位置，a 即为斜层理法线的原始产状 [图 8-19(b)]，自 a 点过圆心延长交于基圆的方位角即为古流向。

当岩层未倒转而斜层理倒转时，使岩层法线投影点 P 点沿 EW 轴直接移向圆心，使斜层理法线投影点沿所在纬度线向着与 P 移动的相同方向移动相同的度数，至基圆后则沿赤道另一侧相对应的纬度线上移动至 a。恢复透明纸至原来位置，a 即为斜层理法线原始产状 [图 8-19(c)]，自 a 点过圆心延长交于基圆的方位角即为古流向。

当岩层与斜层理均倒转时，使岩层法线投影点 P 点沿着与圆心相背的方向移至圆心，使斜层理法线投影点沿所在纬度线向着与 P 移动的相同方向移动相同度数，至基圆后则沿赤道另一侧相对应纬度线上移动至 a。使透明纸恢复到原来位置，a 即为斜层理法线的原始产状 [图 8-19(d)]，自 a 点过圆心延长交于基圆的方位角即为古流向。

第四节　第四纪沉积物的野外调查方法

一、第四纪沉积物的岩性和成因类型

(一) 岩性分类

第四纪沉积物具有岩性松散、成因多样、岩性岩相变化快、厚度差异大、不同程度地风化、含哺乳动物化石和古人类的特点，按组分不同可分为碎屑沉积物、化学沉积物、生物沉积物、火山堆沉积物等类型。

含有多粒级成分时采用复合粒度命名：主要粒度含量大于 50%，名称在后；次要粒度含量小于 50%，大于 10%，名称在前。次要粒度含量小于 10% 时，不参加命名；次要粒度含量在 10%~25% 以内，在次要粒度名称前加一"含"字，如"含砾""含黏土"等；次要粒度含量在 25%~50% 以内时，在次要粒度名称后加一"质"字，如"黏土质"，但是如果次要粒度为砾石，含量在 25%~50% 以内时，称为"砾状"。

(二) 成因类型

第四纪沉积物的成因类型可以根据其形成的沉积环境进行划分为若干成因大类，再根据形成的地质营力划分为不同的成因类型和地貌。

坡积、洪积成因有关的主要有残积物（各类风化壳、土壤）、坡积物（坡积裙、倒石锥等）、冲积扇（泥石流、筛积物、河道充填沉积、漫流沉积等）。风积成因有关的主要有岩漠、石漠、沙漠、沙漠湖、盐碱滩、滩间河流沉积、黄土等。冰川成因有关的沉积物主要有底碛、消融碛、冰河、冰湖、冰水阶地、冰水扇、冰川—冲积平原等沉积。河流沉积成因有河道、边滩、心滩、串沟、天然堤、决口扇、牛轭湖、泛滥平原、岸后沼泽、堆积阶地等沉积。湖泊成因的有滨湖、浅湖、深湖、湖成三角洲、沼泽等沉积。大陆火山成因的堆积物有火山灰流、火山碎屑沉积、沉火山碎屑沉积、火山锥、熔岩流平原等。地下水成因有关的沉积物有地下河、地下湖沉积物及溶洞碎屑堆积物、溶洞化学堆积物（石钟乳、石笋、石柱等）、泉华等。海洋及其过渡环境沉积成因的有三角洲、潮坪、潟湖、障壁岛、海岸沙丘、后滨、前滨、近滨、生物礁滩、浅海（陆棚）、大陆坡、陆隆、深海沉积（海底扇、海底峡谷、海底水道、深海平原、海底热液沉积）等沉积。

(三) 岩石地层划分

第四纪地层划分可采用各种综合方法进行，使用岩石地层、生物地层、磁性地层、同位素地层、古土壤、气候地层、考古地层和年代地层单位进行划分和对比研究，其中以岩石地层单位划分为主。

岩石地层单位划分应根据第四纪沉积特征，并结合成因类型、地貌单元形态特征等进行。地貌标志在第四纪地层划分中占有重要的位置。如在上升地区，不同高度的第四纪沉积物，其形成顺序由低阶地向高阶地逐渐变老；在下降区，常形成埋藏阶地，埋藏越深，沉积物越老。在一个不太大的流域内，搞清楚阶地的对比关系，然后按阶地和第四纪沉积物特征建立组级地层单位。

当沉积物特征明显时，也可以主要根据岩性特征划分对比第四纪地层。第四纪岩石地层划分对比在小范围内还常用直接追索标志层的方法进行，如特殊的化石层、泥炭层、含矿层和具一定意义的含水层、隔水层、古土壤层、火山灰层、陆相沉积层中的海相夹层等。应用这种标志层划分和对比地层，具有更大的可靠性，而且在一般情况下较容易统一认识。

二、第四纪地层剖面测制

（一）剖面选择要求

在剖面施测前要进行露头踏勘。首先确定露头的地貌位置，搞清是哪一种成因类型，然后观察研究岩性、结构、构造、标志层等。尤其要详细观察沉积物中的层理构造、接触关系、砾石和漂砾特征及古生物等，并分析古地理环境和形成时的动力条件。在此基础上，选择能反映重要地貌要素、沉积类型及各地层单元之间接触关系的地段，确定剖面线通过的位置。如果忽视了对露头的调查研究，测制剖面将会导致错误的地层划分和对比，测出的地层厚度也不真实。例如，在高原或山区，可根据阶地、古夷平面出露的不同海拔高度特点，使剖面线通过等高线垂直分布；在冰川覆盖区，剖面应通过冰川活动方向；在河谷区，剖面线应垂直于河谷布置。除此之外，利用浅井、钻孔、人工露头均可测制地层剖面。

（二）剖面测制和取样

当地形坡度变化较大，地层出露和地貌关系清楚时，可采用总导线法测制，其方法与测制前第四纪地层剖面类同。当露头为一陡壁、地质情况简单、层位稳定而剖面线又不长时，就可用尺直接测量各分层厚度和总厚度。

当地层厚度变化大、剖面结构复杂或露头不连续时，为提高剖面精度，可采用平行断面法测制（图8-20）。

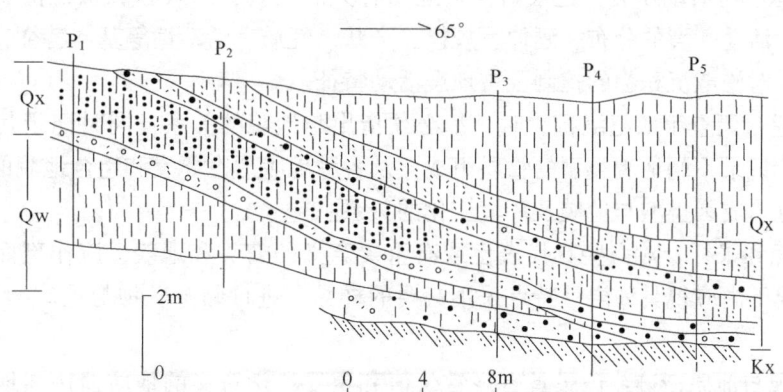

图8-20　安徽庐江三旭塘望城岗组—下蜀黏土横剖面图

（据地矿部直属单位管理局，1991）

Kx—宣南砂岩；Qw—望城岗组；Qx—下蜀黏土；$P_1 \sim P_5$—实测剖面

具体步骤如下：（1）沿露头走向布置一系列小剖面，用来控制地层层序和结构变化，小剖面间距、数量视露头情况而定，能控制地层变化即可；（2）分别测制每一个小剖面；（3）将各小剖面柱状图按一定间距、高度画在剖面图上方，在野外现场连接各小柱状图间的分层界线；（4）在室内加以整饰清绘，清绘时小柱状图视需要可画，也可不画。

为了详细研究并完善地保存第四纪地层的层序、沉积物结构、构造特点及成分、颜色等，必要时可做原状土样揭片。制作方法如下：（1）选择沉积构造发育、露头清楚的剖面为制作对象，在垂直或接近垂直的陡坎上整饰一个平整新鲜面；(2) 整饰剖面表面时，应注意保持剖面原状；(3) 待风吹干表面水分，喷上黏结力较强的无色透明胶水，半干后用透明度很好的塑料薄膜贴到上面，待胶水全干后揭下薄膜；(4) 经过室内整理、透射照相，作成剖面图。

在盆地内部或下降平原区，要根据下达任务布置一定数量的钻孔，来揭露被埋藏的地层和地貌，建立地下（钻孔）地层剖面。

测制各类剖面时，还应该根据需要和可能，按有关规定系统取样，如黏度分析、化学分析、重砂、古地磁、热发光、放射性年龄、各种古生物、石英颗粒电镜扫描、黏土矿物分析等样品。

三、地貌及第四纪地质观察记录要点

(1) 岩性：对不同岩性的第四纪沉积物，应观察描述其厚度、产状、接触关系、颜色、结构、构造及变化情况。如为砾石沉积，应注意描述砾石的磨圆度、岩石成分、分选性、排列方向、表面特征，统计漂砾、卵石、砂和黏土的百分含量等。调查特殊岩性夹层，如古生物化石富集层、化学沉积层、古土壤层、泥炭层、砾石层等，研究其地质构造与环境变化意义，确定地层对比标志层。

(2) 成因类型与特征：根据第四纪沉积岩性、结构、构造、垂向叠置关系和横向变化规律，以及所含动、植物群，并结合地貌地征划分成因类型，描述沉积特征；注意微相划分，填绘山前冲洪积扇、河道（河床、边滩、心滩）、河漫滩（或称泛滥平原）（河漫湖、河漫沼泽）、堤岸（天然堤、决口扇）、牛轭湖、湖沼、三角洲、河口扇、海侵层，以及河流阶地等不同地貌单元或沉积微相的沉积物类型、时空分布和叠覆关系。

(3) 含矿性：如发现沙金、泥炭、高岭土、硅藻土、砂矿及建筑材料等矿产时，即立即查明它们的产状和分布情况，并采集有关样品，为进一步开展有关工作提供资料。

(4) 生物化石：在适当的地点和沉积物类型中注意寻找哺乳动物化石。按有关规定的要求采取孢粉样、微体古生物样等。

(5) 新构造运动与活动断裂：记录新构造运动有关的地貌、水系和沉积物特征，新构造的几何学、运动学特征，活动断裂的分布、延伸、规模、产状、性质、活动性等基本特征，活动断裂的活动期次和活动时代、对松散沉积物的控制及古地震活动特征。

(6) 地貌描述：调查第四纪沉积物时，都必须指出与地貌的关系，同时记录其相对高度和绝对高度，以便对比。记录不同地貌类型的物质组成，及各种地貌形态要素和组合地貌的相互关系，分析第四纪沉积物成分、成因类型与地貌及环境变化的关系。

(7) 描述剖面和采样：对一些具代表性或有重要意义的露头和地貌，应作剖面素描、照相，在可能与需要的情况下尚应视具体岩性特点采集必要的样品，进行黏土矿物与重矿物分析、粒度分析、化学成分分析等。

(8) 地质景观与地质遗迹：记录具有观赏价值和重要科学意义的地质遗迹与地貌景观，提出保护和合理开发建议。

(9) 古人类文化与人类地质作用：记录古人类文化层及古人类遗址、人类地质作用对现代地质作用过程的影响。

四、地貌观察描述方法

（一）描述方法

(1) 在确定地貌单元时，首先查明它们属于哪一种地貌类型，然后进行地貌单元特征描述。对有特殊意义的地貌特征要绘制地貌素描图、照相等。

(2) 在描述地貌单元形态变化时，要进行形态测量。一般用步或尺量长、宽，用空盒气压计测相对高度、绝对高度。

(3) 在描述地貌内容时，还应将地貌单元的产状、规模大小、分布范围准确地标在地形图上。

(4) 根据地貌形态特征及堆积物的岩性、结构、构造变化规律，进行成因与形成年代分析。

(5) 在地貌与第四纪地质调查时，要注意航空、卫星照片的应用，有利于区域地貌第四纪地质研究，便于对各类地貌形态和第四纪沉积物的组合及分布规律进行综合性分析对比，为编制小比例尺第四纪地质图和地貌图提供可靠资料。

（二）某些特殊地貌的观察描述要点

1. 阶地

野外调查阶地应由新到老系统观察描述以下内容：(1) 各级阶地面距河水面的相对高度、阶面倾斜及其与河流上下游关系；(2) 阶地的长度和宽度、阶面起伏形态，以及各阶地间和阶地与山坡间的接触关系；(3) 组成阶地的基岩岩性和时代，第四纪沉积物的类型、岩性特点和含矿性；(4) 阶地类型；(5) 阶地除了新构造升降能形成外，其他原因形成的阶地也不罕见，必须认真观察，结合区域对比，区分真假阶地。

2. 剥夷面

调查时应主要观察描述以下几方面内容：(1) 剥夷面保存情况、连续程度及分布特点；(2) 详细记录剥夷面上残存的相关沉积物，特别是河流冲积砾石，并了解砾石的岩性成分是否与本地的基岩相同，对煤等相关沉积物，应注意寻找脊椎动物化石，以确定剥夷面形成时代；(3) 组成剥夷面的基岩性质及其产状；(4) 各级剥夷面的变化情况；(5) 剥夷面与剥夷面间的接触关系；(6) 剥夷面的标高变化情况及其地貌特点。

3. 滑坡

滑坡的主要调查内容有 (1) 滑坡所在的地貌位置、地形坡度及地表出露基岩的性质和时代；(2) 滑坡类型及组成物质的特点；(3) 滑动面位置、特点及地下水活动情况；(4) 滑坡体形态、规模及显示的地貌特点和有关现象；(5) 滑坡产生原因，滑坡体上植被生长情况及现阶段滑坡的稳定性；(6) 当地的地质构造及新构造特点；(7) 已经产生或即将产生的危害性。

4. 崩塌、倒石堆

观察描述内容：(1) 发生崩塌处的地形地质条件，包括山坡坡度、组成山坡的地层产状、岩性、时代及构造特点；(2) 倒石堆的规模、表面形态、坡度、组成物质的结构特点以及植被生长情况；(3) 当地的近期构造活动特点；(4) 倒石堆发展阶段；(5) 已经产生和可能产生的危害性。

5. 溶洞

一般调查规模较大或具有重要意义的溶洞，调查内容包括：(1) 溶洞所处地貌位置、洞口延伸方向及其高度和宽度；(2) 洞口标高及距最近河水面或盆、谷底部的相对高度；(3) 溶洞的长度、宽度、高度及洞底倾斜度；(4) 洞内地下水活动特点及洞壁、顶坍情况；(5) 洞穴沉积物类型特点；(6) 洞内古人类化石与脊椎动物化石埋藏情况；(7) 洞内沉积矿产；(8) 洞穴发育与地层岩性和地质构造之关系；(9) 在调查过程中尚应对溶洞进行测量（以罗盘仪测方向和坡度角，测绳量斜距），通过调查编制溶洞平面图、纵剖面图和横断面图。

综合地质图上的第四纪地质内容，主要表示第四纪沉积物的成因类型、时代、地层单位符号、阶地、灾害地质现象及新构造活动迹象等。

第五节 地质填图方法

一、地质填图内容及精度要求

（一）地质填图内容

地质填图就是地质图的编绘过程，是以一定比例尺的地形图为底图，用规定的要素符号、色谱和花纹等将地表的地质组成和地质现象表示在地形图上的一种平面图。因此，地质图所包含的内容也就是地质填图的内容，通常有以下几个方面：
(1) 地层、地层界线及接触关系；
(2) 断层线；
(3) 侵入岩体及与围岩的接触关系；
(4) 地层、断层的产状；
(5) 油气苗及其他矿体出露位置。

（二）地质填图精度

1∶2.5万地质图的精度要求只标定直径大于50m的闭合地质体、长度大于120m、宽度大于25m的线状地质体和长度大于120m的断裂。小于上述规模的，凡具有特殊意义的地质体、找矿标志以及重要的地质构造等，应适当放大或归并表示。小于0.1km^{2}的基岩区或沟谷中宽度小于50m的第四系，在图上均不予标出。

分层界线、接触带、矿化标志、断层线、标志层等要求位置准确，其误差不得大于25m。对于重要地质界线，两边露头中间覆盖距离大于100m时，视具体情况尽可能予以揭露，各种地质体标定的精度误差，在地质图上原则上不应大于1mm。

考虑到刘家场地区的实际情况和教学需要，填图工区的地层填图单位为：寒武系覃家庙组一段（ϵ_3q^1）、寒武系覃家庙组二至四段（ϵ_3q^{2-4}）、寒武系三游洞组（ϵ_4s）、下奥陶统南津关组（O_1n）、下奥陶统分乡组（O_1f）、下奥陶统红花园组（O_1h）、中奥陶统大湾组—牯牛潭组（$O_{1-2}d+O_2g$）、上奥陶统（O_3）（包括庙坡组、宝塔组和临湘组）、志留系、古近系、新近系、第四系。

二、地质填图中观察线、点的布置

野外工作是按一定的路线观察地质现象，收集地质资料。观察路线设计得是否合理，将直接关系到地质图的质量以及填图的工作效率。观察路线之间的距离是根据地质测量的比例尺、构造性质及复杂程度和地形特征来决定的。观察路线的布置有两种基本的方法：

（一）穿越法

所谓穿越法，是指观测路线与地质界线或构造线垂直或斜交的填图方法。该方法适用于以下情形：
(1) 地层出露好，地质界线清楚；
(2) 岩性、厚度变化比较小；
(3) 构造简单；

(4) 地形平缓，且沟谷、水系与地质界线垂直或斜交；

(5) 地质界线间距较小地区。

穿越法的优点是能够比较容易地查明工区的地层及构造特征，工作量较小；不足之处是两条路线之间的地段未能直接观察。

（二）追索法

追索法指沿地质界线进行观测的填图方法（图 8-21）。该方法适用于如下情况：

(1) 地层岩性、厚度变化大，只有在追索过程中才能更准确地了解横向变化，掌握地质界线的延伸分布情况；

(2) 地质界线不明显，必须经过追索才能填绘；

(3) 构造复杂，断层多；

(4) 山脊、沟谷、水系多平行于地质界线的地形；

(5) 地质界线间距较大等。

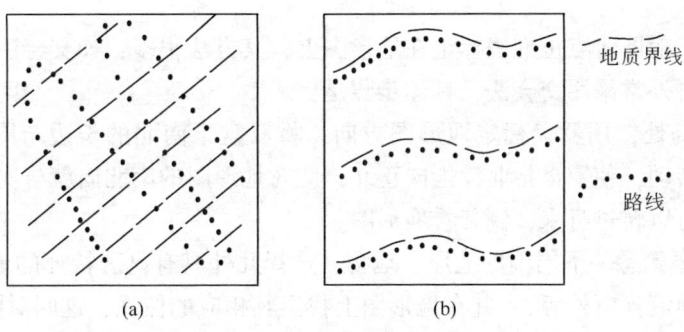

图 8-21 穿越法、追索法示意图
(a) 穿越法；(b) 追索法

追索法的优点在于能够准确地填绘地质界线，了解地层的横向变化，特别是圈闭构造和岩浆岩体等，但此法工作量较大。

在填图过程中，应根据具体情况，综合采用两种方法。通常以某一种方法为主，两种方法相互配合。尤其在地质构造复杂的情况下，单一方法难以完成任务。

（三）观测点、线网度

对 1:2.5 万地质填图，点、线网度的要求为：以穿越路线为主的地区，其线距一般为 0.25～0.5km，主要地质界线需追索补充；以追索路线为主的地区，则以能满足追索地段要求为准则，但必须有少量穿越路径才能了解横向上地质体的变化。点距应根据实际需要而定，一般为 250m 左右；追索路线的点距可依具体情况放稀，但最大不应超过线距的要求。

三、野外定点及记录

（一）定观察点的要求

观察点是地质填图的基础，可分为地质点（G）和构造点（S）两类。

构造点（S）是用来确定各构造要素和室内编制构造纲要图而定的地质观察点，它必须定在：

(1) 标准层或辅助标准层（顶或底面）上，或与标准层有准确厚度关系的已知层位上；

(2) 背斜和向斜轴线、高点、倾没端、构造转折端、地层产状陡缓变化处；

(3) 断层线上。

地质点（G）是为收集地质现象并控制地质界线位置而定的点，它必须定在：
(1) 不同时代地层分界处、不整合或假整合面上；
(2) 地层岩性或厚度变化较大处；
(3) 沉积岩、岩浆岩和变质岩的分界处；
(4) 油气苗发现处；
(5) 缝洞及节理密集点（带）；
(6) 有特殊意义的地质现象如热液矿点、上升泉、下降泉、温泉、冰川等处。

地质点不能代替构造点，但构造点可当地质点使用，并按地质点要求来收集资料。地质点的数量、点与点之间的距离要根据制图比例尺和地质情况的复杂程序来决定，以达到全面地收集地质资料、正确解决地质问题为目的，所以定点必须目的明确，位置准确。要选择露头好、地形较突出之处，便于资料收集与点位标定。

（二）定点方法

选好观察点以后，随即将点位准确标定在地形图上，其方法很多，如交会法、目测法、利用特殊的地形地物标志等。野外常采用交会法，具体步骤是：

(1) 到一地形较高处，用罗盘标定地形图方向，将罗盘指南北的长边与图的纵坐标线相重合，连同罗盘地形图一起转动，使罗盘指北针指向正北，此时地形图的南北向就与实际的南北向一致，若目标在身背后，则人可以转过身来，倒着看地形图。

(2) 图定向后，要熟悉一下周围的地形、地物，选择几处具有显著特征的地形、地物（如山顶、测量制高点、桥头、河流拐弯处等），并在地形图上找出其相应的位置，这叫对图。

图 8-21 表示交会定点法，a、b、c 三点作为已知目标。用罗盘标测它们的后视方位角（读南针）。拿量角器在地形图上相应的 a、b、c 三个目标上量出方位角，相交于 P 点，此即我们所定的点位。此法叫后方交会法，如因标测方位或画图有误差，则三条线不是相交于一点，而是一个小的三角形，这时要参考测者所在的实际位置把点定准。

（三）如何定准点

在地层层位清楚、构造现象清楚的基础上，要把点准确地定在地形图上，主要的矛盾就是认地形图，不熟悉地形图就没有定点的自由。在认地形图的过程中，要注意宏观和微观相结合，抓住特殊的地形和地物，在三点交会时选择好方位点尤为重要。实践经验表明，要注意如下几点：

(1) 选远山不选近山。近山因定点的人所处位置较低，不能看到山的全貌，因而造成错觉；另外，近山打方位角误差较大。

(2) 选尖山不选圆山。尖山山顶目标范围小，方位角误差就较小；而圆山山顶范围大，其误差则大。

(3) 选特殊，不选一般，如选孤立的山。

(4) 选夹角大的，不选夹角小的。夹角小的交会时往往产生较狭长交会区，不易定准，如图 8-22 所示。

（四）地质观察点记录格式

野外填图所收集的各项地质资料不但用特定的符号表示在地形图上，而且要实地客观地记录在野外工作记录簿上，记录簿的右页为观察点的文字记录，左页为补充文字描述所不足的各种图示（信手剖面图、素描、照片等），具体格式见表 8-10。

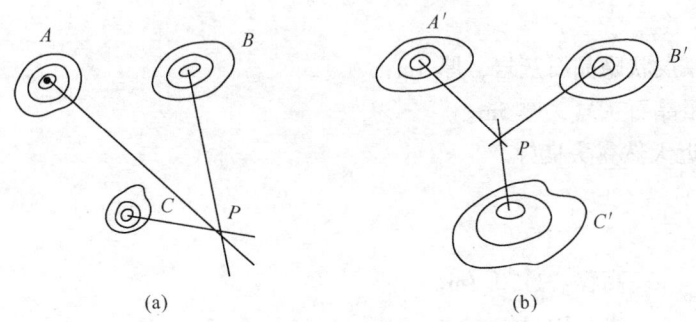

图 8-22 交会法定点选夹角大不选夹角小的
(a) 夹角小；(b) 夹角大

表 8-10 地质填图野外记录模式

各种素描图及其他图件	日期：　　　　　星期：　　　　　天气： 路线和任务： 人员分工： 点号： 点位：地理位置、构造位置、交会方向 高程： 目的： 露头情况：
各种素描图及其他图件	描述： 产状： 点间描述： 路线小结：

在记录中的"描述"这一项，对于不同目的观察点，要分别收集不同内容及要求的资料：

(1) 界线点：要收集地层分界的依据（上下地层的岩性特点）。

(2) 产状点：控制产状变化。

(3) 轴线点（背、向斜）：要收集轴部出露地层、两翼产状、轴部构造形态及延伸方向。如在背斜倾没端定点，则收集倾没端产状、与相邻构造的关系；如在向斜仰起部位定点，则收集抬起消失情况、与相邻构造的关系。

(4) 断层点：断层面与两盘地层产状要素、两盘岩性、断层依据、断面特征（形状、滑动擦痕、动力薄膜、变质现象等）、断层带特征（角砾岩、断层泥等充填物的成分、宽度）、两盘牵引现象、断层性质、延伸情况、消失位置、断距等。若因掩盖收集不到，也要加以说明。

举例 1：（界线点）。

路线：上雷家塌—下雷家塌。

日期：20××年×月×日　天气：晴。

任务：勾绘 O_1 地质界线，并沿 O_1 底界定地质界线点。

人员分工：×××定点勾绘，×××描述，×××量产状。

点号：G_5　　　　　高程：400m（地形等高线高程）。

位置：略。

目的：$\epsilon_4 s$—$O_1 n$ 地质界线。

产状：317°∠20°，O_1　315°∠21°

岩性描述：由老到新。

三游洞组（$\epsilon_4 s$）：

(1) 灰白色厚层状微晶白云岩，厚约 3m 未见底；

(2) 灰色块状细晶白云岩，厚 55m。

南津关组（O_1n）：

（3）灰—深灰色厚层状隐晶石灰岩，厚4m；

（4）灰色中层状粗晶石灰岩，厚5m。

露头情况：G_5附近天然露头良好。

点间描述：略。

举例2：（轴线点）。

点号：G16　　　　高程：1170.8m。

坐标：纵3448　　　横：19444。

点位：伴于五宝山之山顶。

目的：控制五宝山背斜轴线。

露头情况：良好。

层位：中三叠统巴东组上红段中上部。

描述：点周围为大套紫红色泥质夹粉砂岩。背斜北陡南缓，轴向近东西延伸，向北东东倾没，向西抬起。顶部较窄，南北宽不过百米，在地貌上表现为正地形。本点制高点即反映构造顶部。

产状：北翼350°∠52°，南翼100°∠36°，轴部71°∠15°。

点间描述：略。

举例3：（断层点）

点号：G_{30}　　　　高程460m。

坐标：纵3548　　　横19535。

点位：略。

目的：断层点，控制×××断层。

露头情况：良好。

层位：东盘J_2^5，西盘J_2^2。

描述：东盘为J_2^5的一套棕红色砂质泥岩，受断层影响，为一拖拉的小向斜；西盘为J_2^2上部绿黄色厚层中—粗粒砂岩，也受断层拖拉影响，由缓变陡。断面凸凹不平，断裂带宽0.4m，充填浅紫红色断层角砾岩，角砾成分以砂岩为主，其次为泥质粉砂岩及泥、砂岩碎屑，角砾大小一般在2～5cm左右，最大可达8cm，泥、砂胶结。该断层性质为正断层，地层断距约290m。

产状：断面110°∠42°　87°∠46°。

东盘：90°∠80°　87°∠46°。

西盘：120°∠50°　80°∠10°。

点间描述：略。

每条路线完成后要进行路线小结，对该路线的长度、地形特征、定点数量（分地质点、构造点）进行说明，更主要的是对该路线所控制的地质界线和构造现象进行综述，必要时可就现有资料进行一定的分析与研究。

四、野外地质界线的勾绘

地质界线包括不同时代的地层分界线、褶皱轴线、断层线、不整合线、沉积岩与岩浆岩的分界线等。野外勾绘地质界线是地质填图中关键的一环。界线的勾绘，就是把两个地质点之间的同一界线按实际出露勾绘起来，因此勾绘界线时应特别注意界线的延伸与地形等高线的关系，保持一定走向的地质界线，在水平面上是一根直线，但是勾绘到地形图上就成为一根曲线，它在延伸与出露的形态主要决定于两个因素：一是地形起伏，二是岩层产状。掌握地质界线勾绘的技能，就给认识、填绘测制地质图打下良好的基础，并能在野外工作中推断和预测构造现象。

在勾绘界线时要站在地形高处,居高临下,界线的延伸情况才看得清楚、勾得准确。

根据地层产状与地形等高线的关系,界线在地表出露的形态有以下几种情况:

(一) 水平岩层

水平岩层的地质界线与地形等高线平行或重合。

(二) 直立岩层

在走向不变的前提下,直立岩层的地质界线在地形图上是一条直线,完全不受地形的影响。

(三) 倾斜岩层

(1) 当岩层倾向与地面坡向相反时,无论在河谷还是山脊处,地质界线所形成的"V"字形和地形等高线的弯曲方向一致。

(2) 当岩层倾向与地面坡向相同时,有两种情况:

① 岩层倾角大于坡度角时,地质界线的"V"字形与等高线的弯曲方向相反。

② 岩层倾角小于坡度角时,地质界线的"V"字形与等高线的弯曲方向相同,但界线的弯曲度大于等高线的弯曲度。

上述倾斜地质界面的地质界线三种情况加上水平和直立界面,共五种情况,统称"V"字形法则,可以总结如表 8-11 所示。

表 8-11　地质界线与地形等高线的关系

倾向坡向	倾角	界线与等高线弯曲方向	界线弯曲程度	口诀
水平	$\alpha=0°$	平行或重合	一致	水平平行
直立	$\alpha=90°$	无关	界线呈直线	直立直线
相反(逆向坡)		相同	小于等高线	相反相同
相同(顺向坡)	$\alpha>\beta$	相反		相同相反
相同(顺向坡)	$\alpha<\beta$	相同	大于等高线	相同相同

五、地质图的清绘

(一) 野外图件的清绘

为了保证填图过程中收集资料的安全,一般填图工作应准备两套以上的地形底图。每天野外填图的成果,应在当天晚上整理好,把野外所填绘的地质观察点、地质界线、地层产状和各种构造要素转绘到室内的清图上,以免野外携带的图因日久线条模糊而无法辨认,以至于返工重填而延误工期。另外,在整理资料过程中,还能及时发现问题,解决问题并总结经验教训,使第二天的工作能更好地进行。

野外填制的地质图是一份草图,其中有的内容需要修改和校正,例如多余的地质界线、后来被否认的断层、不准确的产状要素。而不正确的地质界线及其他一些漏掉的内容,需要到现场加以核对和补充,以确保地质图的精度。当有几个队同时在一个地区填图时,应当与他们拼图,互相校正。

经过上述工作后,一份正式的地质图底稿就确定下来,可以上墨着色(如有条件,应用新的底图转绘),作为一份正式的原始资料保存。

(二) 地质图的编绘

编绘地质图是在野外地形地质清图的基础上进行的。第一,要转绘重要的地形、地物、高点、地名和水系。第二，要按所需的比例尺对原始清图的地质资料进行必要的删减和归并。如只上有代表性的产状，删除达不到比例尺规模要求的地质体和地质构造。第三，按规范的地质图图饰规格成图，包括图框、图名、比例尺、图例和责任表（图例顺序为地层且由新到老）、岩体、构造要素、其他。最后，对整个图件上墨着色，有条件的应按统一的标准色着色；特殊情况不能按标准色着色时，应不违反"新浅老深"的原则。

第六节 地质构造的野外调查方法

一、褶皱构造的野外观察和研究

（一）褶皱形态的研究

1. 了解区域内总的构造轮廓

区域内总的构造轮廓包括区内地层时代、层序及构造总体特征，如区域构造线方向及其变化、背斜和向斜发育特点、背斜和向斜是否构成更高一级的大型褶皱、褶皱枢纽的倾伏方向、全区构造的强弱变化情况，等等。总之，应尽可能对区域构造基本轮廓有一个初步了解，这对详细研究该区褶皱构造是有益的。

2. 查明地层层序和追索标志层

查明地层层序是研究褶皱和区域构造的基础。首先要注意区别层理和其他次生面状构造。要系统地进行地层研究，根据古生物和岩石沉积特征查明地层层序、时代，按填图要求划分地层单位。在化石缺乏的地区，要注意利用岩石各种原生构造或伴生小构造（如层间小褶皱、劈理等）来查明岩层的产状是正常还是倒转和岩层相对顺序，然后根据地层对称重复的分布关系，确定背斜和向斜的所在。

所谓标志层，是指层位稳定，分布广泛，在岩石成分和结构构造或所含化石方面具有明显特征，厚度不太大而且稳定的岩层。在褶皱规模较大，或构造比较复杂，特别像变质岩地区，在层理或地层层序尚未查清的情况下，选择像石英岩、大理岩等作标志层，追索其分布和系统测量其产状是研究褶皱构造的重要方法。

3. 观测褶皱的几何形态

（1）测定褶皱轴面和枢纽的产状。褶皱轴面和枢纽产状（或褶皱轴）是确定褶皱几何形态和产状的基本要素。对于规模较小、出露完整的褶皱，有时可以从露头上直接量得该褶皱的轴面和枢纽产状。但对于规模较大、出露不完整的褶皱，往往需要系统地测量其褶皱面的产状，用计算方法或赤平投影方法才能较精确地测定出其轴面和枢纽产状。

（2）转折端处的岩层产状在研究褶皱形态方面有重要意义。无论褶皱两翼岩层是正常还是倒转，转折端处的岩层层序一般是正常的，但平卧褶皱、翻卷褶皱和叠加褶皱例外。

（3）观察褶皱的出露形态和平面图像。褶皱的出露形态不仅与褶皱本身形态、产状和规模大小有关，而且还受到地面切割的影响。由于风化侵蚀，地面这个天然切面起伏不平，可以从任意方向切割褶皱，如图8-23所示，虽是一个简单的圆柱状褶皱，但在不同方向的切面上所出露的形态就各不相同，地面可以是其中任一个面，因此褶皱在地面上的出露形态只是褶皱在这个方向的地面出露效应，是不完整的甚至是被歪曲了的形象。因此，必须通过详细观测，对褶皱在不同位置、不同方向的出露形象进行综合分析，并结合赤平投影的解析和几何作图，揭示褶皱的真实形态和产状。

褶皱在地质图上的图像是褶皱在地面出露形象的平面投影。因此,在地质图上分析褶皱形态和产状时,要注意地形效应,地质图的比例尺越大,受地形影响越大。一般来说,当地面起伏不大时,轴面近直立、枢纽倾伏较缓的褶皱,地质图上褶皱的各岩层露头线转折端点的连线与褶皱的轴迹接近,其方向大致反映了枢纽倾伏方向。但是,对于斜歪倾伏褶皱,尤其是斜卧(重斜)褶皱和形态较复杂的褶皱,或地形复杂、起伏较大,则地质图上两翼岩层露头线转折端点的连线与枢纽方向就不一致了。例,图8-24表示一个斜卧褶皱,从地面(假设地面平坦)上看,岩层露头转折端点连线表现出向南倾伏,但是,枢纽的实际倾伏方向却是正东,两者方位竟相差90°。又如,图8-25(a)所表示的斜歪相似褶皱的岩层露头转折端点连线虽然与轴迹平行,但并不是轴迹所在。而在图8-25(b)表示的斜歪平行褶皱上,这条线则既不是轴迹,更不与轴迹平行,二者之间也没有任何确定的几何关系。

(4)绘制褶皱剖面图及褶皱横截面图。褶皱是一个复杂的立体形态地质体。对褶皱形态的研究,除通过野外填绘的地质图来表示外,往往还要用剖面图来表示。一般总是绘制褶皱横剖面图(即铅直剖面)。横剖面图可以是实测的,也可以从地质图上用作图法绘制(作图方法参看构造地质学实习指导书)。

对于变形较强烈的复杂褶皱,要准确地反映褶皱形态,应绘制褶皱横截面图(或称为正交剖面图),这是一个重要方法。

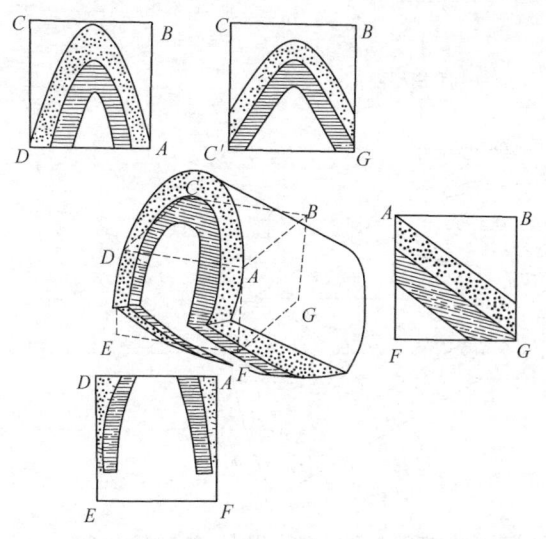

图8-23 褶皱在不同的方向切面上的出露形态示意图
(据徐开礼、朱志澄,1989)
A~G表示不同的点

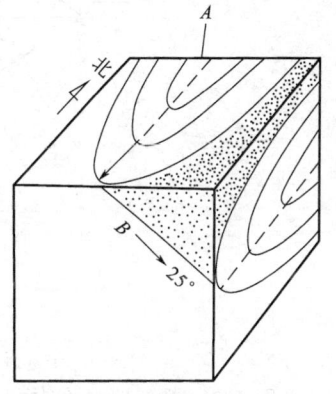

图8-24 斜歪褶皱立体示意图
(据徐开礼、朱志澄,1989)
A为岩层露头线转折端点连线;
B及箭头所指为枢纽倾伏方向,倾伏角20°

褶皱横截面是指与褶皱枢纽垂直的截面。图8-26表示一个褶皱的水平剖面、直立剖面和横截面的空间关系。从图上可以看出,只有横截面才能真实反映褶皱的形态,对枢纽倾伏较陡的褶皱更是如此。

除了一些中、小型褶皱有时可以在适当的露头上直接观察到或测绘出横截面图外,一般都是从地质图上(平面图)用作图方法绘制(绘制方法见构造地质学实习教材)。

一个横截面图只反映枢纽倾伏向和倾伏角不变的地带内的褶皱形态,而不能把枢纽产状不同的地段的褶皱形态同时反映到一个横截面图上。因此,对于枢纽产状有变化的褶皱,要按枢纽产状的变化划分不同区段,分区段绘制一系列横截面图(横剖面图也需如此)。

此外,还应认真研究褶皱的纵剖面,了解其纵向变化规律。结合地质图(平面图)、横剖面和纵

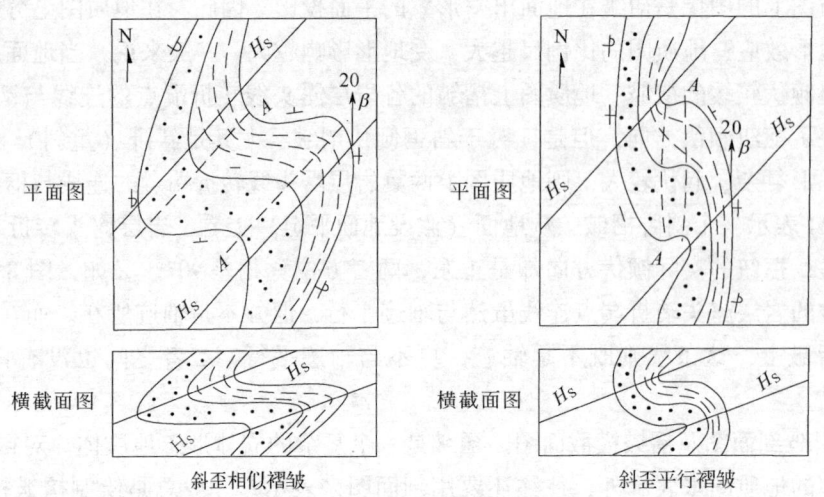

图 8-25 斜歪相似褶皱和斜歪平行褶皱的平面图及横截面图（据 K. Schryver，1966）

H_S—轴迹；AA'—两翼岩层露头转折端连线；$β$—枢纽；箭头指向倾伏方向，倾伏角20°

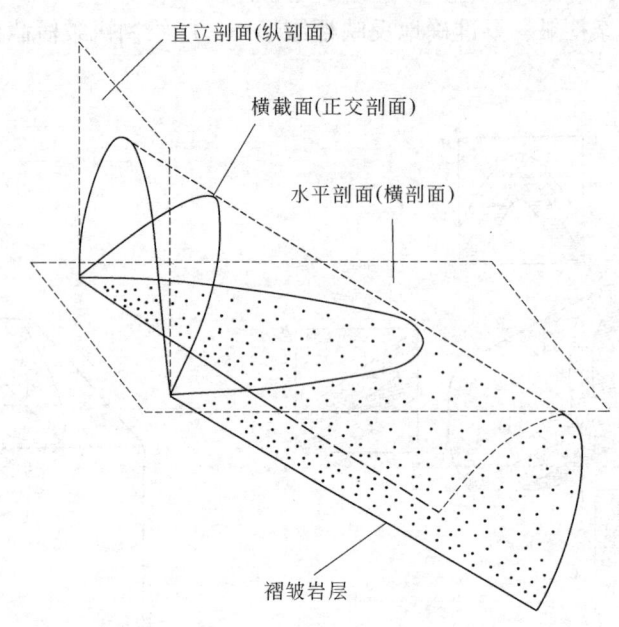

图 8-26 褶皱的水平剖面、直立剖面和横截面的空间关系（据徐开礼、朱志澄，1989）

剖面进行综合研究，就能了解褶皱在三维空间的整体形态，以及在不同区段内形态的变化特征和变化规律，并可绘制立体图解来表示。

4. 研究褶皱形态的纵深变化

由于形成褶皱的岩石力学性质、厚度和变形条件的差异，以及褶皱的形态、规模的不同，褶皱在地表的形态和深部形态是有变化的。研究褶皱形态的纵深变化对矿产普查勘探工作是很重要的，可从以下几方面着手进行这方面工作：

（1）从横切褶皱的峡谷深沟的陡崖上，有时可直接观察到褶皱向深部的形态变化和变化趋势，或者在地面不同高程上对同一褶皱观察和作横剖面，但应用这种方法要注意：不同高程的剖面水平位置不能相距太远，否则会将褶皱纵向上的变化误当成深部变化。

（2）从褶皱的地表形态特征推断它向地下延伸的变化。如根据地面出露特征分析为顶薄褶皱，则可据以推断其两翼岩层向深部很可能变厚变陡；如地表观察为平行褶皱，则褶皱曲率向深部将逐渐变大或变小，整个褶皱不可能延伸很深；如为相似褶皱，且整套岩性也较一致，则褶皱形态可能延伸到一定深度还基本不变。当褶皱岩系中有软弱岩层时，则在软弱岩层上、下的褶皱形态可能变化很大，形成不协调褶皱。

（3）通过实测构造横剖面，用一定的方法（如圆弧法、膝折法等）恢复褶皱深部形态（具体恢复方法见本节第四部分）。

（二）研究褶皱内部小构造

岩层在褶皱变形过程中，相应伴生或派生许多次级小构造，诸如小褶皱、节理与断层、层间滑动擦痕与破碎带、劈理与线理等等。它们都有规律地发育于主褶皱的一定部位，与主褶皱有一定几何关系，各自从一个侧面反映出主褶皱的某些特征，为研究褶皱形成机制和变形历史提供线索。因此，通过对褶皱内部小构造的观测，分析它们所反映的岩石物质的运动特征和应力应变分布情况，并结合褶皱的形态产状、组成褶皱的岩层力学性质和岩层厚度变化等，有助于探讨褶皱成因机制和变形过程。

主褶皱内部的次级小褶皱有两类：一类是与主褶皱有成因联系并有一定几何关系的，可称为从属褶皱；另一类是与主褶皱无直接成因联系也无一定几何关系的，可称为独立小褶皱，它可以是主褶皱形成之前或之后另一次构造变形的产物。

从属褶皱在主褶皱的不同部位有不同的特点。位于主褶皱翼部的从属褶皱常为不对称褶皱，如层间小褶皱，这种小褶皱与主褶皱层面或小褶皱的包络面倾向一致的一翼长而薄，另一翼则短而厚。层间小褶皱轴面与主褶皱层面所夹锐角指示了相邻岩层差异运动方向，从而可用来确定岩层相对层序及背斜、向斜位置（图8-27及图8-28）。

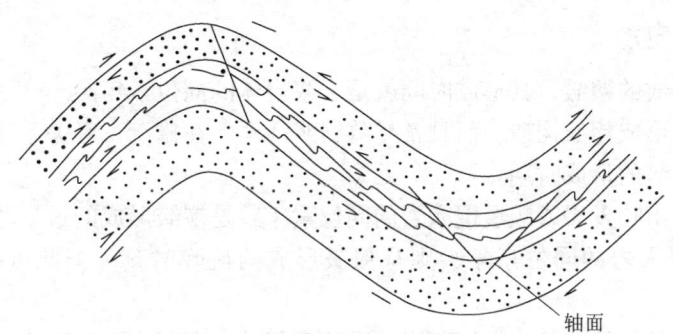

图 8-27　纵弯褶皱的弯滑作用形成的层间小褶皱（据 E. W. Spencer, 1977）
箭头表示顺层滑动方向

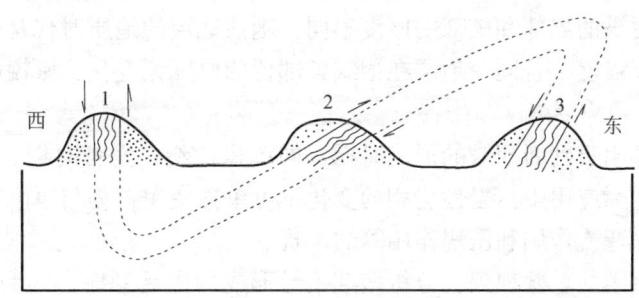

图 8-28　利用纵弯褶皱中层间小褶皱确定岩层产状及背斜和向斜位置
（据 M. P. Billings, 1947）
1—直立褶皱；2—正常倾斜岩层；3—倒转岩层

需要注意，上述利用层间小褶皱确定岩层相对层序及背斜、向斜位置，是指主褶皱转折端岩层加厚的侧向挤压的纵弯褶皱，而在转折端减薄的横弯褶皱的层间小褶皱的特征正好相反。

从属褶皱主要发育于强岩层之间的薄层弱岩层中（图8-29），也可以发育于厚的弱岩层中的薄层强岩层中。

（三）确定褶皱形成的时代

有些褶皱是在地质历史中短暂的地史时期内形成的，有些是在较长的地史时期内逐渐产生的。前者常常是岩层成岩后受力而发生褶皱，其形成时期总是与某个时期的构造运动相联系，可用角度不整合和岩浆岩体的同位素年龄来分析。后者即同沉积褶皱，其形成时期是根据沉积岩相和厚度的分析来确定。

1. 角度不整合分析法

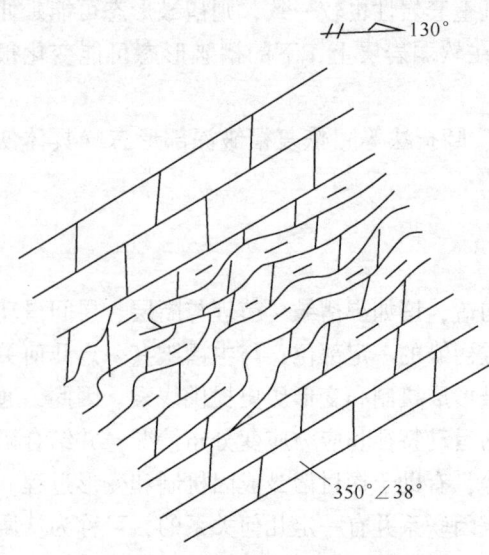

图8-29 刘家场背斜北翼三游洞组薄层泥质白云岩中发育的层间小褶皱

大多数褶皱是成岩后或主要是成岩后形成的，它们的形成时代也主要是根据区域性角度不整合时代来确定。若不整合面以上的地层未褶皱，而不整合面以下的地层均褶皱，则褶皱形成时代通常看成与角度不整合所代表的时代一致，即不整合面下伏褶皱中最新地层沉积之后，上覆最老地层沉积之前。如果不整合面上、下地层均褶皱，但褶皱方式、形态都互不相同，则至少发生过两次褶皱运动。如果一个地区存在两个角度不整合，且两个不整合面上、下的地层均褶皱，而褶皱形态又不一样，则该区发生过至少三次褶皱运动。

2. 同位素年龄测定法

由岩浆上拱作用形成的褶皱，其形成时间就是岩浆岩体的同位素年龄。

构造运动不仅可以形成褶皱构造，而且常导致岩浆活动。在搞清三者关系的前提下，可用岩浆岩的同位素年龄来确定褶皱的形成时期。

参与褶皱变形的火山喷发岩或顺层侵入岩的同位素年龄是褶皱形成的最早时刻，未参加褶皱变形的火山喷发岩或顺层侵入岩的同位素年龄则是褶皱形成的最晚时刻。据此可确定褶皱形成的时间范围。

根据参与褶皱变形的地层的时代和岩浆岩的同位素年龄，有时也可确定褶皱的形成时代。

3. 岩性厚度分析法

此方法主要用于分析同沉积褶皱的形成时期，需要系统地测量参与褶皱变形的各个地层的厚度变化情况。若同一地层在褶皱的翼部和核部的厚度不同，则该地层的地质时代是褶皱发育时期之一，其厚度差反映了褶皱的发育强度。若同一地层在褶皱各部位的厚度无变化，则说明该地层的地质时代在该区无褶皱作用。

岩性岩相的变化也可用于判断褶皱的形成时期。同沉积背斜在发育时期，其核部岩性往往较粗，而翼部岩性常较细。在实际应用中，岩性岩相的变化不可单独使用，需与厚度变化配合起来。

运用此法应注意排除弯流作用和压扁作用等的干扰。

此外，还可以根据褶皱的重叠现象，分析多期褶皱形成的先后顺序。因为同一时期形成的褶皱，它们的排列组合往往有着一定的规律，可以用统一的应力作用方式解释。而不同时期形成的构造，由于应力作用方式不同，先后两套构造常有相互切割、相互干扰或叠加现象。据此可以判断褶皱构造形成的先后顺序。

（四）褶皱形成机制分析

沉积岩层的褶皱作用主要包括两种，即纵弯褶皱作用和横弯褶皱作用。前者指岩层受到顺层挤压力作用而发生褶皱，后者指岩层受到与层面垂直的外力作用而发生褶皱。两种作用形成的褶皱在形态、组合关系、层间滑动方向、层间小褶皱以及与断裂的组合关系等方面都存在明显差别。

1. 平面形态及组合

纵弯褶皱作用形成的褶皱通常为长轴状和线状，而且一系列褶皱同时发育，背斜、向斜相间排列。横弯褶皱作用形成的背斜常为短轴背斜和穹窿构造，常单个背斜孤立存在。

2. 剖面形态

纵弯褶皱作用常形成顶厚褶皱，而横弯褶皱作用形成的常为顶薄背斜。

3. 层间滑动方向

纵弯褶皱作用引起的层间滑动规律是：各相邻的上层相对向背斜转折端滑动，各相邻下层则相对向向斜转折端滑动（图8-30）。横弯褶皱作用引起的层间滑动规律刚好相反，即各相邻上层背离背斜转折端滑动，各相邻下层向背斜转折端滑动（图8-31）。

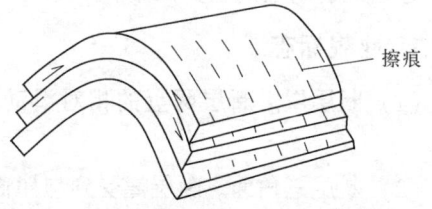

图 8-30 纵弯褶皱作用的层间滑动规律

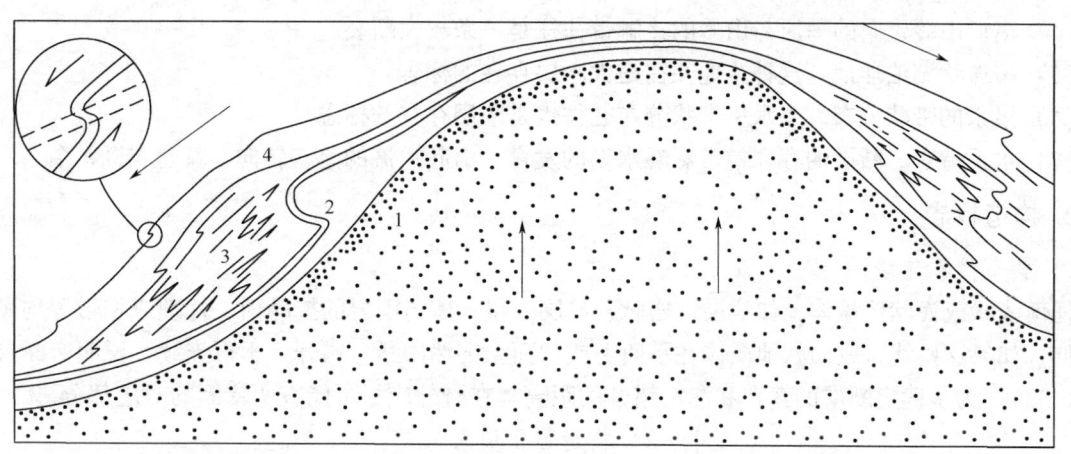

图 8-31 横弯褶皱作用引起的弯流作用（据 J. D. Dennis 改绘；转引自徐开礼、朱志澄，1989）
1—弧形隆起基底；2、3、4—塑性岩层

4. 层间小褶皱

在褶皱作用过程中，夹持在强硬厚岩层之间的薄岩层或塑性岩层，由于弯滑作用和弯流作用，常形成层间小褶皱。这些层间小褶皱多为不对称褶皱，其轴面与上下相邻层的锐夹角指示该相邻层相对滑动方向。若小褶皱轴面与上部相邻岩层面的锐夹角指向背斜转折端，则由纵弯褶皱作用所致（图8-29）；若小褶皱轴面与下部相邻岩层面的锐夹角指向背斜转折端，则是横弯褶皱作用的结果（图8-31）。

5. 与断裂的组合关系

在同一应力作用下不仅可以形成褶皱，还可形成断裂构造，有时两者之间存在派生关系，利用断裂与褶皱的组合关系可以推断褶皱的成因机制，伴随纵弯褶皱作用常形成纵向逆断层和横向正断层，在背斜转折端常派生纵向张节理和纵向正断层，在背斜枢纽倾伏部位常派生横向张节理和横向正断层，横弯褶皱作用常派生放射状和同心环状张节理和正断层。

二、断层的野外确定与分析

在露头区,野外观测是断层研究的基础和主要方式。断层研究的主要内容有:断层的识别、断层产状的确定、断层两盘相对运动方向的确定,以及断层活动时间的确定,进而探讨断层的组合、形成机制及其产出的地质背景和物理环境。

(一)断层的识别

断层活动总会在产出地区的有关地层、构造、岩石或地貌等方面反映出来,即形成断层标志。这些标志是识别断层的主要依据。

1. 地貌标志

(1)断层崖。断层两盘的相对滑动,常常促使断层的上升盘形成陡崖,这种陡崖通常称为断层崖。

(2)断层三角面。断层崖受到与崖面垂直方向的水流侵蚀切割,乃形成沿断层走向分布的一系列三角形陡崖,即断层三角面。

(3)错断的山脊。错断的山脊也往往是断层两盘相对平移等运动的结果。

(4)横切山岭走向的平原与山岭的接触带往往是一条较大断裂。

(5)串珠状湖泊洼地。这种洼地往往是大断层存在的标志。

(6)泉水的带状分布。泉水呈带状分布往往也是断层存在的标志。

(7)水系特点。断层的存在常常影响水系的发育,引起河流的急剧转向,甚至错断河谷。

2. 构造标志

1)构造线不连续

任何线状或面状地质体,如地层、岩脉、矿层、侵入体与围岩的接触面、片理或相带等均顺其产状延伸。如果这些线状或面状地质体在平面上或剖面上突然中断、错开,不再连续,说明有断层存在(图8-32)。为了确定断层的存在和测定错开的距离,在野外应尽可能查明错断的对应部分。

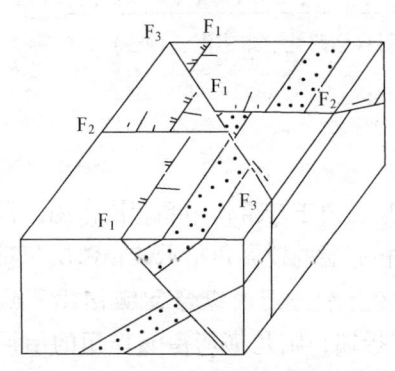

图8-32 断层引起的构造不连续现象
F_1—走向断层;F_2—倾向断层;
F_3—斜向断层

2)构造强化现象

断层活动引起的构造强化,包括岩层产状的急变、多变和变陡,节理化、劈理化甚至片理化窄带的突然出现,小褶皱剧增以及挤压破碎和各种擦痕等现象。如果我们在野外发现这些现象,就要进行认真的观察,探究引起这些现象的可能原因。

构造透镜体是断层作用引起构造强化的一种表现。断层带内或断层面两侧岩石碎裂成大小不一的透镜状角砾块体。构造透镜体有时单个出现,有时几个或更多个透镜体成组产出。构造透镜体一般是挤压作用产生的两组共轭剪节理把岩石切割成菱形块体,菱形块体角又被磨去形成的。包含透镜体长轴(A)和中间轴(B)的AB平面,或与断层层面平行,或与断层面成小角度相交,或成雁列。如果形成雁列,则构造透镜体的AB面与断层面的锐夹角指示对盘运动方向。

3)断层构造岩

断层构造岩是断层带上的岩石在断层作用中被搓碎、研磨,甚至重结晶、再定向又固结的岩石。根据断层构造岩研磨破碎程度以及重结晶和定向性,可分为以下几类。

(1)断层角砾岩:由仍保持原岩特点的岩石碎块组成,角砾胶结物为磨碎的岩屑、岩粉以及岩石压溶物质和外源物质；分为张裂角砾岩和压碎角砾岩两种，前者发育在张性断层中，后者发育在压性断层中。

（2）碎裂岩：断层两盘研磨得更细的构造岩，组成碎裂岩的是原岩的岩粉或细粒，或是组成原岩的矿物碎粒。

（3）糜棱岩：断层带岩石由于断层强烈研磨，形成由粉状微粒和重结晶微粒组成的构造岩。糜棱岩坚硬致密，肉眼观察似硅质岩，有时显示条纹构造。如果岩石研磨极细，组成矿物多成隐晶质，即所谓超糜棱岩。如果岩石在强烈研磨和错动过程中局部熔融，而后又迅速冷却，会形成外貌似黑色玻璃质岩石，称玻化岩。

（4）片理化岩：在断层两盘相对错动和构造应力作用下，被研磨的岩石和岩粉呈定向排列、拉长和压扁，有时还发生定向重结晶作用，从而形成片理化岩。如果重结晶显著，构造岩外貌似片岩，则称构造片岩。如果岩石颗粒粗大，呈似眼球状结构，则称构造片麻岩。如果岩石极细，重结晶和流动构造明显，并具丝绢光泽，则称千糜岩。

从角砾岩到碎裂岩到糜棱岩以至玻化岩和片理化岩，在一定程度上可以看作是一个动力变质强化系列。这个系列的完整程度，既取决于断层错动强度和持续时间，还取决于断层活动时的温压状态和岩石性质，此外还有构造作用力和应力状态的影响。

3. 地层标志——地层的重复和缺失

一套顺序排列的地层，由于走向断层的影响，常常造成两盘地层的缺失和重复（表8-12）。

表 8-12 走向断层造成的地层重复和缺失

断层性质	断层倾向与地层倾向的关系		
	二者倾向相反	二者倾向相同	
		断层倾角大于岩层倾角	断层倾角小于岩层倾角
正断层	重复	缺失	重复
逆断层	缺失	重复	缺失

4. 岩浆活动和矿化作用

大断层尤其是切割很深的大断裂常常是岩浆与热液运移的通道和储聚场所，因此如果岩体、矿化带或硅化等热液蚀变带沿一条线断续分布，常常指示有大断层或断裂的存在。一些放射状或环状岩墙也指示放射状断裂或环状断裂的存在。

5. 岩相和厚度的急变

如果一个地区的岩相和厚度沿一条线发生急剧变化，可能是断层活动的结果。断层引起岩相和厚度的急变有两种情况：一种情况是控制沉积盆地和沉积作用的同沉积断层的活动，引起沉积环境顺断层的明显变化，岩相和厚度因而发生显著差异；另一种情况是断层的远距离推移，使相距甚远的岩相带直接接触。

查明和确定断层是研究断层的基础和前提。在地质调查中，应注意观察、发现和收集指示断层存在的各种标志和迹象，结合其他地质条件和背景，加以综合分析，以得出确切而又适当的结论。

（二）断层面产状的测定

在观测和研究断层时，应尽可能测定断层面产状。

断层面有时显露于地表，可以直接测定，有时没有出露，只能间接测定。如果断层面比较平直、地形切割强烈而且断层线出露良好，可以根据断层线的"V"字形法则来判定断层面的产状。

隐伏断层的产状，主要根据钻孔资料，用三点法予以测定。

断层伴生和派生的小构造也有助于判定断层产状，断层伴生的剪节理带和劈理带一般与断层面近一致。断层派生的同斜紧闭揉褶带、片理化构造岩的面理,以及定向排列的构造透镜体带等,常与断层面小角度相交。这些小构造变形越强烈、越压紧,与断层面也越接近。需要指出,这些小构造的产状常常是易变而急变的,应大量测量并进行统计分析以确定代表性产状,然后加以利用。

(三) 断层两盘相对运动方向的确定

1. 根据两盘地层的新老关系

对于走向断层或纵断层,上升盘一般出露老岩层,或者老岩层出露盘为上升盘。但是如果地层倒转,或断层倾角小于岩层倾角,则老岩层出露盘是下降盘。如果两盘中地层变形复杂,为一套强烈压紧的褶皱,那么就不能简单地根据两盘直接接触的地层新老而判定相对运动。如果横断层切过褶皱,对背斜来说,上升盘核部变宽,下降盘核部变窄;对于向斜,情况刚好相反。

2. 根据断层两侧派生构造

由断层两盘相对运动引起的派生构造有张性、扭性和压性之分。

压性构造(图 8-33 中的 D)与主干断层所夹锐角指向对盘相对运动方向,张性分支构造(图 8-33 中的 T)与主干断层所夹锐角指示本盘相对运动方向。扭性分支构造有两组(图 8-33 中的 S_1、S_2),一组与主干断层呈小锐角相交,小锐角尖端指示本盘相对运动方向;另一组则与主干断层呈大锐角相交,大锐角尖端指示对盘相对运动方向。

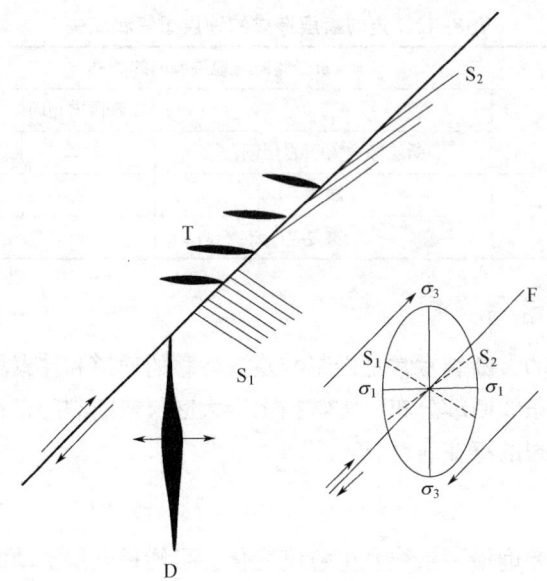

图 8-33 断层及其派生构造示意图(据徐开礼、朱志澄,1989)

F—主断层;σ_1—诱导应力场主压应力轴;σ_3—诱导应力场主张应力轴;
D—压性分支构造线;T—张性分支构造线;S_1、S_2—扭性分支构造线

3. 根据牵引构造

根据断层两侧地层牵引弯曲情况,可以判断两盘的相对运动方向。与断层有关的牵引构造多为正牵引构造,正牵引构造弧形突出方向指示本盘的相对运动方向(图 8-34)。

图 8-34 正牵引构造及其两盘相对运动方向(据徐开礼、朱志澄,1989)

4. 根据擦痕和阶步

用手顺擦痕方向摸之，光滑方向指向对盘的运动方向。阶步以陡坡的倾向指示对盘运动方向，反阶步则以陡坎倾向指示本盘运动方向（图8-35）。

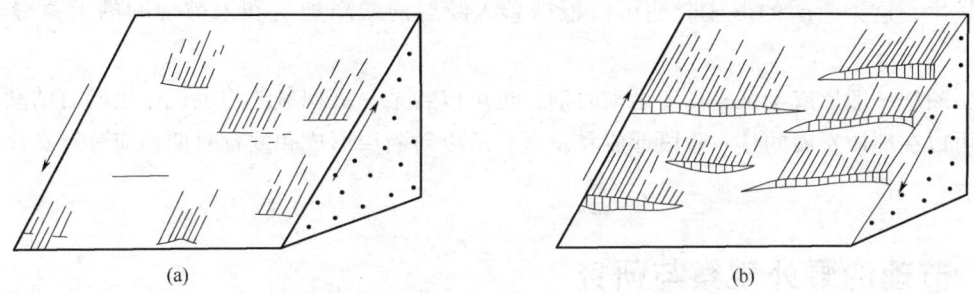

图8-35　断层面上的阶步（据徐开礼、朱志澄，1989）
（a）由摩擦形成的正阶步；（b）由羽列剪裂形成的反阶步

5. 根据断层角砾岩成分

如果断层切断并搓碎某一标志性岩层或矿层，根据该层角砾岩在断层带中的分布可以推断两盘相对运动方向。图8-36指示上盘上升。

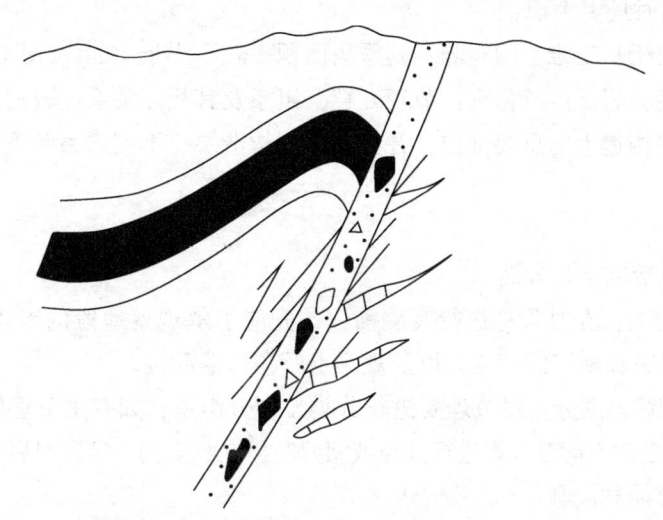

图8-36　断层带中标志层角砾的分布（据徐开礼、朱志澄，1989）

6. 根据构造透镜体的排列

构造透镜体在断层带中常呈斜列式排列。右列式排列的构造透镜体标志着断层的左旋错动，反之左列式排列的构造透镜体则标志着断层的右旋错动。

（四）断层活动时间的确定

断层一般是在一定构造运动中形成的。对于这些基本上于一次构造运动中形成的断层，可以利用断层与同期变形的地层和褶皱等的相互关系来确定其形成时期。如果一条断层切断一套较老的地层，而被另一套较新的地层以角度不整合所覆盖，可以确定这条断层定形成于角度不整合下伏地层中最新地层形成以后和上覆地层中最老地层形成之前。

如果断层被岩墙岩脉充填，而且岩墙岩脉有错断迹象，则岩体侵入于断层形成或活动时期，利用放射性同位素法可以测定岩体时代，从而确定出断层的形成时代或活动时代。如果断层被岩体切断，断层活动显然先于岩体形成时代。如果断层切断岩体,则断层活动晚于岩体形成时代。

如果断层与被其切断的褶皱成有规律的几何关系,十分可能是在同一次构造运动中形成的。查明这次构造作用的时期,也就确定了断层形成时期。

此外,由重力作用引起的重力滑动断层,可以在沉积时期、成岩时期、构造运动时期或其以后的任一时刻发生。这类断层的形成时期可以根据卷入断层的最新地层和未被切断的上覆最老地层来确定。

总之,断层一般形成于某一构造运动时期,也可以与某一沉积盆地的沉积作用同时活动。而重力滑动断层可以在地质发展的任一阶段形成和发育。所以对断层形成和发育时期,应针对具体问题进行具体分析。

三、节理的野外观察与研究

节理的野外观察与研究是野外构造研究的重要手段之一。对节理的研究有助于确定构造部位、分析构造应力场、了解裂缝型储层的储集性和矿体的储存运移空间。

(一)观测点的选定

观察点的选定取决于任务,一般不要求均匀布点,而是根据地质情况和节理发育情况布点,做到疏密适当。选定观察点时还要考虑:

(1) 露头良好,便于从三维空间观测,其露头面积一般不小于 $10m^2$,便于大量测量;
(2) 构造特征清楚,岩层产状稳定,节理发育,组系及其相互关系比较清楚;
(3) 观测点应选在构造上的重要部位,并且在不同构造层、不同岩系和不同岩性中都应布点。

(二)观测内容

节理的观测主要包括以下几方面:

(1) 地质背景的观测:在对节理进行观测前,首先应了解观察地段的地质背景,即地层及其产状、岩性及成层性、褶皱和断层的特点,以及观测点所在构造部位。

(2) 节理的分类和组系划分:对节理要进行分类,划分组系,如有主节理发育,应区分主节理和一般节理。如果在工作之初不能对节理进行分类或划分时,在收集到一定资料后应及时进行分析概括。

(3) 对节理进行分期和配套。

(4) 节理发育程度研究:岩性和层厚对节理的发育有明显影响。岩性对节理发育程度有明显影响,在塑性岩层中剪节理较张节理发育;在同一应力状态下,塑性岩层中主要发育剪节理,脆性岩层主要发育张节理;塑性岩层中共轭剪节理的夹角常比脆性岩层中的夹角大;节理的间距(或密集程度)也因岩性和岩层厚度而有差异。

岩层的厚度影响节理发育的间距,岩层越厚,节理间距越大。由于层面的发育会降低岩石的强度,因此,岩性相同而层厚不等的岩石,在同样外力作用下,薄层中的节理间距小密度大。

节理发育程度常以密度或频度表示。节理密度或频度是指节理法线方向上单位长度(m)内的节理条数(n),即n/m。如果几组节理都很陡,可以选定单位面积测定节理数。为了了解岩石的渗透性及其影响,除计算节理密度外,还要计算缝隙度(G),就是节理密度(U)与节理平均壁距(t)的乘积,即

$$G = Ut$$

节理发育程度也可以单位面积内节理长度来表示,如一定半径(r)的圆内节理的长度之和为I,即

$$U=\frac{I}{\pi r^2}$$

为了确定节理密度与岩性和层厚的定量关系，在野外可以根据岩性和层厚选定一基准层，然后将不同层厚和岩性的岩石中测得的节理密度进行对比和换算，以求出其比值或系数。

（5）节理组合型式的观测：岩石中的几组节理，常组合成一定型式，将岩石切成形状和大小各不相同的块体。要注意观察节理组合型式和截切的块体所表现出的节理整体特征，应注意测定展布范围较大的剪节理中的等距性和分级等距性。

（6）节理面的观察：在节理的野外研究中，应注意节理面的观察。观察内容包括：节理面的形态和结构细节，节理面的平直光滑程度；是否有擦痕；节理是否被充填，以及充填物结晶状态和结晶方位；节理是否含矿，以及含矿节理占节理总数的百分数等。这些材料有助于分析节理的力学性质，并了解节理的形成状态和发育过程。

（三）节理力学性质的确定

根据力学性质，构造节理可分为两类：剪节理和张节理。

1. 剪节理的主要特征

（1）产状稳定，沿走向和倾向延伸较远。

（2）剪节理面较平直光滑，有时具有因剪切滑动而留下的擦痕。当剪节理未被矿物质充填时是闭合的，如被充填，脉宽较为均匀，脉壁较为平直。

（3）发育于砾岩和砂岩等岩石中的剪节理，一般切穿砾石和胶结物。

（4）典型的剪节理常常组成共轭 X 型节理系。

（5）主要剪裂面由羽状细微裂面组成。

（6）剪节理的尾端变化有折尾、菱形结环和节理叉三种。

（7）剪节理的发育具有等距性。

2. 张节理的主要特征

（1）产状不甚稳定，延伸不远。单条节理短而弯曲，一组节理常侧列产出。

（2）张节理面粗糙不平，无擦痕。

（3）在砾岩或砂岩中的张节理常常绕砾石或粗砂粒而过。如切穿砾石，破裂面也凹凸不平。

（4）张节理多开口，一般被矿脉充填，呈楔形、扁豆状以及其他不规则状。脉宽变化较大，脉壁不平直。

（5）张节理有时成不规则的树枝状、各种网络状，有时也成一定几何形态，如追踪 X 型节理的锯齿状张节理，单列或共轭雁列式张节理有时也成放射状或同心圆状组合型式。

（6）张节理尾端变化或连接形式有树枝状、多级分叉、杏仁状结环及各种不规则形状等。

（四）节理的测量和记录

在节理观察点上，对上述各方面进行观察的同时，要进行测量和记录。

节理产状的测定与测定岩层产状要素一样。如果节理面未充分揭露而不易测量，可将一硬卡片插入节理内，直接测量卡片产状。如果节理产状不太稳定而数据精度要求很高，应逐条进行测量。如果节理按方位和产状分组明显，也可分组测量，每组中测量有代表性的几条节理，然后再统计这组节理数目。

测量和观察的结果一般填入一定表格或记在专用野外工作簿中，以便整理。记录表格可根据目的和任务编制，一般性节理观察点记录表格如表 8-13 所示。

表 8-13　节理观测点登记表

点号及位置	地层时代、层位和岩性	岩层产状和构造部位	节理产状	节理组系及其力学性质和相互关系	节理分期和配套	节理密度	节理面特征和充填物	备注

（五）节理资料的整理与制图

在野外对节理进行了观测并收集了大量资料后，应及时在室内加以整理，进行统计分析，以查明节理发育的规律和特点及其与该区有关构造的关系。节理的整理和统计一般采用图表形式，主要有玫瑰花图、极点图和等密图等。其中节理玫瑰花图编制简便，反映节理性质和方位比较明显，是统计节理的一种较常用的图式，可分为节理走向玫瑰花图和节理倾向玫瑰花图两种。下面对该方法重点介绍。

1. 节理走向玫瑰花图制图步骤

（1）整理资料。将野外测得的节理走向换算成北东向和北西向，按其走向方位角的一定间隔分组。分组间隔大小依作图要求及地质情况而定，一般采用5°或10°为一间隔，如分成0°~9°、10°~19°等。然后统计每组的节理数目，计算每组节理平均走向。如0°~9°组内有6°、5°、4°三条节理，则平均走向为5°。把统计整理好的数值填入表格中。

（2）确定作图的比例尺及坐标。根据作图的大小和各组节理数目，选取一定长度的线段代表一条节理，然后以等于或稍大于按该比例表示、数目最多的那一组节理的线段长度为半径作半圆，过圆心作南北线及东西线，在圆周上标明方位角（图8-37）。

（3）找点连线。从0°~9°一组开始，顺序按各组平均走向方位角在半圆周上作一记号，再从圆心向圆周上该点的半径方向，按该组节理数目和所定比例尺定出一点，此点即代表该组节理平均走向和节理数目。各组的点确定后，顺次将相邻组的点连线。如其中某组节理为零，则连线回到圆心，然后再从圆心引出与下一组相连（最好边找点边连线）。

（4）写上图名和比例尺。

2. 节理倾向玫瑰花图制图步骤

节理倾向玫瑰花图是按节理倾向方位角分组，求出各组节理的平均倾向和节理数目，用圆周方位代表节理的平均倾向，用半径长度代表节理条数，方法与节理走向玫瑰花图相同，只不过用的是整圆（图8-38）。

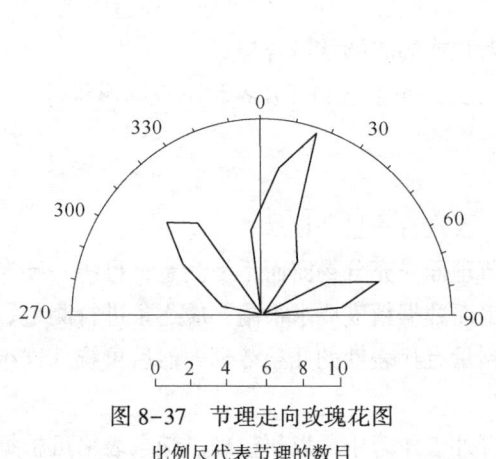

图 8-37　节理走向玫瑰花图

比例尺代表节理的数目

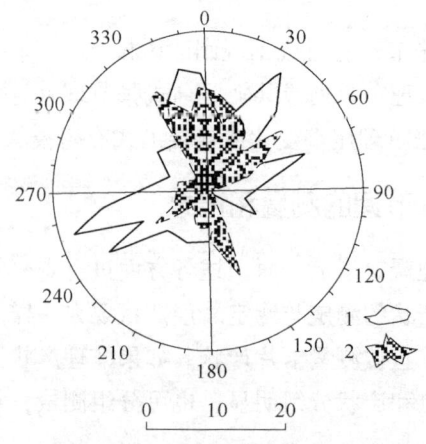

图 8-38　节理倾向、倾角玫瑰花图

1—节理倾向玫瑰花图；2—节理倾角玫瑰花图

比例尺代表节理的数目

3. 节理倾角玫瑰花图制图步骤

按上述节理倾向方位角的组，求出每一组的平均倾角，然后用节理的平均倾向和平均倾角作图，圆半径长度代表倾角，由圆心至圆周从 0°~90°，找点和连线方法与倾向玫瑰花图相同。

节理倾向、倾角玫瑰花图一般重叠画在一张图上，作图时，在平均倾向线上，可沿半径按比例找出代表节理数和平均倾角的点，将各点连成折线即可，图上用不同颜色和线条加以区分（图 8-38）。

（六）节理资料的应用

1. 确定构造部位

在褶皱和断层发育过程中常派生出一系列的节理，这些节理常发育在特定的构造部位。

纵张节理常发育在背斜转折端，横张节理常发育在向斜转折端，它们常追踪早期形成的共轭剪节理而成锯齿状。

横张节理也常发育在背斜枢纽倾伏部位。

两组共轭剪节理常发育在背斜和向斜转折端。两组共轭剪节理的锐夹角在背斜转折端平行于背斜枢纽，在向斜转折端则垂直于向斜枢纽。

放射状和同心环状张节理常发育在横弯褶皱作用形成的穹窿构造的顶部。

羽状节理常与断层活动有关。在断层附近，节理的数量显著增加，密度相对增大，节理带宽度加大。在断层的端点、拐点、交会点、分枝点和错列点容易形成新的节理。

2. 分析构造应力场

用节理资料分析构造应力场，首先应在野外开展节理的分期配套工作，确定剪节理的共轭关系。其次是确定三个主应力轴的空间方位。共轭剪节理的交线平行于中间主应力轴 σ_2，它们的夹角平分线分别为最大主应力轴和最小主应力轴。最大主应力轴 σ_1 和最小主应力轴 σ_3 一定要根据实际观察加以确定，确定的依据是剪节理的微细羽列、擦痕、派生张节理等。分析确定了 σ_1 和 σ_3 在共轭剪节理中所在的方位后，利用赤平投影求出各个观测点上的应力状态。最后根据该区许多点上的应力状态绘出主应力网络（图 8-39）。

必须指出，同一地区常遭受长期多次构造作用，形成多期构造节理，因此节理的分期是一项难度较大的工作，常根据切断错开、限制中止和相互切错等分析节理形成的先后关系，也可以根据节理与岩层面的关系分析节理的形成时期。若两组剪节理的交线 σ_2 轴与所在岩层的层面法线平行或交角较小（<15°），则可以认为该节理形成于岩层为水平时，有可能在成岩期或成岩后不久；若两组剪节理的交线 σ_2 轴与所在岩层的层面法线夹角较大（>15°），则可以认为该节理形成于岩石变形以后；若 σ_2 轴的倾伏角较小，则该节理可能不是最后一期构造活动形成的；若 σ_2 轴近直立，则该节理可能与最后一期构造活动同期形成。

3. 分析储集性

节理发育带的孔隙度和渗透率都较高，常成为矿体的储集带和运移通道。许多油气田以节理为储集空间，因此搞清节理带的特征和分布规律对油气勘探开发有重要意义。

四、构造横剖面的实测和编制

构造横剖面图是在垂直于主要构造线走向的方向上反映地质构造形态在剖面上的变化的一种图件，是构造研究的基础图件之一。要获得该图，必须经过野外实测和室内制图两个阶段。

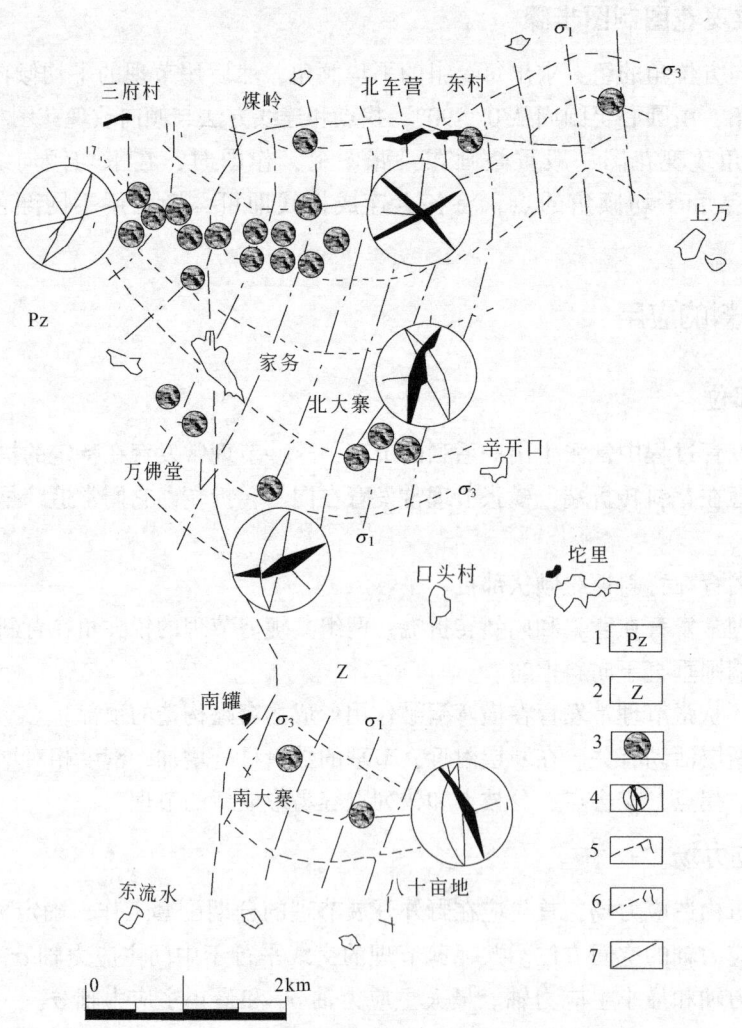

图 8-39　××地区南大寨断裂带第一期构造应力场主应力轴轨迹图（据万天丰，1988）
1—古生界；2—中新元古界；3—不做统计工作的裂隙观测点；4—裂隙观测点的主应力轴轨迹；
5—最小主应力轴轨迹线；6—最大主应力轴轨迹线；7—推测的断裂带雏形

（一）构造横剖面的野外实测

1. 剖面线的选择

剖面线应符合下列要求：

（1）通过本区最典型、最主要的构造，以反映研究区的主要构造面貌。

（2）尽可能垂直主要构造线走向，剖面的起点和终点位于相邻向斜的转折端。

（3）剖面尽可能选在穿越条件较好的地区。剖面一旦选定，野外实测时应尽可能沿剖面线前进。

（4）在特殊情况下，剖面线可以为折线，但不能太多。

通常应先填好地质图，掌握地层的层序和分层标志、构造轴线位置和断层的分布等，然后再布置剖面线。剖面线的起始点尽量布置在地形标志明显的位置，便于实测一开始就能很快找到剖面的起点。

2. 野外实测

自所选剖面线的起点开始，沿剖面线穿越，同时做好以下工作：

（1）定点：观察点一般都要定在测线上，在特殊情况下（如穿越条件所限），观察点可偏离测线 5mm 左右（指图上距离）。定点的方法和要求与地质填图相同，无论制图比例尺如何，剖面线上相邻两点间的间距在图上不得超过1cm，在构造复杂部位还应加密定点。

观察点的类型主要有地质界线点、断层点、轴线点及产状控制点等。例如，图8-40中，S_1、S_5为地质界线点，S_2为断层点，S_3为轴线点，S_4为产状控制点。

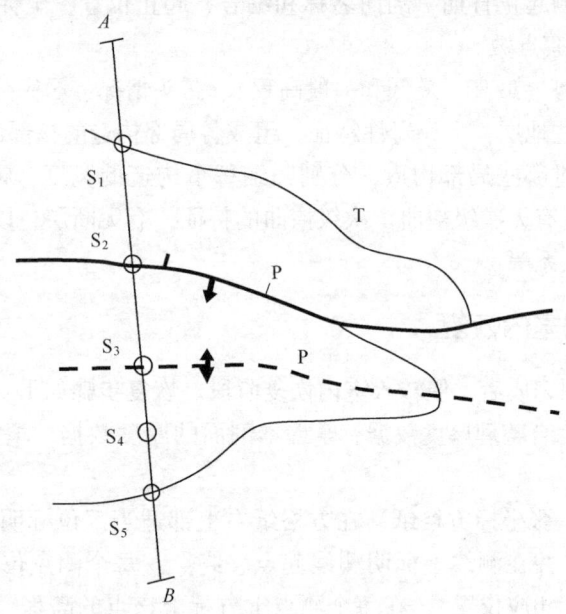

图 8-40 野外实测构造横剖面的观察点类型
S_1、S_5—地质界线点；S_2—断层点；S_3—轴线点；S_4—产状控制点

(2) 描述：应边观察，边记录并描述，描述的格式和内容与地质填图相同。

(3) 量产状：量好岩层产状对构造横剖面的恢复起决定性作用，因此，必须十分重视。应注意以下三点。

一是量产状时要"大处着眼，小处着手"，先看岩层大体向哪个方向倾斜，再寻找适当的层理面。要善于识别露头的真假（区别露头与滚石），认准层理面，然后再用罗盘测量。

二是所量产状要有代表性，能真正反映观察点所在构造部位的产状。

三是剖面经过易揉地层时，一方面要加密定点，另一方面要控制产状。

四是在断层点上测量产状时，除测量断层面产状外，正常岩层产状和受断层影响的岩层产状都要控制。

(4) 作信手剖面图：信手剖面图是整个剖面形态的缩影，在构造复杂区作图，有了它就一目了然，并能及时发现问题。信手剖面图图面上要有图名、比例尺、方位、剖面线、地层界线、岩性花纹、地层代号、产状、点号、经过的主要地物等（图8-41）。

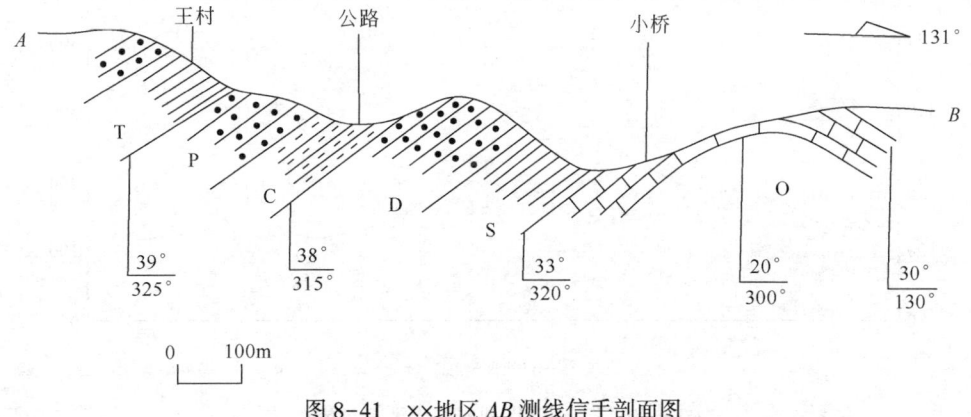

图 8-41 ××地区 AB 测线信手剖面图

除信手剖面图外，遇到有意义的构造现象，要另画素描图。产状控制不到的褶皱，如倒转、断层面附近的牵引现象等，都必须画大比例的素描图，备恢复剖面时参考。

(5) 剖面小结：一条较长的剖面测完后，应及时写好小结，主要内容如下所述。

① 完成任务情况：实测起止日期，剖面名称和编号、起止位置、坐标，剖面方向、长度、点距（最大、最小、一般）和观察点数。

② 自然地理条件：地势（最高、最低和一般高程）、露头情况、居民分布等。

③ 地层：剖面通过哪些地层，大致岩性特征、组成各局部构造的核部出露地层等。

④ 构造特征：剖面通过哪些局部构造，分别归纳每个构造的宽度、幅度，两翼陡缓对称程度、倾角大小、轴线方位、两翼有无次级褶曲、次级褶曲的特征，有无断层，以及断层的性质、产状、间距、延伸方向、与褶皱的关系等。

（二）构造横剖面的室内恢复

构造横剖面的野外实测完成后，便转入室内恢复阶段。恢复步骤如下：

(1) 恢复前的准备：综合整理厚度数据，掌握本剖面的厚度数据，填好剖面换算表（附录五），计算视倾角。

(2) 绘点位线：准备一张坐标方格纸，在方格纸右上部适当部位标明剖面方位，然后将测线终点朝右水平绘于方格纸上，并在测线上标明测线起点、终点、每个测点位置（不在测线上的点，按该点与测线的相对位置标在相应位置），在每个测点上方标上该点的高程，下方标上点号，这样绘出的一条包括测线、点位、点号以及各点高程的线段称为点位线［图 8-42(a)］。注意：点位线长度和各测点位置必须与地质图上测线长度和测点位置完全一致。

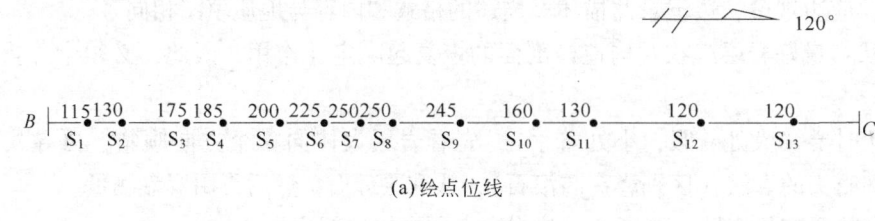

(a) 绘点位线

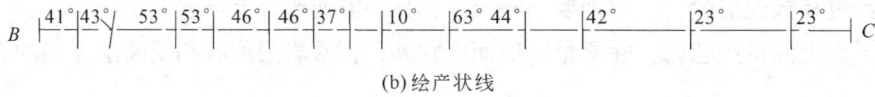

(b) 绘产状线

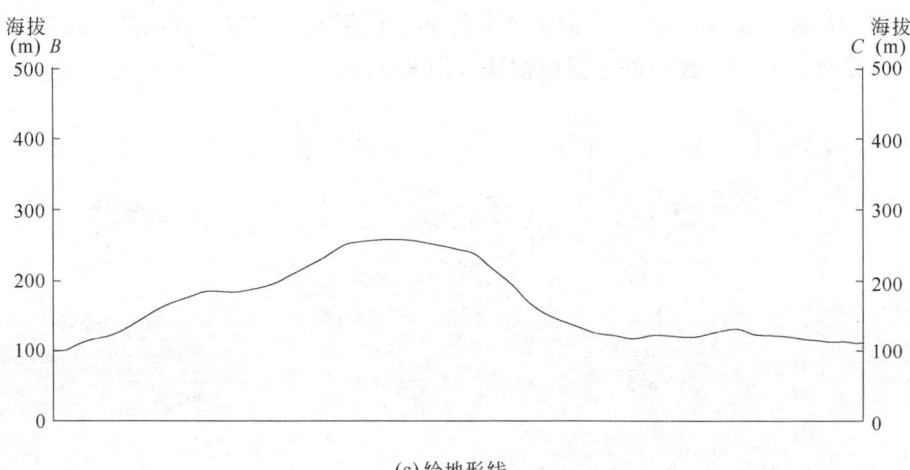

(c) 绘地形线

图 8-42 构造横剖面室内恢复过程

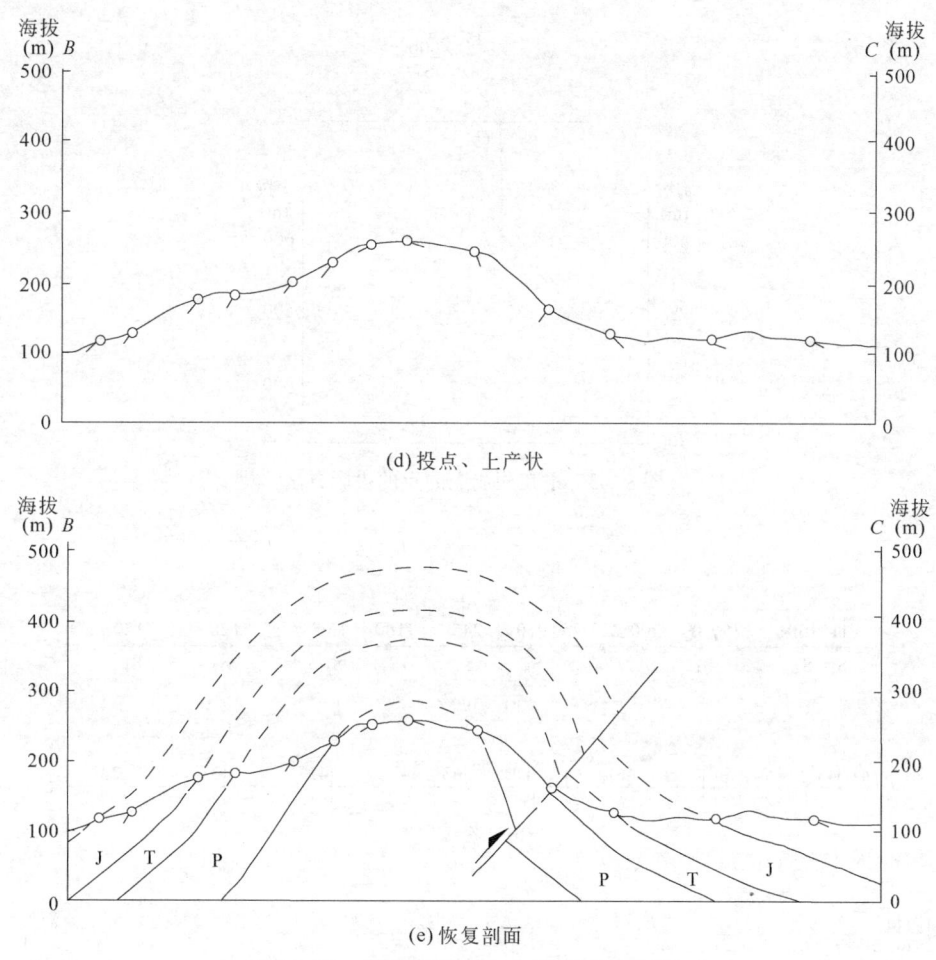

图8-42 构造横剖面室内恢复过程（续）

（3）绘产状线：点位线绘在产状线正下方适当位置，长度与点位线一致，绘制方法与点位线基本相同，只是不标高程和点号，而是在相应测点上标出各点产状，上产状的方法与在地形地质图上标产状的方法相同，长线为走向线，短线为倾向线，数字为该点地层的真倾角，但要注意的是此时的正上方一般不是正北（0°方位），而是依测线方位而定。如图8-42（b）中，测线方位为120°，则正上方应为30°。

（4）绘地形线：地形线绘在产状线正下方适当位置，绘制方法与在地形地质图上切地形线相同，横向为水平距离，纵向反映地形起伏，纵横向比例应一致，剖面线两端点与测线两端点一致，并在两端点处绘出垂直高程［图8-42（c）］。

（5）投点、上产状：将点位线上的各测点垂直投影到剖面线上，按各点的视倾角在各点处绘出地层或断层在该剖面上的视倾斜线，视倾斜线一般绘成"蝌蚪形"［图8-42（d）］。

不在剖面上的点可用投影法投影到剖面线上，具体投影方法如图8-43所示，先在产状线上将S_1点产状的走向线延长，使之与测线交于O点，然后将O点垂直向下投影到剖面上相应的高程位置P，再从该点作岩层视倾斜线，并将视倾斜线延长与剖面线相交，其交点Q即为该点在剖面上的实际位置。

（6）恢复剖面：以地形线上的产状为依据，用适当方法（圆弧法或膝折法）恢复构造的剖面形态［图8-42（e）］。

（7）图件整饰：将非辅助线上墨，加上图名、比例尺、责任表等。

一张完整的构造横剖面图图式如图8-44所示。

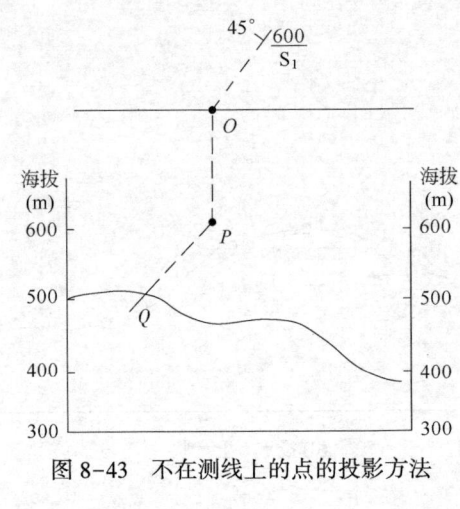

图 8-43 不在测线上的点的投影方法

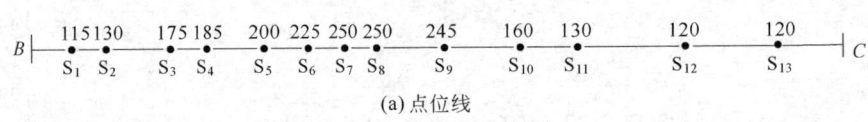

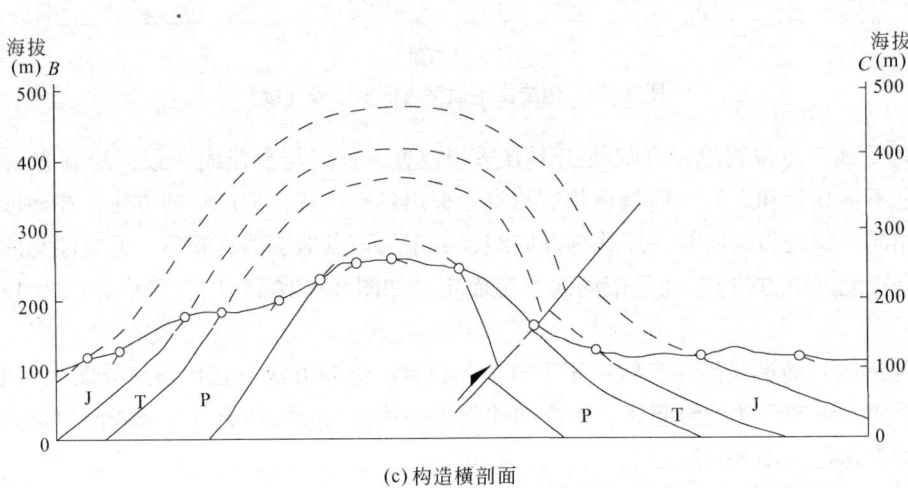

图 8-44 一张完整的构造横剖面图式

（三）几点注意事项

（1）当横剖面切过不整合面时，应先画不整合面以上的地层和构造，然后画不整合面以下的地层和构造。当遇到有的地质界线被不整合面所覆盖时，可顺其走向延至剖面线上，再将该点投影到剖面中的不整合面上，并以此点绘出其界面。

（2）当剖面经过断层时，先画断层，再画断层两侧的地层和构造。

（3）当上下整合接触的岩层产状有变化时，决不能画成角度不整合相交，而应利用圆弧法与膝折法逐渐过渡。

第七节　侵入岩体的观测方法

侵入体是在一定地质历史时期岩浆侵入地壳一定深度冷凝结晶形成的地质体。它是地质调查的主要研究对象之一。侵入体的观测研究内容十分丰富，其中包括对侵入体本身的观测、侵入体与围岩接触带的观测，以及侵入体所处地质环境（时间、空间及成因关系）的观测等。

一、侵入体岩石的观测及岩相划分

（一）岩石的观测

侵入体岩石观测的任务是要查清岩石性质、类型及其变化规律，给岩石正确命名。

岩石观测的主要内容有：（1）颜色；（2）矿物成分及其含量；（3）结构构造；（4）捕虏体、析离体、晶洞等的观测。

（二）岩相的划分

在岩浆冷凝结晶时，不同部位的结晶条件差异及结晶分类作用等原因，使侵入体岩石性质在空间上有规律的变化，根据这种变化规律可以将侵入体划分为不同的岩相。岩性变化明显的岩体一般可分为三个岩相：

（1）边缘相：分布在侵入体最外围与围岩接触带部位。这里岩浆散热快，因此结晶颗粒很小，甚至为隐晶质结构，常为斑状结构，捕虏体多，常有晶洞，岩性常不均一，岩脉多，流动构造发育。

（2）中央相：侵入体的中央部分。这里岩浆散热慢，结晶粗大，多为等粒或似斑状结构，捕虏体较少，流动构造不发育，岩性均一。

（3）过渡相：介于边缘相与中央相之间，常为似斑状结构，流动构造较发育，捕虏体少，岩性较均一。

岩相的划分比较困难，常常要经过系统的剖面观测（贯穿岩体）、反复对比才能确定，野外应将岩相的界线定点填绘在地质图上。

二、侵入体接触带的观测

侵入体与围岩的接触带是侵入体观测中最重要的地段，这不仅是因为接触带是侵入体最复杂的部分，更重要的是，侵入体的时代、产状、构造及与围岩的关系等等许多重要问题，都必须通过接触带的观测研究来解决，同时接触带也是成矿最有利的地方，因此接触带是侵入体观测的重点。

接触带的观测内容主要有：接触带关系的性质、接触类型、接触面的形状与产状、接触变质作用等等。

（一）接触关系的性质

接触关系的性质可分为三类：

1. 侵入接触

侵入接触的其标志主要是：（1）围岩被侵入体明显切穿，围岩中常有小岩脉、岩枝；（2）围岩与岩体之间有变质带；（3）岩体边缘有围岩捕虏体。

2. 沉积接触（超覆接触）

沉积接触是侵入体形成并遭受风化剥蚀后为沉积岩覆盖的接触关系，其标志是：（1）侵入体对上覆岩层无任何影响，没有变质带；（2）上覆岩层底部可能有岩体的古风化壳，或底部砾岩中有岩体的砾石及岩石碎屑，或者有侵入体成分的碎屑岩（如花岗岩上覆的长石砂岩）；（3）岩体中无上覆岩层的捕房体，常缺失边缘相等。

3. 断层接触

断层接触指岩体与围岩是断层关系，二者为突变接触，接触带有断层现象，岩脉、构造等会被切断。断层接触也可能叠加于侵入接触或沉积接触上，成为复合接触。

（二）接触类型

（1）突变接触：岩体与围岩截然分开，接触界线明显，接触面一般是平直的，变质体不发育，围岩常有破碎现象。

（2）过渡接触：岩体与围岩之间为界线不明显的过渡带，岩体边界线常常是人为的，边缘有混合岩化带的岩体属此类接触关系。

（3）渐变接触：岩体与围岩接触变质带发育，岩体边缘相宽度大而且成分复杂，有大量围岩捕房，接触面常常犬牙交错、形状复杂。

（三）接触面的形状与产状

侵入体与围岩接触面的形状是多种多样的，而且不同地段形状可能不一样。接触面形状有平的、波状的、枝状的、港湾状的、锯齿状的、顺层贯入的等等。

接触面的产状是比较难确定的，因为接触面本身常常是一个不规则曲面，因此所测量的产状只能代表局部地段，一般只能确定接触面产状的大致趋势，即只确定大致的倾向和倾角的陡缓。

在露头上也可对接触面的局部产状进行测量。

在流动构造和原生构造发育的岩体中，流面和层节理多平行于接触面，可以用流面及层节理的产状代表接触面产状。

（四）接触变质作用

接触变质作用观测中应查明：

（1）接触变质作用的性质，是热变质还是交代变质作用或热液蚀变作用等。

（2）接触变质带的发育特点，包括变质带的宽度、变质岩石类型、岩石性质、变质带的分带情况及分带界线。

（3）接触变质带的矿化特点。

（4）恢复变质岩石的原岩时代，并按填图单位划分地质界线。

三、侵入体原生构造的观测

侵入体的原生构造是在岩浆成岩过程中形成的，主要有原生流动构造和原生节理两大类。

（一）原生流动构造

原生流动构造是岩浆上升流动中长柱状矿物及片状、板状矿物走向排列而成，主要有流线、流面两种。

（1）流线（线状流动构造）：表现为柱状矿物的定向排列，它反映了岩浆的相对流动方向。

(2) 流面（面状流动构造）：表现为片状、板状矿物的定向排列，它一般与接触面平行。
另外，还有流带（流层），它是不同成分或不同色调岩石相互成层，也是一种流动构造。

（二）原生节理

原生节理与岩浆冷凝收缩有关，主要有横节理、纵节理、层节理及斜节理。原生节理与次生构造节理的区别在于：岩块一般不沿节理错动，不出现磨光面、破碎现象，只限于岩体内部，不延伸到围岩中。

横节理（Q 节理）：节理面垂直于流线，裂面粗糙，为张节理，在岩体顶部最发育，常为岩脉、砂脉充填，并沿节理有热液蚀变。

纵节理（S 节理）：节理面平行于流线，垂直于流面。

层节理（L 节理）：与流线、流面均平行，也平行于接触面，可将岩体切割成板状。

斜节理（D 节理）：与流线、流面都斜交，规律性不强。

边缘逆断层也是一种原生构造，它的成因是：岩浆边部先冷凝，而内部岩浆继续上升活动，上升的动力促使已凝结的外壳发生倾向岩体内部的一系列雁形排列的逆断层。这种断层能切穿围岩，但断距不大。

四、侵入体形状、产状的观测

（一）侵入体形态的恢复

侵入体形态恢复的根据是：(1) 侵入体出露的轮廓；(2) 测量接触面的产状；(3) 原生构造，特别是流面、层节理的研究；(4) 岩相带、变质带、残留顶盖（顶棚悬垂体）的分布情况；(5) 物探、测探、钻探、井下开采揭露情况。

侵入体的形状很多，根据侵入体与围岩的产状关系可分为整合侵入体及不整合侵入体。

整合侵入体有岩床、岩盆、岩盘、岩鞍等。它们都是顺层侵入，与围岩的构造吻合。

不整合侵入体有岩基、岩株、岩墙、岩瘤等形态。

（二）侵入体的产状

侵入体的产状是指其产出的环境，主要是指它的形成深度。

按照形成深度可将侵入体分为超浅成岩、浅成岩、中深成岩和深成岩。它们的岩石类型、结构构造，岩相特征、原生构造发育程度、岩体形状以及含矿性等方面都有一定差别。脉岩是侵入体产状的一种特殊类型。

五、侵入体的时代及侵入期

（一）侵入体的时代

侵入体的时代的确定方法有相对年代法和绝对年代法。

相对年代法主要是根据侵入体与围岩的接触关系来确定年代，即侵入体晚于与其成侵入接触的地层时代，而早于与其成沉积接触的地层时代。

绝对年代法是用放射性元素来测定岩体的形成时代。

（二）侵入期的确定

岩浆活动往往是脉动的，因此同一个侵入体可能是多次侵入的结果，每次的侵入活动称为一个侵入期。

在野外确定侵入期主要是观察不同岩体的互相穿插关系，以及通过捕虏体、冷凝边、流动构造、烘烤边等来确定岩体形成的先后次序。

第八节　地质实习报告的编写

地质实习报告是对实习中所见到的各种地质现象加以综合、分析和概括，用简练流畅的文字表达出来的实习成果。因此，编写报告也是对实习内容的系统化和地质思维的训练过程。报告要求以野外收集的地质素材为依据，有鲜明的主题，确切的依据、严谨的逻辑性，简明扼要，图文并茂。

报告章节及内容可安排如下：

第一章

绪言：实习区的地理位置、行政区划；自然经济地理概况；实习区的经济、工农业生产和交通情况；实习区以往地质研究的历史及研究程度评述；实习的目的、任务和内容；起止时间、组队情况、分组情况及指导教师；完成的工作量（地质调查面积、地质观察路线及观察点数，实测剖面长度、填图面积、标本和样品数量等）及工作成果。

附图：实习区交通位置图等。

第二章

地层：首先简述实习区出露的各时代地层及其分布特点，然后按时代由老至新进行地层岩性描述。描述内容应包括地层的划分、主要岩性和所含化石，并列举经过实测的地层剖面、各地层的厚度和上下接触关系等。若有含矿层位，则应详细说明。要充分利用实测地层剖面图、地质图及不同区段的信手剖面图等资料。

附图：各时代地层实测剖面图、信手剖面图、地层柱状对比图、地层接触关系素描图、照片等。

第三章

沉积相：综合论述实习区主要岩石类型、分布层位与特征、岩性、沉积构造、化石生态等沉积相标志及其指相意义。总结实习区沉积相类型，对实习区重点层段进行沉积相与沉积环境分析。

附图：沉积相柱状剖面图、沉积相序图、沉积相标志素描图、照片等。

第四章

岩浆岩和变质岩：按时代标志由老至新顺序，分述各时代岩浆岩体特征，叙述其矿物成分、结构构造、含矿性、产状、形态、原生构造、生成环境、分布、与围岩接触关系及时代依据、围岩蚀变、后期变化等。按成因类型分述各类变质岩，叙述其矿物成分、结构构造、含矿性、矿化与变质作用关系、变质岩的分带、空间分布、产状，分析成因，推论时代及原岩。

附图：岩体剖面图、接触关系等素描图及照片。

第五章

地质构造：首先应实习区构造的总体面貌、大地构造位置、主要构造类型、褶皱断裂发育情况、区域构造线的展布、构造形成时代等，然后分褶皱、断裂诸节分别进行描述，也可按构造区段分述。

褶皱：首先描述褶皱名称（如刘家场背斜）、位置、范围、规模大小，然后描述组成褶皱的地层（褶皱核部、褶皱翼部的地层时代、岩性、层序、产状等）、褶皱的形态（如褶皱轴的方向，褶皱轴面、枢纽的产状及起伏状况），将褶皱进行形态分类，描述次级褶皱发育情况，讨论褶皱形成时期、形成机制等。

断裂：内容包括节理和断层。描述断层发育的位置、规模（一般用断层所经过的两个或几个地名来命名断层），断层面的走向、倾向和倾角，断层两盘的地层时代、岩性以及构造变动。描述断层带的构造现象（如构造岩、片理化、断层泥、透镜体、拖褶皱、伴生节理、地层的牵引现象）、断层面的形态变化、断层面上的擦痕及其产状。推断断层形成及发展演化的历史、断层产生的力学机制等。简述各地层节理发育特点、主要节理组的产状及分期配套。

阐述褶皱与断层节理在空间分布上的特点。

构造上着重描述实际资料，描述各种构造的形态产状、规模及性质、分布。要将褶皱、断裂作为一个统一的整体，根据不同时期分析构造的变形特征，推断地壳活动的规律性。论述各种构造之间的先后顺序、从属级别和成因机理方面的联系，论述构造与岩浆活动和矿产的关系，分析构造发生的条件和发展过程。

附图：构造纲要图、构造横剖面图、构造素描图、地形地质图及照片。

第六章

地质发展阶段简述：根据地层的层序、岩性及沉积相特征、接触关系，岩浆岩与变质岩，地质构造特点等，对不同阶段的地质构造特征，将各种地质事件联系起来，划分地质构造由老到新演化序列，进行概要总结，说明实习在地质历史上存在哪几个地质发展阶段。由老至新简述各发展阶段的地壳升降、褶皱运动、沉积作用、成矿作用等情况。

第七章

地貌及第四纪地质：简述实习区所见的主要地貌及第四纪地质现象，如河流地质作用、岩溶发育情况、风化壳、坡积物、阶地、泉水等、附若干素描图及照片。

第八章

结语：结语是对整个地质实习的总结评价、心得体会，要明确而简练地肯定工作的主要成绩、新的认识、新的发现等；对于存疑的地质问题，提出今后的研究方向和建议；简述工作中存在的问题与不足之处；对今后的教学实习工作提出建议，对自己可提出今后的努力方向等等。

报告要求文字工整，文理通顺达意，内容真实，主题突出，层次清晰，简明扼要；图件要美观、规范，图例齐全，各章节观点统一协调。报告应有统一封面，标明题目、作者、写作日期等，并装订成册。随同报告上交的还有统一格式的野外记录本等原始地质资料和编绘的各种图件。

第九章 长江三峡地层标本长廊简介

第一节 概 况

长江三峡地区素有"天然地质博物馆"之称。该区地层发育齐全、出露良好，化石种类及数量均十分丰富，各类沉积环境也同样发育齐全，大多具有可靠和典型的沉积构造及其他相标志。自20世纪初以来，三峡地区就已成为我国地质学家开展地层学、古生物学、沉积学等多种学科研究的重要场所；它同时也是长江大学沿用多年的地层沉积相、综合地质野外实习基地和开展过多项科研项目的区域，目前已积累了大量地质资料和研究成果。但是，随着三峡水利枢纽工程的兴建，不少良好的地层剖面将被淹没。为了抢救性地保护地质资源，将这些地区已经积累的丰富的地质资料和成果转化为教学资源，1995年我们提出建立微缩剖面的构想，在中国石油天然气总公司、湖北省教育厅和学校领导的关心支持下，先后设立了"长江三峡微缩剖面工程"科研项目和教学研究项目"长江三峡地层沉积相微缩剖面教学基地的建设与研究"。项目组全体人员不畏艰辛，几易寒暑，于1998年2月建成长江三峡地层标本长廊（视频37）。

视频37 长江三峡地层标本长廊视频

长江三峡地层标本长廊建设在长江大学东校区（原江汉石油学院）北校门内西侧两栋教学楼之间，设计朴实优雅，环境优美，由标本长廊主体和标本长廊辅助部分构成。辅助部分由标本长廊石标、长江三峡地层标本长廊记略、长江三峡平面位置图、地质剖面图及地层标本长廊采样位置图组成。长江三峡地层标本长廊主体全长48m，呈U形展布，共由240对采自太古宙至新近纪各地质时代的标本组成。240对标本在长廊中按地质时代由老到新顺序系统排列，上面一块为20cm×40cm的磨光面，便于精确地观察研究各种地质现象；下面一块为20cm×20cm的自然断面，用于展现其在野外露头上的自然状态。长廊标本由于排列系统、观察面大，十分有利于系统、直观地学习和研究各时代地层的岩性、古生物演化史、沉积环境发展史以及各种地质现象在时间和空间上的有机联系（彩图18）。

彩图18 长江三峡地层标本长廊实拍

除长江三峡地层标本长廊主体工程以外，以实测剖面为基础，开展深入详尽的剖面地层、沉积相学术研究，为标本实物所展现的地质现象提供可靠的理论说明依据，编著出版了《三峡万古几沉浮——长江三峡地区沉积演化研究》等学术著作。结合实习基地建设，编写本教材《三峡东部地区地质实习指南》。我们在进行各时代地层剖面的研究过程中，还以"层"或"岩性段"为基本单位，采集了一套室内陈列标本，并配套磨制了岩石与古生物薄片。这套标本及配套薄片一方面弥补了长廊标本的密度有限且难以陈列易风化破碎的标本等问题，从而保证了地层标本的连续性和完整性；另一方面也为从微观上深入系统地学习研究岩石的物质组分、结构构造、古生物种类、沉积微相特征等方面的内容提供了实物依据。

长江三峡地层标本长廊的建立，在国内外引起了普遍的关注和肯定，17名两院院士为其题词。科研与教学项目成果分别获得2000年湖北省科技进步奖一等奖、2005年湖北省高等学校教学成果奖一等奖。

该教学科研基地的建立是长江大学地球科学学院几代学者辛勤工作的成果。科研项目负责人为高振中、白光第，教学项目负责人为高振中、李建明。本教材是该实习基地建设的补充与完善。

长江三峡地层标本长廊记略

长江三峡以其雷霆万钧的雄伟气势、美不胜收的奇绝风光闻名于世。"地与山根裂，江从月窟来"，这是大自然的造化杰作、地壳运动的鬼斧神工。不是传说，亦非臆断，其见证就是地学界闻名遐迩的三峡地层剖面。

翻开这一大自然的书卷，将能探寻三峡的渊源。最古老的岩层崆岭群是18亿年前浩淼烟海的见证。直至一次岩浆活动，方结束了这一洪荒岁月，这就是黄陵花岗岩所留下的岩浆奔腾的音符。尔后迎来一个千峰万壑尽成玉的冰川世界，南沱冰碛层依然保持着宛然浮玉、倚谷流动的痕迹。天地悠悠海陆多变，7亿~4.24亿年前和3.22亿~2.35亿年前的两次声势浩大的海侵，及其间志留纪中晚期至泥盆纪早期的隆升成陆，正是晚震旦世至中三叠世未变迁轨迹的重大事件。它记录了沉积、剥蚀的烟云丘壑，演绎了生命进化的风雨进程，也为人们留下追觅过去的化石遗产和构造活动的踪迹。继2.35亿年前板块碰撞的积威，1.35亿年前后地拔成山，"西南万壑注，勍敌两崖开"，力劈夔门，直泻东流，方造就了"一条白练峡中天"的三峡奇观。

高峡出平湖。三峡工程的兴建，将淹没部分地层剖面。沧海桑田古今事，一览微缩便了然，这就是1995年我们提出微缩构想的缘由。在中国石油天然气总公司和学院领导的关心支持下，项目组全体同志不畏艰辛，几易寒暑，于1998年2月建成长江三峡地层标本长廊。240对大型磨光标本与自然断面标本，依地质时代对应陈列，显微缩微相得益彰，展示了三峡地史的沉浮兴衰，也为后世留下这一蕴含自然奥秘的U形长廊。

江汉石油学院
长江三峡剖面微缩工程项目组
一九九八年二月

第二节　院士题词

长江三峡地层标本长廊工程从立项、建设、验收及科研与教学应用，一直得到了中国石油天然气集团有限公司、湖北省教育厅及国内众多专家、学者的关心、支持，10多名院士亲临现场进行鉴定、指导。中国科学院院士翁文波、涂光炽、孙枢、王鸿祯、杨遵仪、李德生、傅家谟、刘宝珺、赵鹏大、殷鸿福、田在艺、戴金星，以及中国工程院院士翟光明、胡见义、李庆忠、邱中健、何继善为长江三峡地层标本长廊校内实习基地题词，对于长江三峡地层标本长廊工程及校内外基地的建设给予了充分的肯定与支持、鼓励。长江三峡地层标本长廊建成后，将院士们题词刻录在英云闪长岩石碑上，镶嵌于长江三峡地层标本长廊的宝塔石灰岩基座墙中（图9-1、图9-2、图9-3、彩图19）。

彩图19　院士题词

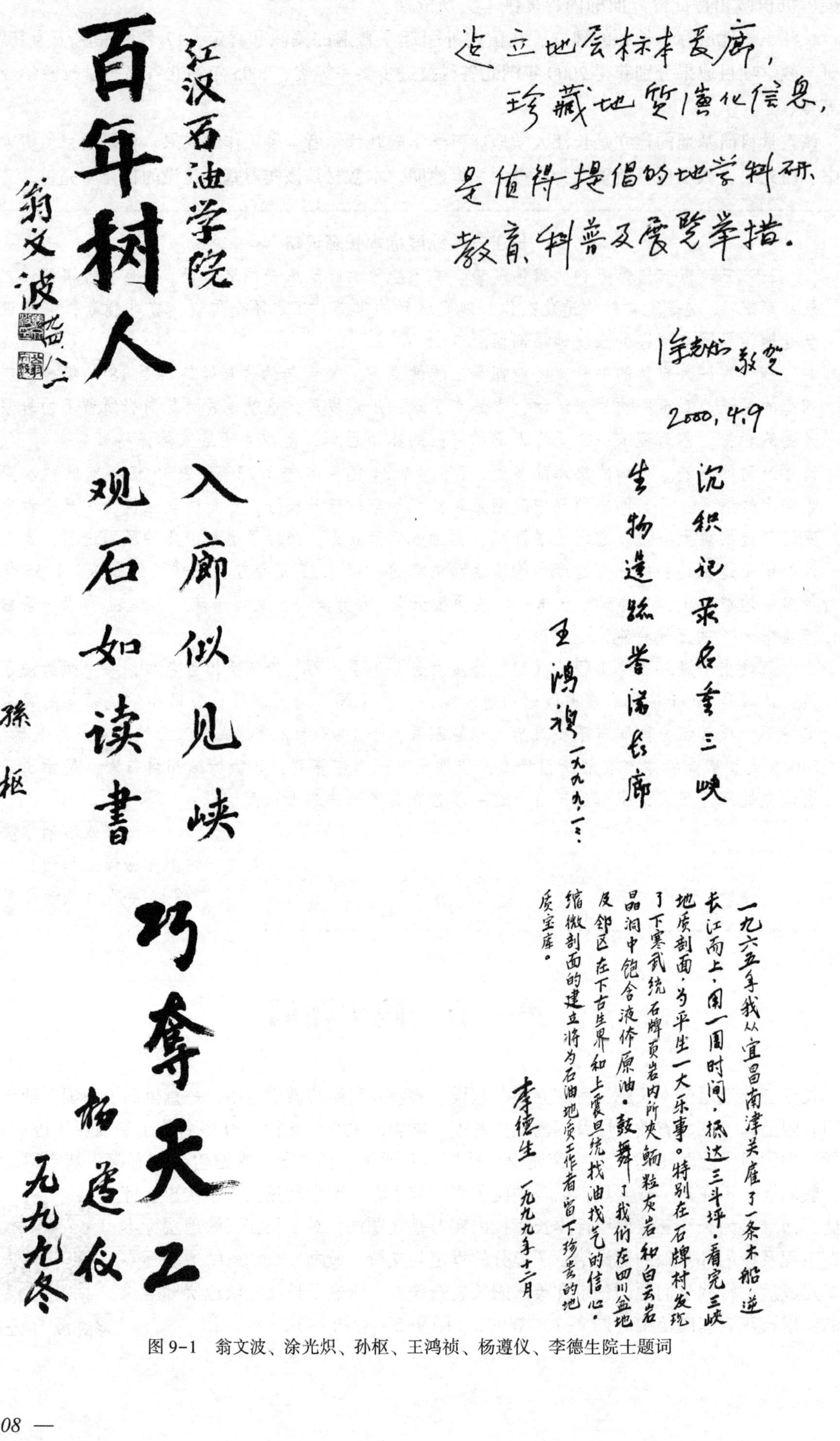

建立地层标本长廊，
珍藏地质演化信息，
是值得提倡的地学科研、
教育、科普及爱国举措。

涂光炽 敬题
2000.4.9

江汉石油学院
百年树人
翁文波 题

沉积记录看三峡
生物演绎誉满长廊
王鸿祯 一九九九·十三·

入廊似见峡
观石如读书
孙枢

巧夺天工
杨遵仪
一九九九冬

一九六五年我从宜昌南津关雇了一条木船，逆长江而上，用一周时间，抵达三斗坪，看完三峡地质剖面，为平生一大乐事。特别在石牌村发现了下寒武统石牌页岩内所夹鲕粒灰岩和白云岩晶洞中饱含液体原油，鼓舞了我们在四川盆地及邻区在下古生界和上震旦统找油找气的信心，缩微剖面的建立将为石油地质工作者留下珍贵的地质宝库。

李德生 一九九九年十二月

图 9-1 翁文波、涂光炽、孙枢、王鸿祯、杨遵仪、李德生院士题词

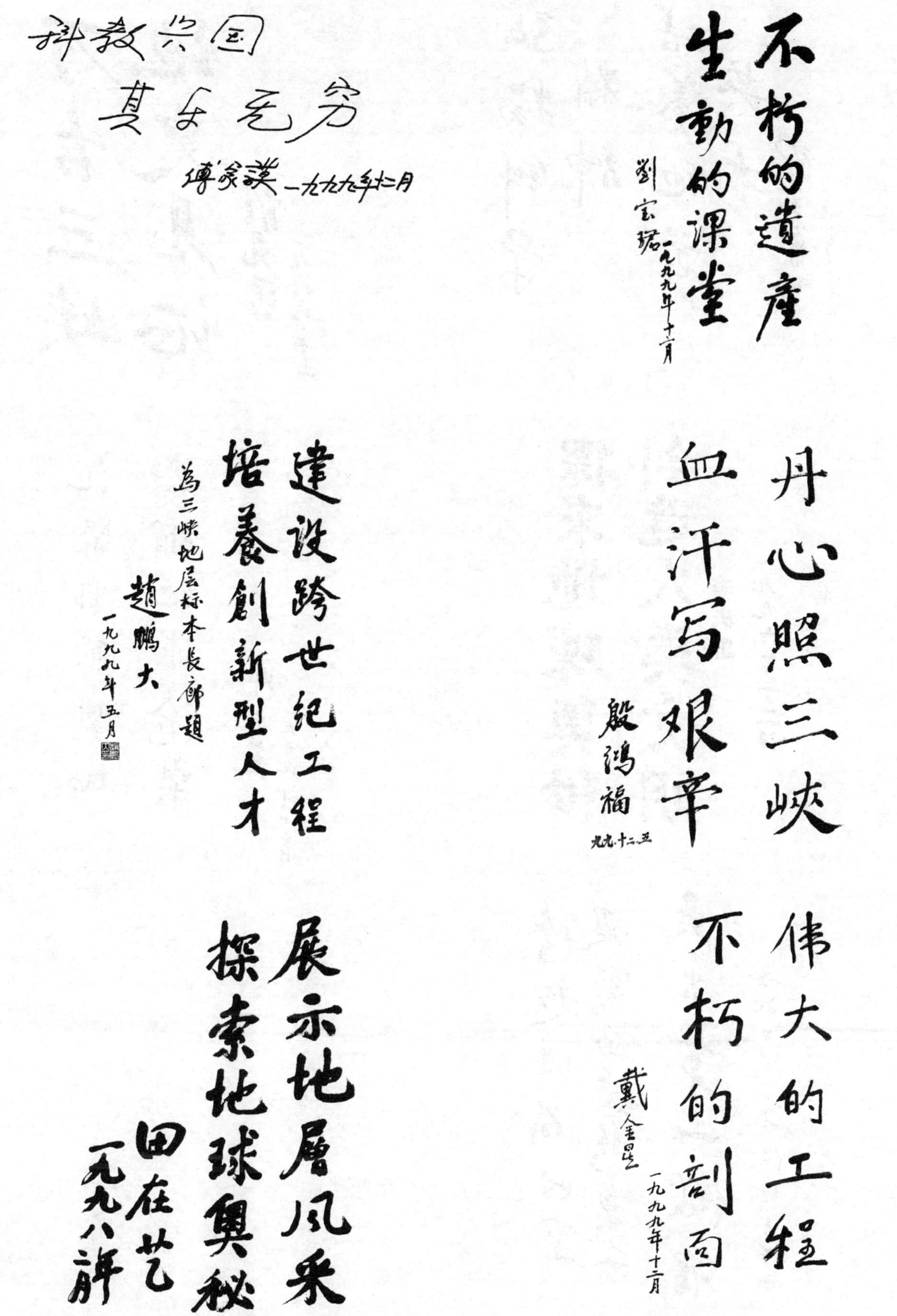

第九章 长江三峡地层标本长廊简介

科教兴国

其乐无穷

傅家谟 一九九九年十二月

不朽的遗产

生动的课堂

刘宝珺 一九九九年十二月

建设跨世纪工程

培养创新型人才

为三峡地层标本长廊题

赵鹏大 一九九九年五月

丹心照三峡

血汗写艰辛

殷鸿福 九九·十二·五

伟大的工程

不朽的剖面

戴金星 一九九九年十一月

展示地层风采

探索地球奥秘

田在艺 一九九八年

图9-2 傅家谟、刘宝珺、赵鹏大、殷鸿福、田在艺、戴金星院士题词

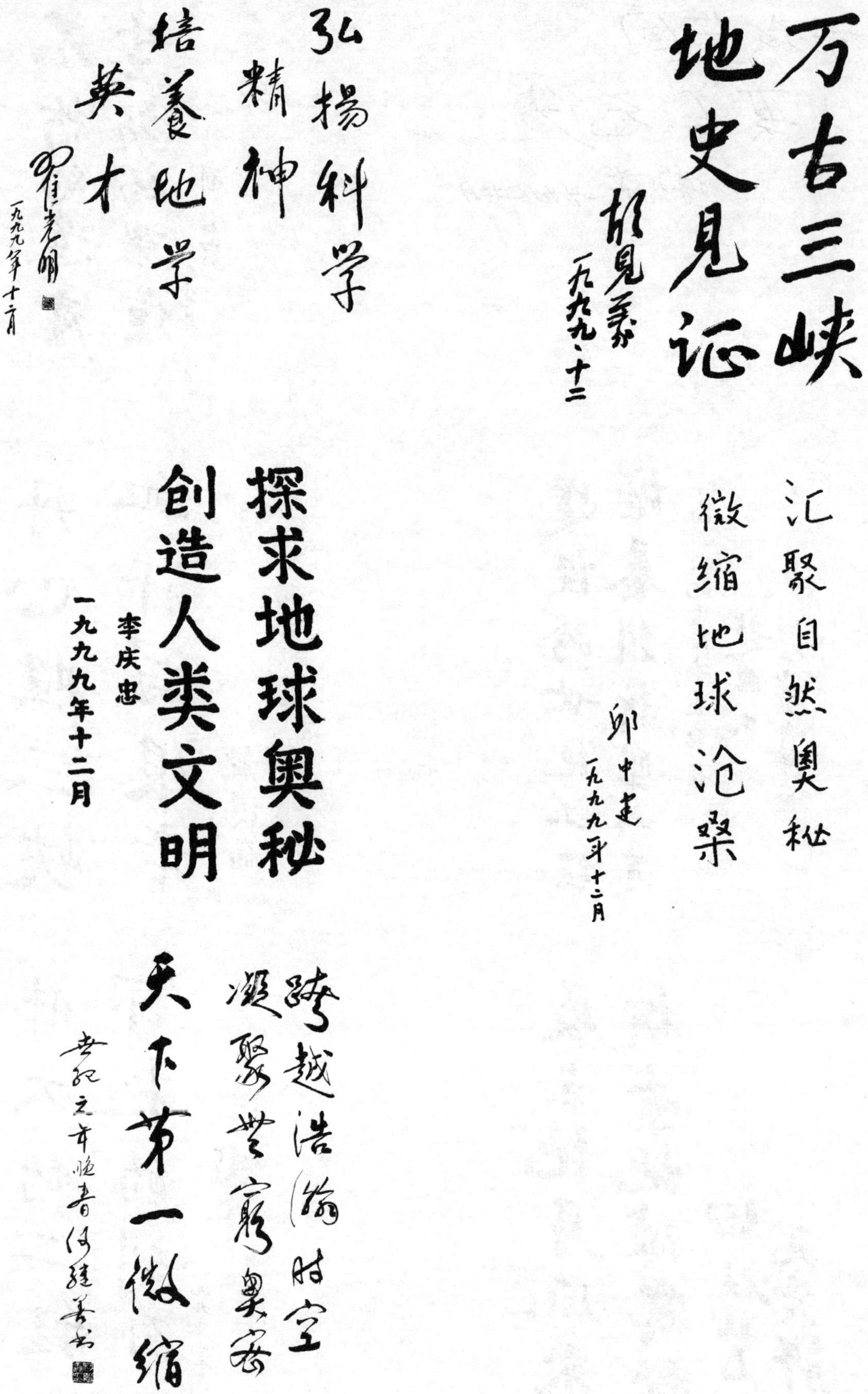

万古三峡
地史见证
胡见义
一九九九·十二

弘扬科学
精神
培养地学
英才
翟光明
一九九九年十二月

汇聚自然奥秘
微缩地球沧桑
邱中建
一九九九年十二月

探求地球奥秘
创造人类文明
李庆忠
一九九九年十二月

跨越浩瀚时空
凝聚苍茫奥秘
天下第一微缩
世纪之末晚春 何继善

图 9-3　翟光明、胡见义、李庆忠、邱中建、何继善院士题词

第三节 实践应用

通过实物建设与配套的学术研究,将三峡地区的地质现象重现于校园内的微缩剖面中,在校园内独创了国内唯一的长江三峡剖面微缩工程——长江三峡地层标本长廊校内实习基地,使之成为一个新型的实践性教学基地,为改革教学方法、培养高素质人才创造了条件,形成了校内校外相结合的长江三峡地层标本长廊、三峡东部松滋宜昌野外综合地质实习基地。

标本长廊不仅在教学科研上具有重要意义,它同时也是一个传播地球科学知识的宣传窗口。长廊建在两座教学楼之间,设计朴实优雅,是同学们晨读和课余漫步的好去处,长廊标本所展现的地学奥秘随时都在唤起同学们的学习兴趣和探索欲望。新学年伊始,这里还是进行新生入学教育的理想场所。面对着大自然刻写在长廊标本上无数已知和未知的记录,同学们会立刻深切地感受到地球科学所特有的魅力,从而激发起他们投身地学事业的信念和热情,同时也为中小学生学习地球科学知识提供了场所,为来校考察、交流、参观、学习的专家学者、校友及社会各界人士提供了我校地球科学领域展示、交流的平台,同时还保护了三峡库区珍贵地质资源,提高了三峡地区的地质研究水平,促进了学术交流。

围绕长江三峡地区地层剖面的学术研究与教学基地建设,我校教师取得了系列学术成果和教学成果,获得省部级科技成果奖5项,国家级、省部级教学成果奖5项,编写教材1部。代表性的成果有"长江三峡剖面微缩工程"2000年获得湖北省科技进步奖一等奖、"长江三峡地层沉积相微缩剖面教学基地的建设与研究"项目2005年获得湖北省高等学校教学成果奖一等奖、学术著作《三峡万古几沉浮——长江三峡地区沉积演化研究》(地质出版社,1999年)等。长江三峡剖面微缩工程的建立,在国内外引起了普遍的关注和肯定,并先后受到了《人民日报》、《光明日报》、中央电视台、新华每日电讯等传媒机构的宣传报道(彩图20)。

彩图20 长江三峡剖面微缩工程实践应用

参 考 文 献

陈宝冲, 1996. 试用阶地纵剖面线图分析长江三峡地区的地壳运动 [J]. 科技导报 (11): 12-13.
陈公信, 金经纬, 1996. 湖北省岩石地层 [M]. 武汉: 中国地质大学出版社: 1-290.
陈宏明, 吴祥和, 张瑛, 等, 1994. 中国南方石炭纪岩相古地理与成矿作用 [M]. 北京: 地质出版社.
陈孔全, 张斗中, 庹秀松, 2020. 中扬子地块西部地区结构构造与页岩气保存条件的关系 [J]. 天然气工业, 40 (4): 9-19.
陈仁学, 2002. 中扬子地区寒武系层序地层研究 [D]. 西安: 西北大学.
陈旭, 1984. 陕南及川北志留纪笔石并论单笔石的分类 [M]. 北京: 科学出版社: 1-102.
陈旭, 樊隽轩, Melchin M J, 等, 2004//戎嘉余, 方宗杰. 生物的大灭绝及其后的复苏: 来自华南古生代的证据 [M]. 合肥: 中国科技大学出版社: 9-54, 1037-1038.
陈玉明, 高星星, 盛贤才, 2013. 湘鄂西地区构造演化特征及成因机理分析 [J]. 石油地球物理勘探, 48 (S1): 157-162, 203.
陈旭, 林尧坤, 1978. 黔北桐梓下志留统的笔石 [J]. 中国科学院南京地质古生物研究所集刊, 12: 1-106.
陈旭, 戎嘉余, 周志毅, 等, 2001. 上扬子区奥陶—志留纪之交的黔中隆起和宜昌上升 [J]. 科学通报, 46 (12): 1052-1056.
陈宗清, 1990. 扬子区石炭纪黄龙期沉积相 [J]. 沉积学报 (2): 23-31.
党皓文, 刘建波, 袁鑫鹏, 2009. 湖北兴山中寒武统覃家庙群微生物岩及其古环境意义 [J]. 北京大学学报 (自然科学版), 45 (2): 289-298.
地矿部直属单位管理局, 1991. 沉积岩区1:5万区域填图方法指南 [M]. 武汉: 中国地质大学出版社.
樊隽轩, Michael J Melchin, 陈旭, 等, 2012. 华南奥陶—志留系龙马溪组黑色笔石页岩的生物地层学 [J]. 地球科学, 42 (1): 13-139.
范嘉松, 张维, 马行, 等, 1982. 鄂西二叠系生物礁的基本特征及其发育规律 [J]. 地质科学 (3): 274-282, 343-344.
冯少南, 张仁杰, 2000. 长江三峡地区中、上泥盆统的分界 [J]. 华南地质与矿产 (4): 36-39.
冯增昭, 彭勇民, 金振奎, 等, 2001. 中国南方寒武纪岩相古地理 [J]. 古地理学报 (1): 1-14, 98-101.
高山, 张本仁, 1990. 扬子地台北部太古宙TTG片麻岩的发现及其意义 [J]. 地球科学 (6): 675-679.
高振中, 等, 1999. 三峡万古几沉浮: 长江三峡地区沉积演化研究 [M]. 北京: 地质出版社: 1-126.
高振中, 何幼斌, 李罗照, 等, 2008. 中国南方上奥陶统五峰组观音桥段成因讨论: 是"浅水介壳相", 还是深水异地沉积? [J]. 古地理学报 (5): 487-494.
葛梅钰, 1990. 四川城口志留纪笔石 [M]. 北京: 科学出版社: 1-157.
葛治洲, 戎嘉余, 杨学长, 等, 1977. 西南地区志留系十条剖面资料 [J]. 地层古生物, 8: 92-111.
葛治洲, 戎嘉余, 杨学长, 等, 1979. 西南地区碳酸盐生物地层 [M]. 北京: 科学出版社: 155-220.
郭绪磊, 陈乾龙, 黄琨, 等, 2020. 宜昌潮水洞岩溶间歇泉动态特征及成因 [J]. 地球科学, 45 (12): 4524-4534.
郭宇明, 2019. 鄂西黄陵花岗岩基岩石学、岩石地球化学及其地球动力学意义 [D]. 成都: 成都理工大学.
何幼斌, 罗进雄, 2010. 中上扬子地区晚二叠世长兴期岩相古地理 [J]. 古地理学报, 12 (5): 497-515.
洪友崇, 1958. 湖北宜昌三峡区中志留纪罗惹坪世 (Wenlockian) 的地层和古生态初步研究 [J]. 古生物学报 (04): 119-130, 198-200.
侯启东, 2020. 鄂西地区震旦系陡山沱组页岩储层特征及其影响因素 [D]. 北京: 中国地质大学 (北京).
湖北省地质矿产局, 1990. 湖北省区域地质志 [M]. 北京: 地质出版社: 1-705.
湖北省区域地质测量队, 1984. 湖北省古生物图册 [M]. 武汉: 湖北省科学技术出版社.
惠博, 2014. 鄂西宁乡式铁矿沉积特征及成因 [D]. 成都: 成都理工大学.
姜继圣, 1986. 鄂西黄陵变质地区崆岭群时代及特征的新认识 [J]. 长春地质学院学报 (1): 100.
景才瑞, 刘昌茂, 1985. 论长江三峡岩溶 (喀斯特) 地貌特征 [J]. 华中师范大学学报 (自然科学版) (3): 88-95.
景才瑞, 刘昌茂, 罗志刚, 1981. 论湖北岩溶地貌 [J]. 华中师院学报 (自然科学版) (2): 80-91.
李建明, 周涛, 1993. 湖北松滋下奥陶统大湾组碳酸盐岩压实作用 [J]. 石油与天然气地质, 14 (4): 278-284.
李旭兵, 王令占, 王传尚, 等, 2008. 鄂西志留系罗惹坪组底部碳酸盐岩沉积环境分析 [J]. 地层学杂志 (3):

272-277.

李勇,焦建刚,郭俊锋,等,2008. 安徽巢湖野外地质教学基地实习教程 [M]. 北京:地质出版社.

李勇,鲍志东,胡广成,等,2012. 湖北大峡口剖面下三叠统岩石学特征及沉积环境 [J]. 四川地质学报,32 (3): 257-264.

李愿军,丁美英,1996. 长江三峡地区构造地貌研究 [J]. 水电能源科学 (1):52-55.

梁薇,牟传龙,周恳恳,等,2015. 中上扬子地区寒武纪第三世—芙蓉世古地理 [J]. 古地理学报,17 (2): 172-185.

凌文黎,高山,郑海飞,等,1998. 扬子克拉通黄陵地区崆岭杂岩 Sm-Nd 同位素地质年代学研究 [J]. 科学通报 (1):86-89.

刘宝珺,曾允孚,1985. 岩相古地理基础和工作方法 [M]. 北京:地质出版社:1-442.

陆地石油和天然气调查规范:DZ/T 0259—2014 [S].

马大铨,杜绍华,肖志发,2002. 黄陵花岗岩基的成因 [J]. 岩石矿物学杂志 (2):151-161.

马大铨,李志昌,肖志发,1997. 鄂西崆岭杂岩的组成、时代及地质演化 [J]. 地球学报 (3):10-18.

穆恩之,李积金,葛梅钰,等,1993. 华中区上奥陶统笔石 [M]. 北京:科学出版社:1-393.

潘荣胜,陈小兰,翟永红,1991. 峡东地区寒武系岩石学、沉积学特征及储集性 [J]. 岩相古地理 (1):8-20.

秦元奎,边敏,杨宏伟,等,2015. 鄂西泥盆纪沉积铁矿成矿岩相古地理条件分析 [J]. 资源环境与工程,29 (2): 132-139.

秦元奎,杨宏伟,吴义松,等,2013. 鄂西沉积铁矿含矿盆地分析 [J]. 资源环境与工程,27 (6):741-748.

戎嘉余,1984. 上扬子区晚奥陶世海退的生态地层证据与冰川活动影响 [J]. 地层学杂志,8:19-29.

石油天然气地质编图规范及图式:SY/T 5615—2004 [S].

万秋,2016. 湖北长阳资丘二叠纪沉积及演化特征 [J]. 地质学刊,40 (1):7-14.

万秋,李双应,丁宁,等,2011. 湖北秭归兴滩二叠系沉积及演化特征 [J]. 安徽地质,21 (1):14-18.

汪啸风,倪世钊,曾庆銮,等,1987. 长江三峡地区生物地层学 [M]. 北京:地质出版社:1-641.

王传尚,陈孝红,汪啸风,2002. 峡区晚奥陶世地球化学异常与奥陶系—志留系之交环境变迁 [J]. 地层学杂志,26 (4):272-279.

王辉,胡明毅,王延奇,等,2008. 湖北兴山大峡口二叠系剖面沉积相分析 [J]. 海洋石油 (3):36-41.

王涛利,郝爱胜,陈清,等,2018. 中扬子宜昌地区五峰组和龙马溪组页岩发育主控因素 [J]. 天然气地球科学,29 (5):616-631.

王肖,吴财芳,2017. 西陵峡中下志留统地层特征及沉积环境分析 [J]. 煤炭技术,36 (1):122-124.

王燮培,费琪,张家骅,1990. 石油勘探构造分析 [M]. 武汉:中国地质大学出版社.

王兆国,鲁如魁,夏立元,2020. 实测地质剖面中地层真厚度计算公式的修正 [J]. 同济大学学报(自然科学版),48 (7):1049-1059.

魏君奇,王建雄,王晓地,等,2009. 黄陵地区崆岭群中基性岩脉的定年及意义 [J]. 西北大学学报 (自然科学版), 39 (03):466-471.

夏凯生,2007. 长江三峡地区岩溶地貌演化研究 [D]. 重庆:西南大学.

肖传桃,崔江利,朱忠德,等,2004. 湖北宜昌下奥陶统生物礁古生态学研究 [J]. 地质论评,50 (5):520-529.

肖传桃,姜衍文,等,1993. 中扬子地区早奥陶世早中期 *Batostoma* 属的发现及其地质功能和生态学研究 [J]. 科学通报,14:1314-1315.

肖传桃,吴彭珊,李沫汝,等,2016. 松滋刘家场地区 Tremadocian 早期 Pelmatozoan 生物礁的发现 [J]. 地学前缘,23 (3):170-177.

肖传桃,吴彭珊,李沫汝,等,2018. 湖北松滋地区下奥陶统叠层石沉积特征 [J]. 沉积学报,36 (5):853-863.

肖传桃,周思雨,许昕玥,等,2018. 湖北松滋地区早奥陶世微生物岩 [J]. 地学前缘,25 (5):150-167.

徐开礼,朱志澄,1989. 构造地质学 [M]. 北京:地质出版社.

严溶,周汉文,曾雯,等,2006. 湖北宜昌崆岭群孔兹岩系地球化学特征 [J]. 地质科技情报 (5):41-46.

岩石分类和命名方案 沉积岩岩石分类和命名方案:GB/T 17412.2—1998 [S].

杨达源,1988a. 长江三峡阶地的成因机制 [J]. 地理学报 (2):120-126.

杨达源,1988b. 长江三峡的起源与演变 [J]. 南京大学学报(自然科学版)(3):466-474.

杨逢清，胡昌铭，杨克信，1990. 沉积地层工作指南［M］. 武汉：中国地质大学出版社.

姚明君，包汉勇，丁青，等，2016. 湘鄂西地区五峰—龙马溪组页岩地层与沉积特征［J］. 华南地质与矿产，32（2）：191-197.

宜昌地质矿产研究所，1987. 长江三峡地区地层参观指南［M］. 北京：地质出版社.

尹伯传，1988. 鄂西松滋早石炭世地层［J］. 煤田地质与勘探（3）：29.

尹赞勋，1943. 关于龙马溪页岩［J］. 地质论评，8：1-8.

油藏描述方法第1部分：总则：SY/T 5579.1—2008［S］.

袁鑫鹏，刘建波，2013. 湖北兴山古洞口剖面中—上寒武统白云岩特征及其古环境意义［J］. 古地理学报，15（3）：363-382.

曾雄伟，王传尚，刘安，等，2016. 湖北宜昌地区中寒武统天河板组沉积相及其油气意义［J］. 华南地质与矿产，32（2）：142-148.

曾允孚，张锦泉，刘文均，等，1993. 中国南方泥盆纪岩相古地理与成矿作用［M］. 北京：地质出版社.

张汉金，徐立中，余正清，等，2011. 湖北省二叠纪梁山组沉积期岩相古地理特征与成煤规律［J］. 中国煤炭地质，23（8）：18-21+27.

张加桂，2002. 泥灰质岩石区几种岩溶地貌形态及成因探讨：以三峡地区为例［J］. 地质科学（3）：288-294，319.

张旭亮，2019. 鄂西—渝东地区构造演化及成因机制［D］. 北京：中国地质大学（北京）.

张震，鲍志东，胡广成，2013. 湖北兴山峡口中下三叠统岩石学沉积环境分析［J］. 南京大学学报（自然科学版），49（3）：343-355.

郑洪，1986. 湖北大峡口栖霞阶小有孔虫动物群［J］. 地球科学（5）：489-498，555-556.

周名魁，王汝植，李志明，等，1993. 中国南方奥陶—志留纪岩相古地理与成矿作用［M］. 北京：地质出版社.

周思宇，2019. 湖北松滋地区下奥陶统层序地层及其对微生物岩的控制作用［D］. 武汉：长江大学：23-36.

周雁，陈洪德，王成善，等，2003. 中扬子区寒武纪层序地层研究［J］. 沉积与特提斯地质（3）：65-72.

朱学稳，1991. 峰林喀斯特的性质及其发育和演化的新思考［J］. 中国岩溶，10（2）：137-150.

朱志澄，宋鸿林，等，1990. 构造地质学［M］. 武汉：中国地质大学出版社.

朱忠德，1991. 湖北松滋早奥陶世生物礁的类型及找油意义［J］. 科学通报（14）：1085-1087.

朱忠德，胡明毅，肖传桃，等，1995. 鄂西南湘西北地区上震旦统至奥陶系石油地质研究［M］. 北京：地质出版社.

Chen X, Rong J Y, Mitchell C E, et al, 2000. Late Ordovician to earliest Silurian graptolite and brachiopod biozonation from the Yangtze region, South China with a global correlation［J］. Geological Magazine, 137：623-650.

Chen X, Fan J X, Melchin M J, et al, 2005. Hirnantian (latest Ordovician) graptolites from the upper Yangtze region, China［J］. Palaeontology, 48：1-47.

Guo J L, Wu Y B, Gao S, et al, 2015. Episodic Paleoarchean-Paleoproterozoic (3.3-2.0 Ga) granitoid magmatism in Yangtze Craton, South China：Implications for late Archean tectonics［J］. Precambrian Research, 270：246-266.

Melchin M J, Mitchell C E, 1991. Late Ordovician extinction in the Graptoloidea［J］//Barnes C R, Williams S H. Advances in Ordovician Geology, Geological Survey of Canada：143-156.

Xiao Chuantao, Li Meng, Yang Wei, Hu Mingyi, 2011. Palaeoecology of Early Ordovician Reefs in the Yichang Area, Hubei：A Correlation of Organic Reefs Between Early Ordovician and Jurassic［J］. Acta Geologica Sinica, 85（5）：1004-1015.

附录

附录一 刘家场背斜地质图

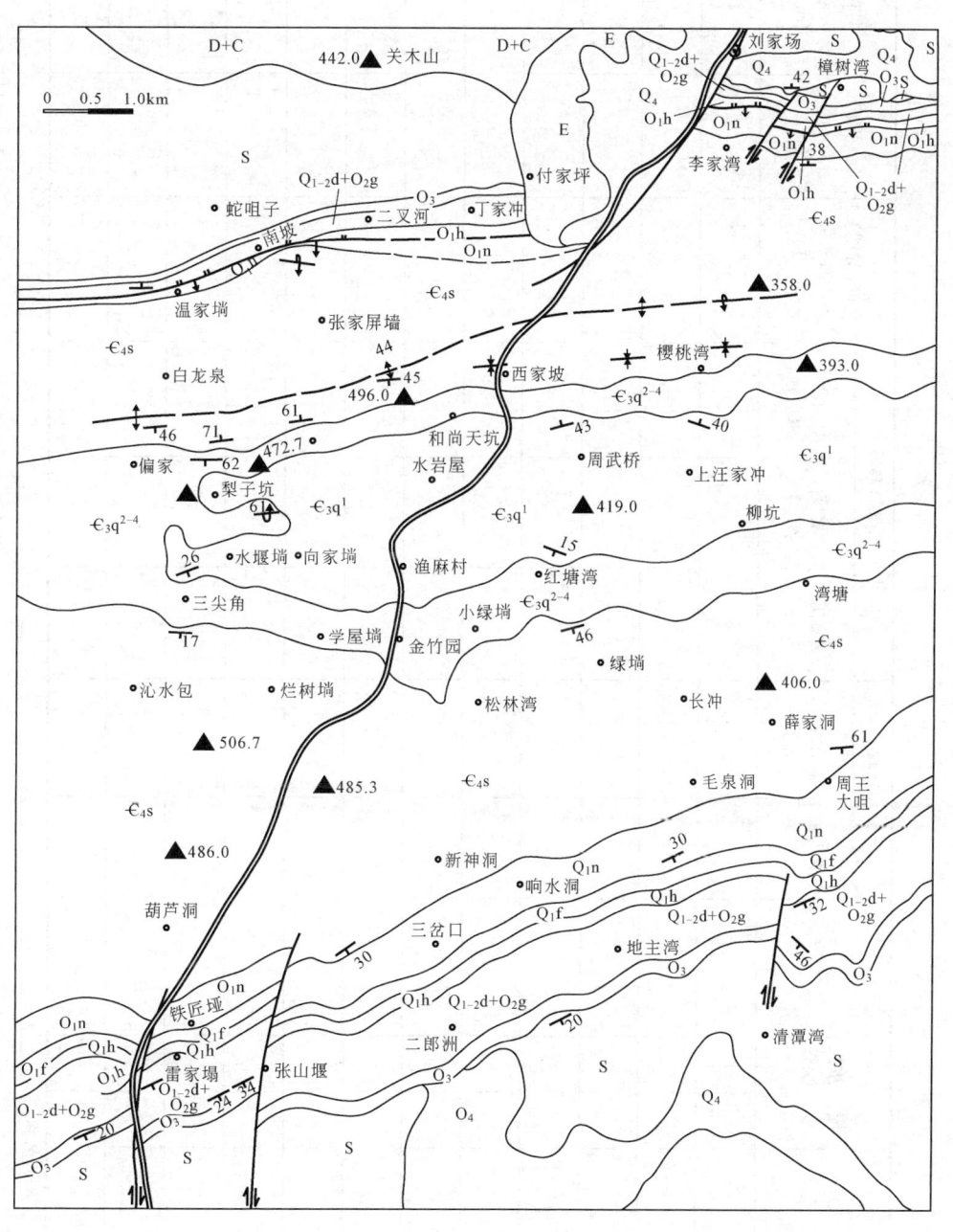

附录二 野外实测剖面数据记录表

剖面名称：＿＿＿＿＿＿＿

起点北斗或 GPS：N　　　　　　E　　　　　　H：　　　　　　终点北斗或 GPS：N　　　　　　E　　　　　　H：

地层代号	层号	皮尺次数	岩性	地层产状		皮尺（导线）参数			剖面（导线）与倾向夹角 ω(°)	斜平距 Lcosβ (m)	层高 Lsinβ (m)	厚度(m)			备注
				倾向(°)	倾角 α(°)	方位角(°)	坡度 β(°)	斜距 L(m)				每皮尺	分层	累积	

剖面实测厚度计算式：$h = L(\sin\alpha\cos\beta\cos\omega + \cos\alpha\sin\beta)$；$h$—厚度；$L$—斜距；$\alpha$—倾角；$\beta$—坡角；（上坡+；下坡−）；$\omega$—皮尺前进方向地层倾向夹角。

　　年　　月　　日　　第　　页　共　　页

附录三 常用图例

1. 沉积岩

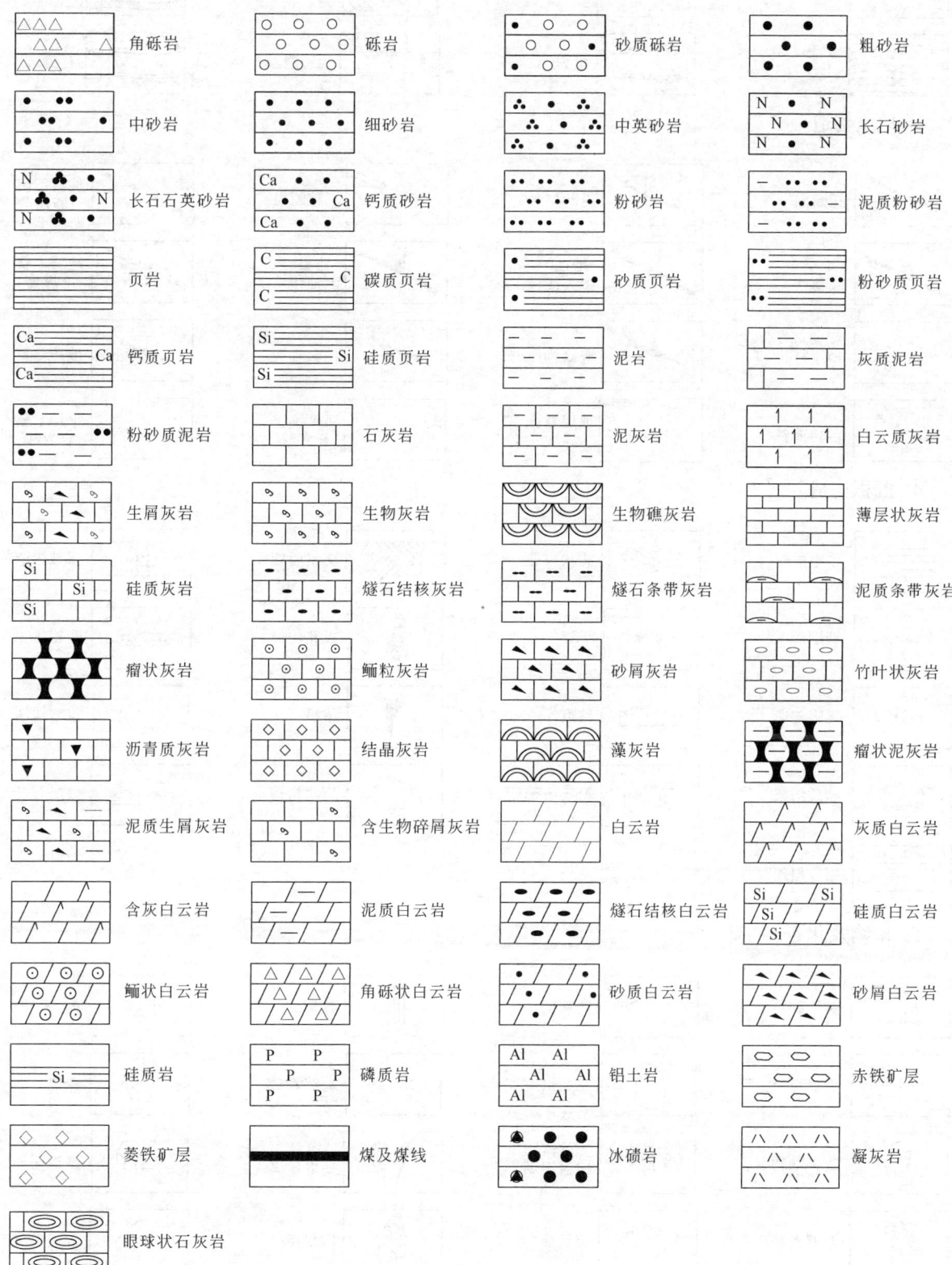

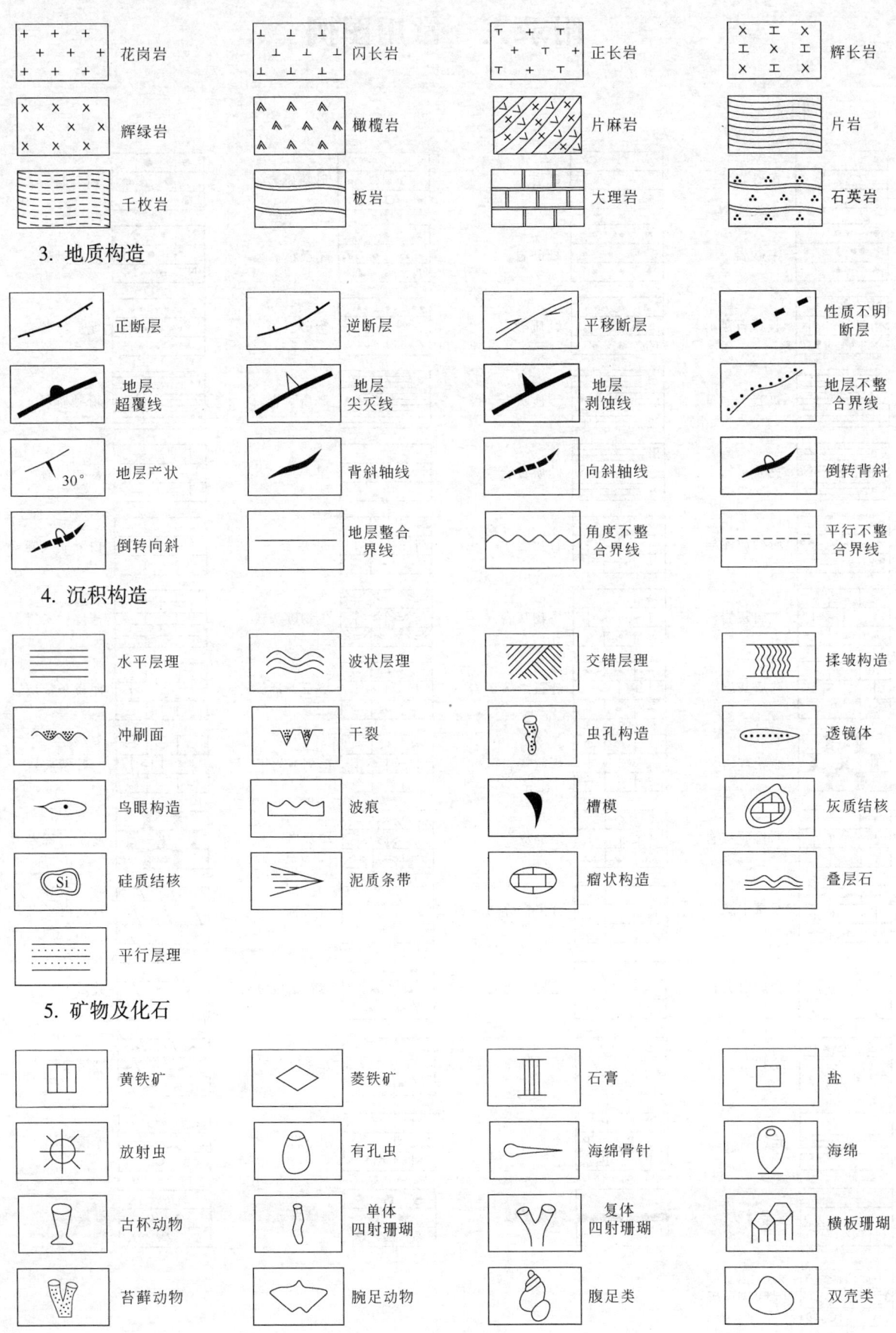

 直角鹦鹉螺
 菊石类
 三叶虫
 海百合
 笔石
 藻类
 古植物
 遗迹化石

附录四　地层代号与色谱表

宇/界		系	代号	色谱
新生界 (Cz)		第四系	Q	淡黄色
		新近系	N	鲜黄色
		古近系	E	老黄色
中生界 (Mz)		白垩系	K	鲜绿色
		侏罗系	J	鲜蓝色
		三叠系	T	绛紫色
古生界 (Pz)		二叠系	P	淡棕色
		石炭系	C	灰色
		泥盆系	D	咖啡色
		志留系	S	果绿色
		奥陶系	O	蓝绿色
		寒武系	$\in$	暗绿色
元古宇 (Pt)	新元古界(Pt_3)	震旦系	Z	绛棕色
		南华系	Nh	浅紫色
		青白口系	Qb	棕红色（浅）
	中元古界(Pt_2)	蓟县系	Jx	棕红色（中）
		长城系	Ch	
	古元古界(Pt_1)			深棕红色
太古宇(Ar)				玫瑰红色

附录五 构造横剖面换算表

剖面名称：　　　　　　换算人：　　　　　　　　　　　　年　月　日

点号		定点层位	海拔高程(m)	成层要素(°)		换算数(°)		定点层位标准层厚度(m)	备注
新	旧			倾向	倾角	夹角	视倾角		